A VIDA EM DUAS RODAS

JODY ROSEN

A VIDA EM DUAS RODAS

A HISTÓRIA E OS MISTÉRIOS DA BICICLETA

Tradução de Bruno Casotti

Título original
TWO WHEELS GOOD
The History and Mystery of the Bicycle

Copyright © 2022 by Jody Rosen
Todos os direitos reservados.

Fragmentos desta obra foram publicados anteriormente, de forma ligeiramente diferente: Fragmentos do capítulo "Uphill" originalmente apareceram em *T: The New York Times Style Magazine* em 2014. Fragmentos do capítulo "Beast of Burden" originalmente apareceram em *T: The New York Times Style Magazine* em 2016. Fragmentos do capítulo "Mass Movement" originalmente apareceram em *The New York Times Magazine* e *The New Yorker* em 2020.

Direitos para a língua portuguesa reservados
com exclusividade para o Brasil à
EDITORA ROCCO LTDA.
Rua Evaristo da Veiga, 65 – 11º andar
Passeio Corporate – Torre 1
20031-040 – Rio de Janeiro – RJ
Tel.: (21) 3525-2000 – Fax: (21) 3525-2001
rocco@rocco.com.br
www.rocco.com.br

Printed in Brazil/Impresso no Brasil

preparação de originais
FÁTIMA FADEL

CIP-BRASIL. CATALOGAÇÃO NA PUBLICAÇÃO
SINDICATO NACIONAL DOS EDITORES DE LIVROS, RJ

R727v

    Rosen, Jody
       A vida em duas rodas : a história e os mistérios da bicicleta / Jody Rosen ; tradução Bruno Casotti. - 1. ed. - Rio de Janeiro : Rocco, 2023.

       Tradução de: Two wheels good the history and mystery of the bicycle
       ISBN 978-65-5532-330-6
       ISBN 978-65-5595-180-6 (recurso eletrônico)

       1. Ciclismo - História. I. Casotti, Bruno. II. Título.

23-82464   CDD: 796.6
                             CDU: 929:796.61

Gabriela Faray Ferreira Lopes - Bibliotecária - CRB-7/6643

O texto deste livro obedece às normas do
Acordo Ortográfico da Língua Portuguesa.

Para Lauren, Sasha e Theo

SUMÁRIO

PRÓLOGO	VIAGEM À LUA	9
INTRODUÇÃO	PLANETA BICICLETA	19
1	A JANELA DA BICICLETA	35
2	CAVALOS DE DÂNDI	53
3	*VÉLO* ARTÍSTICA	66
4	CORCEL SILENCIOSO	82
5	MANIA DE BICICLETA: ANOS 1890	97
6	ATO DE EQUILÍBRIO	113
7	PONHA UM POUCO DE DIVERSÃO ENTRE AS PERNAS	137
8	INVERNO	148
9	UPHILL	166
10	SEM SAIR DO LUGAR	182
11	CRUZANDO O PAÍS	197
12	ANIMAL DE CARGA	230
13	HISTÓRIA PESSOAL	264
14	CEMITÉRIOS	293
15	MOVIMENTO DE MASSA	304
AGRADECIMENTOS		349
NOTAS		353
CRÉDITOS DE FOTOS		395

PRÓLOGO

VIAGEM À LUA

Bicicletas "Brillant". Cartaz de propaganda do artista Henri Boulanger (pseudônimo Henri Gray), 1900.

Nos anos 1890, cartazes de propaganda retratavam bicicletas no espaço sideral. Essas são algumas das mais famosas imagens já criadas sobre elas: mostram bicicletas em silhueta no firmamento, correndo entre cometas e planetas, costeando as descidas de meias-luas. Nessas bicicletas, estão com frequência mulheres — ou melhor, deusas. Elas têm seios desnudos, trajes gregos esvoaçantes e cabelos longos que voam às costas como a corrente de um jato. Em um anúncio da empresa francesa de bicicletas Cycles Sirius, uma ciclista seminua está montada de lado cruzando um céu estrelado, os olhos fechados, o rosto sorridente voltado para cima em êxtase. A imagem diz que a bicicleta conduz a um prazer sobrenatural. Um passeio de bicicleta lança você às estrelas; pode levar Afrodite a um orgasmo. Um cartaz criado em 1900 para outra firma francesa, a Cycles Brillant, retrata duas figuras femininas seminuas flutuando na Via Láctea. Uma delas, com asas de fada nas costas e um ramo de oliveira na mão esquerda, está alcançando a roda dianteira de uma bicicleta que paira no alto como um sol em órbita. A bicicleta está iluminada e radiante, refletindo o brilho lançado por um diamante que paira ali perto. Nessa visão surreal, a própria bicicleta é uma divindade, um corpo celeste que emite raios para a Terra.

Esses cartazes datam da explosão do ciclismo na virada do século, o breve período anterior à ascensão do automóvel, quando o domínio da bicicleta era incontestável, e quando os fabricantes, que enfrentavam um mercado saturado, procuravam destacar seus produtos com anúncios em *art nouveau* que saltassem aos olhos. Mas a bicicleta celestial não era apenas uma venda agressiva de ambulante. A primeira protobicicleta, um curioso dispositivo de duas rodas sem pedais, pedivelas ou corrente, foi comparada por seus admiradores, no fim dos anos 1810 e início dos anos 1820, ao Pégaso, o garanhão alado da mitologia grega. Quase cinco décadas depois, um cronista da febre do velocípede em Paris se admirou que os veículos haviam "chegado a tal perfeição, em velocidade e leveza", que davam a impressão de "voar pelo ar". Um cartum do mesmo período tornava explícita essa associação. Mostrava um homem de cartola e fraque montado num velocípede suspenso nas extremidades por balões de ar quente, com pás de rotor no lugar de rodas e uma luneta montada no guidom. A bicicleta é vista pairando sobre Paris, afastando-se da cidade. Uma legenda diz: VOYAGE A LA LUNE.

Uma bicicleta voadora. Uma bicicleta que faz zigue-zague entre as estrelas. Uma bicicleta que pode pedalar até a Lua. A cultura popular nunca se afastou dessas ideias. Em meados do século XX, fabricantes promoviam bicicletas com contornos elegantes que sugeriam aviões a jato e nomes que evocavam viagens pelo ar e pelo espaço: Skylark, Skyliner, Starliner, Spaceliner, Spacelander, Jet Fire, Rocket, Airflyte, Astro Flite. Bicicletas voadoras aparecem na literatura infantil, em romances baratos e em ficção científica. Em *Bikey the Skicycle and Other Tales of Jimmieboy* (1902), do autor norte-americano John Kendrick Bangs, um menininho tem uma bicicleta mágica capaz de falar e voar. Os dois saem pedalando sobre torres de igrejas, atravessando o Atlântico, sobre os Alpes e no espaço, onde circundam o anel externo de Saturno — "uma bela estrada dourada" repleta de "ciclistas de... todas as partes do universo". Um romance de Robert Heinlein de 1952, *The Rolling Stones*, conta a história de irmãos adolescentes, residentes de uma colônia na Lua, que levam suas bicicletas a Marte para prospectar minério radioativo. ("Uma bicicleta de minerador pareceria estranha nas ruas de Estocolmo, mas em Marte ou na Lua era adequada ao propósito, assim como uma canoa é adequada a um rio canadense.") Hoje, histórias de viagens espaciais a pedaladas dão voz a questões políticas e de identidade características do século XXI. *Trans-Galactic Bike Ride*, publicado em 2020, é uma antologia de "histórias de ficção científica feministas de aventureiras transgênero e não binárias em bicicletas".

E, é claro, há a famosa cena de *E.T. — O extraterrestre*, em que uma bicicleta atravessa uma floresta de pinheiros e sobrevoa a periferia de uma área residencial. É um dos quadros mais indeléveis do cinema: uma bike BMX, pilotada por um terráqueo de dez anos, com um alienígena na cestinha, a silhueta contra a lua cheia absurdamente grande e brilhante de Steven Spielberg.

Essas fantasias são potentes. Evidenciam um desejo primitivo de desatar os laços da gravidade, de voar ligeiro para longe da própria Terra. Mas são apenas fantasias? Em 1883, o médico e escritor britânico Benjamin Ward Richardson previu que o "novo e independente dom da progressão" de que as bicicletas haviam dotado os seres humanos logo seria tremendamente estendido: "A arte de voar será o resultado prático do grande experimento que está acontecendo agora." Durante os últimos anos do século houve incontáveis esforços para mesclar a bicicleta e o aeróstato. Jornais e periódicos anunciaram as invenções da "Aerial-Cycle" ["bicicleta aérea"], do "Luftvelociped" ["velocípede aéreo"], do "Pegasipede". Houve projetos de bicicletas com rotores giratórios, com pás de ventilador, com velas em formato de pipa; houve propostas de dirigíveis movidos por esquadras de ciclistas. Essas máquinas nunca chegaram ao céu, mas em 17 de dezembro de 1903, vinte anos depois de Richardson publicar seu prognóstico, o *Wright Flyer* decolou sobre Kill Devil Hills, em Kitty Hawk, Carolina do Norte. Orville e Wilbur Wright eram mecânicos e fabricantes de bicicletas, cujos avanços cruciais na compreensão dos fenômenos do arrasto e da elevação vieram quando eles prenderam um dispositivo estranho a um guidom — uma roda de bicicleta, montada de modo a girar horizontalmente, adornada com pratos de arrasto e modelos de "asas" — e saíram pedalando pelas ruas de Dayton, Ohio. Os irmãos aplicaram outras lições sobre equilíbrio, estabilidade e flexibilidade que haviam aprendido em bicicletas para projetar o avião, e o construíram usando ferramentas e componentes saídos diretamente de sua oficina. A era da aviação foi, como previu Richardson, uma extensão, um resultado, da popularidade do ciclismo.

Hoje há máquinas que se assemelham aos híbridos bicicleta-aeróstato imaginados no século XIX: helicópteros movidos a pedal, ornitópteros e outras aeronaves leves, projetados por engenheiros nos laboratórios aeroespaciais de importantes universidades. Outras visões permanecem irrealizadas. Nos dias que antecederam a missão da Apollo 15 em 1971, a Nasa considerou brevemente a ideia de equipar os astronautas com bicicletas elétricas. Uma fotografia da Nasa documenta um teste: um ciclista com roupa espacial completa é visto montado num protótipo de "minibike lunar", circulando pelo ambiente de treinamento de baixa gravidade que os astronautas apelidaram de "cometa vômito". A minibike acabou sendo abandonada em favor do veículo lunar de quatro rodas, ou "bugue lunar". No espaço, assim como na Terra, a cultura automobilística triunfou sobre a bicicleta.

Mas o sonho de uma bike na Lua não morreu. Seu principal defensor foi David Gordon Wilson, professor do MIT e autor de *Bicycle*

Science, a "bíblia" da engenharia e física da bicicleta. Anos depois de a Nasa abandonar o projeto, Wilson continuou a advogar o uso por astronautas de veículos movidos a pedal. As bicicletas que ele propôs acomodavam dois ciclistas e eram semirreclinadas; o design requeria rodas de estrutura metálica projetadas para transitar na superfície lunar poeirenta e circuitos paralelos de fios de aço de alta tensão no lugar da tradicional transmissão por corrente. Wilson alegou que essas bicicletas proporcionariam o exercício necessário e, ao mesmo tempo, serviriam como transporte para os astronautas em expedições de pesquisa. O ciclista lunar experimentaria condições climáticas novas, gozando da "liberdade conferida por não haver a resistência do vento contra a qual lutar". Wilson sustentou suas propostas em cálculos precisos: "A velocidade de 'cruzeiro' para um astronauta, totalmente equipado, pedalando um veículo duplo sozinho em um solo lunar não compactado seria de 27,5 pés [8,3 metros] por segundo, ou 18,75 milhas por hora [30,17 quilômetros por hora]."

As ideias de Wilson sobre viajar no espaço sideral não se limitavam a bicicletas na lua. Em um artigo de 1979, ele descreveu a vida em "uma colônia espacial estabelecida em um satélite artificial". Visualizou "aviões com pilotos pedalando supino" cruzando o céu da colônia. Essas aeronaves estariam disponíveis de graça a todos os residentes em um sistema que Wilson comparou ao White Bicycle Plan, o programa de compartilhamento de bicicletas formulado por anarquistas em Amsterdã em meados dos anos 1960. Mas ele imaginou uma cultura ciclista diferente de qualquer uma existente na Terra. "A imagem que tentei retratar do transporte movido por humanos na futura exploração lunar e em colônias espaciais está longe dos sistemas lentos, cansativos e de segunda classe aos quais o transporte em bicicletas parece ter sido relegado aqui na Terra", escreveu Wilson. "Os aviões seriam capazes de acrobacias. Encenações de batalhas famosas da Primeira Guerra Mundial seriam um esporte popular. Paraquedas provavelmente seriam desnecessários. Uma colisão aérea resultaria em ambos os aviões e pilotos flutuando suavemente até o chão."

Nove décadas antes de David Wilson escrever essas frases, um evento importante da história do transporte aconteceu na Irlanda. John Boyd Dunlop era um veterinário de quarenta e sete anos nascido na Escócia e estabelecido em Belfast. Dunlop nunca havia andado de bicicleta, mas seu filho de nove anos, Johnnie, passava horas seguidas correndo em seu triciclo com amigos na pista pavimentada de um parque local. Johnnie com frequência reclamava ao pai sobre o percurso entre o parque e a casa. O passeio era bom enquanto Johnnie se mantinha nos caminhos lisos de macadame, mas, quando a rota mudava para o terreno mais acidentado que prevalecia em grande parte da cidade — ruas pavimentadas com pedras de granito e atravessadas por trilhos de bonde —, pedalar se tornava cansativo, e a viagem, desconfortável. Dunlop conhecia essa dificuldade. Ao cruzar Belfast para suas visitas veterinárias, notava com frequência as vibrações desagradáveis que sacudiam as carruagens e carroças puxadas por cavalos em que viajava. Esses veículos, assim como o triciclo de Johnnie, tinham pneus sólidos que tremiam e agarravam em qualquer via mais acidentada.

Dunlop era um pensador e um inventor. E era o que parecia. Tinha olhos afiados e céticos, e uma longa barba professoral, tão espessa e geométrica quanto uma sebe podada. Gostava de aplicar sua inteligência para encontrar soluções de problemas práticos, de usar a cabeça e as mãos para trazer coisas novas ao mundo. Projetou e construiu uma série de instrumentos para usar em suas cirurgias veterinárias. Vendia remédios para cães e cavalos que ele próprio desenvolvera e patenteara. Tinha "um interesse permanente por problemas de transporte rodoviário, ferroviário e marítimo" e era particularmente intrigado por mecanismos com rodas, fascinação esta, segundo ele, que começou na infância, quando observava o modo como rolos agrícolas de madeira se moviam sobre os sulcos na fazenda de sua família em Ayrshire, no sudoeste da Escócia. Agora, no outono de 1887, ele voltava sua atenção para a questão dos passeios ciclísticos do filho. Será que Dunlop poderia inventar melhorias para o triciclo de Johnnie que tornassem o percurso do menino mais tolerável e lhe dessem, talvez, uma vantagem naquelas corridas no parque com os amigos?

Dunlop concentrou sua atenção nos sólidos pneus de borracha do triciclo. Um pneu mais bem projetado seria durável o bastante para suportar os castigos da rua, mas flexível o suficiente para oferecer um passeio menos trepidante quando passasse por terrenos irregulares. Um pedalar mais suave, suspeitou Dunlop, também significaria mais velocidade. Em termos de física, ele estava ponderando questões de resistência à rolagem e absorção de choque. "Ocorreu-me", escreveu ele anos depois, "que o problema de obter velocidade ou facilidade de propulsão... poderia ser resolvido por uma combinação mecânica peculiar de tecido, borracha e madeira."

A borracha, em particular, foi a chave. A ideia de Dunlop foi pegar um pedaço de tubo de borracha, enchê-lo com alguma substância e prender o tubo à roda do triciclo, interpondo um acolchoamento entre a roda e as superfícies sobre as quais ela girava. Primeiro ele tentou usar uma mangueira cheia de água. Como isso obteve resultados fracos, ele começou a experimentar outra substância: ar comprimido. Dunlop bombeou ar dentro de um tubo de borracha, como se inflasse uma bola de futebol; ele cobriu esse tubo cheio de ar com uma camada externa de linho e o afixou na circunferência de um grande disco de madeira grande. Uma série de testes no pátio do estabelecimento veterinário de Dunlop provou que esse dispositivo girava mais, e com mais facilidade, do que uma roda de bicicleta convencional. Então Dunlop construiu protótipos apropriados: um par de aros de roda de bicicleta de madeira — 3 polegadas [7,6 centímetros] de largura e 36 polegadas [91,4 centímetros] de diâmetro — aos quais prendeu os canos de borracha inflados. Ele os revestiu de lona e pôs uma camada externa adicional de borracha.

Dunlop pôs esses pneus na traseira do triciclo do filho na noite de 28 de fevereiro de 1888. Imediatamente, Johnnie partiu para um passeio, "ansioso para fazer um teste de velocidade em sua nova máquina". Eram quase dez da noite, uma hora em que as ruas de Belfast geralmente estão livres de trânsito. "A lua estava cheia e o céu, claro", escreveu Dunlop. "Por acaso houve um eclipse lunar, então [Johnnie] veio para casa. Depois que a sombra da lua passou, ele saiu de novo e fez um longo passeio. Na manhã seguinte, os pneus foram cuidadosamente examinados e não foi encontrado nem um arranhão na borracha."

Não podemos saber o que passou na cabeça do menino quando ele pedalou seu triciclo que agora rodava rápido e macio sobre as pedras iluminadas pela lua. Embora o pai tenha contado suas lembranças do evento muitas vezes e escrito sobre isso em um livro, os pensamentos de Johnnie nunca foram documentados. Mas a importância daquele passeio de triciclo em fevereiro de 1888 é um fato registrado: foi a primeira pedalada do mundo em rodas pneumáticas. Cinco meses depois, John Boyd Dunlop recebeu uma patente por "Uma Melhoria em Pneus de Rodas para Bicicletas, Triciclos ou Outros Carros de Estrada", um avanço que levou milhões a correr sobre duas rodas na última década do século XIX.

Hoje o nome Dunlop é conhecido no mundo, graças à empresa de pneus epônima. Durante a vida de Dunlop, uma informação adicional complicou sua reivindicação na história. Em 1890, sua patente foi rescindida após a descoberta de uma invenção anterior que lhe era desconhecida. Quase meio século antes, outro escocês, Robert William Thomson, dera o mesmo salto imaginativo, recebendo uma patente por um novo tipo de roda de carruagem contendo uma tubulação cheia de ar, um dispositivo que "interceptava a vibração da estrada" antes que esta alcançasse o aro da roda. O nome dado por Thomson à sua criação soava poético: "Rodas Aéreas."

A associação que fazemos entre pedalar e voar é metafórica. Você pode até chamá-la de espiritual: uma expressão dos fortes sentimentos de liberdade e alegria que experimentamos quando andamos de bicicleta. Mas é também uma resposta a um fato físico. Se ciclistas imaginam estar voando, é porque, num certo sentido, estão.

Ao pedalar, você é aerotransportado. As rodas que giram abaixo de você deslizam uma fita de ar comprimido contínua entre a bicicleta e a estrada, mantendo você na vertical. Essa sensação de flutuar, de boiar no ar, é intensificada pelo modo como a bike conduz seu corpo:

as pernas fazem o trabalho de impelir o veículo, mas o trabalho de sustentar o peso de seu corpo cabe à própria bicicleta. Hoje você pode fixar um selim inflável e sentar em um travesseiro de ar enquanto as rodas giram. Talvez você esteja passando por uma estrada vazia, numa noite calma; talvez, como Johnnie Dunlop, como Elliott e E.T., esteja pedalando numa noite iluminada pela lua cheia. Sua bicicleta não levará você numa viagem à Lua, mas essa viagem também não é exatamente terrestre. Você está em outro mundo, numa zona intermediária, planando em algum lugar entre a terra firme e o imenso céu sem limites.

INTRODUÇÃO

PLANETA BICICLETA

Uma mulher e uma criança de bicicleta no distrito de Mzimba, no noroeste de Malaui, 2012.

As ciclovias serão abundantes em Utopia.
— H. G. Wells, *Uma utopia moderna* (1905)

A humanidade investiu mais de 4 milhões de anos de evolução na tentativa de evitar o esforço físico. Agora um grupo de pessoas atávicas de pensamento retrógado montadas sobre pares de bambolês movidos pelos pés querem nos fazer bombear as pernas, cerrar os dentes e queimar os pulmões como se estivésse-

mos sendo perseguidos em uma savana do Pleistoceno por tigres--dentes-de-sabre. Pense nas esperanças, nos sonhos, no esforço, na genialidade, na pura força de vontade que, ao longo de eras, levaram à criação do Cadillac Coupe de Ville. Os ciclistas nos fariam jogar tudo isso no monte de cinzas da história.

— P. J. O'Rourke, "A Cool and Logical Analysis of the Bicycle Menace" (1984)

Durante dois séculos, as pessoas olharam para a bicicleta e tiveram sonhos fora deste mundo. Aqueles cujos devaneios de bicicleta não se estendem ao reino da lua e das estrelas fizeram, todavia, imensas alegações sobre o modesto veículo de duas rodas. As bicicletas instigaram visões utópicas e estimularam emoções violentas, deram origem a teorias malucas e inspiraram resmas de prosa empolada. A bicicleta demorou décadas para evoluir, passando por estágios intermitentes de desenvolvimento técnico, da primitiva "máquina de correr" de 1817 às boneshakers e aos velocípedes de roda alta dos anos 1860 e 1870 e à chamada bicicleta segura dos anos 1880, cuja invenção deu à bike a forma clássica que conhecemos hoje e deu início à explosão do ciclismo do *fin de siècle*. Mas, em cada uma dessas eras, a bicicleta foi saudada como revolucionária, como algo que mudava o paradigma, que sacudia o mundo.

A bicicleta foi a realização de um desejo tão antigo quanto o sonho de voar. Foi uma máquina de transporte pessoal elusiva, um dispositivo que libertou os humanos de sua dependência de animais de carga, permitindo aos indivíduos mover-se rapidamente pela terra sob sua própria energia. Assim como outra criação do século XIX, a locomotiva ferroviária, a bicicleta foi uma "aniquiladora de espaço", derrubando distâncias e encolhendo o mundo. Mas o viajante de trem era um passageiro passivo, sentado sem se mover enquanto carvão, vapor e aço faziam o trabalho. O ciclista era sua própria locomotiva. "Você está viajando", escreveu um entusiasta da bicicleta em 1878. "E não sendo viajado."

À medida que as décadas se passaram e sucessivas febres de bicicleta tomaram a Europa e os Estados Unidos, transformações importantes foram atribuídas às bicicletas. A bicicleta foi louvada como niveladora de classes, depuradora de corpos, libertadora de espíritos e mentes. "O ciclismo... fez mais pela emancipação das mulheres do que qualquer outra coisa no mundo", disse Susan B. Anthony em 1896. "Não seria nem um pouco estranho", escreveu um editorialista do *Detroit Tribune* naquele mesmo ano, "se a história chegasse à conclusão de que o aperfeiçoamento da bicicleta foi o maior incidente do século XIX."

Podemos tender a rejeitar essas alegações como partes de períodos, típicas hipérboles de épocas passadas. Mas as defesas da bicicleta que foram feitas no fim do século XX e início do XXI não são menos bombásticas. Nos anos 1970, ativistas dos dois lados do Atlântico a defenderam com argumentos ecológicos e espirituais. A bicicleta era um remédio para a cultura automobilística que estava sufocando as cidades e poluindo os céus; as bicicletas também incorporavam valores progressistas, os elevados ideais de paz, amor e unidade. Nas palavras de um manifesto do "pedal power" nos anos 1970: "Talvez uma interface entre Oriente e Ocidente seja a bicicleta, a máquina que torna todos nós irmãos e irmãs." Agora, com a mudança climática ameaçando a vida conforme a conhecemos, a retórica se tornou mais messiânica. Os defensores da bicicleta de nossos tempos falam da "mais nobre invenção", "a máquina mais benevolente", "a arte condutível que pode praticamente salvar o mundo". A bicicleta do século XIX era uma maravilha; nas formulações de hoje, ela é moral. Era encantada; agora, é evoluída. As bicicletas são incríveis — porém, mais precisamente, são boas.

―――

Estariam os veneradores da bicicleta errados? Você poderia dizer que a supremacia da bicicleta é irrefutável. Existem aproximadamente um bilhão de carros no mundo hoje. Existe o dobro de bicicletas. Só na China, o número de bicicletas fabricadas este ano superará a produção total de automóveis no mundo. As cidades grandes e pequenas que habitamos, nossas economias, nossas leis, são criadas para carros; pulamos de um continente para outro em aviões. Mas vivemos num planeta bicicleta.

No mundo, mais pessoas viajam de bicicleta do que com qualquer outra forma de transporte. A bicicleta é o principal meio de transporte nas zonas rurais do hemisfério sul e nos centros das capitais do norte da Europa. Existem 23 milhões de bicicletas na Holanda — 5 milhões mais bicicletas do que cidadãos holandeses. Quase todo mundo pode aprender a andar de bicicleta. Quase todo mundo aprende.

A ubiquidade da bicicleta é um atestado de sua versatilidade. A bicicleta é um veículo de transporte e esporte, de lazer e trabalho. Andamos de bicicleta para entregar correspondência, para passear pelo interior, para queimar calorias e tonificar músculos. A bike pode ser um brinquedo de criança e um veículo de locomoção que leva a mãe dessa criança para o trabalho.

As bicicletas movem pessoas e transportam cargas, levam corpos e carregam coisas. Milhares de táxis impulsionados por pedais engarrafam as ruas de Cingapura e Manila. Agricultores de subsistência no Vietnã, na Índia e em outros países usam bicicletas modificadas para arar, lavrar e rastelar. No Peru, bicicletas funcionam como barracas móveis de frutas e verduras; na Zâmbia, levam mercadorias para mercados e doentes para hospitais. Em grande parte do mundo, é a força no pedal que mantém cidades funcionando, que mantém o comércio fluindo, que divide a vida e a morte.

A contínua relevância da bicicleta derruba mitos de progresso, desafiando nossas convicções sobre a constante marcha para a frente da história e o curso linear dos avanços tecnológicos. Desafia também a simples lógica. De muitas maneiras, as bicicletas não são práticas. Uma bicicleta não pode passar por rodovias com pedágio ou cruzar oceanos. Não manterá você a seco numa tempestade; pedalar na neve é traiçoeiro. "Adquira uma bicicleta", escreveu Mark Twain em 1886. "Você não vai se arrepender, se sobreviver."

Essas palavras de advertência ainda se aplicam. Se você anda de bicicleta todos os dias em Nova York, como eu faço, está provocando o destino, lançando-se no caminho de motoristas esmagadores e de portas de carros estacionados se abrindo. De forma memorável, um ciclista comparou o som de uma porta de carro se abrindo ao de uma arma sendo erguida. "O ciclista é um aprendiz de suicida", escreveu o ensaísta mexicano Julio Torri. "Como os carros se multiplicaram em nossas ruas, eu perdi a admiração que tinha por toureiros e a reservei para os ciclistas."

Outras invenções do século XIX — o motor a vapor, a máquina de escrever, o telégrafo, o daguerreótipo — tornaram-se obsoletas ou foram modernizadas para além do reconhecível. A bicicleta, porém, não mudou em essência. É uma máquina de improvável simplicidade, elegância e engenhosidade: duas rodas de tamanhos iguais, dois pneus, um quadro em formato de losango, uma transmissão por corrente atrás, um par de pedais, um guidom, um assento — e, sobre esse assento, um ser humano que é tanto passageiro como motor do veículo. Era esse o design da pioneira bicicleta Rover de 1885, do inventor inglês John Kemp Starley. A bicicleta que Maurice Garin pedalou para a vitória no primeiro Tour de France, em 1903, o mesmo modelo no qual Albert Einstein andava pelo campus da Universidade de Princeton, a roadster Flying Pigeon consagrada por Deng Xiaoping como uma glória do contrato social da China, as usadas por competidores dos X Games, por entregadores de comida, por migrantes percorrendo terras de ninguém na fronteira entre San Diego e México, por agentes da patrulha dos Estados Unidos que fiscalizam essa terra de ninguém, por atletas de fim de semana vestindo elastano, por coletivos de ciclistas "anarcofeministas"; minha bicicleta, sua bicicleta — todas são mais ou menos a mesma máquina, versões levemente modificadas da pioneira Rover. Mesmo as bicicletas elétricas, que acrescentam aos antiquados pedais e pedivelas motores elétricos movidos a bateria, não alteram o design básico. Décadas e séculos passam; revoluções, tecnológicas ou outras, refazem o mundo. As rodas da bicicleta continuam girando.

Aonde a bicicleta vai, controvérsias explodem e guerras culturais estouram. Pessoas com frequência expressam surpresa ao encontrar bicicletas no centro de debates furiosos sobre algumas das questões mais centrais dos nossos tempos — não apenas disputas previsíveis sobre políticas de trânsito, mas questões mais amplas sobre classe, raça, moralidade, sustentabilidade, o próprio futuro da vida na Terra. O furor em torno da bicicleta parece uma antítese da própria coisa, um vestígio esquisito, até bonitinho, do mundo vitoriano. Mas a bicicleta sempre foi um para-raios. Os argumentos seguem nas duas direções: para cada canto de louvor à bicicleta houve uma arenga em resposta, proclamada em palavras raivosas.

As reclamações surgiram desde o começo, por volta de 1819, quando a primeira bicicleta primitiva foi recebida com críticas e proibições em três continentes. As máquinas ganharam aceitação entre os ricos e modernos, e prontamente se tornaram alvos de zombarias populistas. ("Foi inventado um curioso veículo de duas rodas chamado velocípede que é impulsionado por imbecis em vez de cavalos.") Condutores de carruagem e pedestres se opuseram à presença de velocípedes em estradas e caminhos para pedestres; seguiram-se medidas de repressão. Andar de velocípede foi proibido em Londres em março de 1819; restrições semelhantes logo foram impostas em outros lugares. Um editorial de um jornal americano exortou os cidadãos a "destruir" velocípedes, e a violência popular se manifestou tanto contra os veículos quanto contra seus condutores.

Essas primeiras reações à bicicleta guardam uma semelhança notável com aquelas que se seguiram. Antagonismos baseados em classe; contestação ao direito às ruas; uma percepção de que a bicicleta é, por definição, absurda e ilegítima, uma coisa para ser ridicularizada, rejeitada e, se possível, completamente obliterada — são essas as características das agitações contra ciclistas até hoje. No auge da popularidade da bicicleta, nos anos 1890, as críticas adquiriram um tom mais histérico. Nos Estados Unidos, na Grã-Bretanha e em outros lugares, a febre do ciclismo provocou indignação e pânico moral. As bicicletas foram denunciadas como uma ameaça aos valores tradicionais, à ordem pública, à estabilidade econômica, à pureza sexual das mulheres. Os vilões que andavam de bicicleta ardiam nas páginas da imprensa marrom; em revistas médicas, foram diagnosticados os males do ciclismo: rosto de bicicleta, pescoço de bicicleta, pé de bicicleta, corcunda de bicicleta, mania de bicicleta, *"kyphosis bicyclistarum"*. Insultos às bicicletas retumbaram em púlpitos de igrejas e preencheram manifestos de moralistas. "[A] bicicleta está a serviço de Satã", pronunciou a Liga da Salvação das Mulheres dos Estados Unidos em 1896. "A bicicleta está a serviço do diabo, moral e fisicamente."

Mais uma vez, nossa tendência a revirar os olhos diante dos excessos do passado deve ser comparada com a retórica dos nossos próprios tempos. Os termos de depreciação mudaram, mas o fervor continua. Onde críticos da virada do século condenavam a bicicleta como uma força maligna da modernidade, P. J. O'Rourke vê uma afronta ao progresso, uma máquina para "pessoas atávicas de pensamento retrógrado". O'Rourke pode estar exagerando sua indignação para efeito satírico — mas talvez não. Considere as ciências sociais. Um estudo australiano de 2019 explorou a visão negativa sobre os ciclistas que prevalece "em muitos países", um preconceito expresso em "referências públicas e humorísticas à violência contra ciclistas" e em ataques físicos reais. Os pesquisadores postularam que, em sociedades organizadas em torno de veículos a motor, ciclistas estão sujeitos a processos de desumanização. "Ciclistas na rua... parecem e agem diferentemente de 'humanos' típicos. Eles se movem de maneira mecânica, e seus rostos com frequência não são vistos pelos motoristas, bloqueando respostas empáticas que poderiam humanizá-los." Para motoristas de automóveis que consideram as estradas seu domínio, ciclistas parecem ser alienígenas, pestes que devem ser afugentadas ou enxotadas. ("Muitas difamações informais aos ciclistas se referem a eles como 'baratas' e 'mosquitos'.") O estudo concluiu que 49% dos não ciclistas consideram os ciclistas como "menos do que totalmente humanos".

Este livro conta uma história de amor e ódio à bicicleta. Explora a forte afeição e antipatia que as bicicletas inspiram, e o modo como essas atitudes têm reverberado através da história, da cultura e das mentes e vidas dos indivíduos. Esse é um drama que se desenrola neste momento em vasta escala. Hoje, estamos vendo um enorme surto do ciclismo, impulsionado por uma explosão do uso da bicicleta como transporte em cidades no mundo inteiro. O mercado global de bicicletas cresceu bilhões de dólares na década passada; analistas preveem que atingirá 80 bilhões de dólares até 2027. Esses números refletem a dimensão de uma febre de ciclismo que atingiu uma porção maior e mais socialmente diversa da humanidade do que no passado. Duzentos anos depois da invenção da bicicleta, estamos vivendo a maior de todas as ondas da bicicleta.

Ondas de bicicleta causam batalhas pela bicicleta. Novas infraestruturas para ciclismo estão surgindo nas ruas das cidades, programas de compartilhamento de bicicleta estão proliferando, bicicletas elétricas com pedais assistidos estão correndo num fluxo de trânsito sobre duas rodas mais pesado — e mais uma vez a disputa entre os que amam e os que odeiam a bike chegou a um nível extremo. A veemência dessa conversa diz algo sobre a importância da bicicleta, a consciência — tanto entre defensores quando entre críticos — de que as bicicletas mais uma vez estão transformando os lugares onde vivemos e o modo como vivemos. As explosões do ciclismo do passado podem, em muitos casos, ser remontados a mudanças tecnológicas e ao desenvolvimento de novos tipos de bicicleta. Mas a onda atual parece ter sido trazida por forças maiores, pelas crises e dilemas que arrebatam o mundo na terceira década do terceiro milênio. No século XXI, com suas ameaças ecológicas, rápida urbanização, tráfego obstruído, turbulências sociais e uma pandemia, a bicicleta do século XIX é uma relíquia cuja época, ao que parece, chegou.

As disputas que moldaram o passado da bicicleta e estão agitando o seu presente são o foco de muitos dos capítulos que se seguem. A política da bicicleta pode parecer evidente por si mesma. Nos Estados Unidos, associamos as bicicletas a visões e valores progressistas: a estados democratas e políticas verdes; a hipsters e boêmios burgueses; a manifestantes renegados da Massa Crítica, cujos passeios em grupos de guerrilheiros visam a promover os direitos dos ciclistas; e a outros grupos com tendências para a esquerda. Esses são clichês, é claro; existem incontáveis ciclistas aos quais esses estereótipos não se aplicam. Mas a relação da bicicleta com o progressismo e o radicalismo está enraizada na história.

Entre as primeiras grandes organizações de ciclismo estavam os clubes de bicicleta socialistas dos anos 1890 na Grã-Bretanha, que exaltavam a bicicleta como uma igualitária "importunadora de pessoas". Um manifesto divulgado pelo Provo — grupo anarquista holandês dos anos 1960 por trás do primeiro plano de compartilhamento de bicicletas do mundo — imaginou uma afiliação revolucionária de "jovens modernos, estudantes, artistas, roqueiros, delinquentes, ativistas contra bombas nucleares, desajustados... aqueles que não querem uma carreira, que levam vidas irregulares, que se sentem como ciclistas numa rodovia".

Governos há muito tempo reconhecem a bicicleta como um meio de resistência. Um dos primeiros atos de Adolf Hitler ao assumir o poder, em 1933, foi eliminar o sindicato de ciclistas da Alemanha, o Bund Deutscher Radfahrer, associado a partidos políticos antinazistas e capaz de reunir dezenas de milhares de ciclistas nas ruas. Mais tarde, soldados alemães na Dinamarca, Holanda, França e outros países confiscaram as bicicletas das populações locais. Para um regime repressivo ou um exército ocupante, a bicicleta era uma ameaça, um aparelho que podia ser usado por dissidentes para se esgueirar e escapar, para se organizar, mobilizar e iludir.

A reputação da bicicleta como catalisadora de mudanças sociais se baseia, sobretudo, em seu papel no movimento feminista. Na virada do século, reformistas feministas nos Estados Unidos, na Grã-Bretanha e na Europa continental adotaram as bicicletas como totens de mudança de valores e ferramentas de protesto. (Nas palavras de Elizabeth Cady Stanton: "Mulheres estão indo para o sufrágio de bicicleta.") O ciclismo ofereceu às mulheres um novo tipo de autonomia e ao mesmo tempo desfez mitos sobre sua fragilidade física. Andar de bicicleta também proporcionou o ímpeto para outro tipo de libertação, liberando-as da compressão das roupas vitorianas, as anquinhas arquitetônicas e as anáguas de crinolina que tornavam impossível montar, muito menos pedalar uma bicicleta. Ciclistas femininas adotaram uma "roupa racional" — mais notoriamente as pantalonas bombachas, que se tornaram, junto com a própria bicicleta, um símbolo da Nova Feminilidade emancipada.

Hoje, a bicicleta continua sendo um ponto crítico na luta pelos direitos das mulheres. Governos autoritários na Ásia e no Oriente Médio têm imposto periodicamente proibições de pedalar às mulheres.

Em 2016, o líder supremo do Irã, Ali Khamenei, proclamou uma fátua proibindo as mulheres de pedalar em público sob o argumento de que isso "atrai a atenção de homens desconhecidos e expõe a sociedade à corrupção". Mulheres iranianas responderam postando na mídia social fotos delas em suas bicicletas e escrevendo slogans sobre suas roupas como "Não seja sexualmente tentado; estou só andando de bicicleta". A proibição foi desafiada por muitos e não estritamente imposta, mas clérigos linha-dura em várias províncias iranianas continuaram expedindo ordens judiciais contra mulheres ciclistas. Em anos recentes, mulheres no Irã tiveram bicicletas confiscadas, enfrentaram prisão e outras formas de "punição islâmica" e relataram ataques físicos e agressões sexuais. Para milhões de mulheres no mundo, andar de bicicleta continua sendo inerentemente político, um ato desafiador e uma reivindicação de liberdade feita sob risco pessoal.

Essas histórias são importantes na tradição da bicicleta. Muitos relatos da história da bicicleta enfatizam seu papel como força libertadora e retratam ciclistas como heróis prejudicados. Esse enquadramento remete a uma concepção romântica da bicicleta como insurgente e "punk", um flagelo do conservadorismo, do corporativismo e da cultura automobilística.

Mas as políticas para a bicicleta são complexas; os fatos nem sempre se alinham com as convicções. Recentemente, estudiosos começaram a desenterrar uma história menos hagiográfica. Em muitos lugares, a bicicleta surgiu primeiro carregando soldados, colonizadores, prospectores, proselitistas e outros em busca de territórios, tesouros e almas. A matéria-prima usada para construir bicicletas — o aço para os quadros, a borracha para os pneus mágicos de Dunlop e os canos internos — tem sido adquirida a um custo para o meio ambiente e os seres humanos, em alguns casos por meio de violência sistemática contra populações nativas em países colonizados.

A história magnânima transmitida nas histórias de sempre — a humanidade que encontra liberdade e realização ao pedalar uma máquina verde e pacífica — pode, portanto, ser contraposta por cenários diferentes. Soldados de infantaria, gendarmes, cobradores de impostos e outros funcionários coloniais andando de bicicleta na Malásia britânica, na Togolândia alemã, na Argélia francesa. Criados negros nas Índias Ocidentais transportando donos de plantações em ciclo-riquixás. Missionários europeus andando de bicicleta no Malaui, na Índia e nas Filipinas. Caçadores de fortuna brancos pedalando para campos de petróleo na Nigéria e campos de ouro no sertão australiano. Batalhões dos exércitos da Grã-Bretanha e do Estado Livre de Orange se enfrentando de bicicleta nos campos de combate do paradigmático conflito da Partilha da África, a Segunda Guerra dos Bôeres. Milhões de congoleses colhendo borracha nas selvas do Estado Livre do Congo do rei belga Leopoldo II — um sistema de trabalho forçado genocida instituído quando o mercado de borracha explodiu durante a febre da bicicleta.

A questão, é claro, não é que as bicicletas sejam nefandas. É que elas têm uma história complicada, como coisas reais no mundo real com frequência têm — incluindo, ou talvez em especial, produtos do capitalismo industrial. Considere a relação entre bicicletas e carros, cujas ligações genéticas são mais próximas do que a maioria das pessoas sabe. Duas décadas antes do lançamento do Modelo T em Detroit, Henry Ford produziu seu primeiro automóvel, o Quadriciclo. Como o nome sugere, era um primo da bicicleta com quatro rodas, um pequeno quadro, assento para dois passageiros e um motor de dois cilindros movido a etanol que impulsionava as rodas traseiras, no estilo bicicleta. Peças essenciais para o desenvolvimento dos carros — desde rolamentos de esferas até pastilhas de freio — foram inventadas primeiramente para bicicletas. Pedras angulares da indústria automotiva — a linha de montagem, redes de revendedores, obsolescência programada — tiveram igualmente como pioneiros os magnatas das bicicletas, muitos dos quais passaram do comércio dessas para o de carros.

Depois há as próprias rodovias, que, nos Estados Unidos, são um legado do Movimento das Boas Estradas, uma cruzada política na virada do século liderada por ciclistas. O Sistema de Rodovias Interestaduais, o espraiamento suburbano, os centros comerciais de beira de estrada: o crédito — e a culpa — por essas características da paisagem americana geralmente é atribuído à cultura automobilística, mas suas origens podem ser atribuídas à visão da "macadamização" costa a costa, defendida primeiramente nos anos 1890 pelo então poderoso "bloco da bicicleta".

O ativismo ciclista, mais ou menos literalmente, pavimentou o caminho para o carro. "É tarefa dos historiadores críticos da bicicleta ajudar a recuperar a verdadeira história das complexas relações materiais entre a bicicleta, o automóvel e as estradas que eles compartilham", escreveu o historiador social Iain Boal. "Puristas da bicicleta, que imaginam ser de algum modo inequivocamente uma antítese dos motoristas, precisam repensar essa fantasia."

Essas complexidades não são apenas artefatos de épocas passadas. O boom atual do ciclismo trouxe à tona tensões raciais e classicistas. Em muitas cidades americanas e europeias, programas de compartilhamento de bicicletas e outras medidas pró-ciclismo estão ligadas a esforços para atrair capital global e a políticas de ação que exacerbam a desigualdade econômica. Pesquisadores correlacionaram a construção de novas infraestruturas de ciclismo às práticas predatórias de empreendedores imobiliários, mostrando que ciclovias com frequência servem como "mapas da gentrificação". A gentrificação é também uma questão no mundo da defesa do ciclismo, cujos grupos são dominados por homens brancos. O termo "ciclistas invisíveis" tornou-se comum entre críticos que condenam a marginalização de ciclistas mulheres, negros, latinos e de classe trabalhadora por ativistas do establishment. A raiva política expressada por certos ativistas do ciclismo talvez seja uma reflexão sobre privilégio: pedalando no meio do trânsito, um homem branco pode experimentar desigualdades estruturais que não encontra em nenhuma outra área da vida.

A verdade é que as políticas da bicicleta são sempre confusas. No meio do ano pandêmico de 2020, manifestantes do movimento Black Lives Matter tomaram as ruas de cidades norte-americanas, muitos deles de bike. Foram recebidos ali por outro grupo de ciclistas: policiais de bicicleta fortemente blindados, que empregaram táticas violentas de controle de multidão e transformaram as próprias bicicletas em armas, usando-as para bater em manifestantes. Talvez a bicicleta seja a mais nobre invenção, a mais benevolente das máquinas, mas a nobreza e a benevolência não são inerentes a ela. Seu ideal, assim como os ideais de justiça e igualdade, está sujeito a um esforço permanente — uma luta que por vezes se escreve quarteirão a quarteirão.

Tentei manter essas complicações em mente ao escrever este livro. Há muita história nos capítulos que se seguem, mas esta não é uma história da bicicleta *per se*. Grandes temas foram deixados para outros cronistas. Eu não me concentro muito, por exemplo, ao esporte do ciclismo, algo que ocupa quilômetros de prateleiras da biblioteca sobre o assunto.

Meu objetivo é destacar algumas histórias diferentes. Tradicionalmente, historiadores da bicicleta têm contado uma história transatlântica, concentrando-se quase que exclusivamente na Europa e nos Estados Unidos. Um provincianismo semelhante é demonstrado por ativistas. O influente designer urbano e defensor do ciclismo Mikael Colville-Andersen popularizou o termo "copenhaguenizar" como senha do movimento pró-ciclismo de hoje, sagrando a capital dinamarquesa favorável às bicicletas como o centro espiritual do universo da bicicleta.

Mas a grande maioria das bicicletas e dos ciclistas está bem distante da Dinamarca. Estatisticamente falando, é muito mais provável que o ciclista do século XXI seja um trabalhador migrante em uma megacidade asiática, africana ou latino-americana do que um exemplar europeu branco do "cycle chic" (outra cunhagem de Colville-Andersen). As questões que preocupam os defensores da bicicleta no Ocidente — seu uso no caminho de e para o trabalho como prioridade de planejamento e como "escolha de estilo de vida" — têm pouca ligação com a realidade de centenas de milhões para os quais o ciclismo é simplesmente uma necessidade, o único meio de transporte viável e financeiramente acessível.

No mundo desenvolvido, assim como no mundo em desenvolvimento, a bicicleta é uma máquina urbana, e grande parte deste livro se dedica a histórias da cidade. É claro que há milhões de ciclistas rurais. Praticamente desde o momento de sua invenção, a bicicleta foi enaltecida como um meio de escapar da metrópole, um veículo que podia levar rapidamente moradores urbanos para pastagens mais verdes e ares mais limpos. Mas as bicicletas foram criadas em, por e para cidades. O que quer que o futuro reserve para as bicicletas, esse destino certamente se dará em áreas urbanas.

Na verdade, o destino das cidades talvez se baseie nelas. Demógrafos estimam que, em 2030, 60% da população mundial estará vivendo em cidades. Num planeta de megalópoles imensas, numa era de crise climática, o problema do trânsito urbano já não é uma simples questão de qualidade de vida, de engarrafamentos cada vez mais graves e deslocamentos desagradáveis. O modo como nos movemos pode determinar não apenas como vivemos, mas *se* vivemos.

Cada vez mais, a opinião pública está se inclinando para uma crença mantida há muito tempo por defensores do ciclismo: os carros estão nos matando. Pesquisadores dizem que os veículos a motor são o fator que mais contribui para as mudanças climáticas. O problema não será resolvido por automóveis elétricos ou híbridos, uma vez que o desgaste de pneus e outros poluentes que não vêm do cano de descarga respondem por um grande percentual das emissões de veículos.

Os efeitos climáticos são apenas o topo do iceberg dos males da cultura automobilística. A era automotiva é uma era de carnificina. Globalmente, cerca de 1,25 milhão de pessoas morrem em acidentes de carro a cada ano, uma média de mais de 3.400 mortes por dia. Os acidentes de automóveis são a principal causa de morte no mundo entre jovens adultos entre quinze e vinte e nove anos. Outros 20 a 30 milhões de pessoas ficam feridas ou incapacitadas a cada ano nas estradas mundiais.

Depois, há as consequências geopolíticas mais amplas da cultura automobilística: as alianças dúbias formadas e os princípios renunciados, as guerras travadas e as vidas perdidas, tudo a fim de manter o petróleo fluindo.

Contra esse pano de fundo horrível, a bicicleta ganha um brilho virtuoso. "A bicicleta é o transporte mais civilizado conhecido pelo homem. Outras formas de transporte se tornam cada dia mais assustadoras. Somente a bicicleta permanece pura no coração." Quando escreveu essas palavras, em 1965, Iris Murdoch mal podia ter imaginado o nosso mundo, onde plutocratas em capitais globais alugam helicópteros para sobrevoarem ruas paralisadas pelo tráfego.

Há sinais de que a história pode estar revertendo o curso. Com a irrupção da pandemia de Covid-19 no início de 2020, milhões de pessoas recorreram à bicicleta como modo de transitar e ao mesmo tempo manter o distanciamento social. Ciclistas se viram pedalando num mundo em confinamento, em ruas sinistramente vazias, sem a maioria dos pedestres e dos veículos motorizados. De repente, as grandes cidades do mundo se tornaram cidades de ciclismo. Foi uma estranha mistura de distopia e utopia. As paisagens urbanas vazias eram como cenas apocalípticas de filmes-catástrofes, mas ofereciam um vislumbre esperançoso do futuro, um tempo em que bicicletas poderiam circular por ruas serenas sob céus não escurecidos pela fumaça de canos de descarga. Quer as bicicletas possam ou não "salvar o mundo", há pouca dúvida de que uma cidade com muitas bicicletas e poucos carros será um lugar mais seguro, mais são, mais saudável, mais habitável, mais humano.

Um slogan apreciado por ativistas da bicicleta diz: "Duas rodas bom, quatro rodas ruim." Trata-se de uma abusada paráfrase de Orwell, mas o lema demonstra uma pureza enganosa: a certeza de que bicicletas são moralmente superiores a carros, e de que ciclistas são mais nobres do que motoristas.

Mas "Duas rodas bom" é também uma afirmação clara de um fato. Num mundo de negócios ruins, a bicicleta oferece um excelente retorno sobre o investimento. As bicicletas são baratas, duráveis, portáteis e ocupam pouco espaço. Uma bike pode transportar você por 5, 10 ou 200 quilômetros; ao chegar em casa, você pode carregá-la escada acima até seu apartamento. Tente fazer isso com um carro esportivo ou uma caminhonete.

Os ciclistas recebem mais de suas bicicletas do que investem. A bicicleta é um aparelho incrivelmente eficaz para converter o esforço humano em locomoção: pedalando, uma pessoa se move quatro vezes mais rápido do que a pé e gasta cinco vezes menos energia. "A bicicleta é o perfeito transdutor para compatibilizar a energia metabólica do homem com a impedância de locomoção", escreveu o filósofo e crítico social Ivan Illich duas gerações atrás. "Equipado com essa ferramenta, o homem supera a eficiência não apenas de todas as máquinas, mas de todos os animais também." Mesmo utopistas da era digital, com sua fé ardente de que tudo na Terra pode ser otimizado pela tecnologia, devem se curvar diante da insuperável eficiência do veículo steampunk de duas rodas. Ninguém menos que Steve Jobs chamou o computador pessoal de "uma bicicleta para as nossas mentes".

Ou talvez a máquina para as nossas mentes seja a própria bicicleta. Muitos de nós sabemos que nossos cérebros ficam revigorados, nossa visão mais clara, nossos sentidos mais aguçados quando pedalamos. Andar de bicicleta é a melhor maneira que conheço de alcançar uma consciência alterada — não um estado enobrecido ou iluminado, exatamente, mas sem dúvida avivado. Um passeio de bicicleta é melhor do que ioga, ou vinho, ou maconha. Está pau a pau com sexo e café. É também, na minha experiência, um antídoto para o bloqueio de escritor. Se você está empacado, se precisa descolar as sinapses e tirar a poeira dos lobos cerebrais, faça um passeio sobre duas rodas e as palavras começarão a aparecer. Com o tempo, para o bem ou para o mal, você pode achar que tem um livro que vale a pena.

1

A JANELA DA BICICLETA

A chamada "janela da bicicleta", na igreja de St. Giles, em Stoke Poges, Buckinghamshire, Inglaterra.

St. Giles [Santo Egídio] é uma pequena igreja paroquial situada numa área agradavelmente arborizada da vila de Stoke Poges, em Buckinghamshire, quarenta quilômetros a oeste de Londres. É uma casa de oração nesse local desde os tempos dos saxões. A parte mais antiga da construção, sua torre de pedra de corte tosco, data do período da Conquista Normanda.

O lugar é também solo sagrado para os literatos de certa época e inclinação. Foi na St. Giles, em 1742, que Thomas Gray concebeu "Elegia escrita em um cemitério de igreja no interior", uma reflexão sobre a morte e a perda que já foi um dos mais celebrados poemas da língua inglesa, presença constante em planos de aula até os gostos se voltarem para versos menos pomposos. Hoje, o próprio Gray está no cemitério, num túmulo marcado por uma lápide em formato de altar situado em frente a uma janela na fachada leste da capela. St. Giles é um lugar encantador, tranquilo e pitoresco, ideal para um descanso — eterno ou simplesmente momentâneo. Se você estiver ali numa tarde branda, absorverá um ambiente bem semelhante àquele imortalizado por Gray:

> *Now fades the glimmering landscape on the sight,*
> *And all the air a solemn stillness holds,*
> *Save where the beetle wheels his droning flight,*
> *And drowsy tinklings lull the distant folds.*°

Fiz minha visita a St. Giles na primavera, num dia de brisas quentes e sol torrencial. O panorama — a igreja, o cemitério gramado, os campos ao redor — era insanamente bonito, e enquanto eu passeava pelo longo caminho que serpenteia pelas terras da St. Giles, os pássaros estavam cantando tão loucamente que abri o gravador do meu iPhone e fiz uma gravação. Cerca de cem metros ao sul da igreja, erguia-se a Casa Senhorial, uma propriedade do século XVI que pertencera à rainha Elizabeth I e mais tarde a Sir Thomas Penn, filho de William Penn, fundador da Pensilvânia. Para um americano que passara pouco tempo nos condados verdejantes de sua terra, mas muitas horas lendo romances do século XIX e assistindo a adaptações desses romances,

---

° Agora esvaece a paisagem tênue à vista, / E todo o ar um silêncio solene guarda / Salvo onde o besouro gira e zumbe em seu voo, / E sonolentos tilintares aquietam os currais distantes. (N. do T.)

o cenário era exótico, mas familiar. Quase esperei ver Dame Maggie Smith saindo alvoraçada da igreja num vestido de época.

Quem se materializou ali foi, na verdade, o pastor da St. Giles, reverendo Harry Latham. Com alguns ajustes no guarda-roupa, o próprio Latham poderia ter saído das páginas de Jane Austen. Ele era o retrato do vigário bonitão do interior. Tinha uns quarenta e cinco anos, mas o rosto liso e o cabelo farto de um jovem. Usava óculos com armação de metal e uma camisa de listras finas com colarinho clerical. Havia uma leve cadência musical em sua fala, e seus modos eram suaves. Latham tem um segundo púlpito a mais ou menos um quilômetro e meio, subindo a estrada, numa igreja irmã da St. Giles, a St. Andrew, onde a congregação é mais jovem e as cerimônias, mais informais, com sermões incrementados por violões, tambores e cantoria. É fácil imaginar Latham nos dois papéis: entoando beatitudes sob as abóbadas medievais da St. Giles ou dedilhando cordas no altar da St. Andrew, os pés em sandálias franciscanas acompanhando o ritmo.

Eu telefonara alguns meses antes para combinar um encontro, e e-mails se seguiram, incluindo um na tarde anterior à minha chegada. Mas quando me vi diante de Latham naquela tarde, no cemitério, era visível que ele não tinha a menor ideia de quem eu era ou do que poderia estar fazendo ali. Observei quando ele me avaliou, do boné aos tênis, registrando a situação: eu era estrangeiro, meu sotaque era americano, eu claramente não estava buscando assistência pastoral nem comunhão com o fantasma de Thomas Gray. Latham então chegou à conclusão óbvia: "Você está procurando a janela da bicicleta."

A bicicleta é definitivamente um produto do século XIX. Foi criação da ciência dura e da engenharia da era das máquinas, da produção em massa e do comércio global. Teve origem na cultura comercial vitoriana, que explodiu com força e se espalhou amplamente por meio de cartazes, anúncios de jornais e canções populares. A bicicleta representava modernidade e modernismo. "Lady Progress" era a mascote do primeiro periódico dedicado ao ciclismo, *Le vélocipède illustré*, publicado em

Paris a partir de 1869. Desenhos que apareciam acima do cabeçalho da revista mostravam uma ciclista em pose heroica, deixando poeira em seu rastro enquanto avançava sobre duas rodas, segurando uma bandeira, com um farol iluminando o caminho. A imagem flertava com A *liberdade guiando o povo*, de Delacroix, associando a bicicleta aos marcos dos tempos de mudança: liberação das mulheres, novas tecnologias, velocidade, liberdade. Décadas depois, Picasso, Duchamp e outros artistas e escritores ainda consagravam a bicicleta como um emblema da vanguarda.

Mas uma verdade crucial sobre a bicicleta, como fenômeno histórico e tecnológico, é que ela chegou ilogicamente tarde. Era um anacronismo ao nascer. A primeira chegou ao mundo uma década e meia depois da invenção da locomotiva a vapor. Quando a bicicleta alcançou sua forma ideal, a revolução automotiva já estava acontecendo. A inovadora Rover chegou ao mercado em 1885; naquele mesmo ano, Gottlieb Daimler apresentou sua protomotocicleta, a *Einspur*, e Karl Benz construiu seu primeiro *Motorwagen*. O conhecimento e os materiais necessários para criar uma bicicleta existiam desde a Idade Média, mas demorou séculos para que as forças do destino e da imaginação se alinhassem e trouxessem ao mundo a coisa em si.

Talvez seja por isso que a biblioteca da bicicleta esteja abarrotada de apócrifos: fantasias, farsas e histórias de origem falsas que remetiam a séculos e até milênios no passado. Vitorianos sonharam com bicicletas na antiguidade, visualizando cavalarias romanas em velocípedes e bicicletas douradas à espera de serem desenterradas em tumbas de faraós no Vale dos Reis. A ideia ecoou na arte da publicidade, que retratou bicicletas ao lado de figuras da mitologia clássica. O piadista surrealista Alfred Jarry pode ter tido essas visões quando escreveu sua versão satírica da história da crucificação, "A paixão considerada como uma corrida de bicicleta numa subida" (1903), em que Jesus fura um pneu com sua coroa de espinhos e carrega a bicicleta morro acima até o Calvário:

> O quadro da bicicleta usado hoje é uma invenção relativamente recente. Surgiu em torno de 1890. Antes desses tempos, o corpo da máquina era constituído de dois canos soldados em um ângulo reto.

Em geral era chamado de ângulo-reto ou bicicleta da cruz. Jesus, depois de furar o pneu, subiu a ladeira a pé, carregando no ombro o quadro da bicicleta ou, se você preferir, a cruz.

Ninguém poderia confundir a piada de Jarry com fato. Mas mitos entraram sorrateiramente em livros de história e apareceram até no jornalismo responsável. "As bicicletas surgem nos baixos-relevos da Babilônia, Egito e Pompeia antigos", afirmou *The New York Times* em 1974, alterando despreocupadamente a data de nascimento da bicicleta em milhares de anos. Entre estudiosos, a busca de sua origem perdida continua. É como se a realidade da origem da máquina no século XIX permanecesse, em algum nível básico, inacreditável, mesmo para os mais versados em história. Pesquisadores se agarram a fragmentos, identificando supostos progenitores da bicicleta: um entalhe de madeira do século XV que mostra o que poderia ser um triciclo de brinquedo, uma "carruagem de inválidos" do século XVII movida a pedal, diversas outras máquinas de locomoção humana impulsionadas ao virar manivelas e bombear alavancas.

Essas determinações antecedentes podem ser interessantes, mesmo quando inconvincentes. Pelo menos duas obras de Hieronymus Bosch ficaram conhecidas por retratarem supostas protobicicletas, e é divertido imaginar que ela tenha começado como um produto da imaginação dessa grande mente excêntrica. Um desenho de Bosch, *Bruxas* (c. 1500), mostra uma espécie de monociclo primitivo: uma mulher é retratada montada numa grande roda de madeira, à qual seus pés estão presos por correias semelhantes às que se usam em pedais. Esse dispositivo é mostrado rolando por uma paisagem boschiana tipicamente grotesca; parece estar indo de encontro a uma figura nua cujo traseiro está sendo sondado por uma ave de bico comprido.

Outro mestre do Renascimento esteve no centro de uma notória farsa da bicicleta. Em setembro de 1974, leitores de jornais em todo o mundo ficaram perplexos com a proclamação de que um esboço de bicicleta havia sido descoberto no *Codex Atlanticus*, um compêndio até então não publicado de rascunhos de Leonardo da Vinci. Diziam que o desenho era uma obra de Salai, aluno e criado de Leonardo, com base num projeto do próprio Leonardo. Estudiosos receberam a alegação com ceticismo. O esboço era suspeitosamente detalhado e aparentemente moderno, mostrando uma bicicleta com pedivela, pedais, uma roda traseira movida a corrente e um para-lama. Uma série de provas confirmaram desde então que a imagem é falsa, provavelmente rabiscada no *Codex* entre 1966 e 1969 por uma pessoa cuja intenção pode ter sido humorística, e não fraudulenta. Um historiador de arte da Universidade da Califórnia em Los Angeles (UCLA) constatou que a página do Codex em que a bicicleta aparece mostrava antes anotações geométricas abstratas, dois círculos intersectados por arcos. Isso pode ter sugerido o formato de uma bicicleta ao travesso desenhista, que completou o trabalho fazendo alguns traços ligeiros com uma caneta.

Alguns especulam que o desenho da "bicicleta de Leonardo" foi obra de um monge brincalhão da abadia de Santa Maria di Grottaferrata, perto de Roma, onde o Codex ficou guardado durante anos enquanto passava por uma restauração. Mas pode ser que o culpado jamais seja identificado. A questão, de qualquer modo, não é quem fez isso, mas por que uma óbvia falsificação foi recebida com credulidade e entusiasmo pelo público em geral e por autoridades. Como observaram os historiadores de bicicleta Tony Hadland e Hans Erhard-Lessing: "A burocracia cultural italiana... ainda defende a 'bicicleta de Leonardo'." Essa persistência talvez se explique pelas palavras irônicas do escritor Curzio Malaparte: "Na Itália, a bicicleta pertence à herança artística nacional da mesma maneira que a Mona Lisa de Leonardo, o domo da São Pedro ou a *Divina comédia*... Se você disser na Itália que a bicicleta não foi inventada por um italiano... um longo arrepio correrá pela espinha da península, dos Alpes ao Etna."

A Itália dificilmente é o único bastião do que poderíamos chamar de nacionalismo da bicicleta. A historiografia da bicicleta é obscurecida por alegações de precedência concorrentes e explicações conflitantes sòbre a sua criação e evolução, que refletem uma luta pelo patriótico direito de se gabar. Paul Smethurst, autor de *The Bicycle: Towards a Global History*, descreveu assim a política por trás dessas batalhas pela linhagem da bicicleta: "Assim que indivíduos — e, por extensão, nações — recebem o crédito por grandes invenções, ideias ou obras de arte, edifícios de proporções mitológicas podem surgir. Na atmosfera chauvinista e por vezes jingoísta da Europa no século XIX, tais edifícios reforçavam o prestígio nacional, e na era moderna os avanços tecnológicos foram especialmente valorizados."

Pelo menos um mito de criação veio de fora da Europa. Em 1897, o diplomata e político Li Hongzhang declarou que a bicicleta era uma antiga invenção chinesa. Li disse a um grupo de jornalistas americanos que a bicicleta foi desenvolvida na época da dinastia Yao, por volta de 2300 a.C. O veículo era conhecido como "dragão feliz", e se tornou tão popular que rompeu a ordem social na China: mulheres negligenciaram seus deveres domésticos para passar o tempo pedalando, e o imperador foi forçado a impor uma proibição. Era uma história inteligente, explicando com primor o desaparecimento do dragão feliz e ao mesmo tempo evocando eventos atuais: o surgimento das feministas ciclistas e a reação contra elas.

É provável que Li, um famoso contador de histórias, tenha desfiado seu conto de fadas espontaneamente, inventando tudo. Mas certas alegações de precedência parecem ter sido concebidas deliberadamente como propaganda de governo. Um artigo de 1949 no periódico soviético *Physical Culture and Sport* detalhou os atos heroicos de Efim Artamonov, um servo russo que teria inventado uma bicicleta de roda alta em 1801, quase setenta anos antes de máquinas semelhantes surgirem na Europa Ocidental. De acordo com o artigo, Artamonov construiu manualmente a bicicleta, que usou em seguida para percorrer 1.770 quilômetros, de sua casa em Verkhoturye, nos Urais, até Moscou, onde a ofereceu ao czar Alexandre I como presente de casamento. (O czar retribuiu o inventor libertando-o da servidão.) Um ano depois de publicada no *Physical Culture and Sport*, a história de Artamonov foi formalizada com uma entrada na *Great Soviet Encyclopedia*, e logo depois uma réplica da histórica bicicleta foi instalada no Museu Politécnico, em Moscou. Não há dúvida sobre os imperativos da Guerra Fria por trás dessa lenda, que estabeleceu a primazia soviética na história da bicicleta e ao mesmo tempo bateu na conhecida tecla da glória dos trabalhadores soviéticos ("Artamonov, que com sua invenção antecipou a bicicleta moderna em muitos anos, serve como um exemplo da inteligência e inventividade nativas.") A alegação foi desmascarada como pura ficção por estudiosos que mergulharam nos arquivos após o colapso da URSS. Entretanto, um monumento de bronze com uma inscrição proclamando Artamonov como o inventor da bicicleta ainda permanece na cidade uraliana de Ecaterinburgo.

A farsa de Artamonov tem sabor de Jorge Luis Borges, enviando o estudante de história da bicicleta para os labirintos bibliográficos, perseguindo notas de rodapé que levam a paredes em branco. Outra fraude literária do século XIX procurou estabelecer a bicicleta como um patrimônio francês. O perpetrador foi um jornalista parisiense que, numa jogada que Borges teria apreciado, elevou seu pedigree adicionando um aristocrático "de Saunier" a seu nome, Louis Baudry. Foi sob esse pseudônimo, em 1891, que Baudry publicou *Histoire générale de la vélocipédie,* que datava o nascimento da bicicleta em exatamente cem anos antes — um marketing inteligente por parte do autor, uma vez que isso significava que a publicação de seu *Histoire* coincidia com o centenário da bicicleta. De acordo com Baudry, a primeira bicicleta era um veículo "rígido" (sem pedais nem dispositivo de direção) coroado com uma cabeça decorativa no formato de cavalo ou leão. Chamava-se *célérifère* e foi inventada, escreveu Baudry, por um nobre, o conde Dédé de Sivrac. Nem a *célérifère* nem o conde de Sivrac jamais existiram, mas a falsidade foi repetida em livros desde então, e museus de bicicleta na Europa e nos Estados Unidos exibiram réplicas da *célérifère*. Baudry não disfarçou seu jingoísmo, inventando um primeiro quarto de século da história do ciclismo inteiramente francês, estendendo-se do Reinado do Terror à Restauração dos Bourbon, temperado com cenas evocativas: a *célérifère* sendo revelada no Palais-Royal, carteiros montados em *célérifères* transitando pelas ruas de Paris. Mas Baudry foi retoricamente astuto, menosprezando a *célérifère* como grosseira e ao mesmo tempo promovendo-a como a Primeira — uma falsa modéstia épica. "A invenção de M. de Sivrac não passou de uma pobre sementinha!", escreveu ele. "Quanto suor, quantas lágrimas, quantos gastos, quantos anos foram necessários para produzir boas bicicletas a partir da primitiva *célérifère* do século XVIII!"

As passagens mais marcantes do panfleto de Baudry eram aquelas que atacavam reivindicadores da invenção da bicicleta que não eram franceses. Seu rancor se voltou em especial contra um vizinho da França a nordeste. "Poderia um cérebro do outro lado do Reno ter concebido [a bicicleta]?", escreveu ele. "Isso é plausível, afinal de contas?"

Baudry tinha em mente um morador da Renânia em particular: o barão Karl von Drais, um nobre menor, originalmente da cidade de Karlsruhe, na extremidade oeste da Confederação Germânica, no Grão-Ducado de Baden. A aversão de Baudry a Drais era intensa; em momentos de seu *Histoire*, parece que Baudry mal consegue escrever o nome de Drais. ("O badeniano era simplesmente um ladrão de ideias.") Mas o registro é claro. Os avanços cruciais que trouxeram a bicicleta à existência aconteceram no cérebro de Karl von Drais. Foi ele quem inventou a primeira bicicleta, que chegou ao mundo na cidade de Mannheim, na margem leste do Reno, no fim da primavera de 1817.

Os fatos básicos da história foram estabelecidos. Em 12 de junho de 1817, Drais revelou a invenção que chamou de *Laufmaschine*, ou "máquina andante". Naquele dia, Drais fez um breve passeio de demonstração numa estrada que corria ao sul do centro de Mannheim, percorrendo uma distância de quase 13 quilômetros em pouco menos de uma hora. Não se sabe quantos espectadores estavam presentes à estreia da *Laufmaschine*, mas aqueles que estavam ali teriam ficado impressionados — e talvez animados — com a novidade. Tinha duas rodas, cada uma com aproximadamente 70 centímetros de diâmetro, dispostas em linha, uma na frente da outra. As rodas eram ligadas por uma tábua, provida de um selim acolchoado. O condutor centralizava seu peso sobre o veículo, montando no assento, e girava as rodas para a frente empurrando alternadamente os pés no chão — o movimento de "andar" que dava nome à *Laufmaschine*. O mecanismo de direção era uma espécie de timão, uma vara giratória comprida presa ao eixo frontal. Quando chegava a uma colina ou outro terreno de difícil locomoção por meios normais, o condutor podia desmontar, virar a haste de direção para a frente e usá-la para puxar a *Laufmaschine* atrás de si. Havia um freio também, operado por uma corda de puxar. Para frustrar imitadores, Drais pôs o freio na parte da frente do quadro, onde ficava escondido pelas pernas do condutor.

O projeto era inteligente de várias maneiras. Drais situou o selim na parte de trás do quadro, numa altura baixa o bastante para as pernas do usuário alcançarem o chão. Na outra extremidade da *Laufmaschine*, Drais pôs um descanso acolchoado para os antebraços. Esse arranjo mantinha o corpo do condutor em uma posição ideal — costas eretas, torso levemente inclinado para a frente —, proporcionando conforto e assegurando um movimento eficiente. "O instrumento e o viajante são mantidos em equilíbrio", observou Drais em sua primeira descrição da invenção publicada. Ele chegara à singularidade definidora do mecanismo da bicicleta: a simbiose entre homem e máquina, entre a bicicleta e o condutor que também é a fonte de energia. Sua intuição sobre ergonomia foi coordenada com um olhar sobre a estética. A *Laufmaschine* era primitiva em comparação à bicicleta conforme passamos a conhecê-la. Faltavam muitas características cruciais, notadamente os pedais. Mas sua silhueta — o quadro delgado suspenso nas duas extremidades sobre rodas de igual tamanho — é facilmente reconhecível. Contemplar a *Laufmaschine* em 1817 foi vislumbrar o futuro.

Entretanto, aqueles que testemunharam o primeiro passeio de Drais podem ter mais se divertido do que se impressionado. Aos olhos do início do século XIX, a *Laufmaschine* contava uma piada visual: era uma paródia de uma carroça. Drais encomendara a construção da máquina a um fabricante de carroças, e o material usado — o quadro de freixo seco, as rodas de madeira raiadas com aros de ferro em volta — era de carruagem. Em suma, aquilo era uma carroça puxada por cavalo que, de algum modo, havia sido separada do cavalo e da maior parte da carroça e submetida ao comando de um ser humano que precisava se esforçar para movê-la. A *Laufmaschine*, gracejaram críticos, era um coche que obrigava o passageiro a caminhar na lama, impondo-lhe o fardo de um trabalho normalmente delegado a um animal de quatro patas. Era um aparelho que "transformava o homem em um cavalo".

Na verdade, a primeira pessoa a fazer a comparação com cavalos foi o próprio Drais. Ele promoveu a *Laufmaschine* como um substituto do cavalo que oferecia aos viajantes um novo tipo de autonomia e, sob as condições corretas, uma velocidade maior. "Quando as estradas estão secas e firmes, [a *Laufmaschine*] anda numa planície à velocidade de oito a nove milhas [12,8 a 14,4 quilômetros] por hora, o que é igual ao galope de um cavalo", escreveu Drais. "Numa descida, é igual a um cavalo a toda a velocidade." Para Drais, a *Laufmaschine* era um "facilitador" e um "acelerador", um dispositivo que aumentava a força de locomoção natural de uma pessoa. A máquina não desumanizava seu condutor — no mínimo, ela o super-humanizava, permitindo uma viagem mais rápida, mais eficiente e mais livre.

Essa foi a mensagem que Drais carregou pela Europa na meia década que se seguiu à apresentação da *Laufmaschine*. Ele passou vários anos aprimorando o projeto e criando novos modelos de *Laufmaschine* — variações com dois assentos, com três ou quatro rodas — enquanto buscava assegurar patentes em diferentes territórios. Drais era um proselitista imperfeito, um excêntrico que afastava tantas pessoas quanto encantava. Nascera Karl Friedrich Christian Ludwig Freiherr Drais von Sauerbronn, em Karlsruhe, no ano de 1785. A família Drais tinha título de nobreza, mas não riqueza. Sua mãe nasceu baronesa Von Kaltenthal; seu pai, o barão Wilhelm von Drais, era conselheiro particular do grã-duque de Baden, Karl Friedrich. Karl tinha esse nome por causa do duque, que compareceu a seu batizado.

Na infância, Karl mostrou forte interesse por máquinas e inventou ele próprio algumas novas. Quando chegou à adolescência, decidiu-se que ele deveria buscar uma carreira no serviço público, e ele se matriculou numa escola de administração florestal dirigida por um tio. Mais tarde, Drais estudou arquitetura, física e matemática na Universidade de Heidelberg, mas a carreira em administração florestal foi considerada sua melhor opção profissional.

Em 1810, Drais conseguiu ser nomeado chefe da guarda florestal do grão-duque. O título impressionava, mas o trabalho mal era um trabalho de fato. Era um cargo cerimonial: Drais recebia um salário, mas basicamente não trabalhava. Ficou oficialmente "fora de serviço" em 1811, continuando a receber seu pagamento enquanto morava em Mannheim e perseguia obsessões particulares. Efetivamente, o governo o estava sustentando com um ordenado para ele divagar e inventar coisas. Foi um bom investimento. Drais inventaria o periscópio, um fogão a lenha, um moedor de carne, uma máquina que registrava música de piano em papel, a primeira máquina de escrever com teclado e a primeira máquina de transcrição estenográfica. Num retrato pintado quando Drais tinha trinta e poucos anos, ele tem a aparência excêntrica de um cavalheiro inventor: casaco mal ajustado, cabelo desgrenhado e um olhar vítreo, distante.

Drais se interessava em particular pelo problema do transporte. Avanços em ciência, medicina e engenharia haviam transformado radicalmente o dia a dia na Europa, mas os veículos puxados por cavalos usados para mover seres humanos por terra não passavam por aprimoramentos significativos havia séculos. Em 1813, Drais tentou uma melhoria, criando uma carruagem de quatro rodas, para ser pilotada por duas ou mais pessoas, com uma manivela movida com o pé e um "leme" de direção operado à mão. Chamou-a de *Fahrmaschine*, a máquina de dirigir. O dispositivo tinha diversas deficiências técnicas, mas foi claramente o precursor da bicicleta que Drais logo inventaria.

O que levou Drais a inventar a *Laufmaschine*? A pergunta tem atormentado historiadores. Hans-Erhard Lessing, biógrafo de Drais, argumentou que as invenções da *Fahrmaschine* e da *Laufmaschine* estão ligadas à falta de produtos agrícolas, que teria levado os pensamentos de Drais a se voltarem para a possibilidade de viajar sem cavalo, para um meio de transporte pessoal que não dependesse de provisões de aveia ou milho. No caso da *Laufmaschine,* diz Lessing, o evento precipitante foi um cataclismo global: a "supercolossal" erupção do monte Tambora, na ilha indonésia de Sumbawa, que lançou uma imensa coluna de cinzas ao céu em 10 de abril de 1815. No ano seguinte, a nuvem de cinzas chegou ao hemisfério Norte. O resultado foi o desastre climatológico e ecológico conhecido como "o ano sem verão". As temperaturas de inverno e as tempestades de neve continuaram nos meses do verão de 1816, destruindo colheitas na Europa e na América do Norte. O vale do rio Reno foi um dos lugares mais duramente atingidos, e Lessing teoriza que o caos ali — a devastadora falta de produtos agrícolas e a morte de cavalos em grandes números — impulsionou Drais a mais uma vez se dedicar ao problema do transporte sem cavalo. É uma história de origem sedutora: a criação da bicicleta tendo como precursora a maior explosão vulcânica já registrada, um *big bang* literal.

Ainda assim, é apenas uma teoria, e pode ser que a nebulosidade em torno do momento eureca de Karl von Drais nunca se dissipe. Quanto ao declínio da *Laufmaschine*, a história é bem conhecida. A invenção gozou de breve voga em várias cidades europeias e americanas, perdeu popularidade alguns anos depois e permanece hoje com uma excentricidade: um marco tecnológico que é também uma curiosidade, uma histórica moda passageira.

Mas a *Laufmaschine* foi revolucionária. Várias décadas transcorreram entre a apresentação da máquina de Drais e a invenção da bicicleta movida a pedal, e mais trinta e poucos anos se passaram antes de outros aprimoramentos nos darem a bicicleta moderna. Mas nenhuma dessas bicicletas teria existido se Drais não tivesse estabelecido o que estudiosos chamam de "princípio da bicicleta": o alinhamento de duas rodas, uma atrás da outra. Só por esse salto da imaginação, Drais merece o poderoso título de *Vater des Fahrrads*, Pai da Bicicleta.

Durante sua vida, Drais nunca recebeu aclamação. Infâmia, por outro lado... Sua vida foi tumultuada, abalada por grandes eventos da época e pela política brutal de sua casta. Em 1822, ele foi alvo de grupos de estudantes após uma controversa decisão legal tomada por seu pai, que era então o juiz de mais alta posição em Baden. Drais fugiu para o Brasil, onde se escondeu durante anos, trabalhando como inspetor de terras na fazenda de um nobre alemão-russo. Ele retornou a Baden em 1827, mas foi atacado por sua visão cada vez mais liberal-nacionalista e seu apoio a reformas democráticas. Foi hostilizado por autoridades, que o difamaram como louco e bêbado. A imprensa colaborou, chamando-o de "tolo guarda florestal" e difamando-o como inventor de máquinas inúteis. Houve esforços para interná-lo em sanatórios, e ele sobreviveu a pelo menos uma tentativa de assassinato. Em 1848, depois da "Revolução de Fevereiro" na França, ele renunciou ao título de nobreza, assumindo o nome "Cidadão Karl Drais". Mas em 1849, quando uma revolta em Baden fracassou, seus bens foram confiscados e sua pensão cortada — uma retribuição, disse o governo, pelo "custo da revolução". Drais se retirou para sua cidade natal, Karlsruhe, onde morou a apenas algumas ruas de distância da casa de outro pioneiro do transporte mecanizado, Karl Benz, na época uma criança. Drais morreu, empobrecido, em 10 de dezembro de 1851. Uma *Laufmaschine* estava entre suas escassas posses na época de sua morte. Ele foi enterrado em Karlsruhe, sob uma lápide que não fazia nenhuma menção a suas invenções, resumindo a obra de sua vida a insípidos termos burocráticos: "Camareiro, guarda florestal, professor de mecânica."

Pesquisadores não concordam com todos os aspectos da história da *Laufmaschine*. A hipótese do "ano sem verão" de Hans-Erhard Lessing se tornou parte da narrativa oficial, declarada como fato em livros e outras comemorações. Em 2017, no bicentenário do primeiro passeio de Drais, a Alemanha emitiu uma moeda de prata de vinte euros mostrando retratos da *Laufmaschine* e da erupção do Tambora. Mas Lessing afirmou claramente que a teoria se baseia em provas circunstanciais, sem nenhum testemunho do próprio Drais relacionando a invenção da *Laufmaschine* à catástrofe climática de 1816. (Na verdade, a única inspiração citada pelo próprio Drais foi a patinação no gelo — um claro precedente para o movimento de empurrar e deslizar usado para impelir a *Laufmaschine*.) Paul Smethurst sugeriu que o "revisionismo ambientalista" pode estar por trás da narrativa do "ano sem verão". "A bicicleta adquiriu um papel simbólico de 'máquina verde' no século XXI, portanto, pode parecer 'natural' associar sua invenção a uma crise ambiental de duzentos anos atrás", escreve Smethurst.

Outras objeções acadêmicas são mais pedantes, tal como o argumento de que a *Laufmaschine* não deveria ser classificada como bicicleta, uma vez que não tinha pedais. A história da bicicleta tem muitos marcos, uma longa sequência de inovações em design e melhorias mecânicas que vieram depois de Drais. Há muitos primeiros a se percorrer, e várias nações — França, Inglaterra, Escócia, Estados Unidos, Itália,

Japão — podem alegar papéis centrais no desenvolvimento técnico da bike. Mas a primazia da *Laufmaschine*, seu status de primeira bicicleta, não é desafiado hoje a não ser por excêntricos e fantasiosos.

Sonhos persistem, é claro. Existem obcecados que pouco se importam com os bons argumentos em disputas acadêmicas ou com alegações de prioridade nacionalistas. O amor deles toca num ponto mais místico. Para românticos assim, a procura da origem da bicicleta leva a Stoke Poges, à igreja de St. Giles e à janela da bicicleta.

Dentro da igreja, na parede voltada para oeste, há uma janela de vitral emoldurada por um arco ogival. O destaque da janela é um memorial da Segunda Guerra Mundial que lista os nomes de oito congregantes da St. Giles que morreram na guerra. Acima e à direita do memorial há um quadrado de vidro adicional de 45 centímetros de lado, que não fazia parte do projeto original e se situa de forma um tanto estranha, como um remendo tosco, acima da janela de vidros coloridos em padrão de losangos. O painel guarda uma imagem enigmática: um pequeno nu masculino musculoso, um querubim talvez, soprando uma trombeta, montado sobre um dispositivo estranho com uma única roda raiada.

Esta é a chamada janela da bicicleta. Ninguém sabe ao certo onde ou quando isso foi criado, ou o que exatamente retrata. Sua procedência foi remontada por diferentes investigadores à Flandres do século XV e à Itália do século XVI. Alguns sugeriram que o aparelho ali retratado é uma ferramenta medieval de medição de terras conhecida como *waywiser*. (A corda que aparece na parte esquerda superior do painel é semelhante àquelas encontradas nessas ferramentas.) Outros apontam para passagens do Livro de Ezequiel que descrevem querubins montados em rodas, e para pinturas e mosaicos religiosos que retratam tais cenas.

O que está claro, em todo caso, é que a janela da bicicleta não tem nada a ver com bicicletas. É evidentemente parte de uma composição de vitral maior; detalhes que poderiam esclarecer em que tipo de aparelho o tocador de trombeta está montado foram cortados, deixando imagens fragmentárias dentro das bordas do painel. A parte de trás da máquina arqueia no que parece ser uma forma circular. Mas seria um salto exagerado concluir que essa forma truncada é a roda traseira de algum tipo de bicicleta ou veículo semelhante.

Entretanto, muitos chegaram a essa conclusão. Relatos sobre a existência da janela começaram a circular quando membros de um clube de ciclismo visitaram Stoke Poges em 1884. Surgiram reportagens em revistas de ciclismo, e um desenho da janela apareceu em uma das primeiras histórias da bicicleta, *Cycles and Cycling* (1890), de Harry Hewitt Griffin, com uma legenda que datava o vitral do século XVII e não oferecia uma linguagem cautelosa: "O ciclista da janela da igreja de 1642." Em seu texto, Griffin ia mais longe, interpretando a janela da St. Giles como um histórico elo perdido, uma "pista para o estudante desejoso de traçar a locomoção manual até seu nascimento".

Na virada do século, o folclore da janela da St. Giles havia se espalhado o bastante para que guias de viagem a exaltassem como uma atração turística em paridade com Thomas Gray: "Todo visitante de Stoke Poges visita a tumba de Gray, e motivo não menor de peregrinação tornou-se nos últimos anos a chamada 'Janela da Bicicleta'." "Peregrinação" era a palavra certa. Mesmo quem não era propenso a pensamentos fantásticos pode ter tido sua imaginação inflamada pela atmosfera da St. Giles — pela visão de uma "bicicleta sagrada", consagrada num vitral entre arcos e arcanjos.

Hoje os peregrinos da bicicleta ainda vão à St. Giles, embora não, de acordo com o reverendo Harry Latham, na quantidade de antes. Ainda assim, quando Latham me levou ao interior da igreja naquela tarde, ficou claro que aquela era uma visita que ele já oferecera antes. Arquitetonicamente, St. Giles é uma miscelânea, que conta uma história de séculos de construção e reconstrução. Há janelas saxãs, paredes normandas, uma nave gótica, uma capela Tudor, brasões do fim do século XVII, arcos vitorianos. Latham e eu estávamos sozinhos, e o lugar era muito quieto, silencioso e escuro. Úmido também. O clima do lado de fora era quente, mas dentro da igreja estava fresco: o frio e as chuvas de mil invernos ingleses haviam soprado dentro do prédio e nunca saído. Latham me conduziu ao Sepulcro da Páscoa, uma tumba contendo os restos mortais de Sir John de Molyns, um cavaleiro do século XIV. Latham disse: "Antes de lhe mostrar a bicicleta, preciso lhe mostrar o lugar de onde ela veio."

No lado sul da St. Giles, oposto ao pórtico de madeira da entrada, há outra entrada que leva a um pequeno vestíbulo. Esse lugar é conhecido como a Entrada da Casa Senhorial. Como o nome sugere, servia de passagem particular para a entrada e saída dos moradores da imponente casa vizinha, um lugar para os congregantes mais sofisticados da St. Giles se reunirem e se desfazerem das roupas molhadas num dia chuvoso antes de entrarem no santuário. Com o tempo, os ocupantes da Casa Senhorial deixaram de usar a entrada e o vestíbulo se tornou uma espécie de almoxarifado onde o clérigo da St. Giles guardava objetos volumosos: material de limpeza, equipamentos de jardinagem, uma bicicleta ou duas. "Hoje usamos isso como uma pequena cozinha", disse Latham. Havia uma mesinha em um canto ao lado de um frigobar.

As características mais estranhas do cômodo são duas janelinhas voltadas para o sul, cobertas com o que poderia ser descrito como colagens de vitrais. Essas janelas exibem um estranho conjunto de ornamentos e imagens: motivos florais, grinaldas, arabescos, cães, aves, grifos de olhar feroz segurando brasões de armas em seus bicos. Durante anos, o painel da bicicleta ficava nessas janelas também. Era mais um elemento na mistura surreal. Algumas décadas antes, o clérigo da St. Giles se cansou de levar visitantes ao vestíbulo para ver a janela da bicicleta. Então ele recortou e retirou o painel da janela e o instalou na igreja.

Na verdade, o painel da bicicleta foi descontextualizado duas vezes. Seu primeiro lar não foram nem os confins sagrados do santuário nem o vestíbulo adjacente, mas um prédio inteiramente diferente: a Casa Senhorial. "O vestíbulo foi construído quando estavam reduzindo o tamanho da Casa Senhorial", disse Latham. "Isso foi em meados do século XVII, achamos. Obviamente eles tinham algumas sobras de vidro da casa que quiseram reciclar." Em outras palavras, a janela da bicicleta era originalmente uma estranheza doméstica, um adorno da elegante residência de uma família nobre. Talvez a própria rainha Elizabeth tenha posto os olhos sobre ela ao visitar a Casa Senhorial em 1601. Latham disse: "Trouxeram o vitral da Casa Senhorial e o jogaram aqui. Acho que não tomaram muito cuidado com ele, francamente. Quero dizer, é uma mixórdia."

Latham me conduziu por um pequeno corredor que levava de volta ao santuário. Ele disse: "Acho que foi uma boa ideia exibir a janela da bicicleta na igreja. Certamente era irritante ter que levar as pessoas lá dentro. Portanto, sabe, 'Vamos pôr onde todo mundo pode ver'. Então não há mais problema. E agora ela se tornou parte do mobiliário. De todo modo, ali está ela."

Ali estava ela. O sol estava descendo sobre a fachada oeste da St. Giles, e do outro lado daquelas paredes, onde Latham e eu estávamos agora, a janela da bicicleta iluminada por trás tinha um brilho lúgubre. Há um sentimento que às vezes me assalta quando estou em algum lugar bonito e antigo, como a St. Giles. As pedras e os ossos; a luz empoeirada e o ar bolorento; a história, o mistério. A majestade solene de uma atmosfera assim não tanto me inspira fé quanto me acende uma insegurança, sobrepujando qualquer que seja a confiança que eu tenha no poder da minha mente e no valor do meu conhecimento terreno — pondo em questão qualquer suspeita de que eu possa ter sobre os enigmas do universo, a genealogia da bicicleta incluída. Latham ficou pacientemente ao meu lado durante vários minutos enquanto eu estudava a janela, dando passos para a frente e para trás, tirando fotos e observando o vitral com atenção. Não havia como negar: era um artefato estranho e fascinante. Os dedos do pé direito do condutor pareciam estar se esforçando para tocar o chão, e o pé esquerdo se via erguido no ar. Não era uma loucura, tive que admitir, um observador supor que aquele personagem estava movendo aquela coisa para a frente com o mesmo movimento de empurrar e deslizar com o qual Karl von Drais impelira a *Laufmaschine*. Perguntei a Latham se ele achava que o aparelho parecia uma bicicleta. "Não exatamente", ele disse. "Mas suponho que pareça o bastante."

Saímos da St. Giles, voltando aos ventos e à claridade de um dia de primavera em Buckinghamshire. Latham me conduziu pelo exterior da igreja, apontando mais algumas características da arquitetura. Por fim chegamos ao lugar onde uma laje de granito comemorava o mais famoso ocupante do cemitério: *Do outro lado desta pedra, na mesma tumba sobre a qual ele tão sentidamente registrou sua tristeza pela perda de um progenitor querido, estão depositados os restos de Thomas Gray.* Latham disse: "Uma coisa que você aprende fazendo esse trabalho é que as pessoas gostam de mistérios. Elas gostam de mistérios, penso eu, tanto quanto gostam de certezas."

2

CAVALOS DE DÂNDI

Hobbies; or, Attitude Is Everything, Dedicated with Permission to All Dandy Horsemen.° Gravura de água-forte colorida à mão, publicada em Londres, 1819.

Londres, 1819. Uma multidão se reúne em Paddington para testemunhar um evento esportivo… de certa forma. É uma corrida que seguirá num percurso em semicírculo, curvando-se pelas ruas e praças elegantes no lado leste da Edgeware Road, movendo-se a oeste para a Grand Junction Water-Works, antes de virar para o sul

---

° *Hobbies*; ou atitude é tudo, dedicado com permissão a todos os cavaleiros dândis (N. do T.)

e, em seguida, para o leste, terminando em Tyburn Turnpike, no canto nordeste do Hyde Park.

Quando batalhas encenadas nas ruas de Londres começam, é um negócio de alto nível. A disputa põe um lorde contra um conde, e uma coleção de bem-nascidos e bem-vestidos se reúne para assistir, trajando fina musselina e calças impecáveis dignas de uma tarde em Ascot. Esta é uma corrida com apostas, afinal de contas, com um prêmio de cem guinéus prometido ao vitorioso. Mas nenhum cavalo correrá hoje. Em vez disso, essa disputa exibirá a última sensação, a celebrada e difamada novidade que atende por vários nomes — velocípede, cavalo de pau, coche de pedestre, *swiftwalker*, acelerador, perambulador, draisiana —, mas é mais pitorescamente conhecida por apelidos que atestam sua popularidade na alta sociedade à qual o lorde e o conde pertencem: cavalo de dândi, hobby de dândi.

Alguém disparou uma pistola. Os corredores partiram, balançando pernas e atirando longe pedras do calçamento para avançar com seus veículos. A visão desses veículos de duas rodas em movimento é impressionante e por vezes absurda. Em caminhos retos e chão plano, as máquinas se saem bem, seguindo num movimento de deslizamento fácil que pode até ser chamado de elegante. Mas, quando a rua sobe, os corredores gemem e se esforçam, e nos trechos de descida e curvas fechadas, o esforço com frequência dá lugar ao pânico, uma afobação de furiosas puxadas em freios de mão e manuseio desajeitado de barras de direção para manter os aparelhos na vertical e acima da poeira de Londres.

Durante os primeiros oitocentos metros, o lorde e o conde correm praticamente lado a lado. Depois, ao se aproximarem da estação de distribuição de água, os olhos dos corredores se arregalam diante de uma visão indesejada. Uma vaca surgiu no caminho. O conde desvia, mas o lorde manobra devagar demais, avançando diretamente para o animal e batendo feio em meio a um tumulto de blasfêmias e mugidos. O corredor caído se levanta com a ajuda de um limpador de chaminés. Ele sacode a poeira e recomeça, a alguma distância agora, mas se empenhando. Pouco tempo depois, quando os corredores se aproximam da esquina de Connaught Mews, ao norte do Hyde Park, é o conde que se desvia do curso — escorregando, inclinando-se, quase se jogando no calçamento. Esse lapso permite ao lorde diminuir a distância, e momentos depois, quando os dois chegam a Tyburn, estão empatados. Ao cruzarem a linha, é impossível alguém na multidão eufórica discernir qual dos dândis alcançou a linha de chegada primeiro.

Esta foi provavelmente uma das primeiras corridas de bicicleta realizadas na Inglaterra, aliás uma das primeiras em qualquer lugar — supondo que tenha realmente acontecido. A história está registrada num livreto, *An Accurate, Whimsical, and Satirical, Description of the New Pedestrian Carriage, or Walking Accelerator!!*, escrito por um certo John Fairburn. Trata-se de uma fonte contemporânea, publicada em 1819, o ano em que a corrida, segundo consta, ocorreu. Mas há motivos para acreditar que o relato é mais fantasioso e satírico do que preciso, mais uma peça viva de apócrifos da bicicleta. Os corredores são identificados apenas como "Lorde Y____" e "Conde de B____". A aposta de cem guinéus, o equivalente a quase dez mil dólares hoje, parece alta, até mesmo para nobres perdulários. Os elementos cômicos do relato — o súbito aparecimento de vacas e limpadores de chaminés, lançando-se dos bastidores para o palco — sugerem um esforço para enriquecer a trama. Há também os incrementos da história, em que Fairburn relata que a corrida paralisou *le tout London* e que a notícia do resultado foi enviada por um pombo-correio a George, o príncipe regente, em seu refúgio litorâneo, o Pavilhão Real em Brighton.

Mas mesmo que a história não seja factual, estritamente falando, há alguma verdade nela. Como sugere a narrativa alegre de Fairburn, a primeira febre de ciclismo da história se deu como a encenação de uma farsa da Regência, com personagens do drama saídos da aristocracia inglesa. A *Laufmaschine* abriu caminho primeiro na França, onde Karl von Drais assegurou uma patente no início de 1818. A notícia de que bandos de parisienses haviam começado a dirigir uma máquina chamada *draisienne* ou *vélocipède* se espalhou; mais à frente, em 1818, o veículo de duas rodas se materializou em Bath, onde um alemão conhecido de

Drais tinha um modelo construído por um artesão local. Logo depois, um fabricante de coches londrino, Denis Johnson, recebeu uma patente por um "Coche de pedestre ou velocípede". A máquina de Johnson incorporava modificações ao projeto de Drais e adicionava alguns ajustes criados por ele próprio. Johnson aprimorou o mecanismo de direção e substituiu madeira por metal em certas áreas para criar uma máquina mais firme. Ele também criou um assento ajustável, que podia ser erguido ou abaixado para acomodar condutores de diferentes alturas. Outros fabricantes logo surgiram, vendendo suas próprias variações ou — talvez com mais frequência — cópias pirateadas do velocípede de Johnson, violando sua patente.

Na virada de 1819, várias centenas desses novos veículos estavam em uso na Inglaterra. Sua presença era percebida em ruas de cidades e vielas no interior, de Winchester a Canterbury e Hull, na área rural de Hampshire, onde uma mulher foi morta quando seu cavalo, assustado com um velocípede que passava, jogou-a para fora de sua carroça. Em Manchester, Sheffield e Leeds, multidões se reuniam para demonstrações do uso do velocípede. Denis Johnson, esperando aumentar as vendas, partiu em viagem, indo a Birmingham, Liverpool e outras cidades para exibir sua máquina em hotéis e casas de espetáculo. Havia corridas de velocípede. Muitas eram competições informais, como a corrida descrita no livreto de Fairburn. Em certa ocasião, centenas se reuniram numa estrada nos arredores de Glasgow, onde, conforme a notícia se espalhara, um velocipedista exibiria sua máquina. "Assim eles foram enganados", reportou um jornal, "porque nenhum cavalo de dândi apareceu."

Londres era o centro da moda. "Na New Road, [velocípedes] podem ser vistos em grandes números correndo em toda tarde boa, em especial perto da Finsbury Square e no alto da Portland Road, onde foram liberados para aluguel por hora", recordou um londrino. "Espaços para a prática foram abertos em várias partes da cidade." Um jornal comparou a obsessão por velocípedes ao interesse gerado pela visita à Inglaterra de um emissário persa em busca de ajuda durante o conflito de sua nação com o império russo: "Hoje, não se fala em outra coisa a não ser no embaixador persa ou no velocípede." No teatro de variedades, esquetes e canções tratavam os velocípedes como uma tolice da moda. "A bobagem do momento é uma máquina chamada velocípede", escreveu John Keats, o poeta, em março de 1819, em carta de Londres para o irmão e a cunhada. Keats se declarou perplexo com a popularidade do estranho "carrinho de rodas para andar como num cavalo de pau".

Os significados atribuídos à nova invenção nas capitais francesa e inglesa correspondiam claramente a estereótipos nacionais. O *vélocipède* parisiense significava sexo: dizia-se que casais alugavam cada um deles um veículo de duas rodas em parques e *bois* e iam a lugares isolados para encontros amorosos. Em Londres, esses veículos eram emblemas de classe social. O preço de um velocípede era alto. (Oito guinéus, observou Keats em sua carta.) A febre do velocípede não se restringia à elite; a proliferação de escolas de instrução e o mercado de aluguel por hora evidenciam uma popularidade mais disseminada, e há relatos contemporâneos de clérigos do interior usando velocípedes para fazer suas visitas a paroquianos. Mas os velocípedes exerciam especial fascínio no subgrupo de ingleses ricos que se encantavam com novidades e se dedicavam a divertimentos.

Esse tipo social — jovem, despreocupado, ostentador nas vestimentas, com amplos recursos e tempo livre para se comprometer com a busca do que a maioria chamaria de prazeres frívolos — era um objeto de fascinação na Inglaterra desde os anos 1770. Mas a figura do dândi ganhou nova proeminência na segunda década do século XIX, quando o rei George III, acometido por uma doença mental, foi julgado inapto para governar, e seu filho mais velho, o príncipe George, foi empossado como substituto. O príncipe era conhecido havia muito tempo por seus hábitos devassos: seu apetite voraz por comida, sexo e arte, suas festas extravagantes, gastos abundantes, dívidas enormes e desdém geral por deveres e decoro. Alguns tinham esperança de que a responsabilidade agora confiada ao príncipe trouxesse uma mudança de conduta. Mas com mais poder vieram mais oportunidades para George satisfazer seus vícios, e ele aproveitou cada uma delas.

Durante seu reinado como regente, de 1811 a 1820, George entregou a tarefa de governar a seus ministros, principalmente o primeiro-ministro, Lorde Liverpool, isentando-se da responsabilidade por quase todos os assuntos de Estado, incluindo a guerra em andamento com a França de Napoleão. Enquanto a Grã-Bretanha suportava os custosos anos finais daquele conflito, e enfrentava violentas crises internas, o príncipe se dedicava a uma vida de luxo. Os excessos do período tinham como exemplo o Pavilhão Real — o palácio orientalista de sonhos de ópio criado para o príncipe pelo arquiteto John Nash — e o desfile de aristocratas e parasitas que iam em bandos para lá, a fim de comer, beber e se perverter sob seus domos e minaretes psicodélicos. Esse círculo incluía várias amantes de George e muitos homens da moda proeminentes, entre eles o dândi por excelência, Beau Brummell, antigo colega do príncipe em Eton.

As proezas do príncipe e seu grupo espantavam e escandalizavam o público. Todos e tudo ligados ao meio social era imbuído de glamour e sujeito a ressentimentos populistas. Assim foi com o velocípede, que ganhou fama e, em pouco tempo, infâmia. Leitores de jornais souberam que os velocípedes estavam presentes nos jardins das propriedades do príncipe e enfeitavam suas festas. Em agosto de 1819, o londrino *Morning Post* descreveu a comemoração do aniversário do regente no Castelo de Windsor, um acontecimento extravagante com "uma variedade de divertimentos juvenis", incluindo "comer pãezinhos saltando", "brigar por um casaco" e "corrida de cavalo de dândi". Jornais reportaram que os convidados do príncipe regente estavam com o hábito de se locomover para o Pavilhão Real sobre duas rodas. ("Tornou-se agora bastante comum as pessoas irem de Londres para Brighton em Velocípedes.") O próprio George adquiriu interesse pelas máquinas: diziam que comprara quatro delas, transportadas de Londres para o Pavilhão Real por oficiais do exército "em caravana com toda a pompa de um desfile militar pacífico". Não está claro se o príncipe andava de velocípede, mas a ideia provocou muitos comentários divertidos, devido à sua considerável circunferência.

Não era preciso estar entre os predestinados à lista de convidados reais para dar uma olhada no velocípede. "No Hyde Park, todos os homens na moda montam em seu selim", dizia a letra de "The Perambulator; or, Pedestrian Dandy Hobby Horse", uma canção publicada em 1819. O Hyde Park era a Meca do velocípede em Londres, e os dândis predominavam. ("Se fôssemos *literalmente* atirar na bobagem enquanto ela voa", escreveu um observador da cena do velocípede, "o Hyde Park num domingo estaria repleto de mortos, e não restaria um dândi para contar a história.") A compreensão de que os velocípedes eram, antes de tudo, brinquedos de homens "ociosos e nobres" da alta sociedade era amplificada na ironia de comentaristas e nas rimas mordazes de poetas:

> *Pray have you not seen*
> *That most clever machine,*
> *That's to drive out of England each prime bit of blood;*
> *And the dandy who rides,*
> *Has the pleasure besides,*
> *Of carrying his steed, and of walking in mud.*°

Houve denúncias mais ferozes. Em maio de 1819, um editorialista de jornal lamentou a "desgraça e ódio do dandismo" que havia maculado o velocípede, desviando a atenção de seu projeto inovador e sua utilidade como meio de "esforço muscular". Para um escritor do semanário político *The Gorgon*, o velocípede era um sintoma, e um símbolo, da depravação das elites da Inglaterra: "O que são esses lordes leigos, como são chamados, de que o país está sobrecarregado? Jovens ociosos... que passam o tempo galopando pelo Parque e dirigindo o cavalo de dândi — enquanto o trabalhador está perecendo de fome, o mercador não consegue vender suas mercadorias, nem o agricultor cultivar sua terra, por causa dos impostos que pagam para sustentar os perdulários."

A virulência dessa crítica reflete a política geral da época. A Grã-Bretanha no início do século XIX estava convulsionada por mudanças e agitações sociais. O aumento da produção industrializada, a aprovação de políticas de livre-comércio, as privações e perdas engendradas pela

---

° Diga se ainda não viu / Essa máquina muito inteligente / Que está levando para fora de Londres cada bocado de sangue superior; / E o dândi que a conduz / Tem ainda o prazer / De carregar seu corcel e caminhar na lama. (N. do T.)

guerra com a França — essas transformações e traumas exasperavam o público britânico e despejavam combustível em ardentes tensões de classe. Durante o período da Regência, nada menos que um terço da população da Inglaterra enfrentou fome. Revoltas por falta de alimentos e outras rebeliões estouraram e foram recebidas com medidas de repressão militar. Mais soldados britânicos foram convocados para combater destruidores de máquinas durante as rebeliões luditas de 1811-13 do que aqueles que haviam sido mobilizados por Wellington contra as forças de Napoleão na Península Ibérica alguns anos antes. Em agosto de 1819, a cavalaria britânica investiu contra uma multidão de 6 mil manifestantes que haviam se reunido no Campo de São Pedro, em Manchester, para exigir uma reforma parlamentar. Dezoito pessoas morreram e centenas ficaram feridas no chamado Massacre de Peterloo, "o mais sangrento evento político do século XIX em solo inglês".

Esse era o pano de fundo para a febre do velocípede na Inglaterra. Qualquer atrativo inerente que a máquina pudesse ter — como maravilha tecnológica, como símbolo de progresso, como curiosidade divertida — foi sobrepujado por sua associação a essa classe governante insensível. O conhecimento de que o velocípede havia chegado às praias inglesas via França aumentou o ressentimento. Na Inglaterra da Regência, a francofilia era desenfreada entre "todos aqueles com a mais leve pretensão à moda ou ao gosto". Durante as Guerras Napoleônicas, as elites inglesas mantiveram suas fidelidades e afetações francesas — salpicando seus discursos com frases francesas, abastecendo seus armários com porcelana de Sèvres, enchendo suas taças de Bordeaux e "desejando ardentemente [ter] Paris como seu lar espiritual". A grande maioria dos ingleses tinha opiniões virulentas contra a França, e o sentimento de traição — a convicção de que as indulgências das classes superiores eram não apenas decadentes como traiçoeiras — perdurou quando a guerra acabou. Em junho de 1819, quase exatamente quatro anos após o dia da derrota de Napoleão em Waterloo, um comediante apareceu no palco do Covent Garden Theatre, em Londres. Dirigindo um velocípede e vestindo uma fantasia de dândi, ele recitou versos floreados exaltando seu *cheval de bois* parisiense. Ninguém deixaria de entender a piada.

A sátira mais vívida era o trabalho de caricaturistas, que produziam águas-fortes e gravuras satirizando a moda do velocípede. (Em 1819, um jornalista de Londres observou que o velocípede "contribui para o divertimento de transeuntes nas ruas como tema de caricaturas nas gráficas".) Apresentadas em cores fortes e no estilo dos desenhos da época, os impressos refletiam a compreensão de que os velocípedes eram um risco à segurança pública, uma ameaça à vida ou, no mínimo, a um membro do corpo. Mostravam cenas malucas, imagens de uma máquina descontrolada correndo a toda a velocidade em direção a um inevitável acidente.

No entanto, os ciclistas eram os principais objetos de escárnio. Caricaturistas retrataram dândis com suas roupas vistosas, enfiados em cartolas e semiengolidos por gravatas, lutando para manter o domínio sobre velocípedes em disparada. Muitos cartuns associavam andar de velocípede com perversão sexual. Um alvo frequente das caricaturas era o príncipe regente, que foi retratado em situações eróticas absurdas, montado num veículo de duas rodas e numa amante ao mesmo tempo. Uma gravura, que se acredita ser obra do famoso ilustrador George Cruikshank, mostra o príncipe esparramado de bruços sobre um velocípede e embaixo da condutora, sua amante, Lady Hertford. O príncipe tem um freio de cavalo na boca e Lady Hertford puxa a rédea com a mão esquerda; a mão direita, erguida sobre a cabeça, segura um chicote de cavalo. Ao fundo vemos um segundo velocipedista, Frederick, irmão do príncipe e duque de York, que parece estar saboreando a cena sadomasoquista.

Padrões históricos estão se juntando aqui. Podemos ver semelhanças entre o alvoroço antivelocípede do período da Regência e o desprezo dirigido contra os dândis do ciclismo hoje, os "hipsters", com suas bicicletas fixas e suas vestimentas da moda. Há outros ecos das atuais controvérsias da bicicleta. O desprezo populista pelos velocípedes pode ter se baseado, em grande parte, em sua reputação de brinquedo de rico. Mas o que condenava a primeira bicicleta, na Inglaterra e em outros lugares, era a ideia de "não no meu quintal": a crença de que os velocípedes eram intrusos ilegais, que não eram bem-vindos nem nas ruas, onde cavalos e carruagens trafegavam, nem nos parques e calçadas, que eram domínios de pedestres. "O estado abarrotado da metrópole não admite esse novo modo de exercício", pronunciou um jornal de Londres em março de 1819. Os velocípedes eram perigosos, diziam críticos, coisas ingovernáveis que representavam uma ameaça a homens e animais, sem falar nos tolos que optavam por dirigi-los.

O problema era fundamental, criado por uma máquina cujo mecanismo de direção era mal projetado e cujos freios eram inadequados. Os condutores metiam as rodas em sulcos e saíam voando; eles batiam em outros velocípedes e entravam no caminho de pedestres e táxis puxados por cavalos. Jornais contavam histórias de colisões e quedas: velocipedistas que derrapavam e iam de encontro a cercas, que eram atirados ao chão em espaços de treino, que batiam em muros, portões e docas. Havia relatos sobre ossos quebrados, dentes rachados e acidentes em mercados que derrubavam vendedores e espalhavam mercadorias. Dizia-se que uma epidemia de "rupturas", ou hérnias, afligia aqueles que "se permitiam o uso dominical desse veículo". Relembrando o fenômeno anos depois, um londrino recordou a histeria que os acidentes de velocípede provocavam em certos cidadãos:

> Quando pessoas calmamente dispostas viram um velocípede sacudindo em sua direção, descendo um morro íngreme, correndo como um raio, indo mais rápido a cada instante, e por fim viram o condutor terminar a furiosa corrida mergulhando de cabeça, em frenético desespero, numa vala profunda, com lama até os olhos, pessoas respeitáveis se confundiram ao relatar sua conduta violenta, e em suas mentes a atribuíram a uma alienação mental — uma espécie de insanidade temporária provocada pelos velocípedes; enquanto outras não conseguiram evitar pensar num certo rebanho de suínos que, sob influência satânica, correu violentamente para um lugar íngreme, caiu no mar e pereceu entre as águas.

A reação aos velocípedes tinha uma característica de violência. No Hyde Park, grupos de jovens se aglomeravam em torno de condutores e os perseguiam. Às vezes os veículos eram tomados por multidões e vandalizados. Certa vez, quando alguns velocipedistas se juntaram a centenas de cavaleiros numa caça a veados em Epping Forest, a nordeste de Londres, "os veículos acabaram se tornando objetos de ataque e foram destruídos". As ações desses justiceiros logo ganharam uma aprovação oficial. Em 1819, uma proibição de andar de velocípede foi decretada em Londres. Interdições foram decretadas em outros lugares da Inglaterra e em outras localidades distantes onde a invenção de Karl von Drais chegara. Proibições foram impostas em Milão, Nova York e Filadélfia. Em New Haven, Connecticut, um editorial de jornal aconselhou os cidadãos a "tomar, quebrar, destruir ou converter a seu próprio uso como bom prêmio todos [os velocípedes] encontrados correndo nas calçadas". Os veículos se materializaram em cantos distantes do Império Britânico, e uma série conhecida de eventos se desdobrou. "Parece que os dândis de Calcutá, montados em seus Velocípedes, tornaram-se um tanto incômodos para os cidadãos dignos daquela metrópole", ironizou o *Sun* de Londres em maio de 1820, relatando que o governador-geral da cidade havia instituído uma proibição ao velocípede.

Durante algum tempo, condutores entusiasmados desconsideraram essas leis, mas o golpe foi forte. O veículo de duas rodas havia sido considerado ilícito, e essa avaliação se manteria. A imprensa de Londres, que apenas meses antes havia retratado os velocípedes como o auge da moda, agora os chamava de ultrapassados. "Em determinado momento, criaram-se grandes expectativas em relação a essas coisas chamadas Velocípedes", declarou um jornal no verão de 1820, "mas constatou-se que eles são tão loucos e de manejo tão difícil que estão completamente abandonados." Pessoas ligadas em moda foram atrás de novas sensações, e havia novas invenções para atiçar a imaginação de tecnófilos. "Todo o catálogo de cavalos de dândi até agora inventados não tem comparação com a nova moda de viajar em barcos a vapor."

Outras mudanças estavam em andamento. Com a morte de George III em 1820, o príncipe subiu ao trono. O rei George IV estava ultrapassado, ainda preguiçoso e esbanjador. ("Não há cão mais desprezível, covarde, egoísta e insensível do que esse rei, com vícios e fraquezas da mais baixa e desprezível ordem", escreveu o conselheiro privado e cronista Charles Greville.) Mas o rei George era uma força esgotada que passou sua década final em pronunciado declínio: cego de um olho, morbidamente obeso, sofrendo de gota e hidropisia, dopado de láudano. A Regência retrocedeu na história, e a ponto de o velocípede ser completamente esquecido, como uma nota de rodapé daquela era de excessos e frivolidades. Em 1822, um crítico literário, escrevendo com desdém sobre Lorde Byron, julgou o poeta "tão efêmero quanto um Brummel ou um Velocípede".

———

Mas havia vozes no deserto — aqueles que se lembravam do velocípede com ternura e que vislumbravam seu futuro. Os registros históricos preservaram alguns desses visionários. O anônimo autor de uma carta de 1829 à revista científica londrina *The Mechanics' Magazine* exaltou a "celeridade, leveza, elegância, compacidade, durabilidade e facilidade de propulsão" do velocípede, proclamando-o "uma das invenções mais promissoras dessa era inventiva... muito menos digno da maior parte do esquecimento no qual parece ter afundado". Com impressionante presciência, o redator da carta sugeriu que a máquina podia ser aprimorada com a adição de "pedais e manivelas".

Cerca de oito anos depois, uma defesa mais vigorosa foi apresentada. Em maio de 1837, um mês antes de a princesa adolescente Vitória iniciar seu reinado como rainha, um homem chamado Thomas Stephens Davies fez um discurso a um ilustre colégio em Londres. Davies era matemático e membro da Academia Real, um "cavalheiro da ciência" cujas dissertações tipicamente tinham títulos como "On the Equations of Loci Traced upon the Surface of the Sphere, as Expressed by Spherical Co-ordinates".°

Seu discurso nessa ocasião, "On the Velocipede", estava fora de seu escopo habitual, e permanece como uma peça notável da literatura da bicicleta: é tanto um réquiem quanto uma profecia, e uma das defesas mais visionárias já registradas do veículo de duas rodas. A palestra foi dada em Woolwich, no sudeste de Londres, na Academia Militar Real,

---

° "Sobre as equações de locais traçados sobre a superfície da esfera, conforme expressado por coordenadas esféricas." (N. do T.)

uma augusta instituição para a qual Davies recentemente escrevera um compêndio de matemática de vários volumes. A plateia naquele dia estava repleta de tipos impassíveis e sérios, acadêmicos e soldados de carreira. Davies sabia que causaria perplexidade com seu elogio a uma máquina que, àquela data avançada, era obscura para a maioria ("[Hoje] o velocípede é tão raro quanto um cisne negro, e os jovens que agora estão crescendo mal sabem o que é") e considerada obsoleta por aqueles que dela se lembravam. "Foi-me sugerido", disse ele, "que eu deveria me desculpar a vocês por lhes trazer um assunto que a algumas pessoas pode parecer insignificante demais para merecer a atenção dos membros desta instituição."

Mas Davies insistiu que o velocípede era digno de reconsideração. Era, disse ele, uma "invenção notável" que fora "perseguida" e "rebaixada" antes do tempo. Ele admitiu que os velocípedes tinham deficiências em seu projeto e que os condutores tinham dificuldade de controlá-los quando alcançavam velocidades altas. Mas argumentou que nem os defeitos de projeto nem os dândis estavam por trás do fim do velocípede. As causas eram mentalidade estreita e filistinismo, as reclamações de hordas "vociferantes" que em princípio se opõem a qualquer coisa nova e desconhecida: "Quando os guarda-chuvas foram lançados, vociferaram contra eles, e quando o motor a vapor estava chegando, ergueram-se vociferando tão alto que se ouviu do outro lado do Atlântico e ecoou de volta da América do Norte."

No caso do velocípede, disse Davies, essa reação havia se provado decisiva. Mas seria fatal? Davies pensava que talvez não. Olhando à distância, ele conseguia ver o dia em que Karl von Drais seria vingado — em que o velocípede, ou um descendente dele, iria novamente brilhar. "Estou convencido de que muitos de vocês pensarão como eu que uma nova máquina não deve ser deixada de lado e esquecida até que seu princípio e teoria tenham sido completamente investigados", disse Davies. "Uma ideia original não deveria ser perdida de vista, porque se o próprio inventor não vê sua total extensão e aplicação, aqueles que vêm depois dele poderão ver."

3

VÉLO ARTÍSTICA

Um homem trabalhando numa roda de bicicleta, por volta de 1890.

Antes de funcionarem bem, as bicicletas tinham uma boa aparência. Como meio de locomoção seguro e confiável, a protobicicleta de Karl von Drais deixava muito a desejar. Mas como objeto de arte não se podia negar: com sua silhueta curvilínea e suas rodas graciosamente dispostas e raiadas, a máquina era uma figura encantadora.

Isso também era verdade para as invenções que se seguiram à de Drais ao longo da saga de décadas de remodelações e aprimoramentos que nos trouxeram a bicicleta moderna. A bicicleta que desencadeou uma febre de ciclismo na França nos anos 1860 foi apelidada de "boneshaker" ("sacode-ossos") por causa do castigo que seu quadro de ferro batido e suas rodas de madeira revestidas de ferro impunham aos condutores. Era difícil montar e perigoso lidar com a high-wheeler, ou "ordinária", ou penny-farthing — a famosa bicicleta dos anos 1870 e início dos anos 1880 com uma roda pequena atrás e uma roda enorme na frente. Seus condutores eram propensos a cair de cabeça ao voar por cima do guidom. O nome dado à inovadora máquina que levou ao grande boom do ciclismo nos anos 1890 — a bicicleta de segurança — atesta os riscos dos modelos que a precederam. Mas, assim como a *Laufmaschine*, a boneshaker tinha linhas arredondadas e está entre as máquinas de transporte mais visualmente formidáveis já criadas.

Hoje, pode parecer surpreendente até mesmo que a bicicleta tenha sido *inventada*. Duas rodas de tamanhos iguais alinhadas, com uma transmissão por corrente na roda traseira e um quadro em forma de diamante — a forma clássica da bicicleta de segurança parece predeterminada, tão natural quanto um ser humano com dois braços e duas pernas. A geometria da bicicleta agrada aos olhos: a curva do guidom, a fluidez dos canos, a fina trama dos raios. Sua bike pode estar parada, descansando garbosamente sobre o pezinho lateral, mas seus contornos aerodinâmicos lhe dão o aspecto de uma coisa em movimento. Simone de Beauvoir descreveu uma bicicleta cuja aparência era "tão esguia, tão delgada, que mesmo quando não estava em uso parecia cortar o ar".

Há um tipo de pessoa que gosta tanto de olhar para bicicletas quanto de dirigi-las. Eu me lembro da primeira vez que parafusei um gancho no teto de um apartamento quitinete e pendurei uma bike no sentido longitudinal, pela roda traseira. Minha locomoção para o trabalho era agora também minha decoração, uma obra de arte que dominava o pequeno espaço em que eu morava. À noite, com as luzes desligadas, os aros e raios captavam o brilho dos postes de luz na calçada lá fora. Quando eu girava a roda da frente, reflexos corriam pela parede como o espetáculo de luz de um globo de festa.

Não fui o primeiro a ter prazer com essa visão. Marcel Duchamp recordou o efeito fascinante de sua famosa escultura ready-made *Roda de bicicleta* (1913), uma roda de 66 centímetros montada ereta sobre um banco. "Ver aquela roda girando era muito tranquilizante, muito confortante", disse Duchamp. "Eu gostava de olhar para ela, assim como gosto de olhar as chamas dançando numa lareira." Para Adolf Loos, arquiteto e teórico de design, a bicicleta era um objeto de arte quase perfeito, comparável em pureza às grandes criações do mundo antigo. Um vaso grego, disse Loos, é "tão bonito quanto uma bicicleta".

O design da bicicleta conta histórias importantes. A história fala a língua de pedivelas e cachimbos, da altura do movimento central, do formato do selim, da inclinação do cano superior. A extravagante penny-farthing carrega um mundo vitoriano perdido em sua imensa roda dianteira. A Schwinn Sting-Ray, com seu quadro baixo para "wheelie" e seu assento banana alongado, é um objeto da arte Americana tão evocativo do vibrante fim dos anos 1960 e início dos 1970 quanto o jeans boca de sino e os *Greatest Hits* do Sly and the Family Stone. Compare as delgadas e austeras cruisers e roadsters que predominavam em meados do século na Europa às bicicletas americanas da época, com seus pneus balões volumosos e seus quadros robustos com "tanque de gasolina" estilizado no estilo motocicleta. Visões do mundo conflitantes chamam a atenção: de um lado, uma sociedade urbana em que as bicicletas eram máquinas utilitárias e faziam parte da vida diária; do outro, uma cultura automobilística que havia relegado a bicicleta ao status de brinquedo de criança e representante de veículos a motor, com o "petrofetichismo" incorporado ao próprio quadro.

A principal história que a bicicleta conta é aquela em que utilidade, simplicidade e beleza são indistinguíveis. É por isso que Loos e outros teóricos da Bauhaus, esses combatentes da guerra aos ornamentos, exaltaram a bicicleta como uma personificação dos ideais modernistas. Ela expressa o princípio de que "a forma segue a função" com uma transparência alcançada por poucas outras criações humanas. Para entender o funcionamento da maioria das máquinas, você precisa enterrar o nariz em um manual do usuário e depois enterrar a cabeça nas entranhas da máquina. O carro esconde seus mecanismos por baixo de tampas, capôs e pintura brilhosa, e com a parte de baixo do chassi. Mas a bicicleta, escreveram Roderick Watson e Martin Gray, "nos chega... nua": "rodas, pedais, corrente, pedivela e garfos demonstram seu propósito e apenas seu propósito, dificilmente com um grama de material a mais". A bicicleta moderna tem apenas algumas dezenas de componentes em funcionamento, e em geral eles são duráveis e fáceis de manter. A parte mais vulnerável de uma bicicleta — a câmara interna dos pneus — pode ser consertada ou substituída de maneira rápida e barata.

O design e a construção da bicicleta passaram por muitas inovações desde a chegada da bicicleta de segurança. Câmbios, freios de disco, quadros de titânio e fibra de carbono — inumeráveis novos componentes e materiais de construção entraram em cena. Tipos totalmente novos chegaram ao mundo. Há bicicletas desmontáveis que vergam em dobradiças, de modo que você pode carregá-las como uma mochila ou uma pasta; há designs que você pode baixar em sites de fonte aberta na internet e imprimir numa impressora 3D. Mas o formato básico, a clássica silhueta da bicicleta de segurança, permanece e reina. Lewis Mumford escreveu: "Em cada arte há formas tão implícitas no processo, tão harmoniosas com a função, que são, para propósitos práticos, 'eternas'." Mumford tinha em mente coisas como o alfinete de segurança e a tigela para beber, cuja antiguidade parecia justificar a impetuosa designação de "eternos". Em termos históricos, a bicicleta é uma coisa nova, mas sua forma parece tão fundamental e inviolável quanto qualquer alfinete, tigela ou vaso grego.

———

Isso começa com — o que mais — duas rodas. Em inglês, chamamos a máquina de *bicycle* por causa desse par de rodas — esses "ciclos" gêmeos, uma palavra derivada da palavra grega para "círculo". O escritor Robert Penn fez a divertida observação de que você poderia subtrair quase todos os componentes essenciais da bicicleta moderna exceto as rodas — catraca, corrente, freios, pedais — e ainda assim terá o mesmo objeto. (Na verdade, você teria voltado à elementar *Laufmaschine* de Drais.) Mas as rodas não são negociáveis: tire-as e você não irá longe.

A roda da bicicleta tem uma combinação de força e leveza, estabilidade e flexibilidade — qualidades que distinguem o mecanismo da bicicleta em geral. Características semelhantes são exibidas por pontes pênseis, às quais as rodas de bicicleta raiadas têm sido com frequência comparadas. Tanto as rodas quanto as pontes dependem da resistência à tensão de uma rede de arames; ambas têm uma capacidade de suportar peso que parece improvável considerando sua aparência elegante, até delicada. A roda de bicicleta é um dos mais fortes dispositivos humanos, capaz de sustentar aproximadamente quatrocentas vezes seu peso. Em teoria, um búfalo poderia pedalar sem as rodas entortarem sob seu peso.

As primeiras gerações de bicicletas tinham o que eram mais ou menos rodas de carruagem, feitas de ferro e madeira, com raios fixos construídos com o mesmo material. As rodas eram pesadas e rígidas, e não projetadas de forma ideal para suportar as cargas da bicicleta e do condutor posto sobre elas. Quando a roda girava, o peso era transferido para o raio mais próximo do chão, na parte inferior da roda — e uma pressão considerável era posta ali.

Uma inovação no design da roda veio no fim dos anos 1860 e início dos anos 1870, com a introdução dos raios de arame. A bicicleta convencional de hoje tem 28, 32 ou 36 raios, que empurram o eixo e o aro entre si, mantendo as rodas num estado de tensão. Essas rodas podem suportar os pesos do ciclista e do quadro em qualquer ponto de sua circunferência e tolerar pressões vindas de diferentes áreas e ângulos: a pressão vinda de baixo, quando as rodas se movem sobre a estrada, a pressão de torsão vinda da corrente quando esta impulsiona a roda traseira para a frente. Em fases iniciais do desenvolvimento da roda, os raios eram fixados radialmente entre o eixo e o aro, mas os designers descobriram que um padrão tangencial — em que os raios se estendem a partir do eixo em ângulos, numa configuração de superposição — tornava a roda mais resistente a deformações. Além disso, a disposição tangencial dos raios é atraente aos olhos. As bicicletas rebaixadas — bicicletas customizadas, enfeitadas de forma extravagantemente ostentosa e impressionante, que ciclistas latinos tornaram famosas em Los Angeles — chegam a ter

144 raios, com frequência folheados a cromo ou ouro. São talvez a mais pura expressão da bike como objeto de arte, já que em muitos casos não podem ser conduzidas: os movimentos centrais ficam perto demais do chão para que os pedais possam ser girados. Assim como Duchamp, os devotos da bicicleta rebaixada olham para a roda da bicicleta e veem fogo — uma luz e uma chama metálicas com um brilho que eles não conseguem resistir a atiçar ao máximo.

Você pode contemplar uma roda da bicicleta; também pode escutá-la. Os suaves rumor e estalido da roda girando são um som tão tranquilizante quanto qualquer som da natureza — tão calmantes quanto o tilintar da água sobre pedras no leito de um rio. A roda pode fazer todo tipo de música. Um jovem Frank Zappa apareceu no *Steve Allen Show* em 1963, produzindo tons sinistros ao arranhar os raios de uma cruiser com o arco de um baixo. (Zappa disse a um entretido Allen que estava tocando a bicicleta há "umas duas semanas".) Construtores de bicicletas às vezes testam rodas usando um diapasão, puxando os raios como cordas de violão para determinar se eles soam na mesma altura e, portanto, estão tensionados de forma correta.

O processo de ajustar a tensão do raio de tal forma que o aro gire livremente entre as pastilhas de freio é conhecido como "trueing".° Para os filosoficamente dispostos, uma roda de bicicleta ajustada incorpora verdades maiores. A roda ajustada toca notas afinadas; obtém um ideal euclidiano. Os raios que se estendem entre o eixo e o aro estão agarrados a um cabo de guerra, cada extremidade esticando de um lado para manter a roda em um círculo perfeito.

———

Examine a bicicleta e você encontrará mais círculos, e círculos dentro de círculos. Existem aqueles ciclos dunlopianos, o pneu e a câmara interna, uma luva circular embalando um anel cheio de ar. Existem as várias partes e peças circulares — braçadeiras e arruelas, parafusos e buchas — que constituem os componentes da bicicleta e os fixam no

———

° "Ajustar com precisão." (N. do T.)

lugar. Existem a coroa e a catraca na roda de trás, discos dentados em cuja circunferência a corrente é impelida.

O desenvolvimento da transmissão por corrente pode ser considerado o mais significativo marco do design da bicicleta, depois da escolha de Drais de dispor as duas rodas alinhadas. A primeira fase da evolução veio nos anos 1860, com a invenção do velocípede boneshaker, que reconfigurou a máquina de Drais como um dispositivo movido por pedais. Esse velocípede era um veículo de "acionamento direto": uma pedivela giratória e pedais eram afixados ao eixo da roda da frente, e cada rotação da pedivela girava a roda da frente exatamente uma vez. Para chegar a uma "marcha" mais alta — para fazer a bike andar mais rápido a cada revolução da pedivela —, a circunferência da roda tinha que ser aumentada. Por isso a penny-farthing, cuja roda frontal gigantesca oferecia marchas mais altas, mas tornava as pedaladas desafiadoras e arriscadas. Um baque mal recebido na estrada podia resultar no temido mergulho de cabeça — uma queda por sobre o guidom, uma contusão ou um osso quebrado, ou um pescoço quebrado, ou um crânio rachado como uma casca de ovo.

Esses problemas consumiram a atenção de mecânicos e inventores por mais de uma década. A solução veio, no fim dos anos 1870, com um novo design de bicicleta que substituiu o acionamento direto por um sistema de transmissão: um dispositivo que transferia a energia produzida pelo ciclista pedalando para as rodas da bicicleta por meio de uma corrente. Pesquisadores anteriores haviam tentado conectar a transmissão por corrente à roda dianteira. Mas agora a pedivela e o pedal haviam sido trocados para o centro da bicicleta, e a corrente dava uma volta da pedivela até a roda traseira. Quando os pedais eram pressionados, a pedivela virava, a corrente era ativada e a roda traseira era empurrada para a frente, pondo a bicicleta em movimento.

Foi uma melhoria simples e engenhosa. Com a corrente correndo entre rodas dentadas de tamanhos diferentes — a coroa maior com a pedivela e a catraca menor na roda traseira —, a bicicleta alcançou um efeito de engrenagem: a cada rotação dos pedais, a roda traseira girava várias vezes. Isso permitiu descartar a roda grande frontal e a roda traseira em miniatura da penny-farthing em favor — de início, no primeiro modelo da bike de segurança — de rodas de tamanhos semelhantes e, logo, de tamanhos iguais, o que tornou mais fácil montar e operar a bicicleta. Agora a roda da frente podia ser usada simplesmente para direcionar, um arranjo bem menos complicado do que um dispositivo de direção que funcionava também como força de pedal. Em suma, a transmissão por corrente foi o grande democratizador. Tornou a bicicleta mais segura e mais simples, permitindo ao ciclismo deixar de ser uma atividade dominada por homens esportistas e audaciosos para se tornar um modo de transporte acessível a mais ou menos todo mundo — crianças, idosos, não atletas. Crucialmente, a invenção da bicicleta de segurança refutou a teoria — sustentada principalmente por homens — de que o ciclismo estava além da capacidade das mulheres, que eram consideradas delicadas demais para enfrentar os rigores da boneshaker e da penny-farthing.

Em termos tecnológicos, a transmissão por corrente da bicicleta foi histórica, uma solução para enigmas estudados durante eras pela humanidade na busca por ferramentas melhores. Dispositivos com manivelas manuais eram usados desde a antiguidade, mas a transmissão por corrente da bicicleta de segurança explorava os músculos da perna — os maiores do corpo humano — para criar um motor de eficiência extraordinária. Mais uma vez aquela forma talismânica — o círculo — entra em jogo. A eficiência da bicicleta se baseia na conversão do movimento de alternância — a ação de subir e descer dos pés pressionando os pedais — num movimento rotatório, as oníricas revoluções circulares de pedais e pedivela. (Na gíria do ciclismo, diz-se que um condutor com má técnica de pedalar, ou cuja técnica falha quando a fadiga se instala, "pedala quadrado".) O resultado é uma otimização de energia. Como escreveu Robert Penn: "Pedalando com pedais e pedivelas regulares, nossas pernas apenas empurram o pedal durante uma pequena parte de cada rotação do pedal: cerca de sessenta graus. Nos outros trezentos graus dessa revolução, os principais músculos da perna — isquiotibiais e quadríceps — estão descansando e sendo capazes de absorver sangue, carregando energia de reposição."

A outra forma essencial da bicicleta é o triângulo. O clássico quadro em diamante, estabelecido nos anos 1880 com a invenção da bicicleta de segurança, é, na verdade, formado por dois triângulos ligados. Um dos triângulos compreende o cano superior, o cano inferior e o cano do assento; o segundo também incorpora o cano do assento, a partir do qual os suportes do assento e da corrente fazem um ângulo com o eixo da roda traseira. Há outros triângulos mais sutis no quadro, formados pelo garfo frontal e pelos suportes da corrente, que se conectam, respectivamente, com os eixos das rodas dianteira e traseira. Engenheiros estruturais há muito tempo reconheceram que o triângulo é a mais forte forma geométrica, resistente a deformações mesmo quando sob grande pressão. Uma bicicleta que sofreu um grande acidente pode ter um garfo torcido, rodas dobradas e várias outras partes e peças destruídas. Mas o quadro provavelmente estará intacto. A integridade subjacente dessa configuração do quadro permitiu a designers incorporar materiais progressivamente mais leves — canos feitos de alumínio, titânio ou fibra de carbono — sem sacrificar a estabilidade. A forma dos triângulos é mantida.

Muitas outras variáveis entram na formação da geometria do quadro e na função de cada bicicleta. A altura e a largura dos canos, o ângulo do eixo da direção, o posicionamento do movimento central, a distância entre os eixos traseiro e dianteiro — esses e outros fatores afetam o modo como o quadro se adequa ao condutor, a velocidade e o comportamento da bicicleta. Sempre houve variações na forma do quadro; o século XXI trouxe novos designs radicais para ela e novos formatos de quadro. Mas o diamante é o padrão — em sua maioria, os quadros modernos são, na verdade, apenas variações do mesmo tema. "É improvável que o quadro em diamante seja algum dia superado como modo de construir uma bicicleta de quadro rígido usando canos unidos como meio de construção", escreveu o construtor de bicicletas Sheldon Brown. "É uma das peças de design mais próximas da perfeição conhecidas."

Máquinas com design perfeito, assim como aquelas de design imperfeito, não apareceram por mágica. Para construir uma bicicleta, matérias-

-primas precisam ser reunidas e transportadas. As matérias-primas, por exemplo, de uma bicicleta de estrada com quadro de liga de alumínio podem incluir alumínio, aço, ferro, cobre, manganês, magnésio, zinco, cromo, titânio, óleo mineral, enxofre, negro de fumo, borracha sintética e borracha natural. Esses materiais são extraídos da terra ou de plantas ou preparados em fábricas. Durante a fabricação da bicicleta e de suas diversas partes, outros processos de refinamento e tratamento acontecem: trituração, derretimento, hidroformação, extrusão e vulcanização, entre outros. Em cada fase, resíduos e emissões são produzidos. Muitos de nós nos confortamos com o conhecimento de que, andando de bicicleta, estamos fazendo uma escolha ética e ambiental. Mas as bicicletas não estão livres das realidades de sua criação: a extração de recursos, o consumo de energia e o trabalho braçal humano envolvidos na fabricação têm um custo. A bicicleta deixa uma pegada.

É difícil dizer o tamanho de uma pegada. A indústria é global e intricada. A maioria das bicicletas de hoje inclui partes fabricadas em vários países diferentes. Pesquisadores que tentaram escrever sobre o ciclo de vida das bicicletas acharam difícil acompanhar as cadeias de abastecimento até suas origens — identificar a mina aberta na Guiné ou em Gana ou na China onde a bauxita, principal recurso de um quadro de bicicleta de alumínio, foi originalmente extraída, ou identificar onde no mundo a borracha natural de um pneu foi extraída. Basta dizer que as indústrias envolvidas nas primeiras fases do ciclo de vida da bicicleta têm antecedentes ambientais e de direitos humanos irregulares — para ser generoso —, e é sentimental supor que as bicicletas, pela virtude de serem o que são, chegam a este mundo limpas e verdes. Nem devemos ser ingênuos em relação às condições nas quais elas são montadas em fábricas. Jornalistas descobriram abusos no trabalho da indústria, incluindo a exploração de crianças que trabalhavam em fábricas em lugares como Camboja e em Bangladesh.

Os antecedentes históricos são ainda mais sombrios. Não precisamos olhar para além de John Boyd Dunlop e da roda de borracha pneumática. Na versão padrão da história da bicicleta, a história da invenção de Dunlop é narrada — como no prólogo deste livro — como um triunfo técnico e mercantil, o avanço final que levou ao boom da bicicleta no fim do século XIX. Mas essa história deixa de seguir o rastro da borracha de incontáveis pneus e canos internos até sua origem: até plantações de borracha na bacia amazônica e até o terror da "borracha vermelha" no Congo Belga, onde milhões morreram colhendo látex nas videiras de *Landolphia owariensis*. No Brasil, uma pessoa morria a cada cento e cinquenta quilos de borracha colhidos; no Congo, o cálculo foi de uma morte para cada dez quilos de borracha. "Se você foi um dos milhões no mundo inteiro que começaram a andar de bicicleta na 'febre da bicicleta' dos anos 1890, deve ter viajado sobre um acolchoamento de borracha do Congo", escreve a historiadora Maya Jasanoff. A ligação entre o boom da virada do século e as infâmias humanitárias e ecológicas perpetradas por potências europeias se estende a pelo menos mais um recurso natural: o asfalto, extraído por trabalhadores explorados no território colonial inglês de Trinidad e usado para assentar superfícies lisas sobre as quais tantos ciclistas europeus e americanos giraram suas rodas.

Esses antecedentes sinistros podem moderar nosso entusiasmo pela versão Grande Homem da história da bicicleta, com seu panteão de ilustres inventores e inovadores europeus. Suas realizações são impressionantes, todavia. Ao lado de Drais e Dunlop e do pioneiro da bicicleta de segurança John Kemp Starley, historiadores do ciclismo reverenciam nomes como Pierre Michaux, um ferreiro parisiense que alguns acreditam ter produzido os primeiros velocípedes boneshaker, e Eugène Meyer, cujo trabalho foi crucial para o desenvolvimento da high-wheeler. Há aqueles que contribuíram para a anatomia da bicicleta no nível molecular. Uma figura fundamental é Jules-Pierre Suriray, construtor de bicicletas parisiense que patenteou o rolamento de esferas, esse "átomo da Era da Máquina", essencial para o funcionamento não apenas de bicicletas e carros, mas de tudo, de molinetes de pesca a aparelhos de ar-condicionado, discos rígidos de computadores, o telescópio Hubble e o rover marciano.

Os antecedentes são obscurecidos pelas disputas habituais sobre procedência. Historiadores debatem se o crédito pela invenção da bicicleta de pedal deve ser de Michaux ou de vários companheiros viajantes do comércio de bicicletas francês de meados do século XIX. (Em anos recentes, um novo consenso acadêmico se formou em torno de Pierre

Lallement, um mecânico francês que se mudou para Connecticut e recebeu a primeira patente para um velocípede movido a pedal em 1866.) Há também o caso controverso de Kirkpatrick Macmillan, um ferreiro de Dumfries, Escócia, que, de acordo com algumas fontes, inventou a bicicleta de pedal, com um mecanismo de roda traseira movido por pedais e varas, nos anos 1830.

A história da evolução da bicicleta é também uma história industrial, uma história de produtos inovadores e de empresas que os trouxeram para o mercado. Booms e breves ondas de bicicleta foram estimulados por novos tipos de veículos: triciclos nos anos 1880, bicicletas de corrida nos anos 1930, bicicletas de câmbio e BMX nos anos 1960 e 1970, mountain bikes nos anos 1980 e as bicicletas elétricas dos tempos atuais. Conhecedores de componentes e equipamentos de bicicletas têm seus próprios cânones de peças queridas e fabricantes de peças venerados. A mística em torno de produtores de componentes de bicicletas como Campagnolo, Shimano e SRAM, e o entusiasmo com que aficionados do ciclismo escolhem lados e prometem lealdade a essas marcas são objeto digno de um tomo próprio.

Mas é errado ver a bicicleta como uma coisa vinda das alturas, entregue ao mundo por indivíduos heroicos e fabricantes visionários. A bicicleta é um projeto populista, resultado de inovações de base popular e de um intercâmbio de conhecimentos vindos de todas as direções. Uma qualidade definidora da forma da bicicleta é sua abertura a cortes e intervenções, a reajustes e aperfeiçoamentos. A simplicidade e legibilidade do mecanismo da bicicleta fizeram aflorar o cientista louco em milhões. Uma criança curiosa com um conjunto de ferramentas decentes é capaz de despir uma bike à sua essência e remontá-la, acrescentando campainhas e buzinas se quiser.

A cultura da mecânica popular que teve início no fim do século XIX foi no começo dominada por ciclistas que descobriram como era simples e agradável fazer improvisos em suas bicicletas de segurança. "Você pode se exercitar com uma bicicleta de duas maneiras", escreveu o humorista inglês Jerome K. Jerome em 1900. "Você pode 'reformulá-la' ou andar nela." O grande número de modelos híbridos e máquinas semelhantes — bicicletas que você pode pedalar no ar; outras com as quais você pode atravessar a água; bicicletas nas quais você pode deitar como se estivesse numa cama — refletem a facilidade com que a bicicleta pode ser modificada e a convicção de que as bicicletas acomodam — de que as bicicletas *deveriam* acomodar — novas formas e funções alternativas infinitamente. Em 1886, um jornalista americano zombou da compulsão de criar híbridos de bicicleta: "Quando finalmente conseguimos uma bicicleta totalmente armada, com motor a vapor, vela mestra, vela balão e todos os outros dispositivos sugeridos ou inventados, temos que encontrar um novo meio de suicídio que não pode deixar de se tornar popular."

Bikes alteradas alteraram o curso de eventos históricos. A bicicleta chegou ao Vietnã como uma ferramenta do império: uma forma de transporte e recreação para funcionários da colônia na Indochina francesa e um negócio lucrativo para fabricantes franceses, que durante anos atuaram no Vietnã com algo próximo de um monopólio. Mas as pessoas locais logo adotaram a bicicleta para suas próprias finalidades, incluindo a resistência anticolonial e ações militares de guerrilha contra os ocupantes franceses e, mais tarde, americanos. Os vietnamitas usavam bicicletas tanto para transportar explosivos e *como* explosivos, escondendo bombas nos buracos do cano do selim ou do cano superior. Um relatório militar americano emitido em maio de 1966 observou a prática com alarme: "Às vezes a própria bicicleta é o instrumento da morte, sua estrutura tubular oca cheia de explosivos plásticos e dispositivos cronometrados colocados sob o selim. Terroristas entram de bicicleta na área, encostam-na no prédio a ser destruído, armam o detonador e vão embora andando." Em décadas subsequentes, "bombas de bicicleta" se tornaram um aspecto conhecido de guerras e lutas assimétricas contra potências ocupantes. Na chamada guerra ao terror, forças americanas no Iraque e no Afeganistão foram com frequência alvos de explosivos escondidos em bicicletas e presos a estas.

Os impulsos de despir e incrementar deram ao mundo novos tipos de bike e novas formas de pedalar. As origens da mountain bike moderna podem ser remontadas a um grupo de ciclistas do norte da Califórnia que, nos anos 1970, alterou bicicletas antigas para poder subir e descer o monte Tamalpais, um famoso pico no Condado de Marin. Os ciclistas reformaram Schwinns da época pré-guerra — reforçando quadros, substituindo guidons, acrescentando novos pneus, marchas, pedivelas e freios — para criar "klunkers" capazes de subir trilhas estreitas de quase 4 mil metros, transitando por terrenos acidentados na face da Pine Mountain, num contraforte do monte Tamalpais. O apelido que os ciclistas deram a essa trilha, Repack,° é uma referência a um trabalho apressado que eles enfrentavam: suas descidas muito íngrimes deixavam os freios das bicicletas rangendo e queimando, o que com frequência os obrigava a repor graxa neles.

Com o tempo, um dos maiores corredores da Repack, Joe Breeze, começou a desenhar, construir e vender sua própria linha de mountain bikes para esse fim específico. A indústria de bicicletas logo fez o mesmo. De certo modo, a mountain bike é o modelo mais popular a alcançar o público desde a bicicleta de segurança. Sua estrutura robusta, a relação de marchas baixa, os sistemas de suspensão que absorvem choques e o fácil manuseio a tornaram uma preferência de milhões de ciclistas que jamais chegarão nem perto de uma trilha off-road.

Hoje, a experimentação do "faça você mesmo" continua sendo um aspecto fundamental da cultura da bicicleta, e um alicerce de subculturas de bikes. As nações em desenvolvimento da Ásia, África e América Latina, onde as bicicletas exercem uma ampla variedade de funções utilitárias, são mananciais de customização: reformulações que transformam bicicletas em veículos de carga com três e quatro rodas, novos designs que empregam pedais e transmissão por corrente como geradores de energia para o funcionamento de ferramentas e sistemas elétricos. Em certos enclaves boêmios, a construção de uma bicicleta é um ato político e uma expressão de identidade divergente. O movimento da "freak bike" ou "mutant bike" — uma cena filiada a punks e anarquistas e concentrada em cidades americanas — dedica-se à construção de bicicletas com formas e tamanhos estranhos, feitas de peças recolhidas no lixo. As freak bicicletas dão forma física a ideais de reciclagem e reutilização. Sua aparência de sucata e, orgulhosamente, de baixa tecnologia, faz delas uma afirmação anticonsumismo — rejeitando

---

° Aqui, no sentido de "repor" ou "rearrumar". (N. do T.)

as máquinas reluzentes que saem dos chãos de fábrica dos fabricantes em massa e o artesanato sofisticado dos construtores de bicicletas sob encomenda — e ao mesmo tempo trata a bicicleta como um objeto de arte punk, um meio de brincar com absurdos e exibi-los. Ninguém que compartilhou uma rua da cidade com uma armada de "bicicletas altas" mutantes — máquinas de 2 metros de altura com guidons "ape hanger"° e quadros com três diamantes soldados juntos — pensará da mesma forma sobre a arte da *vélo*.

Aqueles que não têm nenhum interesse ou aptidão para bricolagens sujas de bicicletas podem, contudo, obter um tipo singular de prazer prático numa bike. O clique do câmbio quando você muda de marcha. A ação das pinças quando as pastilhas de freio apertam os aros. Numa era dominada por alienantes interações sem fricção com aparelhos digitais, a bicicleta oferece uma regressão, um lembrete sobre as satisfações táteis da tecnologia da era da máquina. Há poesia no funcionamento dos componentes da bicicleta. "Considerar a infinita perfeição da corrente, os elos o tempo todo se acomodando nos dentes da engrenagem, é um prazer perpétuo", escreveu o acadêmico literário Hugh Kenner. "Refletir que um elo específico é alternadamente estático em relação à catraca, sem hiato entre essas condições, é entreter uma espécie de mistério reconfortante que... você pode examinar a vida inteira e nunca entender."

O mais importante componente da bicicleta é o motor, conhecido também como condutor. A essência do design da bicicleta está em sua incomum fusão de máquina e ser humano. Construtores de sofisticadas bicicletas personalizadas usam programas de computador e fórmulas matemáticas para oferecer um fino produto sob medida, combinando precisamente a estrutura da bicicleta com a estrutura da pessoa. Mas mesmo o condutor de um monte de sucata pode experimentar a estranha sensação de se tornar um só com a bike. Em "Le Vélocipède" (1869), o poeta Théodore Faullain de Banville retratou o ciclista como "um novo animal... metade roda e metade cérebro". Flann O'Brien, um dos grandes bardos da bicicleta, descreveu "pessoas por aí que são

---

° "Cabide de macaco" — no Brasil, também "seca suvaco". (N. do T.)

quase metade pessoas e metade bicicletas... [que] têm sua personalidade misturada com a personalidade de sua bicicleta como resultado do intercâmbio de átomos entre elas". Essas metáforas quiméricas podem ser o mais próximo a que podemos chegar de capturar em palavras a sensação de seguir num fluxo particularmente livre, quando seu corpo e seu ser — ombros, mãos, quadris, pernas, ossos, músculos, pele, cérebro — parecem ser inseparáveis da estrutura forte, mas suave, da bicicleta. Em momentos assim, a concepção da bike como veículo talvez não esteja bem certa. Pode ser que seja mais preciso pensar nela como uma prótese. Em condições ideais, é difícil dizer exatamente onde o ciclista termina e a bicicleta começa.

4

CORCEL SILENCIOSO

"Horsey", um "enfeite afixável na bicicleta". Criado em 2010 pelo designer coreano Eungi Kim.

Durante milênios, a civilização se moveu com uma trilha sonora de cascos batendo. Esse era o ritmo da viagem, o metrônomo marcando o tempo de um percurso: *clip-clop, clip-clop, clip--clop*. Os passos de cavalos amplificavam a quietude de estradas rurais. Em cidades, cavalos que passavam por pedras do calçamento faziam um ruído alvoroçado ao fundo. O som trazia prazer: "Os cascos dos cavalos! — Oh! Enfeitiçante e doce / A música que a terra rouba das patas calçadas de ferro", escreveu o poeta Will H. Ogilvie. Era também um som assustador, um arauto da morte, como no Livro de Jeremias:

"Todos os que residem na terra lamentarão ao som das patas de corcéis galopantes, ao barulho de carros de guerra inimigos e ao ronco de suas rodas." De qualquer modo, o som era ubíquo e inescapável. Viajar sobre a terra em velocidade era mover-se acompanhado de um estrépito familiar.

A bicicleta ofereceu uma novidade inimaginável: uma viagem em alta velocidade e quase em silêncio, um veículo que lançava você pela terra sobre rodas giratórias que quase não faziam barulho. As bicicletas chegaram de mansinho no século XIX. "Há algo estranho, quase sinistro, na corrida silenciosa do ciclista quando ele aparece, passa e desaparece", declarou um jornalista em 1891. Hoje é surpreendente descobrir quantos observadores iniciais expressaram assombro, antes de tudo, com o som que a bicicleta fazia, ou não fazia. Pensava-se que isso era algo socialmente transformador. Em 1892, um escritor previu que as bicicletas eliminariam o "rude chocalhar e algazarra" de veículos puxados por cavalos, erradicando "a principal fonte do nervosismo que tão universalmente aflige os habitantes de cidades". Gaiatos cunharam um apelido, fazendo uma distinção entre as novas máquinas e os velhos puxadores de carroças e carruagens pisoteando e bufando. A bicicleta era "o Corcel Silencioso".

Houve outros apelidos. Cavalo de ferro, montaria mecânica, garanhão folheado a níquel, palafrém de aço, Bucéfalo de duas rodas. Na França, falavam do *cheval mécanique;* em Flandres, a bicicleta era um *vlosse-peerd*, um "cavalo-fio", um trocadilho que era uma aproximação flamenga de "velocípede". Em determinada época, os chineses se referiam à bicicleta como "o cavalo estrangeiro". Epítetos com essa veia datam do início da era da bicicleta. Quando os ingleses deram apelidos equinos à *Laufmaschine* de Karl von Drais — cavalo de hobby e cavalo de dândi —, estavam enfatizando o óbvio. É claro que o próprio Drais era explícito com respeito a essa ligação. Não por acaso o destino de seu primeiro passeio foi a Schwetzinger Relaishaus, uma hospedaria onde cavalos entregues pelo correio podiam ser abrigados em estábulos e onde cavalos cansados podiam ser trocados por outros com pernas frescas.

A batalha ideológica que contrapunha a bicicleta e o carro não tem nada do confronto do século XIX entre a bike e o cavalo. Em jogo estava não apenas a questão de transporte barulhento versus transporte "silencioso". O choque entre bicicleta e cavalo pôs o mundo moderno em oposição aos tempos e modos antigos, urbano contra agrário, máquinas contra natureza. Era uma discussão sobre progresso e obsolescência. Trouxe inebriantes visões auspiciosas batendo contra terríveis visões apocalípticas.

Não foi o primeiro drama desse tipo a atingir o século XIX. Controvérsia semelhante surgira décadas antes com a chegada da locomotiva a vapor, da mesma forma rotulada de "cavalo de ferro". Mas nesse caso, a analogia era imprecisa. Um trem viajava sobre trilhos, movendo-se entre pontos fixos, carregando passageiros em massa. A bicicleta era um transporte personalizado, "um único cavalo que obedecia a apenas um mestre", como escreveu o historiador David Herlihy. Assim como um cavalo, uma bicicleta podia levar você de porta a porta ou — na imaginação de poetas, pelo menos — para além das colinas e para longe:

> *The shadow of my silent steed*
> *Flies over hill and vale*
> *As swiftly as the clouds that speed*
> *On Notus' fav'ring gale.*
> *No whip, no spur, its sleek thigh wounds;*
> *Nor galls the chafing rein;*
> *But free as Helios' steed it bounds*
> *Across the shining plain.*°

A comparação fazia sentido. Um ciclista montava em sua máquina como um cavaleiro em sua sela; até hoje, o assento acolchoado de uma bicicleta é chamado de selim. Na literatura inicial do ciclismo, escritores atribuíram qualidades de cavalo às bicicletas: "[O velocípede] é leve e pequeno, e se inclina carinhosamente sobre você para apoiá-lo. Sua

---

° A sombra de meu corcel silencioso / Voa por sobre colinas e vales / Tão ligeira quanto as nuvens que passam / Na galé propícia de Noto / Nada de chicote ou espora, suas coxas graciosas avançam; / Nem feridas ao atrito da rédea; / Mas livre como o corcel de Hélio viaja / Cruzando a planície luminosa. (N. do T.)

marcha é uniforme e fácil"; "Treme como um animal sob a pele espessa de níquel e esmalte; por vezes relincha"; "Corre, salta, empina e se debate, retrai-se e chuta; está em infinito movimento inquieto, como um feixe de nervos sensíveis; está sob seu condutor como uma coisa viva".

As primeiras gerações de ciclistas, que aprenderam a pedalar quando adultos, interpretaram a bicicleta como semelhante ao cavalo em sua teimosia. Como um cavalo selvagem, ela precisava ser "domada". As bicicletas, escreveu Jerome K. Jerome, "tentarão se esquivar de todas as formas mais baixas para se livrar de seus condutores; elas tentam subir nas laterais de casas e muros; deitam em valas; viram de cabeça para baixo sem qualquer motivo aparente; dão pinote; travam guerras contra táxis e ônibus; e fazem tudo o que podem pensar para serem desagradáveis para o condutor até ele lhes mostrar que quer ser obedecido". Em "Taming the Bicycle" (1886), Mark Twain contou sua luta para dominar sua bicicleta de roda alta comum. Twain escreve: "Minha bicicleta não era adulta, mas apenas um potro — 50 polegadas, com os pedais reduzidos para 48 — e arisca, como qualquer outro potro." Esse cavalo era propenso a derrubar seu condutor:

> De repente o cavalo coberto de níquel resolve agir com determinação e vai descendo para o meio-fio, desafiando todas as preces e todo o seu poder de fazê-lo mudar de ideia — seu coração para, sua respiração hesita, suas pernas se esquecem de trabalhar, lá vai você diretamente, e agora não há mais do que alguns centímetros entre você e o meio-fio... Você vira a roda e a *afasta* do meio-fio, em vez de *avançar* para ele, e então você vai se esparramando sobre aquela inóspita margem de granito.

A bicicleta representou um tipo de perigo diferente para aqueles cuja vida dependia de cavalos. Uma gravura satírica de 1819, no auge da febre de velocípedes na Inglaterra, mostra um ferreiro e um veterinário se vingando de um "cavalo" novo que não precisa nem de ferradura, nem de remédio. O ferreiro é visto destruindo o veículo com um martelo; o veterinário olha furioso o condutor acidentado — um dândi, é claro — enquanto lhe administra uma dose numa seringa gigante.

A cena era imaginária, mas refletia ansiedades reais. Desde o início, a bicicleta foi vendida como uma alternativa, de custo compensador, aos cavalos. "Quanta despesa seria poupada com alimentação, feno, ferrador e remédios!", escreveu um entusiasta do velocípede em Londres em 1819. "Um pote de graxa, martelo, um saco de pregos e um pouco de óleo supririam toda a necessidade; se a cabeça de um cavalo de dândi fosse arrancada, o condutor só precisaria desmontar e pregá-la novamente." Meio século depois, J. T. Goddard, um dos primeiros autoproclamados historiadores da bicicleta, expressou um sentimento semelhante: "Pensamos na bicicleta como um animal, que, em grande medida, suplantará o cavalo. Não custa tanto quanto este; não come, chuta, morde, adoece ou morre." Fabricantes de bicicletas se apropriaram desse argumento de venda. Um famoso anúncio da Columbia Bicycle exaltou a high-wheeler da empresa como "Um cavalo sempre selado que não come nada".

Nem todo mundo estava convencido da comparação. Em 1868, um jornalista de Nova York zombou da ideia de uma corrida de bicicletas, imaginando uma corrida de cavalos sem cavalos. "Podemos imaginar pistas de corrida dedicadas a disputas desse tipo, com centenas de cavaleiros animados batendo na cabeça uns dos outros com seus chicotes, e não nos cavalos." Um cartunista francês foi mais longe, retratando ciclistas correndo numa pista enquanto cavalos de raça assistem à disputa na tribuna principal, relaxados sob guarda-sóis. Outros brincaram com a ideia de bicicletas sendo utilizadas em atividades equestres associadas às elites, como polo e caça com cães.

Mas a realidade ultrapassou a paródia. Em 1869, um torneio oferecido pelo Liverpool Velocipede Club incluiu esgrima, duelos com lanças e arremesso de dardo com competidores montados em bicicletas. Clubes de polo com bicicleta proliferaram nos Estados Unidos e na Grã-Bretanha. As bicicletas se infiltraram em gincanas rurais, substituindo cavalos em jogos como *tent pegging*° e trança-fitas no mastro. Em pro-

---

° Jogo de origem antiga em que cavaleiros competem para ver quem tem mais habilidade para retirar alvos do chão fincando suas lanças e espadas enquanto passam a galope. (N. do T.)

priedades de gentis, as bicicletas estavam na moda. Uma mensagem de 1895 sobre ciclismo em Paris observou a tendência: "Uma nova raça de empregados surgiu — o cuidador de bicicleta... Em grandes casas de campo, o cargo não é nenhuma sinecura, uma vez que os convidados chegam aos montes, e todos eles podem passear."

Uma alegoria cômica do período retratava o ciclista como um cavaleiro errante dos tempos modernos, encarapitado "não num corcel, mas numa confiável bicicleta". O exemplo mais famoso é, de novo, encontrado nas páginas de Mark Twain: a cena de *Um ianque na corte do rei Arthur* (1889) em que surge um destacamento de Lancelots ciclistas — "quinhentos cavaleiros de cota de malha e cinto sobre bicicletas". Porém, mais uma vez, a verdade superou a ficção. O exército francês mobilizou soldados de bicicleta para missões de reconhecimento na Guerra Franco-Prussiana de 1870-71. Nos anos 1880, as forças armadas de todas as grandes nações europeias tinham batalhões de bike. Os méritos relativos das cavalarias de bicicleta e do tipo tradicional foram objeto de muita discussão entre estrategistas militares. Um editorialista da *Journal of the Military Service Institution of the United States*, escrevendo em 1896, julgou as bicicletas superiores aos cavalos em várias áreas cruciais: "Quando o cavalo está muito ferido, torna-se um estorvo... [A bicicleta] é, além disso, mais fácil de esconder e mais apta a ser encontrada no lugar onde foi escondida quando seu dono retorna."

O maior benefício militar oferecido pelas bicicletas foi na área das ações furtivas. "A bicicleta não faz barulho, possuindo, portanto, uma vantagem manifesta sobre o cavalo, em relação às batidas das patas e aos relinchos." No campo de batalha, os cavaleiros do corcel silencioso podiam pegar seus inimigos de surpresa. Um campo de testes crucial para a bicicleta militar foi a Segunda Guerra dos Bôeres (1899-1902), uma disputa feia entre o Império Britânico e as duas repúblicas bôeres pela dominação de terras sul-africanas e dos diamantes e ouro embaixo destas. Quando soldados da infantaria do Exército Britânico equipados com bicicletas dobráveis apareceram no teatro de guerra, um soldado do Estado Livre de Orange brincou: "Acredite que os ingleses inventam um modo de viajar sentado." Mas tanto o lado britânico quanto o lado bôer descobriram que as bicicletas eram adequadas para o terreno e as táticas daquele conflito: as tropas se moviam mais rapidamente do que a pé e mais silenciosamente do que a cavalo, flanqueando o inimigo e realizando ataques furtivos.

Foi a unidade de reconhecimento de bicicleta do exército bôer, o Corpo Wielrijders Rapportgangers, que aproveitou mais a vantagem. Seu líder era Daniel Theron, um soldado astuto e destemido que ganhara fama de "excelente cavaleiro". Seus homens atormentaram os britânicos, avançando de bike em meio a arbustos densos e em campos abertos, fazendo emboscadas em posições-chave, explodindo pátios ferroviários e pontes, capturando centenas de soldados e oficiais inimigos e libertando prisioneiros de guerra bôeres. Lorde Roberts, o comandante em chefe britânico, chamou Theron de "o espinho mais difícil na carne do avanço britânico". Roberts mobilizou 4 mil soldados para eliminar a unidade bôer de apenas 108 ciclistas e estabeleceu uma recompensa pela cabeça de seu comandante. Theron acabou sendo morto em setembro de 1900 quando se deparou com membros da Marshall's Horse, uma unidade de elite da cavalaria britânica, enquanto explorava sozinho uma área atrás das linhas inimigas. Ele não foi vencido facilmente. Atingiu sete cavaleiros britânicos, matando quatro antes de cair em meio a "um inferno de lidita e estilhaços". Os britânicos haviam aprendido uma lição: logo depois da morte de Theron, eles quadruplicaram o tamanho de sua força de bicicleta.

Entre civis, travava-se outra guerra. Os equestres tinham suas máximas e zombarias. *O cavalo não cai quando está em pé parado. Não se pode afagar a bicicleta. O cavalo sempre se esquiva de um objeto que está vindo; a bicicleta sempre vai de encontro.* Os partidários da bike respondiam: *A bicicleta nunca precisa ser laçada. Bicicletas não sujam as estradas de bosta. Bicicletas não caem mortas e deixam para trás uma carcaça apodrecendo.* Os ditos irônicos repercutiam em discussões mais elevadas. Reformistas progressistas, que reivindicavam condições sanitárias em cidades, preferiam bicicletas a cavalos, que poluíam ruas e podiam espalhar doenças. Também defendiam a bicicleta sob alegações de bem-estar animal. Charles Sheldon, pastor congregacionalista americano cujo romance de 1896, *In His Steps*, popularizou a frase "O que Jesus faria?", assumiu a posição de que a bicicleta era a escolha ética. "Acho que Jesus poderia andar de bicicleta se estivesse em nosso lugar, para poupar do fardo a Sua própria força e a do animal."

A associação da bicicleta com o feminismo pôs tradicionalistas a favor do cavalo: observou-se que uma mulher sobre um cavalo podia se sentar de lado, o que lhe permitia usar um vestido longo, em vez das calças folgadas preferidas pela Nova Mulher para pedalar. Defensores do ciclismo, enquanto isso, defendiam a bicicleta como alternativa à viagem emasculadora em carruagem puxada por cavalo, um "estilo de locomoção luxuriosamente efeminado".

Grande parte da conversa sobre bicicletas e cavalos girava em torno de classes sociais. Demorou décadas para o cavalo de dândi se tornar o "cavalo de pau de pessoas" — para o brinquedo das elites da Regência evoluir como uma alternativa democrática e financeiramente viável. Os velocípedes boneshaker e as penny-farthings dos anos 1860 e 1870 eram símbolos de status da *haute bourgeois*. A mudança veio nos anos 1880, com a chegada da bicicleta de segurança, que trouxe opções com preços acessíveis às massas. É claro que a bike permaneceu popular entre os abastados, como poderiam atestar os noivos de bicicleta de Belgravia e Berkshire. Mas enquanto as bicicletas proliferavam por todo o espectro social, o cavalo era mantido como um indicador de distinção de classe. Um editorial de jornal de 1895 tipificou o esnobismo de certos críticos da bicicleta: "Uma das coisas mais interessantes da vida... é o jovem que nunca andou a cavalo mais de duas ou três vezes na vida discorrer para todos os seus amigos sobre a grande economia em aluguel de cavalos que representa uma bicicleta."

Por trás desses pronunciamentos arrogantes, percebemos um alarme e, talvez, um temor. O movimento frenético nas pistas do *fin de siècle* — bicicletas em abundância correndo ao lado de carroças em ruas com trânsito pesado — prenunciava outras reviravoltas, uma ordem social mais fluida e agitada. A carruagem puxada por cavalo representava nobreza, hierarquias antigas, direitos consagrados pelo tempo; a bicicleta era anárquica e insurgente, um agente do caos e de mudanças. "Qual é o símbolo que costumava diferenciar o homem rico do homem pobre?", perguntou John D. Long, secretário da Marinha dos EUA, num discurso em 1899. "O homem rico pode cavalgar enquanto o homem pobre vai a pé." Agora, disse Long, essa divisão havia sido erradicada. "O homem que tem uma bicicleta conduz seu próprio corcel. Ele joga poeira no rosto do homem na carruagem."

O confronto bicicleta-cavalo não era apenas metafórico e retórico. Na Europa e nos Estados Unidos, uma discussão política e legal girou em torno de questões de taxonomia: o que era exatamente uma bicicleta? Um mero brinquedo? Ou um veículo legal e legítimo, uma "carruagem" por seu próprio direito? Em cidades americanas, regulamentos que proibiam bicicletas em ruas e parques foram desafiados por ativistas em tribunais e, com frequência, nas próprias estradas, por meio de ações diretas e deliberado desacato às leis.

Uma reclamação sobre bicicletas era que elas amedrontavam cavalos. O silêncio da bicicleta era considerado uma ameaça: as bicicletas eram propensas a surpreender cavalos, causando acidentes e semeando o caos. Dizia-se que as bicicletas assustavam cavalos, deixavam-nos "loucos", levavam-nos a derrubar seus condutores e a bater carroças. As prerrogativas dos cavaleiros eram agressivamente cumpridas por carroceiros, condutores de táxis puxados por cavalos e outros que viviam do negócio de cavalos e carroças. Cocheiros punham suas carruagens em ângulo reto na rua para impedir a passagem de ciclistas, organizavam bloqueios e punham seus cavalos no caminho de ciclistas para atingi-los. Um ciclista que deixasse uma bike na beira da rua podia descobrir ao retornar que "um cavalo de carroceiro [havia] batido nela e a pisoteado até ela quase perder toda a semelhança com uma bicicleta". Em 1895, um carroceiro de Nova York, Emil Rothpetz, foi preso por cuspir em ciclistas da traseira do veículo de um colega. O juiz o manteve na prisão por quatro dias, manifestando esperança de que a sentença servisse de exemplo para muitos condutores "que parecem ter prazer em incomodar aqueles que andam de bicicleta".

A fúria nas ruas corria em ambas as direções. Na imprensa do ciclismo, relatos de acidentes e infâmias perpetrados por cavaleiros eram comuns. O escritor e ciclista americano Lyman Hotchkiss Bagg, um prolífico cronista de suas viagens de bicicleta sob o pseudônimo de Karl Kron, era um ácido detrator de cavalos e seus condutores. Em seu livro de 1887, *Ten Thousand Miles on a Bicycle,* Bagg escreveu: "O prazer do perigoso passatempo de conduzir cavalos ariscos e incontroláveis mereceria não mais do que observação passageira, exceto pelo fato de que o mero ato de comprar um cavalo cria a curiosa alucinação de comprar simultaneamente um direito exclusivo às vias públicas." O epíteto que Bagg cunhou para os cavaleiros que se julgavam no direito está conosco ainda hoje: "Road hog."°

A rivalidade bicicleta-cavalo não deixou de ser notada por empreendedores e empresários. Havia dinheiro a ser ganho. No início dos anos 1880, americanos enchiam arenas fechadas e parques de diversão ao ar livre para ver corridas entre bicicletas e cavalos. Esses eventos com frequência eram promovidos como confrontos simbólicos: "Uma disputa entre o velho e o novo, uma prova entre a mais primitiva forma de avanço auxiliado e a mais moderna de todas as forças motrizes mecânicas." Numa famosa corrida, realizada no Mechanics' Pavilion de San Francisco na primavera de 1884, o cavaleiro Charles Anderson enfrentou a equipe de ciclismo de Louise Armaindo e John Prince. A partida foi um teste de força e resistência que seguiu o modelo de corrida de bicicleta de seis dias, ocorrendo em períodos diários de meio-dia à meia-noite durante quase uma semana, com o vencedor determinado pelo número total de voltas completadas e milhas percorridas. O cavaleiro seguiu por uma pista externa que beirava a tribuna principal; os ciclistas correram numa pista interna separada, marcada em giz no piso do pavilhão. A vitória final foi de Anderson, que completou um total de 1.406 quilômetros, para 1.403 de seus oponentes. Mas foi Armaindo, uma ciclista de corrida canadense conhecida por sua ostentosa teatralidade, que cativou o público e a imprensa. "Seus membros fortes

---

° O "dono da estrada" — motorista que não respeita sua faixa e, em geral, dificulta a ultrapassagem de outros veículos. (N. do T.)

fizeram a bicicleta rodar pela pista", relatou o *Daily Alta California*. "Foi divertido ver os cavalos encararem Armaindo com olhos abertos cheios de admiração, quando sua máquina brilhante passava por eles como um raio."

As corridas de bicicleta e cavalo também eram populares na Grã-Bretanha e na Europa. Às vezes essas competições serviam para evidenciar escaramuças geopolíticas. Em 1893, Samuel Franklin Cody, um imitador de Buffalo Bill de Iowa que se autointitulava "o Rei dos Caubóis", percorreu a Inglaterra e o continente desafiando ciclistas proeminentes em uma série de corridas que atraíram multidões e inspiraram ampla cobertura de jornais.

Cody tinha talento para autopromoção. Usava um chapéu de aba larga e uma jaqueta de camurça e tinha um bigode pendurado; regalava entrevistadores com histórias exageradas sobre roubos de gado e batalhas contra índios Sioux. Sua mais celebrada corrida aconteceu em outubro de 1893, quando enfrentou o corredor francês Meyer de Dieppe, numa partida que atraiu milhares ao subúrbio parisiense de Levallois-Perret. A disputa mexeu com preconceitos europeus, retratando o Novo Mundo como antiquado, uma terra onde caipiras pitorescos perambulavam por planícies abertas no lombo de cavalos. A Europa, em contraste, era a terra da bicicleta — o lugar da urbanidade, tecnologia e futuro. Talvez isso tenha aliviado a dor da derrota de Meyer para Cody na partida em Levallois e seus muitos triunfos subsequentes na turnê europeia. Essas vitórias, segundo relatos, renderam a Cody uma pequena fortuna tanto em prêmios em dinheiro quanto em apostas paralelas. Cody também ganhou um novo apelido: jornais agora chamavam *Le roi des cow-boys* de *Le tombeur de vélocipédistes*.

Mas os ciclistas seriam os herdeiros da Terra. Pelo menos era o que parecia nos anos 1890. Nos Estados Unidos, o ativismo da bicicleta chegou a uma apoteose durante a campanha presidencial de 1896, quando o republicano William McKinley e o democrata William Jennings Bryan disputaram o apoio da League of American Wheelmen (LAW) [Liga de Ciclistas Americanos] e os votos do "bloco da bicicleta". Fundada em Newport, Rhode Island, em 1880, por Albert A. Pope, magnata da Columbia Bicycle, a LAW consolidou o lobby da bicicleta pondo milhares de clubes de ciclismo sob a proteção de uma organização nacional. Nos primeiros anos, seus membros eram em grande parte ciclistas cavalheiros refinados. (Incluíam John D. Rockefeller, John Jacob Astor e outros titãs da Era de Ouro.) Na época da disputa McKinley-Bryan, a LAW era forte e populista, com mais de cem mil membros. Era também racista. A constituição do grupo, ratificada em 1894, proibia membros não brancos; como a LAW também era o organismo governante das corridas de bicicleta nos EUA, ciclistas não brancos foram banidos da maioria das competições de ciclismo americanas. A edição de 1897 da reunião anual da LAW, um encontro de quatro dias na Filadélfia, terminou com um "grande desfile de bicicletas" em que 25 mil membros rodaram pelas ruas fantasiados; muitos pintaram a cara de preto ou personificaram outros tipos étnicos e raciais, incluindo "japoneses, indianos, esquimós... e ilhéus do Pacífico Sul". (Durante décadas, espetáculos de variedades com atores brancos maquiados de negros foram comuns em eventos da LAW realizados tanto por escritórios locais quanto pela organização nacional, e muitos desfiles e protestos de ciclistas afiliados da LAW mostravam membros pedalando com a cara pintada de preto.) A LAW foi dissolvida e ressuscitada duas vezes ao longo de décadas, mas só em 1999 a organização (hoje League of American Byciclists [Liga de Ciclistas Americanos]) revogou formalmente a proibição racial.

Se a LAW não era socialmente progressista, era politicamente astuta e presciente. Seus membros se uniram por trás da missão definidora da organização, o Good Roads Movement [Movimento Boas Estradas], uma pressão para remover "areia, cascalho, lama, pedras e bueiros" e costurar toda a vasta nação, ligando cidades americanas ao interior com uma rede de ruas e rodovias seguras e com pavimentos lisos. Um esforço semelhante estava sendo feito na Inglaterra; a Europa estava décadas à frente na pavimentação de redes de estradas existentes com macadame. Mas nos Estados Unidos as condições das pistas, em particular fora de áreas urbanas, eram terríveis. "Nenhuma nação pode avançar em civilização sem fazer um avanço correspondente na melhoria de suas rodovias", escreveu Pope em carta aberta ao Congresso em 1893. A linguagem é digna de nota. O objetivo, enfatizava a LAW, não era simplesmente modernizar os Estados Unidos, mas civilizá-los, pôr o jovem país em termos de igualdade com a Europa e continuar o "avanço" expansionista do Estado colonizador. O fato de muitas estradas do continente norte-americano serem trilhas indígenas não era declarado, mas estava implícito. Assim como o fato de que, para um magnata da bicicleta como Albert Pope, boas estradas significavam bons negócios.

Hoje em grande parte esquecido, o Good Roads Movement foi uma das cruzadas ativistas de maiores consequências na história americana. Certamente teve consequências monumentais para bicicletas, cavalos e seus respectivos lugares na vida americana. O "lar natural" da bicicleta era a cidade; construir vias favoráveis à bike que se prolongavam pelo interior era estender o domínio da bicicleta, uma incursão do cavalo de duas rodas ao território do cavalo de quatro pernas.

Em meados dos anos 1890, o cavalo estava em decadência nos Estados Unidos em várias frentes. O mercado de cavalos estava em depressão; acreditava-se amplamente que a causa era o boom da bicicleta. Em 1897, o *Sun* de Nova York reportou uma queda brusca nas vendas de feno, atribuindo o declínio à "bicicleta, que em grande medida suplantou o uso de cavalos". Dizia-se que as bicicletas estavam por trás da instabilidade dos negócios de donos de estábulos e construtores de carruagens. Relatou-se que comerciantes de cavalos estavam mudando para o negócio de bicicleta: "Os fabricantes de selas e arreios estão... voltando sua atenção para a fabricação de selins de bicicleta. Academias de equitação foram transformadas em escolas de bicicleta."

Historiadores reconhecem que o papel da bicicleta nessa mudança pode ter sido superestimado, que outros fatores — a deflação geral dos anos 1890 e o crescimento dos bondes elétricos em substituição aos trens puxados por cavalos — talvez tenham contribuído mais para o declínio do cavalo. Mas, na virada do século, a questão era vista em termos cabais: "A bicicleta chegou para ficar e o reinado do cavalo acabou." Nesse período, o cavalo assumiu um novo caráter na imaginação popular, alternadamente idealizado como uma doce encarnação da natureza, um amável brincalhão dos campos, e desdenhado como "uma fera indomável", "um bruto voluntarioso não confiável" que trazia sujeira e doenças para cidades e que "pertence ao campo". Quer se reverenciasse ou se desprezasse o cavalo, não podia haver dúvida de que a criatura estava em descompasso com os tempos e era um impedimento ao progresso que a bicicleta representava.

É claro que o desfile do progresso do século XX não seria liderado por bicicletas. O primeiro Ford Model T saiu de uma linha de montagem em Detroit em 1908. No ano seguinte, apenas 160 mil bicicletas foram vendidas nos Estados Unidos, bem menos que a venda de 1,2 milhão uma década antes. Na Europa, demorou mais tempo para que a bike fosse deixada à margem, mas o avanço dos veículos a motor provou-se inexorável. O futuro pertencia não ao corcel silencioso, mas à "carruagem sem cavalo" com quatro rodas, com seu possante e estrondoso motor de combustão interna.

Os debates de hoje sobre bicicletas e carros reiteram muitos argumentos das batalhas bike-cavalo. A cultura automobilística considera as bicicletas uma antiguidade e um incômodo, lesmas perturbando as estradas. Partidários da bicicleta fazem reivindicações em termos morais conhecidos. Assim como os ciclistas do fim do século XIX que chamavam os cavalos de poluidores, os defensores da bike de hoje citam os efeitos nocivos dos carros sobre a saúde pública e o meio ambiente. Outra reclamação frequente: o "barulho infernal" das cidades atravancadas de carros, citados por defensores do ciclismo como a causa de "doenças relacionadas a estresse".

Quanto aos cavalos, sumiram dos debates sobre transporte, mas permanecem na consciência coletiva. Fabricantes de automóveis ainda medem a capacidade de seus motores em unidades de cavalo-vapor. O cavalo também continuou a assombrar a história da bicicleta. Nos Estados Unidos, nos anos 1950 e 1960, o cavalo ressurgiu como abordagem de marketing numa indústria de bicicleta focada em crianças. Fabricantes vendiam bicicletas "de meninos" com nomes como Bronco, Hopalong Cassidy e Juvenile Ranger, evocando o mítico Oeste habitado por cavalos selvagens e homens heroicos que podiam domá-los. As bicicletas eram disponibilizadas em cores como "Preto Garanhão" e "Castanho Palomino"; muitas delas vinham equipadas com acessórios de "caubói". A Gene Autry Western Bike, da Monark Silver King Company, exibia um quadro enfeitado com vidrilhos, refletores de segurança em formato de ferradura, uma capa de selim franjada e um "verdadeiro coldre de couro com a pistola de cabo vermelho oficial de Gene Autry". Crianças de subúrbios, dirigindo bicicletas que faziam de conta que eram cavalos, sonhavam com fronteiras selvagens desaparecidas por baixo de dezenas de milhares de quilômetros de asfalto e concreto — o Sistema de Rodovias Interestaduais, uma rede de estradas mais vasta e mais inóspita para bicicletas do que os visionários da League of American Wheelmen jamais poderiam ter imaginado.

A comédia é uma forma de preservação histórica. O discurso bicicleta-cavalo de décadas atrás ressurge hoje em dia em forma de trocadilhos visuais. Ao longo dos anos, em Nova York, deparei-me com várias bicicletas com uma cabeça de cavalo de plástico no guidom. A brincadeira não é incomum. Na internet, você pode encontrar fotos de acintosos modelos de bicicletas imitando cavalos, bicicletas passando pela rota dos encontros da Massa Crítica com cabeças de pônei de papel machê à frente, bicicletas com cavalinho de pau infantil no cano superior, triciclos com rabos de cavalo estilizados se arrastando entre as rodas traseiras. Híbridos de bicicleta e unicórnio também são comuns.

Alguns anos atrás, uma empresa de design de Londres começou a vender um dispositivo rotulado de "o principal hibridizador bike-cavalo no mundo". O Trotify é um pequeno componente que se prende ao freio frontal da bicicleta, onde bate as duas metades de uma casca de coco entre si quando a bike se move. O som produzido é sinistramente idêntico ao de um cavalo galopando. Esse efeito pode assustar companheiros ciclistas, que ouvem um bater de cascos se aproximando por trás. O corcel silencioso já não é silencioso. Embora as rodas da bicicleta girem quase sem nenhum barulho, o Trotify toca um ritmo antigo, uma canção do passado: *clip-clop, clip-clop, clip-clop.*

5

MANIA DE BICICLETA: ANOS 1890

As pessoas mais importantes da estrada! Ilustração de capa de Louis Dalrymple, revista *Puck* (Nova York), maio de 1896.

1899, *Akron Daily Democrat* (Akron, Ohio)°

Chris Heller registrou uma petição no tribunal de Apelações Comuns pedindo para se divorciar de Lena Heller. Ele alega grave negligência. Para substanciar isso, ele diz que ela recusou e negligenciou os cuidados com a casa ou o preparo de refeições. Ele diz que a esposa é uma vítima da febre da bicicleta e que ela passa quase todo o tempo dirigindo sua bicicleta na companhia de pessoas alheias ao decoro.

1896, *The Wichita Daily Eagle* (Wichita, Kansas)

A bicicleta surgiu em um novo papel — o de destruidora de um lar antes feliz. A mulher no caso é a senhora Elma J. Dennison, anteriormente [moradora] de 513 Fifth Street, Brooklyn, vinte e três anos, uma "garota de bicicleta", que dirige uma bicicleta de homem e usa calças. Ela se casou com Charles H. Dennison em 1892. Na época se dedicava aos deveres domésticos que logo aumentaram com a chegada de duas belas crianças.

Depois, em má hora, o senhor Dennison presenteou a esposa com uma bicicleta. O senhor Dennison diz que a esposa desenvolveu a febre da bicicleta a tal grau que negligenciou tudo — o lar, os filhos e o marido. Ela vivia apenas para a bicicleta, e em cima dela. Logo trocou sua bicicleta por uma bicicleta de homem, então descartou as saias e adotou calças. Desde então, diz ela, o marido a tem tratado com crueldade, de modo que ela acabou sendo forçada a deixá-lo. Agora ela deu início a uma ação de separação sob a alegação de crueldade. O senhor Dennison sustenta que a esposa é uma fanática por bicicleta e oferece, como prova, a seguinte carta, que ela lhe enviou recentemente: "Meu caro marido — Encontre-me na esquina de Third Street e Seventh Avenue e traga com você minhas calças pretas, minha lata de óleo e a chave-inglesa de minha bicicleta."

° Todos os itens deste capítulo são trechos de artigos publicados na imprensa popular, ou em periódicos acadêmicos e médicos mais especializados, entre 1890 e 1899. Em muitos casos, transcrevi os trechos literalmente. Em alguns casos, editei as passagens no interesse do ritmo e da clareza – condensando o texto ou cortando períodos ou referências confusos.

1896, *The World* (Nova York, Nova York)

Henry Cleating e a esposa viviam felizes em Butler, perto de Paterson, N.J., mas agora foram ao tribunal de divórcios, ambos, e tudo por causa da bicicleta e das calças dela num tom de vermelho vivo. Ele afirmou publicamente sábado passado que a processaria para um divórcio absoluto, porque ela persistiu no uso das calças, fazendo longos passeios de bicicleta e negligenciando seus deveres domésticos. A senhora Cleating alega que, depois de retornar de seu último passeio, quarta-feira, o marido saiu correndo de casa e a puxou para o chão com tanta força que suas calças vermelhas se rasgaram em tiras. Enquanto ela fugia para dentro de casa, envergonhada e aos gritos, Cleating, diz a mulher, pegou um machado e destruiu a bicicleta, tornando-a um emaranhado de raios torcidos, pneus cortados e canos arruinados. As calças foram inutilizadas, mas servirão como prova no processo de divórcio.

1891, *The Essex Standard* (Colchester, Essex, Reino Unido)

Philip Pearce, de apelido *Spurgeon*, de 9, Warwick Road, Stoke Newington, quinze anos, que em 24 de julho foi condenado a um mês de trabalhos forçados pelos Magistrados de Chelmsford, por roubar uma bicicleta do senhor Alfred Boon, de Tindal Street, foi libertado da cadeia em 22 de agosto, mas preso imediatamente do lado de fora sob a acusação de roubar outras bicicletas. O pai disse que até a Páscoa o filho estava nas Co-Operative Stores na Cidade, e era um menino muito bom até ser possuído pela "mania de bicicleta". Isso foi sua ruína.

1895, *The Journal and Tribune* (Knoxville, Tennessee)

Eles chegaram a Glen Island [N.Y.] na quinta-feira, 11 de julho. Estavam de bicicleta e se identificaram como John e Peter Carlston, estudantes universitários na Pensilvânia. Ambos conseguiram emprego, e John foi posto na sala de jantar como garçom. Eles passeavam muito de bicicleta e atraíram considerável atenção. Ontem John foi atender a um homem e, quando se aproximou da mesa, largou [a bandeja] e correu. O cliente saiu atrás de John e o maître perseguiu o cliente idoso e o deteve.

"O garçom é minha filha Tillie", disse o homem idoso. "Ela está disfarçada em roupas de homem."

Os dois "homens" jovens foram encontrados em seu quarto às lágrimas. Eles confessaram. São as filhas de Henry Carlston, que mora em Chicago, perto de Oak Park.

"Estou empregado no departamento do auditor da Chicago & Northwestern Railroad", disse ele. "Estas são minhas filhas. A que assumiu o nome de John é Matilda, de vinte anos, e a que você chama de Peter é Harriet, dezoito anos."

"Eu atribuo isso à febre da bicicleta", continuou ele. "As duas meninas insistiram em ter bicicletas, e então compraram calças. Acabaram adotando trajes inteiramente masculinos."

1896, *The Des Moines Register* (Des Moines, Iowa)

No domingo, a polícia revelou um caso de extrema crueldade. Constatou-se que o ex-vereador Frank Dietz prendera ao pé da filha uma corrente comprida, para mantê-la em casa. A menina queria sair de bicicleta e o pai recusou, e temendo que ela pudesse ir enquanto ele estivesse fora, ele usou a corrente.

1895, *The Allentown Leader* (Allentown, Pensilvânia)

Uma mensagem de Unadilla, N.Y., diz que a oposição de uma futura sogra a bicicletas e uso de calças resultou na novidade de um casamento de bicicleta. A senhora Frank Moses se opôs com persistência a sua filha de dezessete anos, Florence, desde que ela comprou a bicicleta e as calças.

Em duas ocasiões a mãe espalhou tachas nos caminhos, para furar os pneus da bicicleta da filha, e em outra vez ela quase arruinou as calças lambuzando a bicicleta de tinta. A senhora Moses, porém, considerou que Jerome Snow, acompanhante da filha, agiu para induzir a menina a adotar as calças. Quando o senhor Snow apareceu semana passada para convidar a senhorita Moses a participar de um grupo de ciclismo, a senhora Moses ordenou que ele fosse embora e nunca mais voltasse.

Então, a filha apareceu vestida para andar de bicicleta e saiu da casa correndo, e o casal logo desapareceu na estrada. Os dois percorreram várias milhas, discutindo o incidente desagradável, quando o jovem exclamou subitamente:

"Vamos fazer um casamento de bicicleta hoje à noite e resolver a questão."

"Está bem", disse a senhorita Moses, "onde está o pastor?"

O jovem casal logo se juntou a um grupo de ciclismo, do qual fazia parte o reverendo senhor Mead. Depois de concluídos os arranjos necessários, o clérigo recitou a cerimônia de casamento, recebeu as respostas e declarou o casal marido e mulher enquanto as bicicletas estavam fazendo dez milhas [16 quilômetros] por hora.

1895, *The Century Illustrated Monthly Magazine* (Nova York, Nova York)

Como força revolucionária no mundo social, a bicicleta não tem igual em tempos modernos. O que ela está fazendo, na verdade, é pôr a raça humana sobre rodas pela primeira vez na história. Quando consideramos o aumento em rapidez de locomoção que ela obteve, e o fato de que ela se autossupre com tamanha facilidade, não surpreende que as mudanças necessárias para atender às necessidades da nova ordem de coisas são tantas e tão radicais que chegam a praticamente transformar o mundo.

1896, *Munsey's Magazine* (Nova York, Nova York)

Em cada terra civilizada, a bicicleta se tornou um objeto conhecido; e mesmo em alguns dos cantos mais selvagens do planeta, ela se fez presente. Realezas europeias adotaram a bicicleta com não menos satisfação do que figuras da sociedade dos Estados Unidos. O jovem aristocrata de todas as Rússias, o czar Nicolau, foi fotografado com sua bicicleta. Agrupados com ele estavam seus primos, os dois mais altos príncipes da Europa — George da Grécia e Carlos da Dinamarca.

Este último não muito tempo atrás ensinou a noiva, a princesa "Harry" de Gales, a pedalar — um feito compartilhado pela princesa Louise e vários outros membros da família da rainha Vitória. As duas linhas de pretendentes franceses estão representadas no mundo do ciclismo, sendo o príncipe Napoleão e o príncipe Henrique de Orleans ciclistas. Parente do primeiro, a duquesa de Aosta escandalizou de certa forma o sóbrio irmão, o rei Humberto, ao "chispar" pelas ruas de Turim nos mais emancipados trajes.

Na Turquia, não faz muito tempo a bicicleta foi oficialmente designada "carruagem do diabo", e seu uso proscrito nos domínios do Sultão; mas hoje afirma-se que nas três cidades de Constantinopla, Esmirna e Salonica há mais de mil ciclistas homens. No Egito, a Esfinge observa a bicicleta do alto com olhar impassível. Na outra extremidade do Continente Sombrio, colonizadores britânicos apresentaram a bicicleta juntamente com a raquete de tênis e o bastão de críquete. No mundo inteiro, a história é a mesma: do Rio de Janeiro, onde há uma boa pista de corrida, a Cabul, onde o Emir ordenou recentemente uma remessa de bicicletas para o benefício das senhoras de seu harém.

1897, *The Muncie Evening Press* (Muncie, Indiana)

As bicicletas americanas apareceram na Arábia. As únicas regiões da Terra onde a bicicleta americana não se fez presente estão além dos círculos Ártico e Antártico.

1896, *The Journal* (Nova York, Nova York)

Em toda a maravilhosa história do comércio e das transações em dinheiro desde os tempos dos fenícios, não há capítulo tão espantoso quanto o que fala da bicicleta.

Um brinquedo, ela subverteu o comércio de nações dentro do compasso de cinco anos ligeiros. Houve bolhas no Mar do Sul e febres de ouro, carvão e petróleo. Mas toda essa história de manias de dinheiro não tem nenhum paralelo com a febre da bicicleta. Ela causou comoção na civilização.

Cinco anos atrás, em todo esse imenso país, nem 60 mil bicicletas foram feitas ou vendidas, e o homem de negócios sólido e impassível zombava desses "brinquedos".

Marque a mudança. Neste ano de graça e rodas pneumáticas, quatro quintos de um milhão de bicicletas serão vendidas só nos Estados Unidos.

Os líderes do comércio de bicicleta dizem que o preço médio dessas máquinas é de 80 dólares. Multiplique. Serão gastos 66 milhões de dólares este ano nos Estados Unidos só em bicicletas. O mundo está louco por bicicletas.

Homem, mulher e criança — a população da cristandade — estão andando de bicicleta. As "horas de trabalho" são agora apenas os intervalos que transcorrem entre os passeios de bicicleta. O açougueiro, o padeiro e o fabricante de castiçais podem ter que esperar muito tempo para receber seus pagamentos, enquanto o vendedor de bicicletas pode contar com o seu.

A igreja? Está esquecida. O sabá? Um dia de pedalar. O teatro? Diversão antiquada. O cavalo? Símbolo e companheiro de cavalheiros, largado, pastando na estrada. Joias? Relógios? Roupas? Os homens que conduziam essas indústrias voltaram sua maquinaria para a fabricação de pneus de borracha e rolamentos de esfera.

O tabaco foi abandonado. O vinho, desprezado. Bicicletas e refrigerante. Essa é a ordem do dia. Dividendos de ferrovias estão dizimados. A política se tornou meramente uma atendente das vontades dos ciclistas.

1896, *The Forum* (Nova York, Nova York)

Os efeitos econômicos dessa nova força nas relações humanas oferecem bastante material para estudos curiosos e até divertidos. As mais sonoras reclamações vêm de fabricantes de relógios e joias. Muitos deles abandonaram completamente o negócio e o substituíram pela fabricação de bicicletas.

Periódicos do comércio de tabaco afirmam que o consumo de charutos caiu durante o presente ano a uma taxa de um milhão por dia, e que a queda total desde essa "febre" foi de não menos que 700 milhões. Os alfaiates dizem que seus negócios foram prejudicados em pelo menos 25%, porque seus clientes não gastam roupas tão rapidamente quanto antes, passando grande parte do tempo em trajes de bicicleta baratos que compram prontos. Sapateiros dizem que sofrem seriamente porque ninguém mais caminha muito.

Os chapeleiros dizem que são prejudicados porque os ciclistas usam bonés baratos e, assim, ou economizam os mais caros ou ficam sem eles. Um membro irado do negócio propõe que o Congresso seja solicitado a aprovar uma lei obrigando cada condutor de bicicleta a comprar pelo menos dois chapéus de feltro por ano.

Proprietários de tabernas dizem que sofrem como os outros, que suas tabernas estão desertas em noites agradáveis e que os ciclistas que os visitam tomam apenas cerveja e "refrigerantes". Muitas outras reclamações de prejuízo no comércio poderiam ser enumeradas, mas devo me contentar com a menção de apenas mais uma que é, talvez, a mais comovente de todas. Foi feita por um barbeiro em Nova York. "Já não resta nada de meu negócio", disse ele, "a bicicleta o arruinou. Antes da febre da bicicleta nos atingir, os homens vinham nas tardes de sábado para se barbear, para um corte de cabelo e talvez um xampu, a fim de levar suas namoradas ao teatro ou a outros lugares à noite. Agora eles saem de bicicleta e não se importam se estão barbeados ou não. Veja, o que prejudica nosso negócio é que quando um homem deixa de fazer a barba hoje, não podemos ganhar para lhe fazer duas barbas amanhã; esse barbear está perdido para sempre."

1897, *The Anaconda Standard* (Anaconda, Montana)

O reverendo Thomas B. Gregory de Chicago fez um violento ataque à bicicleta. O reverendo senhor Gregory diz que a bicicleta é uma ameaça à mente. Ela aniquila o hábito de ler. As salas de leitura e bibliotecas, quando comparadas ao que eram, estão desertas. É uma ameaça à saúde. Provoca doença cardíaca, afecções dos rins, tuberculose e todo tipo de distúrbio nervoso. É uma ameaça às virtudes domésticas. Rompe e destrói o lar. As crianças são entregues à rua ou deixadas em casa cuidando de si mesmas enquanto pai e mãe vão circular. É uma ameaça à moralidade. Torna a mulher indecente. E quando a mulher perde a bonita reserva que o Todo-Poderoso lhe deu, fica em terreno perigoso. Não há como saber o que uma mulher fará depois de perder sua feminilidade. A bicicleta abre o caminho para a perpétua ruína de uma multidão de homens e mulheres jovens que de outra forma poderiam escapar.

1895, *The Oshkosh Northwestern* (Oshkosh, Wisconsin)

Sempre que uma diversão saudável se torna uma mania, deixa de ser saudável. Os médicos inventaram a palavra *bicychloris* para designar um estado em que o sangue se tornou fraco e a vitalidade do organismo diminuiu por pedalar em excesso.

1893, *Buffalo Courier* (Buffalo, Nova York)

Os médicos parecem concordar que existe uma doença de bicicleta, e ninguém que vê um condutor curvado sobre sua máquina, seguindo como se um incêndio na campina ou um bando de índios selvagens estivessem atrás dele, ficará admirado com isso. A posição curvada adotada por ciclistas, para assegurar a maior quantidade de energia em suas máquinas e alcançar o nível mais alto de velocidade enquanto dirigem, faz uma flexão anormal da espinha, que surge na região das costas e causa não apenas uma deformação, mas em meninos de catorze anos e menores é repleta de consequências sérias e possivelmente fatais.

1896, *The Medical Age* (Detroit, Michigan)

A bicicleta é com frequência uma causa primordial ou estimulante de sérios problemas retais, e não há nenhuma afecção do reto que ela não agrave. Casos de fissura, hemorroidas e pruridos anais se desenvolvem por andar de bicicleta, e resistem a todos os tratamentos até que a máquina seja descartada.

Em ataques de diarreia aguda, em que o ânus é escoriado por evacuações aquosas, e a membrana mucosa retal congestionada e com frequência inflamada, a bicicleta acrescenta mais combustível à chama, e é com frequência a causa direta de fissura, úlcera retal ou hemorroida interna.

O Dr. John T. Davidson acredita que o uso excessivo de bicicleta leva à esterilidade no homem, em especial onde já há uma uretra profunda hiperestesiada por uma gonorreia antiga.

1896, *The Daily Sentinel* (Grand Junction, Colorado)

De todas as deformidades produzidas por andar de bicicleta, a expressão tensa, nervosa, conhecida como cara de bicicleta é a mais pronunciada. É tão comum hoje em dia que uma descrição aqui seria um desperdício de espaço valioso.

O pescoço de bicicleta também está se tornando mais proeminente a cada dia. Braços de bicicleta podem ser vistos no bulevar em qualquer dia agradável. O fanático pedala com os cotovelos projetados para fora tanto quanto possível. Geralmente está tão acostumado a essa posição incomum que acha quase impossível endireitar os braços e assumir qualquer outra quando não está pedalando.

Pernas de bicicleta também são características desse espécime peculiar. Geralmente os joelhos são virados para dentro, com um desenvolvimento anormal da panturrilha. A posição peculiar o faz virar o pé para dentro, produzindo dedos de bicicleta, semelhantes a dedos de pombo.

Como resultado de andar, correr e disputar corrida de bicicleta, vemos um espécime da humanidade de rosto comprido, de semblante tenso e nervoso, pescoço torto, ombros curvados, peito estreito, corcunda, joelhos para dentro e dedos de pombo.

1898, *Chattanooga Daily Times* (Chattanooga, Tennessee)

O macaco humano de cara de repulsa e corcunda, conhecido como corredor de bicicleta, está de novo em liberdade. O corredor é uma ameaça a cada pedestre e ciclista decente. Deveria ser suprimido. A polícia deveria começar uma campanha contra ele, e ele deveria ser detido onde quer que fosse encontrado. Preocupa pouco que o corredor seja desatento com sua própria segurança; a preocupação é porque ele não tem nenhum respeito com a segurança dos outros. Alguns dias de confinamento solitário na cadeia do condado teriam um efeito salutar sobre o corredor.

1896, *Toronto Saturday Night* (Toronto, Canadá)

O maníaco de bicicleta deveria ser morto na hora. O termo fanático já não é apropriado, porque o fanático tem cérebro, mas o maníaco é um terror imprudente, perverso e irresponsável pelo qual não se deveria demonstrar nenhuma consideração. A mais nova de suas pequenas atuações é correr na faixa do bonde da College Street e, ao ver um ciclista se aproximando, gritar "a preferência é minha" e acelerar em vez de diminuir a velocidade, portanto, assustando mulheres não acostumadas a uma conduta tão violenta e às vezes causando sério prejuízo a si mesmo e seu assustado *vis-à-vis*. Por favor, nos deem um bonde para passar por cima dele!

1897, *Saint Paul Globe* (Saint Paul, Minnesota)

Médicos na França estão intrigados com uma nova mania que está afetando mulheres que andam de bicicleta. As ciclistas femininas estão se tornando extremamente cruéis.

O primeiro caso que chegou ao conhecimento geral foi o de madame Eugenie Chantilly. Entusiástica ciclista há muito tempo, ela usa a bicicleta até quando vai visitar amigos a alguma distância. Foi numa dessas visitas a uma amiga em Paris, madame Henry Fournier, que ela teve a estranha afecção. Sua anfitriã também é ciclista, e as duas foram pedalar certa manhã pelos bulevares que tornaram Paris famosa.

Quando estavam nos arredores do Jardin des Plantes, madame Fournier correu à frente da amiga e, enquanto se afastava, olhou para trás por sobre o ombro e gritou: "Adieu, mon amie." Madame Fournier, que conta a história, disse que não recebeu nenhuma resposta e, ao olhar para trás um instante depois, viu a amiga disparando em sua direção a uma tremenda velocidade. Ela se afastou para o lado pensando que madame Chantilly não conseguiria se controlar quando chegasse a ela, mas qual foi seu horror quando a amiga deliberadamente direcionou a bicicleta direto para ela. Antes que madame Fournier pudesse evadir, madame Chantilly havia colidido nela com a bicicleta e a derrubado. Madame Chantilly recuou alguns passos e então, pedalando em um ritmo leve, passou por cima da forma prostrada de madame Fournier.

Gritando de terror, madame Fournier tentou se levantar, mas foi repetidamente derrubada pela amiga enfurecida, e só quando outros chegaram para salvá-la foi que ela conseguiu ganhar segurança contra os repetidos ataques de madame Chantilly.

Os ferimentos de madame Fournier foram tais que exigiram cuidados constantes de um médico durante vários dias. O médico, profundamente interessado em tão singular ataque, esforçou-se para investigar e se comunicou com um especialista em insanidade que havia sido chamado para examinar o estado de madame Chantilly.

Considerando o caso como um todo, esses dois sábios da medicina determinaram que haviam descoberto um novo tipo de doença que se deve somente à bicicleta. Eles também agiram para que uma cuidadosa investigação fosse feita em toda a França. Encontraram dezessete mulheres que haviam sido tomadas pelo mesmo desejo irrefreável de machucar todas as ciclistas do próprio sexo sempre que possível. Os médicos também encontraram provas adicionais de que a mania inspirava um forte prazer em todas as coisas com sabor de crueldade. Uma mulher foi encontrada torturando seu cachorro. Quando lhe perguntaram o motivo, ela disse que estava mostrando os métodos da Inquisição espanhola.

1894, *The Chicago Tribune* (Chicago, Illinois)

A pergunta me parece: a Nova Mulher nasce da ciclista ou a ciclista nasce da Nova Mulher? Certamente elas são primas.

O ciclismo é bonito? Que pergunta! A mulher, encarapitada sobre um selim pequenino, equilibrando-se sobre a bicicleta, não pode ser outra coisa senão deselegante. Quando ela está em movimento, lembra-me um polvo, com braços e pernas movendo-se ao mesmo tempo.

1896, *The Nebraska State Journal* (Lincoln, Nebraska)

Miss Charlotte Smith, presidente da Liga de Salvação das Mulheres, diz que a condução de bicicletas por mulheres está "levando-as rapidamente para o diabo", e propõe que isso seja impedido por uma lei do Congresso.

1895, *The American Journal of Obstetrics and Diseases of Women and Children* (Nova York, Nova York)

Uma objeção muito grave foi feita ao uso da bicicleta entre mulheres que, se verdade, nos induziria a ser excessivamente cautelosos para sugerir alguma vez esse exercício. Foi dito que ele provoca ou estimula o hábito da masturbação.

É perfeitamente concebível que sob certas condições o selim da bicicleta possa produzir e propagar esse hábito horrível. O selim pode ser inclinado em cada bicicleta conforme desejado, e suas molas podem ser ajustadas de modo a esticar ou relaxar o triângulo de couro. Dessa maneira, uma menina poderia — colocando o cume ou pomo da frente alto, ou relaxando o couro esticado para deixá-lo formar uma concavidade profunda, semelhante a uma rede de dormir, que se encaixaria confortavelmente sobre toda a vulva até a frente — produzir uma constante fricção sobre o clitóris e os lábios. Essa pressão aumentaria muito quando ela se inclinasse para a frente, e o calor gerado pelo exercício constante poderia intensificar a sensação.

1895, *The Medical World* (Filadélfia, Pensilvânia)

Aos meus colegas, sinto que devo falar claramente e sem reservas sobre esse assunto. Já não temos problemas sexuais suficientes em nossas mãos sem abrir a Caixa de Pandora e tirar uma bicicleta? É terrível pensar que a primeira coisa que daria a uma jovem e pura menina consciência de sua formação sexual seria seu primeiro passeio em uma bicicleta. Deus salve nossas meninas e as mantenha puras e virtuosas!

1897, *The Cincinnati Lancet-Clinic* (Cincinnati, Ohio)

Uma palavra a respeito da bicicleta de dois selins quando usada por um homem e uma mulher. A visão disso é indecente, para dizer o mínimo — uma bicicleta de dois selins com uma menina na puberdade inclinada para a frente no que poderia ser chamado de atitude de corrida, e logo atrás dela um companheiro em posição de sapo-boi saltando, juntos trabalhando as pernas em uníssono. Cada cidade e estado deveriam aprovar leis de mau comportamento que impedissem esse passeio duplo conforme pode ser visto em nossas ruas em bicicletas de dois selins.

1896, *The Sun* (Nova York, Nova York)

Entre os ciclistas do Bulevar ela é conhecida como a Mulher de Preto. Nos registros do tribunal da polícia, ela aparece como Carrie Witten. Um nome está provavelmente tão perto do correto quanto o outro. Ela entrou nos registros do tribunal da polícia porque o ritmo comum de pedalar não era bom o bastante para ela, e levou consigo, tanto na bicicleta quanto ao tribunal, um companheiro do sexo oposto. Eles pedalaram numa bicicleta de dois selins, foram presos em dupla; foram levados a juízo em dupla.

Não é revelar nenhum segredo anunciar que Miss Witten não é lenta em nenhum sentido da palavra. Seus trajes comuns para pedalar consistem em um boné preto elegante, uma jaqueta preta da moda, calças curtas bem ajustadas — nem pensar calças folgadas ou outra coisa — e meias compridas de seda preta. Além disso, Miss Witten é uma garota muito bonita nesse ou em qualquer outro traje. Vestida nesse traje atraente, ela viaja pelo Bulevar, não apenas desafiando com frequência a lei por seu ritmo, como também incitando outros (principalmente do sexo masculino) a desrespeitar a lei no esforço para mantê-la à vista.

1896, *Cheltenham Chronicle* (Cheltenham, Gloucestershire, Reino Unido)

Um incidente extraordinário ocorreu em Battersea Park. Miss Barlow, de Wandsworth Common, uma conhecida senhora ciclista, entrou no parque de bicicleta por volta das 15h. Atraídos, sem dúvida, pelo fato de que a senhora usava calças, em vez de ortodoxas saias, vários meninos se juntaram e a perseguiram, e seus gritos logo levaram um grupo de rudes a se juntar à perseguição. A senhora procurou abrigo na casa do lago, que foi cercada por uma multidão bastante efusiva. Por fim a assistência da polícia foi procurada, e a senhora Barlow pôde deixar o parque.

1897, *Public Opinion* (Nova York, Nova York)

Press Dispatch, Cambridge, Inglaterra, 21 de maio: A Universidade de Cambridge hoje, por 1.713 votos a 662, rejeitou a proposta de conferir diplomas a mulheres. Quando a votação começou, a Câmara do Senado estava cheia, e havia uma grande multidão do lado de fora do prédio. Em toda parte, havia cartazes com a inscrição "Universidade para homens; homens para a universidade". A empolgação aumentou continuamente, em especial nas ruas. A efígie de uma mulher de calças sobre uma bicicleta foi erguida sobre a Câmara do Senado.

1896, *The Glencoe Transcript* (Glencoe, Ontário, Canadá)

A febre da bicicleta não terá perdido sua fúria até que outra loucura tenha se desenvolvido e tomado conta da comunidade. O veículo sem cavalo é a nova sensação. Os fabricantes franceses e alemães não conseguem acompanhar a demanda. Prevê-se que a febre estará neste país em dois anos, e que antes de cinco anos se passarem cada cidade terá sido transformada em um verdadeiro pandemônio de bicicletas e automóveis.

1896, *The Philadelphia Times* (Filadélfia, Pensilvânia)

Estariam os dias da bicicleta contados, e o pobre cavalo ameaçado de extinção?

Muita gente ouviu falar das verdadeiras carruagens sem cavalo, mas poucos as viram. Elas estão na mesma categoria de estima pública que a bicicleta estava no início dos anos 1970. Mas, quando a sociedade do *fin de siècle* as adotar, a bicicleta terá que se afastar e a carruagem sem cavalo será "rainha", e tão popular quanto a bicicleta é no presente.

Nos próximos dias, quando os automóveis deverão superar em número todos os outros estilos de veículo e meio de passageiros e transporte de carga nas ruas, as atuais leis de trânsito terão que ser radicalmente revisadas. Todas as ruas e bulevares serão divididos em duas seções nitidamente definidas, que serão indicadas por uma linha de postes ou uma faixa estreita de estacionamento.

Talvez o maior benefício à sofrida humanidade que essa popular carruagem sem cavalo permitirá seja a subjugação, humilhação e relegação ao passado daquela aberração do fim do século, a cadavérica bicicleta.

1899, *Comfort* (Augusta, Maine)

Alguns alegam que o automóvel substituirá a bicicleta, mas isso é um completo absurdo. Aqueles que se afeiçoaram à bicicleta — existem vários milhões de ciclistas — não desistirão facilmente do prazer de planar pelo país como um pássaro — ou um corredor! — em troca do prazer mais duvidoso de andar no incômodo e malcheiroso automóvel.

1896, *Fort Scott Daily Monitor* (Fort Scott, Kansas)

Aquelas pessoas que tendem a acreditar que a febre da bicicleta está passando deveriam ler com atenção o seguinte anúncio de um jornal de Buffalo: "Troco cama dobrável, berço de criança branco ou escrivaninha por bicicleta feminina."

6

ATO DE EQUILÍBRIO

Danny MacAskill, encarapitado no alto. Glasgow, Escócia, 2012.

Angus MacAskill foi um dos maiores homens que já existiu. Alguns alegaram que foi o maior "gigante de verdade" da história — um gigante que não era acometido de gigantismo, não exibia nenhuma anormalidade de crescimento ou irregularidade hormonal. Seu corpo era enorme, mas proporcional. Ele media 2,35 metros e pesava mais de 180 quilos. Diziam que as palmas de suas mãos mediam 15 por 30 centímetros; seus ombros se estendiam por quase 1,20 metro transversalmente. Feitos de força hercúleos foram atribuídos a ele: ele içou uma âncora de 113 quilos à altura do peito e a carregou pela extensão de um cais; fixou sozinho o mastro de uma escuna; rasgou um barco de pesca em duas partes, de uma ponta a outra, puxando com força uma corda; levantou um cavalo adulto por sobre uma cerca; ergueu um barril de uísque escocês de 530 litros até os lábios e bebeu dele como se fosse de uma jarra.

Ele nasceu em 1825 em Berneray, Escócia. Quando tinha seis anos, mudou-se com a família para Cape Breton, Nova Scotia, Canadá. Aos vinte e quatro, ingressou no circo de P. T. Barnum. Gigantes, escreveu Barnum em sua autobiografia, "sempre foram literalmente grandes atrações em meu estabelecimento, e muitas vezes me permitiram, assim como meus clientes, ter alimento para muita diversão bem como admiração". Barnum juntou MacAskill com outro de seus astros, o anão general Tom Thumb, de um metro, num ato que consistia em piadas visuais. Tom Thumb sapateava na palma da mão de MacAskill ou se empoleirava no bolso de seu casaco; às vezes o anão e o gigante se enfrentavam com socos simulados. Como artista de espetáculos secundários, MacAskill excursionou pelos Estados Unidos, pela Europa e além. Apresentou-se para a rainha Vitória no Castelo de Windsor. (A rainha o presenteou com um traje tradicional das Highlands escocesas — *kilt* xadrez, paletó de tweed, colete e bolsa de couro — feito sob medida para seu corpanzil.) Até que MacAskill se afastou dos espetáculos e retornou para a vila de St. Anns, em Cape Breton, onde cuidou de um moinho de trigo e, mais tarde, uma loja de tecidos. Ele morreu em agosto de 1863, aos trinta e oito anos, de meningite. Seu caixão, disseram moradores, era grande o bastante para ter servido de barco capaz de flutuar com três homens pela baía de St. Anns.

Há uma réplica desse caixão em exibição no Giant Angus MacAskill Museum, que fica perto da principal via comercial da pequena vila de Dunvegan, na ilha de Skye, na Escócia. A exposição tem outros artefatos: uma estátua em tamanho natural de MacAskill que se ergue sobre uma estátua em tamanho natural de Tom Thumb, um dos suéteres de MacAskill, um par de meias enormes, uma cama extralonga e uma cadeira que teve como modelo outra que era usada por MacAskill. A cadeira é tão grande que visitantes adultos do museu parecem crianças quando posam para fotos sentados nela, os pés balançando centímetros acima do chão.

O museu dedicado ao gigante é, na verdade, bem pequeno. Ocupa uma cabana de um cômodo com teto de palha, nos fundos de um jardim, do lado de fora da casa da família de Peter MacAskill. MacAskill, que alega ser ancestral de Angus, abriu o museu em 1989. No ano seguinte, seu filho mais novo, Danny, de quatro anos, ganhou de presente uma bicicleta. Era uma Raleigh infantil branca e preta que MacAskill encontrara numa lata de lixo. O menino aprendeu a pedalar em poucos dias, e imediatamente começou a tentar fazer coisas incomuns sobre a bicicleta, correndo para cima e para baixo no caminho do jardim, empinando a roda da frente, costurando e derrapando, passando por cima de rochas, cadeiras e outros objetos. Danny era uma criança agitada, cheia de energia e destemida, e desde a época em que aprendera a andar, seus pais, percebendo que não tinham muita escolha, deixavam-no se estatelar livremente no pátio da frente. Ele passava os dias trepando em árvores, subindo no capô do carro dos pais e saltando, escalando a lateral da casa da família. Agora ele se perguntava: como seria andar de bicicleta sobre uma árvore ou subir a parede de um prédio, chegar ao topo do Giant Angus MacAskill Museum de bicicleta e voar de volta ao chão? Se conseguia subir e saltar usando as duas pernas, por que não fazer isso sobre duas rodas?

Aos cinco anos, Danny era uma figura conhecida em Dunvegan, o menininho sobre uma bicicleta que era manejada com facilidade impressionante, como se fosse uma extensão de seus membros. Ele pedalava quase dois quilômetros morro acima até a escola de manhã, e à tarde voltava apostando corrida com um bando de crianças, todas mais velhas que ele, correndo morro abaixo pelas ruas sinuosas da vila. Os meninos mais velhos o ensinaram a pedalar com as mãos livres, e ele fez disso um hábito, zunindo pelas ruas com os braços para o alto. Andava de bicicleta sempre que possível, em boas ou más condições, à luz do dia e no escuro. Os dias de inverno em Skye são curtos, e o clima é frio e úmido. Às três e meia ou quatro da tarde, o sol desaparecia no mar do Little Minch, na costa oeste da ilha, e Danny pedalava horas no escuro, em estradas escorregadias por causa da chuva.

De qualquer modo, ele preferia as rodas fora do chão. Aprendeu a saltar do meio-fio para a rua e voltar, e trabalhou para aumentar a extensão de seus saltos, ampliando o tempo em que flutuava acima do calçamento, os raios girando no ar. Seu mapa mental de Dunvegan era um diagrama de obstáculos e saltos em nível de centímetros. Ele memorizava os locais cujas bordas de superfície precisava atingir em velocidade para ser aerotransportado. Andava tanto de bicicleta que alterava o terreno, moldando cumes de grama para torná-los rampas em miniatura de onde podia se lançar no ar.

 Aos oito anos, ele estava dando saltos maiores, pulando de muros e bancos de mais de um metro de altura para a grama ou cascalho. Ganhou uma bicicleta nova, a Raleigh Burner estilo BMX, e assumiu desafios mais difíceis. Impressionou seus companheiros saltando de uma altura de quase dois metros — de cima de um grande contêiner de metal para descarte de vidros recicláveis — e aterrissando em concreto. Caía com frequência, e suas pernas se enroscavam no quadro da bicicleta. Mas ele se levantava, contundido e arranhado, mas nada quebrado.

Etimologistas sugeriram que o nome Skye provém de uma palavra nórdica que significa "ilha de nuvem". Um nome alternativo, em gaélico — Eilean Sgiathanach —, foi traduzido como "ilha alada", uma referência, supõe-se, ao formato do contorno da costa da ilha, que "pode ser visto como um pássaro imenso com as asas estendidas, aproximando-se da terra ou prestes a agarrar uma presa". A topografia de Skye empurra sua linha de visão para cima, para o reino das névoas, e você pode imaginar como isso pode ter empurrado os pensamentos de uma criança para sonhos de voar, ou para algo próximo de voar de bicicleta.

 A ilha fica na extremidade noroeste do continente escocês, em águas do Atlântico Norte aquecidas pela Corrente do Golfo (terra natal do gigante Angus MacAskill, a ilha de Berneray fica quarenta quilômetros a noroeste, do outro lado do Little Minch). Skye é a maior das ilhas Hébridas Interiores, e a que fica mais ao norte. Em noites de inverno, a aurora boreal pode ser vista com frequência de pontos ao longo da costa. A paisagem de Skye é espetacular: campinas verdes, vales profundos, cachoeiras que desaguam em poços cristalinos, lagos fundos rodeados de pedras vulcânicas. O componente mais famoso do terreno da ilha é a cadeia de montanhas conhecida como Cuillin — picos serrilhados que se projetam no ar para perfurar as nuvens. A aparência é fantástica e cinematográfica, o tipo de montanha onde você espera encontrar um mago com um bastão, sondando o horizonte em busca de dragões. De fato, muitos filmes foram rodados na ilha. Uma cena do épico de viagens no tempo *Highlander, o guerreiro imortal* (1986) registra Sean Connery e Christopher Lambert cruzando espadas sobre o Cioh, um rochedo famoso que se projeta da face de um penhasco sobre um vale entalhado por geleiras. Talvez seja a sequência de ação mais dramaticamente situada e menos empolgante já filmada: os atores estão visivelmente apavorados, com os pés imóveis e brandindo suas armas com uma cautela cômica, sabendo que um tropeço de alguns centímetros na direção errada pode levá-los a despencar.

Skye é cenário de muitas lendas, histórias de magia e violência que falam da paisagem selvagem da ilha e refletem uma história marcada por derramamentos de sangue e guerras de clãs. O castelo de Dunvegan, que se ergue sobre uma enseada no litoral noroeste de Skye, guarda várias relíquias dos chefes do clã MacLeod, incluindo a Bandeira das Fadas, cujo mero desfraldar, acredita-se, extinguia incêndios, virava batalhas em favor dos MacLeods e livrou Skye de uma praga que estava assolando seu gado. Há várias explicações para a origem da bandeira. Em uma história, fadas a entregaram a um chefe tribal MacLeod criança; em outra, foi um presente de despedida dado a um chefe tribal por sua amante fada. Dizem que criaturas menos benéficas habitaram Skye: "touros aquáticos" com fogo nas narinas que irrompiam do mar para destruir a terra; galgos demoníacos que assombravam passagens nas montanhas; um monstro sem cabeça, o *Coluinn gun Cheann*, que espreitava os caminhos da ilha à noite e deixava para trás corpos mutilados. Diz a lenda que a recortada cadeia Cuillin foi formada quando um gigante masculino e outro feminino se enfrentaram numa luta de espadas que durou dias, entalhando as montanhas com seus golpes errantes. Supõe-se que o próprio demônio apareceu certa noite num cume de Trotternish, a península mais ao norte de Skye.

Não é um lugar para pessoas medrosas, ou crianças mimadas. Quando não estava andando de bike, Danny MacAskill passeava por Skye, deixando destroços em seu rasto. Ele levava o facão do avô, da Segunda Guerra Mundial, para o mato a fim de cortar troncos e galhos de árvore. Levava serrotes escondidos para a escola e passava o intervalo do almoço entalhando galhos de árvores. Gostava de ver coisas batendo e queimando. Ele e seus amigos subiam montanhas e usavam barras de ferro para rolar grandes pedras pelos penhascos, jogando-as no mar. Eles juntavam madeira e acendiam fogueiras com gasolina de máquina de cortar grama. Na escola, professores perguntaram a Danny o que ele queria ser quando crescesse. Ele disse "especialista em demolição" imaginando uma rotina diária dinamitando prédios. Quando ainda eram pré-adolescentes, Danny e seus amigos se apossavam de carros velhos que eram abandonados como lixo e saíam virando-os pelo campo em alta velocidade. O jogo terminava quando os meninos faziam o carro vazio rolar morro abaixo e se espatifar no mato. Eles subiam no telhado de uma casa próxima para ver as chamas consumirem os destroços.

Sempre houve uma compulsão de se lançar no ar. Em excursões explorando praias, Danny encontrava velhas redes de pesca levadas à costa pelas águas. Ele as arrastava para Dunvegan, prendia-as a restos de redes de gol de futebol e as armava no alto de árvores, de modo a poder saltar dos galhos, ao estilo Tarzan. Com amigos, ele construiu uma casa na árvore, num carvalho que ficava no alto de uma colina atrás de sua casa. Os meninos encontraram uma enorme corda de 6 milímetros no galpão do pai de alguém e a estenderam da casa na árvore até uma cerca a mais de 90 metros de distância. Usaram-na para brincar de "raposa voadora" numa tirolesa que ia do alto da árvore de 15 metros até o chão. "Eu tive liberdade crescendo em Skye", diz Danny MacAskill. "Soltava minha energia na natureza."

A maior parte do tempo, ele fazia isso encurvado sobre o guidom. Aos onze anos, Danny trocou a Raleigh Burner por uma mountain bike. Ele começou a absorver a cultura do ciclismo de montanha, em particular a modalidade de mountain bike conhecida como trials, em que os ciclistas competem pedalando e saltando com suas bicicletas sobre obstáculos sem deixar os pés tocarem o chão. É um esporte que subverte várias convenções do ciclismo, incluindo a própria aparência das bicicletas. (Muitas bicicletas de trails não têm assento.) Danny e seus amigos trocavam entre si revistas que documentavam a cena de trials e assistiam a vídeos que — naqueles tempos anteriores ao streaming on-line — circulavam em fitas de VHS encomendadas pelo correio e via redes piratas de entusiastas.

Ele ficou fascinado em particular por um vídeo famoso, um filme de 1997 chamado *Chainspotting*, que mostrava vários ciclistas fazendo proezas nas ruas de Sheffield, Inglaterra, e em vários outros locais. Diferentemente de participar de trails de mountain bike competitivos — disputas realizadas dentro de um trajeto específico, com obstáculos cuidadosamente dispostos e juízes determinando vencedores e perdedores —, o ciclismo de "street trials" mostrado em *Chainspotting* era informal e improvisado, desconsiderando regras e limites. Os ciclistas no vídeo usavam bancos de parques como obstáculos, transpunham caixas d'água, equilibravam suas bicicletas sobre *bollards*,° pulavam de *bollard* em *bollard*, davam giros de 360 graus enquanto desciam de muros de 3 metros. O street trials tem raízes em outros chamados esportes radicais — skate, snowboarding e ciclismo BMX "freestyle" —, mas dá uma ênfase ainda maior a truques, esperteza e visão. Não é apenas um estilo de ciclismo. É uma maneira de ver: uma prática que envolve avaliar a topografia, calcular distâncias, ângulos de aproximação e linhas de ataque e, geralmente, visualizar as paisagens urbana e natural como um playground gigante. Isso cativou o pré-adolescente Danny MacAskill. Em *Chainspotting*, a câmera amadora e a trilha sonora de rock estridente acrescentavam encantamento ao vídeo, a sensação de que os ciclistas estavam fazendo um ataque de guerrilha a regras sociais e pensamentos convencionais — a ideias preconcebidas sobre para que servia uma rua, o que uma bicicleta podia fazer, como a gravidade funcionava.

Danny tinha dezessete anos quando saiu de Skye. Terminara a escola de ensino médio, mas não tinha nenhum projeto de universidade. Suas ambições de carreira haviam mudado. Ele abandonara o plano de trabalhar em demolição, decidindo em vez disso uma carreira como

---

° Pequeninos postes de segurança para impedir o acesso de veículos a calçadas. (N. do T.)

mecânico de bicicleta. Na verdade, os dois trabalhos não tinham relação. Ele sempre gostara de desmontar bicicletas e refazê-las do zero.

Ele se mudou para Aviemore, uma cidade de veraneio nas Highlands escocesas. A cidade tinha uma pequena, mas animada, cena de ciclismo de trails. Havia muitos lugares para pedalar, coisas para bike e mais: pistas de esqui, um estacionamento com paredões para escalar e mobiliário urbano. Ele ficou três anos em Aviemore, trabalhando numa loja de bicicletas na rua principal da cidade e pedalando nas horas livres. Em 2006, pedalara pela cidade até onde podia. Ele se mudou para Edimburgo, onde foi morar com um amigo, e encontrou trabalho como mecânico numa loja de bicicletas conhecida, MacDonald Cycles. MacAskill tinha vinte anos, suas habilidades de ciclismo eram prodigiosas e Edimburgo oferecia o que lhe parecia uma plenitude deslumbrante de terrenos bons para manobras.

A perspectiva de MacAskill sobre a paisagem urbana era singular. Outros na cena de trials de Edimburgo tendiam a usar bancos e *bollards*, os alvos habituais. O olhar de MacAskill era atraído para desafios mais difíceis. Grades circulares. Lances de escada traiçoeiros. Ele aprendeu sozinho uma técnica chamada gancho, que envolvia se lançar de bicicleta para um muro alto e saltitar sobre o topo estreito do muro. Sua prática destruía bicicletas. Ele estraçalhava rodas e entortava garfos. Seu corpo também sofria. MacAskill quebrava ossos, deslocava articulações e rompia ligamentos. Seus punhos estavam sempre doendo. Havia muitos bons ciclistas de trials em Edimburgo, mas estava claro que as habilidades de MacAskill, e sua força de vontade, punham-no em uma categoria diferente.

No outono de 2008, ele começou a gravar um vídeo com um amigo chamado Dave Sowerby, que tinha uma câmera decente e um bom olho. A ideia era compor uma edição com os truques mais audaciosos de MacAskill. Os desafios focavam sua mente e o impeliam a tentar coisas novas. Que truques ele poderia fazer que nunca haviam sido inventados, que dirá tentados? Examinando as ruas, ele via novos lugares, espaços estranhos, bordas, protuberâncias e pequenas partes do ambiente construído que poderiam — se você forçasse a situação — servir de superfície para pedalar, ou pelo menos de lugar para um descanso momentâneo ou de trampolim para uma ou duas rodas de bicicleta.

Seis meses depois, em abril de 2009, o filme estava concluído. MacAskill e Sowerby puseram uma edição de cinco minutos e meio no YouTube. Sem pensar muito sobre isso, chamaram o vídeo de *Inspired Bicycles*.

O título foi bem escolhido. O filme mostra MacAskill saltando com sua bike da calçada para muros de 3 metros, e depois voltando. Ele se move por cercas e muros, desce voando por cima de uma escada de 6 metros de altura numa passagem subterrânea. Ele salta do telhado da MacDonald Cycles para o telhado da loja ao lado, antes de se jogar na rua abaixo. Seus pneus parecem ter uma supercola. Ele consegue parar instantaneamente, fazendo aterrissagens perfeitas sobre alvos estreitos, depois de saltos absurdamente longos. Numa sequência, MacAskill sobe a toda a velocidade no tronco de um carvalho e gira num salto-mortal para descer. As proezas do vídeo mostram a visão e imaginação de McAskill, seu reconhecimento de terrenos que se prestam ao ciclismo em lugares implausíveis: ele é visto pedalando sobre finas estacas no topo de uma cerca alta de ferro batido.

Três dias depois de ser postado por Sowerby, o vídeo havia tido centenas de milhares de visualizações. MacAskill, que não tinha computador, viu-se recebendo dezenas de solicitações da imprensa do mundo inteiro.

Em 1896, cento e treze anos antes de *Inspired Bicycles* aparecer on-line, um filme de curta-metragem em cinestocópio, *Trick Bicycle Riding*, foi lançado pela Edison Manufacturing Company, braço de cinema do império de mídia em expansão de Thomas Edison. O astro do filme era um homem chamado Levant Richardson, um ciclista habilidoso que se tornaria um fabricante pioneiro de patins de rodas. Nenhuma cópia de *Trick Bicycle Riding* sobreviveu, mas esse foi o primeiro dos vários curtas de Edison que mostravam ciclistas acrobatas. Dois desses curtas, *Trick Bicycle Riding No. 2* (1899) e *The Trick Cyclist* (1901), podem ser encontrados na internet hoje. O trabalho de câmera é primitivo, mas as proezas apresentadas nos filmes — pedalar para trás, giros de 360 graus sobre a roda da frente, pular corda de bicicleta — fazem parte do repertório de ciclistas de truques até hoje, e são executadas com habilidade.

Vale observar que ciclistas de truque tiveram papéis estelares em vários dos primeiros filmes cinematográficos comerciais. Os títulos de alguns outros filmes da época de Edison são ilustrativos: *Lasso Thrower; Trapeze Disrobing Act; Faust Family of Acrobats; Alleni's Boxing Monkeys; O'Brien's Trained Horses; Ching Ling Foo's Greatest Feats; Rubes in the Theatre; Pie, Tramp, and the Bulldog.* A atuação de um ciclista de truque cabe confortavelmente ao lado de acrobatas de circo, atos de animais, truques de mágicos, comédias pastelão de vaudeville e burlescos étnicos — o estridente teatro de variedades popular dos Estados Unidos e da Europa na virada do século XX. O ciclismo de truque era, em uma palavra, barnumesco. Como o gigante que andava pelo palco com um anão enfiado no bolso do peito, uma pessoa que, sobre uma bicicleta, zombava da gravidade e fazia proezas que desafiavam a morte era uma espécie de maluco de espetáculo secundário.

Em retrospecto, o surgimento do ciclismo de truque como entretenimento popular parece ter sido inevitável. A bicicleta é um ímã para exibicionistas e audaciosos: o ciclismo e a indústria de espetáculos estavam destinados a se encontrar e fazer polinização cruzada. O primeiro passeio de Karl von Drais em sua *Laufmaschine* foi uma espécie de teatro: uma exibição pública, anunciada com notícia na imprensa. O público que se reuniu naquele dia em Mannheim estava ali não apenas para avaliar a viabilidade de uma invenção como para assistir a um espetáculo, e a habilidade de Drais para lidar com sua máquina, sua capacidade de permanecer a bordo da coisa enquanto ela se movia para a frente, certamente teria impressionado aqueles espectadores como algo da ordem de uma façanha.

P. T. Barnum foi um dos primeiros produtores de espetáculos a apresentar ciclistas de truque. O mais festejado desses atos era o dos Cycling Elliotts, uma trupe de irmãos ingleses — duas meninas e dois meninos, com idades de seis a dezesseis anos — que ganharam fama e notoriedade no circo de Barnum no início dos anos 1880. O show dos Elliott consistia em "danças" e proezas de bicicleta com coreografias intricadas, executadas em bicicletas de roda alta comuns, de tamanhos feitos sob medida e em "patins" de monociclo. Os Elliott serpenteavam por percursos de obstáculos com velas acesas. Faziam uma versão ciclista de uma quadrilha parisiense. Formavam uma pirâmide humana em cima de uma única bicicleta. Saltavam com suas bicicletas para uma mesa giratória, onde executavam manobras elaboradas sem colidir, cinco bicicletas compartilhando um tampo de mesa circular com apenas 1,8 metro de diâmetro. Um admirador encheu de elogios os Elliott num poema publicado em *The Sporting and Theatrical Journal:* "Cada vez mais rápidos, como raios de luz/ Eles seguem sobre suas rodas e voam para longe da nossa vista/... E sobre uma mesa todos saltam com facilidade / Com bicicletas os Elliott podem fazer o que querem."

Na primavera de 1883, durante uma longa temporada do circo de Barnum no Madison Square Garden, em Nova York, os Elliott chamaram a atenção da Sociedade de Nova York para Prevenção da Crueldade a Crianças (NYSPCC, na sigla em inglês), que obteve uma ordem de prisão contra Barnum, dois de seus funcionários e James Elliott, o chefe da família Elliott, que gerenciava a trupe. Os quatro homens foram presos por violação das leis do estado de Nova York contra a exposição de crianças a perigos, e o caso foi debatido diante de um grupo de três juízes. Antes da audiência, os Cycling Elliotts fizeram uma demonstração especial para um público "de cerca de 4 mil convidados" que incluía o presidente da NYSPCC, oficiais da polícia e uma comissão de "uma dúzia ou mais de médicos proeminentes". Foi sem dúvida a primeira apresentação de proezas de bicicleta que serviu também como procedimento legal. No fim das contas, os juízes decidiram em favor de Barnum, e os Elliott retomaram a temporada no circo, amplamente aclamados. Um dos especialistas médicos, o Dr. Louis A. Sayre, testemunhou que a prática de um ciclista de truque era "muito bonita e benéfica" à saúde das crianças, afirmando que "se todas as crianças fizessem exercícios semelhantes, seria melhor do que médicos ou remédios".

Havia certas proezas que os Elliott optaram por não apresentar aos magistrados de Nova York. Uma delas, "The Revolving Wheel of Fire"

["A Roda de Fogo Giratória"], mostrava Tom Elliott, o irmão mais velho, pedalando uma bicicleta sobre rolos dentro de uma grande roda, que disparava rajadas de chamas vindas de pequenas válvulas que rodeavam seu exterior. O menino ciclista realizava esse feito enquanto "ao mesmo tempo girava um prato que produzia um anel de fogo".

O ciclismo de truque reunia o velho e o novo, casando a antiga arte da acrobacia com a arte essencialmente moderna do ciclismo. O ciclismo de truque era sensual. Seus praticantes eram graciosos e fortes, com físicos esculpidos. No romance barato *Miss Million's Maid: A Romance of Love and Fortune* (1915), um ciclista de truque foi mostrado como um símbolo sexual: "Ele era [um] rapaz pequeno, mas de bela compleição, ágil como um gato."

As trupes de ciclismo de truque eram com frequência mistas e, assim como seus colegas homens, as especialistas em ciclismo exibiam seus corpos juntamente com seus talentos. Com um elenco todo feminino, as Kaufmann's Cycling Beauties apareciam no palco com um traje eduardiano confortavelmente justo — meia-calça, short, tutu — que acentuava os contornos de seios, coxas e quadris. Na imaginação pública, a bicicleta já era associada à liberação sexual, e a sensualidade do ciclismo de truque, os movimentos ágeis e a ondulação dos músculos contribuíam para o frisson. Se espectadores encontravam seus pensamentos vagando da ginástica de bicicleta para o tipo praticado num camarim, isso era apenas natural.

O ciclismo de truque oferecia outro tipo de estímulo, mostrando habilidades aparentemente sobre-humanas e ao mesmo tempo oferecendo a possibilidade assustadora e provocante de um erro humano catastrófico. Era divertido: ver um ciclista de proezas em ação era testemunhar uma série de piadas visuais, e muitos deles se autointitulavam "comediantes ciclistas", envergando roupas de palhaço ou mendigo. Mas a qualquer momento o pastelão podia virar uma violência não intencional. Será que os espectadores queriam que o ciclista pousasse bem ao fim de um salto ou ansiavam por um tombo de bunda pavoroso? A resposta, certamente, é que queriam as duas coisas, e com frequência era o que recebiam.

O sensacionalismo — o que Barnum chamava de "artifício" — era a moeda da cultura popular no fim da era vitoriana. Perigos graves, riscos altos, o Maior Show da Terra. Os nomes artísticos e slogans dos ciclistas de truque ressoavam em cartazes de vaudeville como chamados para atrair fregueses: W. G. HURST, O REI DA RODA; ST. CLAIRE SISTERS E O'DAY. DEZ RODAS E NENHUM FREIO; JOE PAULY, O GATO HUMANO E CICLISTA DE TRUQUE; O MCNUTTS ORIGINAL, MARAVILHAS AÉREAS DE BICICLETA; PRINCE WELLS, O MAIS SENSACIONAL CICLISTA VIVO. Centenas de artistas alegavam ser "O Campeão Mundial de Ciclismo de Truque" ou "O Recordista Mundial de Ciclismo de Truque" ou "O Ganhador da Medalha do Campeonato dos Estados Unidos". Essas distinções eram citadas na imprensa, mas é claro que os campeonatos, medalhas e recordes eram totalmente ficcionais.

O que não é sugerir que ciclistas de truque eram indignos de superlativos. Eles lançavam a roda da frente da bicicleta para o alto e andavam na roda de trás, pedalavam para trás, e então para a frente, e então para trás de novo, moviam-se em alta velocidade para o precipício do palco e paravam, no último instante, e rodopiavam como patinadores. Os ciclistas de truque faziam proezas com espadas e disparavam flechas contra alvos enquanto pedalavam com as mãos livres. Eram exímios atiradores sobre bicicletas. Annie Oakley fazia um número de bicicleta no Buffalo Bill's Wild West Show, estourando pombos de barro com um rifle Winchester sentada em sua bike.

Alguns ciclistas de truque se especializavam em truques de contorcionismo, espremendo-se através do centro do quadro em forma de diamante e serpenteando para sair do outro lado, mantendo seus corpos a apenas centímetros do chão o tempo todo enquanto a bicicleta avançava. Havia ciclistas de truque músicos que se equilibravam sobre duas rodas enquanto dedilhavam banjos ou tocavam sonatas ao violino; um ciclista criança, "Hatsley the Boy Wonder", andava na corda bamba enquanto fazia um solo de trombone. Ciclistas de truque subiam e desciam escadas longas que se estendiam entre o palco e uma plataforma elevada, ou subiam e desciam essas escadas saltitando como coelhos. O ciclista britânico Sid Black fazia uma variação eletrizante dessa proeza, descendo em alta velocidade por uma escada de mão de quase dois metros, disposta num ângulo que o atirava do palco para uma ilha central do teatro. Black concluía sua descida passando veloz entre fileiras de espectadores até a parte de trás do teatro, saindo para o saguão e deixando uma lufada de vento que levantava chapéus de cabeças como que numa saudação.

A essência da arte dos ciclistas de proezas era o "equilibrismo": equilibrar o corpo sobre uma bicicleta de maneiras que demonstravam talento criativo e desdém pelas leis da física. Era um trabalho perigoso. Numa apresentação em Bremen, Alemanha, Minnie Kaufmann, uma das estrelas das Kaufmann's Cycling Beauties, tentou um movimento "flip-flap" — plantando bananeira, ela passou do guidom para o selim e voltou, com a bicicleta em movimento. Kaufmann vacilou e voou, indo parar no poço da orquestra, numa queda de 9 metros que terminou quando ela colidiu com um bumbo.

O ciclismo de truque podia castigar bicicletas também, e os ciclistas modificavam suas máquinas para que resistissem a impactos. Eles reforçavam quadros e rodas, calibravam com cuidado os níveis de pressão dos pneus, ajustavam sistemas de engrenagem e inventavam uma série de pequenas modificações e acréscimos. Esse trabalho de modificação geralmente era invisível a todos, exceto aos colegas ciclistas de proezas.

Mas, para certos artistas, a cirurgia era o que atraía o público. Havia ciclistas comediantes especializados em lidar com bicicletas absurdamente modificadas. Alguns andavam em bicicletas incrivelmente altas — as bicicletas malucas da época — cujos selins ficavam na altura de uma girafa, 4,5 metros acima do chão. Eles montavam nessas máquinas subindo por degraus como os de uma escada de mão, fixados no quadro da bicicleta, ou pulando de um trapézio para o selim. Havia bicicletas com rodas quadradas, com rodas triangulares, com rodas semicirculares. Os Villions, uma trupe de família, proeminente em palcos de casas de espetáculo inglesas, tinham um monociclo cuja roda parecia um ovo gigante. O efeito cômico era intensificado pelo ciclista que o conduzia: um menino pequeno vestido de arlequim.

Monociclos, roda em formato de ovo e outros eram suportes apreciados no ciclismo de truque. Os artistas os conduziam enquanto faziam malabarismo com legumes ou bastões ou até com rodas de bicicleta; eles passavam em cordas bambas e subiam lances de escada.

Uma proeza amplamente praticada era converter uma bicicleta em monociclo, desmontando-a lentamente enquanto a dirigia, até ficar equilibrado sobre uma solitária roda dianteira. A proeza que era a marca registrada do vaudevilliano Joe Jackson era uma variação desse número. Jackson representava um mendigo cujo alegre passeio numa bicicleta roubada dá errado quando a máquina começa a desmoronar peça por peça — buzina, guidom, pedais, roda traseira e quadro vão caindo um de cada vez. No ato de Jackson, a suave virtuosidade exibida por ciclistas de truque era engenhosamente invertida. Era uma pantomina da incompetência: Jackson se desequilibrava e se desviava loucamente, mas permanecia ereto e em movimento enquanto a bicicleta se desintegrava embaixo dele.

Outra fonte de comédia, e espanto, era o espetáculo de bicicletas controladas por animais, uma novidade que ganhou popularidade em meados dos anos 1890. Havia cães, chimpanzés e ursos ciclistas. Havia triciclos especialmente construídos pilotados por leões e elefantes. Ainda é possível ver uma apresentação de animais ciclistas, e esses shows podem tomar rumos macabros. Nos Jogos Olímpicos de Animais Selvagens de 2013, em Xangai, uma corrida entre espécies numa pista de bicicleta circular terminou mal quando um dos competidores, um macaco, desviou sua bike para o caminho de seu oponente, um urso, levando-o a atacá-lo diante de centenas de pessoas. Um vídeo do incidente feito em telefone celular viralizou. Está postado no YouTube sob o título "A Bear and a Monkey Race on Bicycles, Then Bear Eats Monkey".

O apelo a ciclistas de truque com quatro pernas pode ter sido, em parte, uma reação à fartura de ciclistas de duas pernas. Nos anos 1890, o ciclismo de truque se consolidou como um passatempo recreativo. Uma indústria dedicada a ensinar a praticá-lo estimulou novatos que promoveram seus benefícios para o desenvolvimento de músculos. Dizia-se que o ciclismo de truque permitia "exercitar cada músculo conhecido". Um manual de instruções fartamente ilustrado alegava (de forma um pouco falsa) que "feitos graciosos, ousados e completamente fascinantes... podem ser realizados por qualquer ciclista que possua uma quantidade comum de coragem" e observava (de forma menos enganosa) que o domínio de manobras complexas de ciclismo podia ter aplicações práticas para quem usava a bicicleta para locomoção. "O ciclista [de truque] tem naturalmente *facilidade* para lidar com as complicações de um trânsito congestionado em vias movimentadas."

Havia academias de ciclismo de truque, destinadas a uma clientela abastada. O principal instrutor de uma escola de ciclismo popular em Nova York — um exímio ciclista de proezas negro chamado Ira Johnson — deslocava-se para a elegante Newport, em Rhode Island, durante os meses de verão para treinar pupilos em casas de férias à beira-mar. O ciclismo de truque também estava em voga entre socialites de Londres. Em 1897, a revista feminina *Hearth and Home* observou a tendência: "Sessenta anos atrás, os belos e grã-finos das reuniões chiques se qualificavam para os Almack's° frequentando academias de dança. Hoje em dia, eles gastam suas energias aprendendo o que há de mais novo em gincanas de truques sobre rodas." Relatou-se que o príncipe adolescente Albert, futuro rei George VI da Inglaterra, tivera permissão do pai, George V, para fazer visitas incógnito a salas de espetáculo, onde estudava as mais recentes manobras de ciclismo de truque. O príncipe "[imita] o desempenho de profissionais" durante sessões práticas nos jardins do Castelo de Windsor e da Sandringham House.

Mas a moda do ciclismo de truque não estava restrita à nata da sociedade. Em grandes cidades, os lugares para ver e ser visto onde os ciclistas se congregavam — o Coney Island Cycle Path em Nova York, os jardins do Palais du Trocadéro em Paris — serviam de palco público para ciclistas de truque. Eles atraíam multidões de admiradores, mas foram atacados pela imprensa de ciclismo por serem exibicionistas, um pecado de mau comportamento que, pensava-se, trazia má reputação para os ciclistas. Em várias cidades americanas, a polícia reprimiu o ciclismo de truque em público; algumas câmaras municipais chegaram a aprovar leis que proibiram a prática. Hoje, o Código de Ordenanças de Memphis, Tennessee, inclui uma anacrônica proibição de "todo ciclismo de truque e extravagância... nos parques e alamedas" em "bicicletas, triciclos... [e] velocípedes".

° Clubes sociais em Londres. (N. do T.)

À medida que o ciclismo de proezas amador prosperava, os grupos de profissionais também cresceram e houve uma saturação do mercado. Em 1905, a revista de teatro *Broadway Weekly* reclamou que os ciclistas de truque eram "drogas no mercado" e que "a capacidade de fazer alguns truques no selim não pagará as despesas". A solução, sugeria o editorial, eram proezas mais empolgantes e perigosas: "fazer truques que surpreendam... Se você conseguir subir um muro de bicicleta ou atravessar um telhado, andar de bicicleta será lucrativo".

Cada vez mais, os ciclistas de truque assumiam desafios mais arriscados, proezas envolvendo alta velocidade, inclinações acentuadas e saltos perigosos sobre abismos. Com frequência, nessas atuações, eles passavam por estruturas especialmente criadas — artefatos rococós com espirais e rampas que lhes permitiam atingir alta velocidade e alcançar grandes alturas nos espaços confinados de teatros e parques de diversões. Havia "redemoinhos" — velódromos circulares erguidos a vários metros do chão — e circuitos circulares verticalizados em que os ciclistas ficavam de cabeça para baixo. Os nomes dados a esses atos enfatizavam o perigo: "A Volta da Perdição", "O Anel Terrível", "O Círculo da Morte".

Havia muitos acidentes e, de fato, mortes. Rodas de bicicleta ficavam presas em ripas de velódromos aéreos e ciclistas eram arremessados em quedas fatais. Eles escorregavam em rampas e caíam de circuitos. A concentração falhava, rodas oscilavam, passadiços desabavam. Em 1907, uma plateia no Hipódromo de Belfast viu uma ciclista de truque adolescente, Hildegard Morgenrott, cair de uma plataforma e quebrar o pescoço de forma fatal. Outro jovem ciclista de truque, Charles Lefault, perdeu o equilíbrio quando tentava fazer uma versão modernizada de uma proeza de street trials, dirigindo sua bike no alto de fortificações próximas da Porte d'Italie, em Paris. "Ele caiu num fosso seco", reportou um jornal, "e morreu na hora."

Mas o ciclismo de truque continuou popular apesar do número de mortos, e por causa disso. Em particular, proezas que tornavam as bicicletas máquinas voadoras fascinavam tanto artistas quanto público. Havia especialistas como Charles Kabrich, um autoproclamado "aeronauta de parabicicleta", que fazia uma espécie de balé aéreo sobre uma bicicleta presa a um paraquedas. Um ciclista de truque chamado Salvo era a atração principal da trupe do circo de um rival de Barnum, Adam Forepaugh. Seu ato, "A Terrível Viagem à Lua", era promovido com o habitual sensacionalismo macabro. ("Uma maneira horrível de levar a vida como uma peça de um jogo. Alcançar a lua crescente ou atirar-se à morte.") Mas o ato de Salvo era onírico e romântico, uma audaciosa pantomina de uma viagem ao espaço de bicicleta. Salvo descia em velocidade uma rampa íngreme que curvava abruptamente para cima, como uma rampa de esqui, lançando o ciclista na direção de uma lua crescente pendurada por correntes, perto do ápice da tenda do circo. "É um salto terrível, que dá apertos no coração", escreveu um repórter em 1906. "O jovem pálido, tensamente concentrado, dispara no espaço como uma bala de canhão, sem nada entre ele e uma morte horrível exceto a forte energia e confiança que elevam seu corpo rijo para que alcance uma lua oscilante."

―――

A popularidade do ciclismo de truque oscilou ao longo das décadas, mas este continuou sendo uma constante cultural. Ciclistas de proezas eram comuns em palcos de variedades até o fim do vaudeville, em meados do século XX. A era do suingue trouxe bandas de dança montadas em bikes. Ray Sinatra — primo em segundo grau de Frank e mais velho que ele — liderava uma "orquestra ciclista" cujos 16 membros tocavam montados em reluzentes cruisers Silver King. Em meados dos anos 1930, Sinatra e sua banda tiveram um programa de rádio, *Cycling the Kilocycles*, transmitido semanalmente pela NBC — não a mídia ideal, talvez, para uma orquestra de bicicletas. Presume-se que os ouvintes levavam a coisa da bike na fé.

Fora dos Estados Unidos, o ciclismo de proezas foi remodelado como entretenimento elitizado, com insinuações de balé e ginástica. Na China, o chamado ciclismo acrobático enfatiza fantasias berrantes e configurações de ciclistas elaboradas: uma dúzia de artistas equilibrados sobre uma única bicicleta, abanando como penas de pavão. Concursos de "ciclismo artístico", populares na Europa Central e no Leste Europeu, apresentam truques de equilíbrio e movimentos fluidos, no estilo ginástica, realizados sobre bicicletas de roda fixa, com juízes dando notas a indivíduos, duplas e equipes de quatro e seis pessoas.

Hoje, as formas mais proeminentes de ciclismo de proezas se enquadram na categoria de esporte. Desde 2008, corridas de BMX — competições no estilo motocross realizadas em trilhas off-road construídas como esse propósito — têm sido um evento olímpico premiado com medalhas. Há competições de mountain bike e BMX que destacam atos de ousadia "radicais", saltos perigosos de rampas no estilo rampa de esqui, voos de arrepiar os cabelos — todo tipo de acrobacia sobre rodas. Nos últimos anos, o Loop of Doom e o Cercle de la Mort se transmutaram para as rampas e half-pipes do X Games. A atração de um ciclista zunindo pelo ar e desafiando o destino é evidentemente perene.

Danny MacAskill é um grande atleta, mas seria errado caracterizar suas atuações como um esporte. Ele é um artista. É quase certo que seja o ciclista de proezas mais famoso da história. Desde o lançamento de *Inspired Bicycles,* MacAskill gravou muitos outros vídeos, com orçamentos cada vez maiores e valores de produção elevados, exibindo um repertório cada vez mais escandaloso de habilidades, proezas, saltos perigosos e viagens a altitudes improváveis. Um dos mais populares é *The Ridge* (2014), que mostra MacAskill em seu território natal: executando uma série de truques enquanto pedala por uma trilha vertiginosa e perigosa, subindo e descendo vários picos da cadeia Cuillin, em Skye. *The Ridge* foi filmado de várias perspectivas. Há uma sequência gravada por uma equipe que subiu a montanha com MacAskill, e há panoramas elevados, vistos do alto, registrados por câmera de drone. As imagens mais impressionantes foram registradas por uma câmera GoPro montada sobre o capacete de MacAskill: vistas estonteantes e verdadeiras do avanço do ciclista enquanto ele sobe e desce o caminho rochoso ao longo do cume, uma trilha que oferece meros centímetros de espaço para correr e a possibilidade de, com um movimento em falso, mergulhar centenas de metros dentro de uma fenda.

O momento marcante de *The Ridge* apresenta um quadro heroico: envolvido na névoa da montanha, MacAskill está em pé com sua bike no alto da face de uma pedra íngreme conhecida como Pináculo

Inacessível, um dos icônicos afloramentos de Skye. Essa imagem, que MacAskill chama de "tomada *Coração valente*", é majestosa e audaciosa, uma descrição que combina com o empreendimento de MacAskill em geral. Seus vídeos enfatizam feitos de força, agilidade e coragem, mas acrescentam piadas e brincadeiras, música alta e apartes alegres. Num vídeo chamado *Imaginate*, MacAskill faz proezas num cenário criado para fazê-lo parecer um ciclista em miniatura, saltitando por uma paisagem de brinquedos infantis. Ele sobe uma rampa feitas de cartas de baralho, salta sobre um carro do tipo Matchbox, executa um bar-spin ao cair da torre de um tanque militar de brinquedo. Em *Danny Daycare*, ele é visto pedalando por campos, colinas e veios estreitos enquanto reboca uma menininha num trailer infantil. (Na verdade, a "criança" no trailer é uma boneca.) Com frequência, seus vídeos incluem cenas divertidas de gafes durante a gravação, mostrando erros e tombos. A estética é a quintessência da era da internet e do milênio, mas é também um regresso às práticas destemidas e divertidas do ciclismo de proezas de mais de um século atrás. MacAskill é um vaudevilliano da era digital.

Ele passa grande parte do ano na estrada, gravando vídeos e procurando locações para novos vídeos. Filmou nos Alpes e no Kilimanjaro, na Argentina e em Taiwan, na Mansão da Playboy, numa barca no Tâmisa. Ele faz programas ao vivo com a equipe de ciclismo que formou, Drop and Roll. Tem patrocínio de empresas e uma bike com sua assinatura no mercado, mas se mantém discreto, rejeitando a maioria das ofertas que aparecem. Teme que alguma viagem interfira em seu tempo de ciclismo ou comprometa sua credibilidade na comunidade de ciclistas de trials. Disse não, obrigado a Ellen DeGeneres. Recusou uma oferta para participar de um circo sul-coreano.

MacAskill vive em Glasgow. Quando o visitei, nas últimas semanas de um frio inverno escocês, estava morando numa casa com vários companheiros, todos ciclistas sérios. Se você encontra MacAskill quando ele não está de bike, ele não parece muito uma celebridade, ou um atleta de categoria mundial. Ele é forte e rijo, mas não um espécime com físico impressionante. Mede 1,75 metro, tem cabelo ruivo cortado rente e uma fisionomia bonita, mas pueril. Usa jeans, casacos de capuz e bonés de beisebol. Tem uma namorada, mas admite que passa a maior parte do tempo livre em bicicletas. "Não faço muita coisa fora andar de bicicleta", disse ele. Quando não está na rua em sua bike de trials, ele anda de mountain bike. Às vezes, sai numa bicicleta de motocross elétrica. "Gosto de tudo que tem guidom", disse.

Ao longo dos anos, ele sofreu lesões que o deixaram de fora durante semanas e meses. Ele não tem nenhuma ilusão sobre os perigos de seu tipo de trabalho. Em 2013, Martyn Ashton, uma lenda de trials que MacAskill venerava como herói quando era criança, caiu para trás de uma barra de 3 metros de altura, bateu mal e quebrou duas vértebras. O acidente o deixou paralítico da cintura para baixo. Desde então, Ashton retornou para o ciclismo de montanha, usando bicicletas modificadas. Em 2015, apareceu ao lado de MacAskill e outros dois ciclistas em *Back on Track*, um vídeo gravado na Antur Stiniog, uma trilha de mountain biking no norte de Gales. Para MacAskill, superar o medo é crucial. "Seu cérebro tem que fazer o trabalho. O corpo pode estar dizendo para você não fazer algo. O cérebro tem que acalmar o corpo e dar um empurrão nele. Você tem que decidir com muita calma."

MacAskill é calmo. De bicicleta, ele parece impetuoso e exibicionista, exalando confiança e estilo. Mas, nas ocasiões em que não está pedalando, ele é reservado, cauteloso, lacônico. O ciclismo de trials — em especial o street trials — é uma perseguição cerebral. É uma forma de psicogeografia, de catalogar os pequenos detalhes da paisagem urbana. Envolve buscar e especular, medir e calcular. Quando MacAskill sonda a paisagem, vê pedaços quebrados do calçamento para usar em baques e quiques. Ele procura ligações entre obstáculos: uma grade que leva a uma caixa de correio da qual você pode ricochetear para um banco. Ele mede as distâncias e os vãos entre os alvos. O ciclismo de trials enfatiza o silêncio. Embora os momentos mais impressionantes das performances de MacAskill envolvam explosões de velocidade, movimentos rápidos e voos para grandes alturas, o cerne de sua arte é o equilíbrio: encontrar formas de se equilibrar numa bike quando ela está em uma posição traiçoeira e se movendo muito lentamente, ou imóvel.

Eu queria vê-lo em ação em sua bike de trials. Imaginei-me acompanhando-o em Glasgow, sentado em bancos de parques enquanto ele catapultava sobre cercas, subia muros e, em geral, fatiava e cortava em quadradinhos a paisagem. MacAskill tinha outras ideias. Sugeriu que fôssemos pedalar juntos, em mountain bikes, num lugar chamado Cathkin Braes, uma área montanhosa a sudeste do centro de Glasgow, com vários hectares de trilhas para ciclismo que serpenteiam pelo bosque. Eu mencionara que também era ciclista e pedalava todo dia, e ele deduziu pelo jeito leve com que eu partilhara a informação que eu tinha a aptidão básica necessária para um passeio de mountain bike. Então, num dia de semana, cedo, fomos até Cathkin Braes em sua van, descarregamos um par de mountain bikes num estacionamento e começamos a passear. Eu o acompanhei pelo bosque sob um chuvisco matinal. Demorei menos de um minuto para descobrir que meu conjunto específico de habilidades de ciclismo não se estendia a pedalar numa trilha de mountain bike de nível de principiante.

Andar de bicicleta em si é uma proeza. As bicicletas são instáveis: querem cair. Uma bicicleta parada tombará se não for apoiada numa parede ou sustentada por um pezinho, e se você puser uma bike em movimento sem condutor, o guidom não dirigido acabará virando o eixo de direção e a bike cairá. Em essência, o ciclismo é um exercício contínuo de prevenção de queda, uma série interminável de compensações e correções para manter a coisa ereta e rolando para a frente. Todos os ciclistas dominam os truques básicos, movimentos tão sutis e intuitivos que muitos de nós deixamos de reconhecer que estamos fazendo. Você conduz sua bike na direção para a qual ela está apontando para impedir que ela tombe; para voltar, você vira por alguns instantes a roda da frente na direção oposta. Os feitos de Danny MacAskill e outros ciclistas de proezas vão além dos poderes da maioria dos ciclistas, mas simplesmente enfatizam e exageram o truque básico do ciclismo, o ato de se equilibrar que todos nós realizamos quando andamos de bicicleta.

A lição de equilíbrio em bicicleta mais importante da história veio de Wilbur e Orville Wright, que, assim como MacAskill, iniciaram suas carreiras como mecânicos de bicicleta. Os irmãos Wright perceberam que os mesmos princípios que governavam o ciclismo podiam ser aplicados à aviação: que um avião, assim como uma bicicleta, podia ser um mecanismo inerentemente instável. "O manejo de nosso aeroplano, assim como o da bicicleta, baseia-se no senso de equilíbrio do operador", disseram os Wright a um jornalista em 1908. O controle da aeronave, afirmaram eles, "logo se torna automático com o aviador, assim como o equilíbrio de um condutor de bicicleta". Uma obra de 1911 sobre aeronáutica, *The New Art of Flying*, comparava os pilotos de avião aos ciclistas de truque: "O aviador dos dias atuais está de certa forma na posição do condutor de bicicleta numa corda bamba, armado com uma sombrinha." Você poderia dizer que Danny MacAskill está ensinando as mesmas lições de equilíbrio, bicicletas e aeronáutica dos irmãos Wright — só que invertidas. Nas mãos certas, com o piloto certo, uma bicicleta pode levantar voo.

É claro que, nas mãos erradas, uma bicicleta aerotransportada é uma ameaça para seu condutor, entre outros. A trilha que MacAskill e eu estávamos percorrendo se aprofundou no bosque, e pedalar se tornou mais desafiador, com descidas mais pronunciadas e curvas mais acentuadas. De repente eu era um ciclista de truque, e muito ruim — agarrando furiosamente o guidom e ao mesmo tempo trabalhando os freios como um maníaco, enquanto as rodas da bike se erguiam do chão e o quadro escorregava embaixo de mim em várias direções. Era perigoso, e assustador, mas para um observador neutro aquilo teria um aspecto cômico, como um ato de pastelão. Quando as descidas da trilha se tornaram mais abruptas, tive a impressão de que meu corpo estava sendo espancado — sacudindo como roupas no varal quando o nordeste uiva na cidade. MacAskill tentou ajudar, aconselhando-me a lastrear a bike pondo meu peso para trás e pendurando o traseiro na parte de trás do selim. Isso funcionou por algum tempo, mas eu estava apavorado, e a tensão que tomara conta de meu corpo e cérebro tornaram a queda inevitável. Depois de ziguezaguearmos por um trecho da trilha relativamente plano, chegamos a uma descida profunda, e eu entrei em pânico, apertando com força o freio frontal. A roda de trás deu uma guinada brusca e lá fui eu, lançado sobre o guidom — subindo, subindo e indo.

Caí com tudo, de bunda. Para ser exato, aterrissei sobre o cóccix. A lesão foi menos grave do que poderia ter sido, mas foi ultrajante, um golpe em minha dignidade, bem como em meu traseiro. Quando cambaleei de volta à bicicleta, MacAskill, uma pessoa educada e não propensa a exageros, manifestou apreensão. "Eu estou um pouquinho preocupado", disse ele, "que você se mate."

Eu disse que talvez fosse bom parar um pouco e, embora não tenha dito nada, MacAskill pareceu concordar. Saímos da trilha no mato para uma área de caminhos de terra ajardinados, com margens escarpadas e partes que subiam como ondas formando cristas. Pus a bicicleta de lado e fiquei vendo MacAskill indo e voltando de bike, subindo veloz e descendo impetuosamente as margens, dando voltas que deixavam seu corpo e a bicicleta quase horizontais ao chão.

A mountain bike em que ele estava andando era uma máquina um tanto pesada, menos propícia a movimentos e saltos mais ágeis do que uma bike de trials. Ainda assim, ver MacAskill comandando uma bicicleta — qualquer bicicleta — pode ser impressionante. Eu sabia que o espetáculo era resultado de uma técnica especializada — alterações de peso momentâneas, aplicações de força, pequenos ajustes, improvisações e lampejos de intuição que mantinham a bike aderida a seu corpo e sujeita a seus caprichos. Mas não consegui discernir os particulares técnicos: para meu olho leigo, seu ciclismo se apresentava como pura beleza violenta, uma mistura confusa de velocidade, força e fluidez.

Ele seguia por uma boa distância pela trilha, voltava e começava de novo, pedalando com suavidade e rapidez. Estava claro que se entrasse na parte rampeada do caminho em ritmo suficiente, ele voaria. E foi o que fez. Ele se lançou, expulsando a roda traseira e virando o guidom numa manobra ágil enquanto a bike disparava para o alto. A bicicleta subiu e subiu; quando eu estava certo de que chegara ao ponto mais alto, ele continuou subindo. A trajetória foi tão absurda, o voo tão demorado, que por um instante procurei o celular para tirar uma foto. Mas pensei melhor: em teoria, a lei da gravidade ainda estava em vigor. Logo, com certeza, a bicicleta retornaria à Terra.

7

PONHA UM POUCO DE DIVERSÃO ENTRE AS PERNAS

Rainha da Bicicleta. Retrato de estúdio, 1897.

Eu quero foder com uma bicicleta. Quero que Callisto desmonte a bicicleta para eu foder com ela. Foder com o quadro. Foder com os pedais. Foder com o guidom. Foder com a roda da frente. Foder com a roda de trás. Foder com a catraca. Foder com os raios. Foder com o selim. Foder com o cano do selim. Foder com o eixo. Foder com o aro. Foder com o amortecedor. Foder com

os freios da frente. Foder com a válvula. Foder com a catraca. Foder com o cano dianteiro. Quero que você me compre uma bomba de bicicleta que dure. Não compre na Walmart. Eu quero foder com ela. Foder para ficar bombeada e bombeando e ficar inflada e flutuante, e enquanto eu estiver fodendo com essa bomba de bicicleta, poder sentir os gases comprimindo meu corpo. Bombear e foder.
— Vi Khi Nao, *Fish in Exile* (2016)

A heroína do romance de Vi Khi Nao é uma mulher com o nome improvável de Catholic cuja vida vira um caos com a morte de seus dois filhos e o colapso de seu casamento. Sua fantasia de bicicleta, devemos entender, é um sintoma de uma crise maior — não puro fetichismo, mas perversão nascida da confusão, talvez com um masoquismo doentio na mistura. ("Você acha que seu eu for bombeada por bastante tempo meu útero iria parecer uma tempestade?", pergunta ela.) Entretanto, o desejo sexual que Nao retrata é uma coisa real, de um tipo que existe de verdade, bem como na ficção, e é seguro dizer que há pessoas cujos desejos nesse sentido não são complicações de mal-estar espiritual. Elas simplesmente querem foder com uma bicicleta.

Numa tarde de novembro de 2007, funcionários da segurança de um alojamento municipal na cidade escocesa de Ayr entraram num quarto e encontraram um homem, de camiseta branca, mas nu da cintura para baixo, segurando sua bicicleta e "movendo os quadris para a frente e para trás, como que simulando sexo". Robert Stewart, cinquenta e um anos, foi preso e levado ao Tribunal de Xerife de Ayr, acusado de "perturbação da paz sexualmente agravada por se portar de maneira indisciplinada e simular sexo com um objeto inanimado". O xerife, ou juiz, Colin Miller, já soubera de outros casos estranhos; no início dos anos 1990, ele presidira um processo judicial especial, exaustivamente coberto pela imprensa marrom, em que revertera a condenação injusta de um marido e uma esposa acusados de abuso sexual de criança e "rituais satânicos". Mas para Miller esse caso era uma novidade. "Em quase quatro décadas de direito, pensei que já me deparara com todo tipo de perversão conhecido pela humanidade", disse ele ao condenar

Stewart a três anos de liberdade condicional. "Mas nunca ouvi falar de um tarado por bicicleta."

O xerife aparentemente não pesquisara muito. Se você tem conexão de internet, não está a mais do que alguns cliques de distância de provas claras da sexualidade da bicicleta. Grande parte do que encontrará é, bem, pornografia comum, fotografias e vídeos em que bicicletas servem de artifício de enredo e, com frequência, de artifício sexual — brinquedos sexuais com rodas. Um subgênero popular mostra casais indo de mountain bike para lugares isolados no mato onde atos são consumados, incorporando a bicicleta de maneiras mais ou menos previsíveis. Alguns vídeos pornôs de bicicletas são empreendimentos amadores, registrados pelos próprios participantes com seus celulares. Outros são claramente trabalho de profissionais, com boa iluminação e filmados de vários ângulos, estrelados por indivíduos fisicamente ágeis, capazes de realizar atos sexuais jogados sobre uma bicicleta sem romper um tendão, ou coisa pior. Há vídeos que seguem as narrativas clássicas de pornografia, em que a bicicleta é mero pretexto. ("Young Slut Can't Afford to Have Her Bike Repaired"; "Hottie Rides Bike and Then Rides Cock."°) Muitos cenários envolvem mulheres nuas e assentos de bicicleta: mulheres pedalando bicicletas com vibradores fixados em selins, mulheres se masturbando com selins ou com canos de selim, e por aí em diante.

Há uma distinção a ser feita entre a pornografia de bicicleta convencional e a variedade mais underground. O Bike Smut é um movimento informal fundado em Portland, Oregon, em 2007, por um ciclista e ativista conhecido como reverendo Phil. O grupo se autodenomina "uma coalizão dos tesudos"; o evento que é sua marca registrada, o Bike Smut Film Festival, apresenta "uma coleção de filmes eróticos curtos feitos por ciclistas inspirados do mundo inteiro" que celebram "a alegria e liberação da cultura sexual positiva e do transporte movido a humanos". O clima dos filmes é liberal e boêmio, incluindo sexo heterossexual, gay, bi, trans e outros. Muitos filmes são feministas, pornôs feitos por mulheres e para mulheres.

° "Putinha não tem dinheiro para levar a bicicleta para consertar"; "Gostosa monta na bicicleta e depois no pau." (N. do T.)

O denominador comum nos filmes do Bike Smut é, de fato, a obscenidade da bicicleta: as lentes maliciosas das câmeras são direcionadas para coroas e quadros em diamante tanto quanto para membros e lombos humanos. Há vídeos em que homens e mulheres nus lambem e acariciam selins e canos superiores. Em outros vídeos, o básico da manutenção de uma bicicleta é demonstrado por mulheres com roupas sumárias, armadas de chaves allen e lubrificantes. No filme *Fuck Bike #001*, um homem de cabelo comprido e tatuado é visto pedalando uma bicicleta estática diferente: uma máquina de Rube Goldberg com mais de 4 metros de comprimento, composta de quadros de bicicleta, rodas de bicicleta e outras peças variadas, cuja transmissão por corrente move um vibrador fixado num pino de metal comprido. Na extremidade do dispositivo, uma mulher repousa sobre um colchão elevado com as pernas abertas, contorcendo-se e gemendo. *Fuck Bike #001* dedica alguns segundos a imagens do "casal", o ciclista nu e a mulher nua; mas o filme deixa claro que a coisa sexy, o verdadeiro movimento sensual, está no funcionamento cinético dos componentes, o rangido de manivelas, correntes e rodas, o jogo de luz sobre o metal e o cromo. Isso é verdadeiramente pornografia de bicicleta.

———

Há outros que olham para peças e partes da bicicleta e veem possibilidades de perversão. Rheta Frustra é uma artista e ativista que mora em Viena e cujo projeto Bikesexual visa a "desafiar normas do corpo e normas sexuais" criando brinquedos sexuais a partir de partes de bicicletas antigas. No website Bikesexual e em oficinas que fez pela Europa, Frustra oferece instruções para fazer plugues anais e acessórios de sadomasoquismo — algemas, chicotes e rabos de gato — a partir de restos de borracha e metal retirados de bicicletas fora de uso. Aqueles que "sempre quiseram um apetrecho, mas... eram envergonhados demais para ir a uma loja no centro à luz do dia", podem fazê-lo rapidamente usando uma câmara de ar de uma bicicleta quebrada, correntes de bicicleta, algumas fivelas e "uma roda dentada como vibrador".

Assim como o Bike Smut, o Bikesexual é subcultural e contracultural, fazendo parte do underground ativista que considera o ciclismo uma resistência ao establishment. (O Bikesexual, diz Frustra, "combina princípios das culturas 'faça você mesmo', vegana, ecológica e de bicicleta e políticas gays".) Mas a sexualização de bicicletas não é um fenômeno periférico nem novo. As caricaturas obscenas encontradas nas gráficas de Londres durante o breve apogeu do cavalo de dândi — aquelas imagens de rapazes priápicos e moças de seios fartos se apalpando e se deitando em velocípedes — visualizavam a bicicleta como uma máquina erótica, ou pelo menos um instrumento de jogos eróticos, um brinquedo sexual para a coalizão dos tesudos da Regência. Durante o boom dos anos 1890, enquanto guardiões da moralidade estavam se preocupando (e fantasiando) que assentos de bicicleta "produzem constante fricção sobre o clitóris e os lábios", fotógrafos de estúdio estavam registrando imagens de mulheres nuas montadas em bicicletas. (Essas fotos, preservadas em cartões, alcançam preços altos no eBay.)

Naquele mesmo período, a obscenidade da bicicleta se insinuou nos entretenimentos de massa disfarçada de duplos sentidos. Dizia-se que o sucesso "Daisy Bell (Bicycle Built for Two)", de um espetáculo musical inglês de 1892, tinha como inspiração um escândalo sexual, o caso entre Daisy Greville, condessa de Warwick, e Eduardo, príncipe de Gales e futuro rei Eduardo VII. A letra da canção tinha trocadilhos sugestivos sobre os componentes da bicicleta ("You'll be the belle / Which I'll ring") ["Você será a bela / Que eu vou tocar"] e fazia analogias disfarçadas entre a bicicleta titular feita para dois e outro tipo de passeio em dupla: "You'll take the lead / In each trip we take / Then if I don't do well / I will permit you to / Use the brake." ["Você será a guia / Em todos os nossos passeios / E se eu não me sair bem / Permitirei a você / Usar o freio."]

A bicicleta ativava as mentes maliciosas de artistas mais nobres, incluindo proeminentes escritores modernistas. Em *Finnegans Wake*, James Joyce escreve sobre uma jovem *"prostituta in herba"* que pedala uma "bisexycleta". Uma cena francamente pornográfica é encontrada em *História do olho* (1928), de Georges Bataille. O narrador inominado do romance e sua amante, Simone, despem-se e vão pedalar pelo campo.

O passeio chega ao clímax, literalmente, com um orgasmo de Simone, que a leva a sair da bicicleta e se esparramar na beira da estrada:

> Nós havíamos abandonado o mundo real, feito somente de pessoas vestidas, e o tempo transcorrido desde então era já tão remoto que parecia quase fora de alcance... Um assento de couro aderia à boceta desnuda de Simone, que inevitavelmente era sacudida pelas pernas subindo e descendo sobre os pedais girando. Além disso, a roda de trás desaparecia indefinidamente para meus olhos, não apenas no garfo da bicicleta, mas praticamente na fenda do traseiro nu da ciclista: o giro rápido do pneu empoeirado também era diretamente comparável tanto à sede em minha garganta quanto à ereção de meu pênis, destinado a mergulhar nas profundezas da boceta colada no assento da bicicleta... Eu percebi que ela estava se mexendo com violência cada vez maior sobre o assento, que estava pinçado entre suas nádegas. Assim como eu, ela ainda não havia esgotado a tempestade evocada pela sem-vergonhice de sua boceta, e de vez em quando soltava gemidos roucos; estava literalmente se rasgando de alegria, e seu corpo foi lançado sobre uma escarpa com um terrível raspar de aço sobre seixos e um grito agudo.

É instrutivo comparar o passeio de bike libertino de Bataille com os cenários imaginados pelos oponentes da bicicleta na virada do século, que advertiam que "um longo 'giro' pelo campo" com frequência resultará "em abraços sexuais". Esse era o clássico pânico moral, mas podia não estar errado em relação aos fatos. Há mais de um século, o passeio de bicicleta da cidade para o campo tem sido visto como uma viagem repleta de possibilidades eróticas. (O clichê pornô de ciclistas em encontros amorosos no bosque é meramente a mais recente iteração.) Naquelas estradas rústicas, naqueles espaços abertos, as restrições da sociedade já não se aplicam; os ciclistas podem provar o sabor da pura liberdade e se entregar a seus desejos mais loucos.

Em *Voici des ailes!* (*Here Are Wings!*) (1898), o romancista Maurice Leblanc conta a história de dois casais parisienses, Pascal e Régine Fauvières e Guillaume e Madeleine d'Arjols, que fazem um passeio de bicicleta pelas bucólicas Normandia e Bretanha. À medida que a viagem se desenrola, a moralidade afrouxa, juntamente com os espartilhos, que as mulheres abandonam em favor de uma roupa menos constritiva. Por fim, Régine e Madeleine se desfazem de suas blusas e saem pedalando por uma paisagem edênica com os seios nus. Para Leblanc, andar de bicicleta em si é um tipo de sexo. Os ciclistas, as bicicletas, a paisagem, o clima — todos são entidades sexuais, participantes de uma orgia de êxtase.

> A estrada subia e descia sobre colinas suaves e, no delírio em que a velocidade os havia lançado, parecia que a terra estava intumescendo e cedendo, como um peito palpitando no ritmo da respiração... Os braços [das ciclistas] se abriam como que para um abraço. A resistência do ar dava a ilusão de algo avançando sobre elas e roçando ternamente seus seios. O sopro da brisa nos lábios era como um inefável beijo de amor. O aroma suave de madressilva as incitava como carícias secretas... A consciência desaparecia, dissolvida em coisas. Elas se tornavam parte da natureza, forças instintivas, como as nuvens deslizando, como as ondas rolando, como as fragrâncias pairando, como os sons ecoando.

No fim do romance, os Fauvières e d'Arjols trocaram de parceiros, e dois novos casais pedalam para um futuro que guarda a promessa de muita atividade conjugal picante e muitos passeios de bicicleta. A mensagem de *Voici des ailes!* é de que o ciclismo representa libertação, e essa libertação é, por definição, libertina.

———

Esta é uma ideia que poderia parecer datada, um remanescente da era vitoriana facilmente escandalizada. Mas circula na cultura da bicicleta de hoje. O World Naked Bike Ride (WNBR) é um evento anual em que milhares de ciclistas em dezenas de cidades do mundo pedalam pelas ruas com tão pouca roupa "quanto você ousar". Conrad Schmidt, canadense considerado o fundador do WNBR, em 2004, caracterizou-o como um retorno às raízes do ciclismo e uma celebração da essência do ciclismo. "O conceito de andar de bicicleta nu remonta aos primeiros tempos, quando as bicicletas foram inventadas", disse Schmidt. "Há algo nas bicicletas e em estar nu que é feito para andar junto." Alguns ciclistas do WNBR pintam o corpo ou usam meias estrategicamente localizadas; outros passeiam completamente nus. Na primavera de 2020, durante os primeiros meses da crise da Covid, muitos participantes do WNBR usaram apenas máscaras cirúrgicas. Alguns também puseram máscaras nas genitálias.

O evento tem a atmosfera de um festival de contracultura — um animado enxame de humanidade seguindo pelas ruas da cidade, deixando tudo à mostra. Mas o objetivo, insistem os organizadores do WNBR, não é simplesmente *épater la bourgeoisie.* Philip Carr-Gomm escreveu que as pessoas que se manifestam nuas "transmitem uma mensagem complexa: elas desafiam o status quo agindo de forma provocativa, e conferem poder a si mesmas e a sua causa mostrando que são destemidas e não têm nada a esconder. Mas ao mesmo tempo elas revelam a vulnerabilidade e fragilidade do ser humano". O WNBR adota as táticas de ação direta da Massa Crítica; sua retórica associa nudez e sexualidade a ambientalismo, ruas seguras e antiautomobilismo. "Pedalando nus declaramos nossa confiança na beleza e individualidade de nossos corpos", diz a declaração da missão do WNBR. "Encaramos o trânsito de automóveis com nossos corpos nus como a melhor maneira de defender nossa dignidade e expor a vulnerabilidade enfrentada por ciclistas e pedestres em nossas ruas, bem como as consequências negativas que todos nós enfrentamos devido à dependência do petróleo e de outras formas de energia não renovável."

O conflito entre motoristas e ciclistas tem sido moldado com frequência em termos de sexo e gênero. Num mundo dominado por carros — esses totens turbinados de virilidade masculina —, andar de bicicleta é considerado por muitos algo emasculante e infantilizador. "É impossível se sentir adulto quando se está numa bicicleta", escreveu o dedicado detrator de bicicletas P. J. O'Rourke num artigo de opinião no *Wall Street Journal* em 2011. "Procure espaços abertos, parques e praças urbanas no mundo inteiro e você não encontrará uma única estátua de um herói nacional de bicicleta. Essa promoção da infantilidade no eleitorado significa que as ciclovias são só o começo. Logo, estaremos abrindo espaço nas ruas de nossas cidades para pistas de patinete e skate. Pistas de Soapbox Derby, pistas de pogo-stick, pistas de carrinho de criança." Hollywood tem repisado nesse tema, retratando ciclistas como homens infantis sexualmente atrasados: pense em Pee-wee Herman pedalando sua Schwinn "vermelha, carro de bombeiro" ou no virgem de quarenta anos de Steve Carell, que não tem carteira de motorista e vai de bike para seu emprego ruim numa loja de aparelhos eletrônicos. Essas atitudes vêm à tona em batalhas no mundo real pelo direito à rua. Em discussões no trânsito, motoristas com frequência depreciam ciclistas usando uma linguagem homofóbica e misógina. Cientistas sociais relataram o uso disseminado de epítetos como "bichinha", "babaca", "veado" e o mais direto "veado de bicicleta". Minha própria pesquisa de campo confirma essas constatações.

Diante dessa hostilidade, ativistas da bicicleta defendem uma política de hedonismo alegre. Entre os participantes do WNBR, os slogans pintados em faixas, bem como em torsos nus — Ponha um pouco de diversão entre as pernas; Sou bikessexual: monto em qualquer coisa; Ciclistas trepam melhor; Hoje gozei em minha bike; Movido a traseiro, não a gasolina —, retratam um ciclismo exuberante e debochado. (Dirigir um carro, em contraste, é tido como algo não sensual, tenso e careta.) Alguns ciclistas adotam a ideia de que andar de bike é feminino — ou, mais exatamente, feminista. Adriane Ackerman, membro da excêntrica comunidade de bicicleta de Portland, criou uma bicicleta personalizada que chama a atenção: uma "bike com o dobro da altura enfeitada com uma vulva gigante de papel machê". A bicicleta exibe em seu quadro, perto da roda da frente, o que Ackerman chama de "Shock Twat" ["Xoxota de Choque"] ou "Cuntraption".° Ackerman pôs um tubo de plástico comprido saindo de um jarro cheio de vinho tinto, montado sobre o bagageiro traseiro, e que vai dar numa torneira localizada no centro da escultura. Esse arranjo permite aos voluntários — que aparentemente são muitos — fazer sexo oral figurativo, ajoelhando-se

---

° Trocadilho com as palavras *cunt* (boceta) e *contraption* (dispositivo). (N. do T.)

diante da bike para sorver o "sangue menstrual" que flui da Cuntraption. Como peça de um teatro de rua feminista, é impressionante. ("Em minha experiência", diz Ackerman, "há poucos testamentos de poder mais extraordinários do que centenas de adultos crescidos esperando em fila para ajoelhar diante de uma vagina artesanal gigante só para ganhar um jato de vinho de caixa que sai dali.") É também uma resposta espirituosa a uma cultura que venera os carros por, como explicou um estudioso, seus "poderes fálicos de penetração e impulsão".

Alguns podem hesitar em ver no choque cultural entre o carro e a bicicleta uma representação da batalha dos sexos. Ainda assim, é razoável dizer que automóveis e bicicletas têm personalidades eróticas contrastantes — diferentes tipos de atração sexual. Para o escritor Jet McDonald, a distinção está no modo como as bicicletas expõem os corpos de seus condutores ao ar livre e aos olhos dos outros. "No norte da Europa poupamos nossos corpos privados para locais fechados, o inverno instável policia a nossa carne. Mas quando o sol finalmente chega, o salto do ambiente fechado para a bike é pequeno, e permitimos que um self mais íntimo saia. O carro não faz isso; ele é um quarto sobre rodas. O motorista incorpóreo se move veloz entre quatro paredes e os sinais sexuais são poupados para piscadelas em engarrafamentos."

Podemos acrescentar que as ações necessárias para dirigir um carro exigem muito menos força muscular e geram bem menos calor corporal do que aquelas exigidas para pôr uma bike em movimento. As analogias com sexo são cafonas, mas apropriadas. Andar de bicicleta é entrar numa relação íntima. Você a põe entre as coxas, você a monta, você pressiona os pedais. Seu corpo se funde com o corpo da bike. Juntos, vocês desenvolvem um ritmo constante. A bike ganha velocidade em resposta a seu esforço; você pressiona, a bike vai mais rápido. E lá vai você. Quase nem parece necessário observar que, com muita frequência, o ciclismo tem sido descrito numa linguagem que sugere orgasmo — como excitante, eufórico, extático.

Essas metáforas vão longe demais, talvez. Ou talvez não longe o bastante. As pontadas de gratidão e afeição que sinto por minha bike, e por bicicletas em geral, são mais profundas do que aquelas que tenho por qualquer outra coisa inanimada e, para ser franco, por todas as animadas à exceção de algumas. Henry Miller, um dos pervertidos mais sagazes da história, nunca registrou nenhum pensamento lascivo sobre bicicletas. Mas nas memórias *My Bike and Other Friends* (1978), escreveu com intenso ardor sobre a "melhor amiga" de seus tempos de adolescente em Nova York, durante a primeira década do século XX: uma bicicleta fabricada em Chemnitz, na Saxônia, que ele comprou depois de participar de uma corrida de bicicletas no antigo Madison Square Garden. Miller recorda o mecânico da oficina de bicicletas próxima à casa de sua família em Williamsburg, Brooklyn, que fazia reparos de graça para ele "porque, como explicou, nunca viu um homem tão apaixonado por sua bicicleta como eu era".

Miller "tinha conversas silenciosas" com sua bike. Ele a adorava, com o carinho de um jovem amante nos espasmos de seu primeiro romance. Há talvez um leve indício do futuro glutão erótico — entendedor de encontros amorosos, carícias e excreções — na descrição de sua rotina noturna de cuidados com a bicicleta. "Toda vez que eu voltava para casa", escreve Miller, "punha a bicicleta de cabeça para baixo, procurava um pano limpo e lustrava as rodas e os aros. Depois limpava a corrente e passava graxa nova ali. Essa operação deixava manchas feias na pedra da passagem. Minha mãe... ficava com tanta raiva que me dizia cheia de sarcasmo: 'Estou surpresa por você não levar essa coisa para a cama!'" Com bikes, assim como com humanos, os atos sexuais mais intensos são, com frequência, atos de amor.

8

INVERNO

Enfrentando uma tempestade de neve. Serinagar, Jamu e Caxemira, Índia, janeiro de 2021.

O navio ergueu a âncora e partiu para o mar, apontando para o norte, rumo ao topo do mundo. O HMS *Hecla* era uma embarcação da Marinha Real Britânica, de 32 metros, com três mastros e uma dúzia de velas quando totalmente armado. Estivera em ação na guerra em 1816, integrando a frota anglo-holandesa que bombardeou o bastião de piratas berberes de Argel. Dois anos depois, recebeu uma nova missão: uma exploração do Ártico. Seu casco foi reforçado e revestido de ferro, para resistir ao impacto de massas de gelo flutuantes. Entre 1819 e 1825, o *Hecla* empreendeu três expedições em busca da Passagem do Noroeste. Agora, em 27 de abril de 1827, estava deixando a boca do estuário do Tâmisa numa viagem ao Polo

Norte. Carregava o capitão William Parry, 28 tripulantes e, amarrado ao deque, um par de "barcos-trenós" de 6 metros de comprimento — um barco híbrido com deslizadores de ferro e velas para capturar o vento. O plano de Parry era conduzir o *Hecla* por seiscentas milhas ao norte do continente europeu até Spitsbergen, uma ilha cercada pelo oceano Ártico, pelo mar da Groenlândia e pelo mar da Noruega. Ali, os marinheiros mudariam para barcos menores, continuando a viagem por mais de seiscentas milhas ou mais sobre água e gelo.

De acordo com um relato da imprensa, Parry e sua tripulação tinham uma missão adicional para cumprir na ilha de Spitsbergen. Junto a grandes estoques de armas, munição, tabaco e rum, o porão do *Hecla* guardava uma carga incomum: "vários velocípedes". Estes seriam deixados em Spitsbergen. Em notícia publicada antes do início da expedição, o *Morning Advertiser* de Londres imaginou a sensação que as máquinas iriam causar no norte congelado: "Quando os peruanos viram um espanhol no lombo de um cavalo, sua consternação foi excessiva. Esse sem dúvida será o efeito quando os esquimós contemplarem um inglês num velocípede."

A história não guarda nenhuma outra palavra sobre esses velocípedes. É possível que a reportagem estivesse errada. É duvidoso, em todo caso, que os esquimós tenham posto os olhos sobre essas coisas. Spitsbergen na época era um posto avançado sob controle dos Reinos Unidos de Suécia e Noruega. Era uma meca da pesca de baleias e um destino de caçadores noruegueses em busca de ursos polares e raposas-do-ártico. Era também destino de cientistas e naturalistas, muitos deles suecos. Deveríamos imaginar uma cena diferente em Spitsbergen: os velocípedes sendo recebidos por escandinavos intrigados, cujos descendentes estariam entre os mais apaixonados praticantes de viagens sobre duas rodas. Essas bicicletas quase certamente foram as primeiras a chegar a climas polares.

———

Nenhum ciclista pode passar à frente do clima. Viajar de bicicleta é experimentar o prazer e o perigo da exposição ao ar livre, e para um certo tipo de ciclista o prazer é ampliado pelo perigo de temperaturas frígidas e paisagens cobertas de gelo e neve. O ciclista inglês R. T. Lang, escrevendo em 1902, zombou do "diletante que leva sua bicicleta diretamente para as moradas do inverno [quando] os primeiros dias marrons de outubro chegam". Pedalar no inverno, disse Lang, era um direito nato seu como bretão, concedido por antepassados resistentes:

> Quando... a neve [está] rodopiando, rodando e girando em torno dos raios da roda, como vi rodopiar, rodar e girar no coração dos Cheviots, sobre os penhascos de Derbyshire e na solidez selvagem das Highlands escocesas... é que o velho espírito Berserker se eleva na raça, e é então que há uma luta com toda a natureza como inimiga, uma dura batalha interminável entre o homem e sua eterna adversária. Os tendões se estendem e cada músculo se salienta em nós furiosos enquanto o vento espanca num esforço selvagem para impedir qualquer avanço a mais; por alguns segundos, é quase uma luta de morte, as rodas mal se movem, as mãos agarram com mais força, cada músculo do corpo participa do combate feroz; um momento e a batalha para em indecisão, então o vento cede, os pedais giram na euforia da vitória, só para retomar o esforço algumas jardas adiante, mas com confiança no poder de vencer. Esse é um esporte britânico, em que apenas os filhos de Vikings podem se divertir.

O ritual de raça de Lang não condiz bem com a realidade: o entusiasmo por pedalar no inverno não está de modo algum restrito aos descendentes de vikings, aliás, nem aos "filhos". Mas ele estava certo ao dizer que uma compleição forte e um limiar de dor elevado são necessários. Como me disse certa vez um amigo que se considera especialista nisso, o ciclismo de inverno é foda. Tem dificuldades maiores do que aquelas impostas por outros tipos de clima adverso, que podem ser inconvenientes para ciclistas, mas, à exceção dos casos mais extremos, não são um obstáculo para viajar.

As bicicletas se saem bem em tempestades. Um conjunto decente de pneus aguenta bem a estrada mesmo quando molhada, e um ciclista esperto pode apertar os freios com frequência para manter seu mecanismo seco e funcionando. A não ser que esteja pedalando em direção a um tufão, você pode avançar em meio a um vento forte, de forma lenta, mas segura. Ciclistas bem hidratados cruzam desertos e enfrentam um calor tropical escaldante.

Da mesma forma, o frio não é nenhum impedimento para um ciclista determinado. Hoje em dia, é possível se impermeabilizar de forma ampla, protegendo mãos já enluvadas com luvas que embainham o guidom, e pondo centímetros de acolchoamento, neoprene, lã e outros isolantes entre a pele e o clima. Vi muitos desses ciclistas quando morei em Madison, Wisconsin, um lugar onde o seu muco nasal congela no instante em que você põe o pé para fora numa manhã de fevereiro. Na State Street, a rua principal do centro de Madison, ciclistas em roupas de neve passavam com pingentes de gelo na barba, como exploradores polares.

O desafio do ciclismo de inverno não são as temperaturas baixas, mas as estradas ruins, que podem derrotar até mesmo os ciclistas mais fortes e habilidosos. Bicicletas não foram feitas para arar neve acumulada ou para circular em rinques de patinação. Pneus sem uma estrada para agarrar podem virar para fora embaixo de você, e a neve pode paralisar você.

Mas você poderia dizer que o inverno está no DNA da bicicleta. A bike, em sua origem — a *Laufmaschine* de Karl von Drais —, era uma espécie de veículo de inverno, concebida no "ano sem verão" e impulsionada pelo movimento chute e deslize adotado na patinação no gelo. Desde então, inventores vêm adaptando bicicletas para estradas invernais e criando novas bicicletas expressamente para uso sazonal. As modificações mais simples do tipo faça você mesmo são aquelas para fazer os pneus ganharem mais tração, envolvendo rodas transversalmente em correntes trançadas ou pondo pinos, parafusos ou outras protuberâncias pontudas nos pneus. Há uma fotografia de 1948 de Joe Steinlauf, um construtor de bicicletas americano, pedalando o que talvez seja a bicicleta mais deformada e punk-rock já feita, cujas rodas não têm pneus, apenas aros de metal, cada um deles com três dúzias de pregos de quase oito centímetros de comprimento. São as rodas de bicicleta que uma inquisição medieval usaria para lancear um herege.

No fim dos anos 1860, várias espécies de "velocípedes de gelo" apareceram nos Estados Unidos e na Europa, geralmente apresentando uma versão salpicada de pregos da grande roda dianteira movida a pedal da boneshaker e vários acréscimos ao quadro, do tipo patim ou trenó. "Os velocípedes de gelo são a última novidade no Hudson", reportou o *Brooklyn Daily Eagle* pouco depois do Ano-Novo de 1869. A invenção da bicicleta de segurança trouxe uma nova onda de designs de inverno: bicicletas com lâminas engraxadas na frente ou atrás, bicicletas com a forma aproximada de um esqui gigante, uma bicicleta equipada com "fixador para sapato de neve". Na Holanda — excelente território para ciclismo de inverno, com seus canais congelados e uma população louca por bicicletas —, um designer inteligente eliminou a roda da frente e pôs uma única roda traseira movida a corrente entre dois deslizadores em elegante formato de anel. Uma firma americana, a Chicago Ice-Bicycle Apparatus Co., ofereceu um pacote de complementos de 15 dólares que prometia transformar "qualquer estilo ou feitio de bicicleta de segurança moderna" em um veículo de inverno que poderia rodar "mais rápido do que uma velocidade de verão". A empresa se gabava de que uma de suas bicicletas de teste percorrera 400 metros do lago Michigan congelado em vinte segundos.

O *annus mirabilis* do boom da bicicleta na virada do século, 1896, coincidiu com a descoberta de ouro no noroeste do Canadá. Empreendedores se movimentaram para capitalizar sobre as sensações populares, comercializando bicicletas para caçadores de fortuna que seguiam para o norte. No verão de 1897, uma firma de Nova York começou a fabricar a "bicicleta Klondike", vendida como uma dádiva divina da alta tecnologia para prospectores de Yukon. A bike tinha sólidos pneus de borracha e um quadro de aço envolvido em couro cru para proteger as mãos do condutor em baixas temperaturas. Vinha com um par de rodas extra preso do meio do cano superior para baixo, e havia fixadores para segurar cargas no guidom e no cano do selim.

A ideia era que a bicicleta Klondike pudesse servir como veículo de passageiro e de carga, permitindo aos condutores rebocar uma tonelada de alimentos e equipamentos, o que autoridades canadenses exigiam de cada prospector para assegurar sua sobrevivência na fronteira. O proprietário de uma bicicleta Klondike podia abrir a máquina para usá-la no modo quatro rodas, arrastar mais de duzentos quilos para os campos de ouro a pé, depois recolher as rodas estabilizadoras, montar na bike e pedalar de volta pelo caminho para apanhar outra carga. Aqueles que carregavam equipamentos nas costas e dependiam de animais de carga tinham que fazer várias viagens de ida e volta, cobrindo talvez um total de 400 quilômetros para que pudessem iniciar sua caça ao tesouro. Mas um ciclista poderia transportar todos os seus suprimentos em apenas duas viagens, obtendo uma vantagem na competição.

Era isso o que diziam os vendedores da bicicleta Klondike. Outros eram céticos. A. C. Harris, autor de *Alaska and the Klondike Gold Fields: Practical Instructions for Fortune Seekers*, zombou dos "prospectores principiantes que levaram bicicletas" para o Yukon, desconhecendo as condições difíceis que tornariam as máquinas inúteis. Os proponentes de bicicletas, escreveu Harris, "haviam ignorado a única coisa necessária para percorrer o interior além de uma boa bicicleta — boas estradas".

É verdade que o terreno era assustador. Para chegar à cabeceira do rio Yukon, era preciso viajar por caminhos nas montanhas como a trilha Chilkoot, com sua infame "Escada Dourada", 1.500 degraus cavados em neve e gelo perto do cume do passo. Se você conseguia passar pelas montanhas, via-se num território traiçoeiro. O clima em Yukon era previsível apenas em sua severidade. A temperatura caía a 45 graus Celsius abaixo de zero. Nevascas chegavam com força, nevoeiros ofuscantes envolviam a terra, avalanches ocorriam, o vento uivava. Prospectores sofriam ulcerações de frio, hipotermia, desnutrição e fome. Havia rumores de que homens ferviam suas botas e bebiam o caldo, por não terem nada melhor para comer.

Havia outros riscos. Quando o degelo da primavera chegava, os viajantes podiam ficar atolados na lama. Os verões eram breves, quentes e infestados de moscas e mosquitos. A ilegalidade e a violência imperavam. Bandidos emboscavam prospectores ao longo do caminho; dizia-

-se que o suicídio era uma epidemia. O comissário de Yukon escreveu para o ministro do Interior canadense no outono de 1897, relatando cenas pavorosas: "Não se pode imaginar a aflição e o sofrimento que tantos passaram." Logo começaram a se infiltrar no sul informações de que todo o empreendimento era uma missão inútil, de que todo o território rico em ouro havia sido reivindicado, de que as únicas pessoas que estavam ficando ricas em Klondike eram os primeiros fornecedores e empreendedores, que haviam estabelecido negócios para servir às hordas em busca de ouro. Um deles era Frederick Trump, avô de Donald Trump, um imigrante que havia se esquivado do serviço militar obrigatório na Alemanha, fugido para os Estados Unidos e feito uma pequena fortuna abrindo hotéis nas cidades de Bennett e Whitehorse, às margens do Yukon.

Ainda assim, prospectores esperançosos peregrinavam para o norte, e centenas deles, talvez milhares, levavam bicicletas. Em 1901, o *Skagway Daily Alaskan* estimou que duzentos e cinquenta ciclistas estavam seguindo o caminho para Dawson City, a próspera cidade que surgira na confluência dos rios Yukon e Klondike, perto do local onde se descobriu o ouro pela primeira vez. Fotografias do período registram imagens de homens, incluindo nativos inuítes, montados em bicicletas modificadas para se adequarem ao Ártico. Havia veículos artesanais de quatro rodas — duas bicicletas fundidas em uma por meio da soldagem de barras de ferro para ligar os quadros. Muitos ciclistas punham cargas em trenós e tobogãs, que amarravam às suas bicicletas e arrastavam atrás. De vez em quando, ciclistas levavam com eles parelhas de cães, invertendo a equação habitual ao pedalarem na frente dos cachorros, e não sendo puxados por eles num trenó.

Mas um benefício de viajar de bicicleta era que isso liberava o prospector da necessidade de puxar animais de carga, que eram caros para alimentar e difíceis de cuidar, e estavam sujeitos a cair mortos. A White Pass Trail, ponto de entrada para Yukon para quem vinha de Skagway, cidade de tendas no Alasca, ganhou o apelido de Trilha do Cavalo Morto por causa dos milhares de cavalos e mulas que pereciam ali, despencando de penhascos ou se deitando para morrer na neve, depois de se esforçarem demais e se alimentarem muito pouco. Os cães com frequência não se saíam melhor. Um ciclista registrou uma visão macabra quando pedalava pela trilha ao longo da margem sul do rio Yukon: "Um cachorro de pelo curto ruivo congelado como uma pedra. Alguém havia posto um montinho de neve em seu focinho, o rabo para cima e as patas em posição de trote. Parecia um palhaço de circo fazendo seu truque."

Os ciclistas de Klondike alegavam outra vantagem sobre cavalos e parelhas de cães: velocidade. Quando o clima cooperava, eles podiam viajar mais rápido do que qualquer um, até 160 quilômetros por dia em trechos planos do caminho, mais ou menos o dobro da distância coberta por prospectores com parelhas de cães. Quando a trilha ficava íngreme, os ciclistas desciam da bicicleta e as carregavam nas costas morro acima, mas recuperavam o tempo nas descidas. Os rastos deixados por trenós de cães, geralmente com 45 a 60 centímetros de largura, provavam ser caminhos úteis para as bicicletas. O ciclista mantinha as rodas nos sulcos estreitos e avançava sobre a terra cercada de gelo e sobre rios congelados, traçando uma fita ao longo de um mundo branco nebuloso e leitoso.

É claro que o ciclismo em Yukon era acompanhado de uma série especial de sofrimentos. Aprender a dirigir nos rastos de cães de trenós não era fácil, e o processo de tentativa e erro podia ser doloroso. Um ciclista relatou que "caiu de cabeça na neve umas vinte e cinco vezes" no primeiro dia na trilha. Quando a trilha acabava à beira do rio, sem nenhuma ponte de gelo que levasse à margem oposta, os ciclistas avançavam pela água congelante a pé, enfrentando correntes fortes e esquivando-se de massas de gelo flutuantes enquanto carregavam suas bicicletas sobre a cabeça. Com frequência, eles se viam em desertos de gelo bruto, sem caminho de trenó para passar. Os cavalos eram responsáveis por parte do gelo acidentado: seus passos pesados e as cargas pesadas que arrastavam em trenós cortavam a trilha em pedaços. O gelo irregular cortava os cascos dos cavalos, e as parelhas de cães que vinham em seguida sofriam por sua vez, deixando unhas e carne para trás quando suas patas batiam nos cantos dos rastos dos cavalos. Aos ciclistas restava seguir por uma paisagem despedaçada, que o sangue de cavalos e cachorros tornava escorregadia.

Quase nenhum ciclista se vestia de forma adequada. Aqueles que não tinham óculos de proteção sucumbiam à cegueira da neve. Alguns aprendiam a pedalar com uma só mão, usando a mão livre para coçar o nariz num esforço para evitar ulcerações de frio. O frio prejudicava as bicicletas também. Pneus enrijeciam e rachavam em temperaturas baixas; rolamentos congelavam e solidificavam. Um tombo podia incapacitar ou decepar uma bicicleta, destruindo pedais ou partindo a haste do guidom em duas. Com frequência era preciso fazer consertos, e quem não tinha as peças e ferramentas necessárias era obrigado a improvisar. Quando câmaras de ar furavam, ciclistas recheavam os pneus com corda e trapos. Ed Jesson teve que fazer vários consertos improvisados durante sua viagem de bicicleta de 1.600 quilômetros de Dawson City para Nome, onde descobriram ouro no fim de 1898. Quando estava pedalando pelo cânion de Rampart, nas montanhas Sawtooth, em Yukon, um vento forte o apanhou e o arremessou contra um bloco de gelo serrilhado. O acidente esfolou suas mãos e machucou feio o joelho; uma parte do guidom da bike quebrou completamente. Jesson mancou até um acampamento, onde fez uma cirurgia: "Eu parti um bom pedaço de abeto reto e, com minha faca, fiz dois bons pedaços para colar em cada garfo dianteiro da roda, deixando-os estendidos alto o bastante para amarrar uma vara transversal neles, para servir de guidom. Fiz realmente um bom trabalho."

———

Outro ciclista que acompanhou a debandada para Nome foi Max Hirschberg, de dezenove anos, vindo de Youngstown, Ohio. Hirschberg chegara a Klondike durante a primeira onda da corrida do ouro e passou dois anos dirigindo uma estalagem nos arredores de Dawson City. Pouco depois do Ano-Novo de 1900, ele vendeu sua parte na estalagem, lucrou com a posse de algumas pequenas terras de mineração e conseguiu uma parelha de cães para seguir para Nome, onde diziam que o ouro era tão abundante que era possível retirá-lo com pá diretamente da praia, ao longo de quilômetros do litoral do mar de Bering. Na véspera da data marcada para a partida, houve um incêndio no hotel onde ele estava passando sua última noite em Dawson City. Hirschberg escapou do prédio que queimava, mas pisou num prego enferrujado e teve envenenamento do sangue. Quando se recuperou, era março e estava começando o degelo da primavera. Hirschberg percebeu que precisaria lutar contra o tempo. Era tarde demais na estação para viajar em trenó puxado por cães — os cachorros não iriam a lugar nenhum numa trilha de neve semilíquida e lama. A melhor rota para Nome era sobre o Yukon congelado, mas o gelo do rio logo começaria a derreter. E Hirschberg sabia que a notícia sobre a descoberta de ouro em Nome estava levando muitos novos prospectores para o norte. Para vencer a multidão, ele teria que seguir para Nome rapidamente. Ele comprou uma bicicleta.

Hirschberg partiu pedalando de Dawson City em 2 de março. O céu estava claro e a temperatura era de 30 graus abaixo de zero. Ele estava mais bem vestido para o clima do que a maioria, deixando pouca pele exposta. Usava um chapéu de pele que cobria as orelhas, um protetor de nariz de pele e luvas de pele que se estendiam até os cotovelos. Um pano amarrado ao guidom proporcionava isolamento extra a braços e mãos. Seus sapatos altos, de feltro, estavam bem amarrados sobre dois pares de meia de lã. Ele pôs uma parca de brim sobre um casaco de lã, duas capas forradas de lã e uma camisa de flanela. É espantoso que Hirschberg conseguisse mover o corpo com todas as camadas. Fora isso, ele viajava leve. Um saco preso às molas do selim guardava uma muda de roupa, um relógio de pulso, um canivete, fósforos, lápis e um diário com capa à prova d'água. Hirschberg também tinha uma "poke", uma pequena bolsa que continha ouro em pó no valor de 1.500 dólares e várias moedas de ouro e prata. Havia mais 20 dólares em moedas de ouro junto à sua pele: uma tia de Hirschberg em Youngstown as costurara dentro de um cinto, que ele amarrara apertado na cintura, por baixo das capas.

Foi uma viagem difícil. Hirschberg era um ciclista experiente, mas tomou muitos tombos enquanto se acostumava aos caminhos de 60 centímetros de largura deixados por deslizadores de trenós. Tempestades se abateram, despejando neve, o ocultava a trilha. Mesmo quando o céu estava claro, Hirschberg enfrentava o perigo de perder o caminho.

A trilha serpenteava para norte e oeste, atravessava o Yukon congelado e seguia junto ao rio, acompanhando suas curvas; em alguns locais, o rio se dividia em muitos canais, e Hirschberg ficava em dúvida sobre o caminho a seguir. Sua bike aguentou a surra. Com quase mil quilômetros de viagem, Hirschberg derrapou sobre o gelo do rio e quebrou um pedal. Ele improvisou um pedal de madeira, mas ele se desgastava rapidamente e tinha que ser substituído a cada cem quilômetros mais ou menos. Ele resolveu o problema com a ajuda de um padre jesuíta que tinha como base a cidade de Nulato, um entreposto comercial, e lhe fez um substituto firme de chapa metálica galvanizada e rebites de cobre.

Hirschberg teve belas vistas ao longo do caminho. Sua rota o levou a passar por rebanhos de caribus. Pedalando num dia claro cristalino, perto da boca do rio Tanana, ele olhou para o sul e avistou a silhueta do monte McKinley. Num relato sobre a viagem escrito anos depois, Hirschberg recordou o cruzamento da fronteira do Canadá para os Estados Unidos perto da cidade de Forty Mile, em Yukon: "Uma emoção me invadiu quando vi a Old Glory° tremulando." Tecnicamente ele estava nos Estados Unidos, mas estava viajando pela terra de civilizações bem mais antigas. Ele dormiu muitas noites em aldeias indígenas. Quando chegou ao ponto mais ao norte do rio Yukon, aproximadamente dois quilômetros acima do Círculo Ártico, estava refazendo o caminho percorrido décadas antes pelos primeiros colonizadores a entrar no território do povo Gwich'in. O Forte Yukon havia sido o lar de Robert McDonald, um padre e missionário anglicano que se casou com uma nativa, teve nove filhos e estabeleceu um alfabeto para a língua Gwich'in. McDonald traduziu a Bíblia, o Livro de Oração Comum e vários hinos para a língua local. Nos arredores da cidade, Hirschberg passou de bicicleta por um cemitério com lápides datadas de 1850 e 1860, os túmulos de algumas das primeiras pessoas brancas a morrer no Alasca.

Os maiores obstáculos que Hirschberg encontrou em sua viagem foram os literais — barreiras e armadilhas mortais formadas pela alternância de derretimento e recongelamento de água. Quando o rio Yukon

---

° Como é chamada a bandeira dos Estados Unidos. (N. do T.)

congelava, formava um corredor polonês de paredes de gelo desafiadoras, algumas se estendiam para cima e para baixo, outras desciam por sobre a trilha. A temperatura oscilava; córregos ao longo das margens do rio congelavam, derretiam e congelavam de novo. Com frequência, inundavam as margens, criando condições duplamente escorregadias quando a água escorria sobre o chão de gelo vítreo. O terreno podia enganar os olhos. Certa vez, Hirschberg pedalava de uma margem do Klondike para o que pensou que fosse gelo liso e se viu afundando nas águas de um rio que corria ligeiro. Ele se acostumou a viajar com meias encharcadas e sapatos cobertos de gelo.

Quando março deu lugar a abril e o ar esquentou, viajar sobre cursos d'água congelados se tornou mais perigoso. Hirschberg podia ouvir o gelo rachando sob as rodas enquanto pedalava. Às vezes tinha que frear bruscamente para que a bicicleta não caísse num buraco no gelo ou numa área de água que se materializara à sua frente. Um dia, quando estava atravessando o rio Shaktoolik em degelo, na rota para a costa do Bering, Hirschberg vazou pela superfície e se viu preso entre um chão e um teto de gelo, boiando em água frígida sob o gelo da superfície e sobre o fundo ainda congelado do Shaktoolik. Ele conseguiu romper a superfície, subir em massas de gelo, com a bicicleta a reboque, e chegar à margem oposta.

O último infortúnio da aventura de Hirschberg ocorreu já perto de seu destino. Quando ele estava pedalando sobre uma trilha gélida a leste de Nome, seus pneus perderam a aderência e lançaram bicicleta e ciclista pelo ar. Hirschberg se levantou, mas descobriu que a corrente da bicicleta partira em duas. Foi preciso criatividade. Um vento forte estava soprando de leste para oeste, então ele tirou o casaco de lã, fixou uma vara entre suas costas e a roupa e fez com que o vento a favor enchesse o casaco como uma vela. Foi assim que Hirschberg e sua bicicleta sem corrente chegaram a Nome, em 19 de maio de 1900. Ele já não era um adolescente: seu vigésimo aniversário chegara e se fora durante a viagem. Não se sabe quanto ouro Hirschberg encontrou em Nome, ou se encontrou algum. O empreendimento pode ter se provado um prejuízo: a bolsinha de Hirschberg que continha 1.500 dólares em ouro em pó desaparecera quando ele afundara no Shaktoolik. Mas ele saiu com outro tipo de prêmio, sua história, um épico que chegou ao clímax com aquele impetuoso esforço final até Nome. Foi um espetáculo nunca antes visto no Alasca ou qualquer outro lugar: um homem avançando por um oceano de gelo e neve numa bicicleta que se tornara um barco a vela. "Sem a corrente eu não podia controlar a velocidade da bicicleta", recordou Hirschberg. "Às vezes o vento era tão forte que eu era obrigado a dirigir de encontro a alguma neve macia para interromper meu voo louco."

Pode ser que os feitos dos ciclistas de Klondike nunca sejam equiparados. Assim como também sua marca particular de ousadia. Porém, mais de um século depois, há uma subcultura global de ciclistas de inverno "radicais". E suas façanhas, é justo dizer, são de uma magnitude mais insana que a de Max Hirschberg. É um heroísmo recreativo, sem nenhuma busca desesperada por tesouro motivando-os, nenhum ímpeto por trás além da procura de emoções e glória.

A forma mais emocionante e gloriosa de ciclismo de inverno — o que quer dizer a que mais desafia a morte — baseia-se num cálculo simples: se você consegue se manter ereto, pode dirigir uma bicicleta muito rapidamente descendo um morro cuja superfície está absolutamente cheia de gelo e neve. Em Yukon, os freios contrapedalados das bicicletas de segurança dos prospectores ficavam quentes demais, mesmo num clima frígido, quando os condutores pressionavam os pedais para trás enquanto enfrentavam descidas longas e íngremes. (Ciclistas jogavam suas bicicletas em bancos de neve para resfriá-los.) Hoje em dia, existem "bicicletas de downhill" projetadas de forma intricada para lidar com os estresses de descidas em alta velocidade. E há uma classe de atletas hábeis que se especializam em dirigir essas máquinas descendo montanhas cobertas de neve. Em eventos como Megavalanche e Glacier Bike Downhill, ciclistas se confrontam em corridas arriscadas em encostas de esqui nos Alpes. O detentor do recorde mundial de velocidade em bicicleta é um francês chamado Éric Barone, ex-esquiador e dublê de filmes. Em 2017, quando tinha cinquenta e seis anos, Barone pilotou uma mountain bike por uma das pistas de esqui mais rápidas do mundo, a descida de Chabrières, em Vars, nos Alpes franceses, quebrando seu próprio recorde ao alcançar a velocidade máxima ofuscante de 227.721 quilômetros por hora.

Há um vídeo da corrida histórica na internet. A bicicleta de Barone tem o tamanho de uma motocicleta pequena; ele usa um capacete próprio para um astronauta e uma roupa vermelho vivo de borracha dura, bem justa, criada para aerodinâmica e para "manter o corpo coeso numa colisão". Você vê quando a bike de Barone é posta em posição inclinada por assistentes na rampa de partida e desce pela encosta de Chabrières, a uma altura de 2.697 metros. Por um segundo, uma câmera montada num drone mostra uma tomada acima e à esquerda de Barone, e você visualiza a pista mais ou menos da perspectiva do ciclista: uma queda abrupta para um vazio branco. É uma visão assustadora, mesmo para ciclistas que jamais enfrentarão uma descida mais temível do que o declive na saída da garagem.

A distância entre o feito de Barone e o passeio de lazer de um ciclista de domingo é imensa, mas estamos nos enganando se imaginamos que eles não ocupam pontos num mesmo espectro. Todos os passeios de bike são perigosos. Defensores do ciclismo atribuem com razão os índices alarmantes de ferimentos e mortes a desigualdades sistêmicas, a leis de trânsito e infraestruturas que favorecem carros em detrimento de bikes. Mas, mesmo em condições ideais, o risco de dirigir um veículo em movimento é inerente, e a vulnerabilidade dos ciclistas é, sob vários aspectos, única. Sempre haverá um pouco de audácia em qualquer pessoa que escolhe andar de bicicleta numa estrada. O mau tempo aumenta os riscos e as chances de uma catástrofe, o que pode explicar por que certos ciclistas encontram tanta felicidade em pedalar no inverno. A emoção é mais intensa quando a ameaça é maior.

Para alguns, a emoção de pedalar no inverno é sensual: a sensação do sangue correndo mais rapidamente e do toque na pele num passeio de bicicleta é intensificada pelo ar frio batendo e cortando. Há também um aspecto machista. R. T. Lang talvez estivesse estimulando isso ao se vangloriar do espírito Berserker, mas passei quase todos os invernos de minha vida adulta andando de bicicleta em Nova York e posso atestar que é numa manhã congelante de fevereiro que os ciclistas são, ou imaginam ser, mais audazes. Você é tomado por um certo sentimento de petulância e poder quando está se movendo rapidamente por ruas salpicadas de neve, suando enquanto os outros tiritam ou se acovardam dentro de carros. Suas pernas revolvem e você vai deslizando contra o vento, vendo o vapor de sua respiração por um instante antes de desaparecer dentro dele e sair do outro lado, como um deus irrompendo entre nuvens. As estações temperadas não oferecem esse tônico ao ego — ou id — de um ciclista.

———

Há lugares, é claro, onde o ciclismo de inverno é uma atividade durante quase o ano inteiro. Se você abre um mapa múndi e examina a parte mais superior, movendo-se para leste a partir do Alasca, cruzando pelo norte o Canadá, a Groenlândia, e passando sobre vários mares gélidos, acaba encontrando um ponto marcado como Spitsbergen, a ilha polar onde William Parry e sua tripulação entregaram ou não vários velocípedes em 1827.

Hoje, Spitsbergen é a maior ilha do arquipélago norueguês de Svalbard, e a única permanentemente habitada. Já não é a área de pesca de baleia e caça que era há quase dois séculos, embora as pessoas que andem além da principal povoação de Spitsbergen, Longyearbyen, sejam solicitadas a levar uma arma em caso de ataque de urso polar. Uma empresa estatal norueguesa de mineração de carvão funciona na ilha. E Spitsbergen continua sendo um ímã para cientistas. Numa face de montanha coberta de neve nos arredores de Longyearbyen fica o Svalbard Global Seed Vault, um bunker subterrâneo de temperatura controlada, criado para abrigar milhões de sementes do mundo inteiro. No Centro Universitário de Svalbard, pesquisadores se especializam em biologia, geologia, geofísica e tecnologia do Ártico. Os cursos oferecidos incluem "Zooplâncton Marinho do Ártico", "Interação entre Ar, Gelo, Mar" e "Engenharia de Solo Congelado para Infraestruturas do Ártico".

Os estudantes e professores da universidade constituem 20% da população de Longyearbyen, de 2.100 pessoas. Longyearbyen é conhecida como a cidade mais ao norte do mundo, a única povoação em sua latitude com uma população permanente de mais de mil pessoas. É também um destino turístico. Visitantes vão ali para absorver a beleza austera do Ártico, para caminhadas, para andar de snowmobile, para passeios em trenós puxados por cães, para ver as luzes do Norte. Ecoturistas mais resistentes passam a noite acampados em cavernas de gelo. Passei uma semana em Spitsbergen vários invernos atrás. Cheguei em meados de fevereiro, o período em que a luz polar diminui, quando o sol está começando a aparecer no horizonte pela primeira vez em meses. Os dias não eram escuros, mas também não eram claros. A qualidade da luz era semelhante ao crepúsculo em latitutes mais baixas, como se um tecido azul-escuro tivesse sido estendido no céu. Era bonito e melancólico.

Certos e-mails com palavras vagas podem ter dado a amigos a impressão de que minha viagem ao Ártico teve um aspecto de Ernest Shackleton. Na verdade, desembarquei de um avião no elegante terminal do Aeroporto de Svalbard e tomei um táxi para Longyearbyen, onde fui deixado no Radisson Blu Polar Hotel Spitsbergen. Havia foca e baleia no cardápio do restaurante do hotel, e grandes janelas de vidro com uma vista de tundra cercada de montanhas cobertas de neve. Mas, em termos de conforto e amenidade, podia ter sido um Radisson em Orlando, Flórida. Longyearbyen tem uma pequena área comercial, algumas ruas onde o visitante pode reproduzir as rotinas de uma existência urbana burguesa. Há um café que serve expresso de manhã; há vários bares que servem coquetéis à noite. Os clientes do supermercado de Longyearbyen são recebidos na entrada por um urso polar empalhado, erguido sobre as patas traseiras e com os dentes à mostra. Dentro, há produtos agrícolas frescos vindos de avião do continente norueguês, grande parte deles rotulada como *økologiske,* orgânico.

Longyearbyen também é repleta de bicicletas. Dia e noite, pode-se ver moradores pedalando em ritmo majestoso pelo centro da cidade. De manhã, uma procissão de pais reboca os filhos para a escola primária em trenós puxados por bikes. Há bicicletas estacionadas em frente às lojas, à biblioteca pública, à universidade. Você também encontrará bicicletas encostadas em bancos de neve do lado de fora de quase todas as casas, que se espalham ao longo das encostas logo atrás da área comercial. Quando tempestades chegam, jornais locais lembram aos moradores para levar suas bicicletas para dentro, para que o vento não as torne perigosos mísseis.

A tecnologia do ciclismo de inverno avançou em décadas recentes. Seu celeiro, por assim dizer, é o Alasca, que deu ao mundo um novo tipo de bicicleta, a fat bike, cujos garfos largos sustentam pneus com 10 centímetros de largura, o dobro em relação ao pneu de uma típica bicicleta de montanha. Os pneus maiores permitem pedalar em solos macios e brutos, em neve profunda e gelo escorregadio, e você pode usar uma calibragem bem menor que a do pneu normal, permitindo que haja mais borracha comprimindo o chão e aderindo a ele. As fat bikes parecem bobas, como um cruzamento caricato de bicicleta e caminhão monstro. Mas cumprem sua função, rodando suavemente sobre terrenos que impediriam todos, exceto os mais resolutos.

Há algumas fat bikes em Longyearbyen. (Um negócio local oferece passeios de fat bike por lugares pitorescos.) Você vê principalmente mountain bikes de tipos e preços variados, e quase todas parecem em más condições. Longyearbyen não é fácil para bicicletas. A cidade fica num pequeno vale que parece ter sido escavado das montanhas ao redor por uma concha de pegar sorvete. Na maior parte do ano, o chão do vale fica coberto de neve e gelo. É muito frio. A temperatura no inverno pode cair a 34 graus abaixo de zero, e mesmo em julho e agosto raramente chega a 10 graus. Os moradores usam roupas espessas e botas para neve grandes e pesadas, dificilmente ideais para andar de bicicleta.

Mas os ciclistas de Longyearbyen sabem como agir. Durante minha estada, vi dezenas de ciclistas e só testemunhei um acidente. Não foi por falha do ciclista nem da bicicleta; a neve e o gelo também não tiveram culpa. Foi um infortúnio peculiar do Ártico: a culpada foi uma rena. Em Longyearbyen, as renas vão aonde querem, assim como as pombas e os esquilos em Manhattan. Elas vagam por ruas residenciais e ficam na frente do Radisson, pastando na grama que desponta em meio à neve perto da entrada do hotel. De vez em quando, elas se põem na frente de automóveis e bicicletas. Certa tarde, quando eu saía para um café, vi uma rena se lançando no caminho de uma mulher que estava pedalando ligeira diante do hotel. Vi em câmera lenta o que aconteceu: os olhos da ciclista se arregalaram enquanto ela jogava com força o guidom para a esquerda; as rodas viraram para fora do quadro da bicicleta; o torso comprido da ciclista se inclinou e ela caiu como o mastro de um barco cuja quilha rompeu a superfície do mar. Corri para me certificar de que ela estava bem, mas ela me acenou calada que não precisava, com um olhar que dizia estar constrangida e aborrecida. Foi um tombo pequeno, e ela teria preferido que não tivesse testemunhas. Então me virei e observei a rena, que havia disparado morro acima: uma figura cinzenta se movimentando pela paisagem azul e branca, diminuindo enquanto se afastava até desaparecer completamente, engolida pelo crepúsculo permanente da noite polar.

9

UPHILL

Um ciclista pedalando em trilha nas montanhas próximas a Timfu, Butão, 2014.

No Butão, há um rei que anda de bicicleta subindo e descendo montanhas. Como muitas histórias contadas nessa pequenina nação, enfiada entre as encostas ao sul do leste dos Himalaias, isso parece um conto de fadas. Mas é a pura verdade. Jigme Singye Wangchuck, quarto *druk gyalpo,* ou "rei dragão", do Butão, é um ávido ciclista que pode ser visto com frequência pedalando por trilhas nos íngremes contrafortes que rodeiam a capital, Timfu. Todos no Butão sabem da paixão do rei pelo ciclismo, ao qual ele tem dedicado cada vez mais seu tempo livre desde dezembro de 2006, quando abdicou, cedendo a coroa ao filho mais velho. Em Timfu, muitos lhe contarão sobre encontros de perto ou quase isso — as vezes em que viram o rei, ou alguém que parecia muito com ele, num passeio de manhã cedo, subindo a colina ou saindo veloz de um nevoeiro na estrada próxima do Grande Buda Dordenma, a enorme estátua que surge quando se chega à capital pelo sul.

A estátua, dourada e com quase 60 metros de altura, foi erguida em comemoração ao sexagésimo aniversário do rei. Ele é querido no Butão, talvez a figura mais reverenciada da história do país, com uma biografia que tem sabor de mito. Ele se tornou chefe de Estado em 1972, aos dezesseis anos, após a morte do pai, Jigme Dorji Wangchuck. Dois anos depois, ascendeu formalmente ao trono. Foi um momento impetuoso da história butanesa. Durante milênios, o Butão estivera isolado: uma terra de devoção ao budismo e beleza natural intacta aninhada pelos Himalaias, que serviram como baluarte contra agressores militares e a modernidade. Só no fim dos anos 1950 o país se abriu ao mundo externo, abolindo a servidão e a escravidão, e empreendendo a difícil tarefa de reconciliar sua infraestrutura, política e cultura medievais com a vida no século XX. Agora, o fardo dessa transformação caía nos ombros de um rei adolescente. Sob sua liderança, a eletricidade e a assistência médica moderna chegaram ao interior do Butão. O país aproveitou o potencial de seus muitos rios que correm ligeiros para estabelecer uma indústria hidrelétrica, e conduziu a perigosa geopolítica resultante de sua geografia. O Butão é minúsculo, sem saída para o mar e cercado de gigantes. Existem apenas 800 mil cidadãos butaneses; o país faz fronteira com as duas nações mais populosas do planeta, a China e a Índia. Em 2006, o rei chocou seus súditos ao pôr fim de forma unilateral à monarquia absoluta do Butão. Ele liderou um esforço para redigir uma constituição e instituir a democracia. Em 2008, o país realizou sua primeira eleição geral.

Fora do Butão, o quarto rei é mais conhecido por sua contribuição para o que poderia ser chamado de filosofia política. Foi ele, diz a história, que formulou o conceito de Felicidade Interna Bruta, a "diretriz orientadora do desenvolvimento" do Butão, um etos de contentamento cívico holístico baseado nos princípios de boa governança, conservação ambiental e preservação da cultura tradicional. A Felicidade Interna

Bruta, ou FIB, tornou o Butão um nome da moda para ser citado em círculos de desenvolvimento internacional e um destino turístico de endinheirados, em geral ocidentais, pessoas em busca da Nova Era.

Em algum lugar ao longo do caminho, o rei adotou o ciclismo. Os rumores são de que ele aprendeu a pedalar quando estudou num internato em Darjeeling, a cerca de 120 quilômetros da fronteira oeste do Butão. Sua educação continuou na Inglaterra, na Heatherdown School, em Berkshire, cujo campus imponente era cruzado por estudantes de bicicleta que transitavam entre dormitórios, salas de aula e campos de críquete. Com o tempo, a família real butanesa importou uma bicicleta para o Butão. De acordo com uma história, era uma bicicleta de corrida Raleigh, fabricada em Hong Kong, que chegou em partes e foi montada "de cabeça para baixo" por servos. O defeito foi identificado por Fritz Mauer, um amigo suíço da família real, que remontou pessoalmente a bike. A bicicleta agora funcional se tornara um objeto favorito do jovem príncipe herdeiro, que com frequência pedalava nas densas florestas adjacentes às várias residências da família real. Ele ficou famoso — e infame nos círculos de cortesãos nervosos — por passear "em trilhas de lama em velocidade perigosa".

A bicicleta da família real foi possivelmente a primeira do Butão, e o Butão pode ter sido o último lugar do planeta aonde a bicicleta chegou. Antes de 1962, o país não tinha estradas pavimentadas. Hoje, para os padrões habituais, continua sendo inóspito para ciclismo. Quase certamente é a nação mais montanhosa do mundo. A elevação média no Butão é de 3.279 metros. De acordo com um estudo, 98,8% do país são cobertos por montanhas. Suas estradas serpenteiam por subidas intimidantes e descidas arriscadas. Suas trilhas off-road acidentadas, salpicadas de pedras e emplastradas de lama, representam um desafio para os mais fortes pneus e sistemas de suspensão de bicicletas.

Mas hoje há milhares delas no Butão, e o número está crescendo. Em Timfu, uma cidade de cerca de cem mil moradores e sem sinais de trânsito, as bikes se arrastam ao subir ruas íngremes e circundam a única grande interseção, onde policiais vestidos com elegância direcionam o tráfego num gazebo enfeitado que fica no centro de uma rotatória. Enquanto isso, autoridades do governo estão cada vez mais expressando o objetivo de "tornar o Butão uma cultura de ciclismo". A ideia não é de todo surpreendente, considerando o compromisso do Butão com o ambientalismo e a sustentabilidade. Ainda assim, a ideia de uma "cultura de ciclismo" se enraizando nos Himalaias é, por definição, excêntrica. Não por coincidência as sociedades mais bem-sucedidas na integração do ciclismo à vida civil estão no norte da Europa, onde os países são, como se diz, baixos.

A novidade do ciclismo no Butão também é digna de nota porque a história começa com um rei e sua bike. Sabemos que isso não é sem precedentes: quando folheamos as páginas da história, encontramos vários lugares aonde as bicicletas chegaram primeiro a soberanos e adjacentes a soberanos. Mas no século XXI, pelo menos, a febre do ciclismo não se espalha tipicamente de palácios para o povo. "Há uma razão para nós no Butão gostarmos de pedalar", diz Tshering Tobgay, que serviu como primeiro-ministro do Butão durante cinco anos, de 2013 a 2018. "Sua Majestade o quarto rei é um ciclista, e depois de sua abdicação ele pedala muito mais. As pessoas adoram vê-lo pedalando. E como ele pedala, todos no Butão querem pedalar também."

Todo ano, o Butão tem uma espécie de feriado nacional da bicicleta, uma celebração dos prazeres e rigores singulares do ciclismo himalaio. O Tour of the Dragon é uma corrida de 268 quilômetros em estradas que se estendem de Bumthang, no centro do Butão, a Timfu, a cerca de 105 quilômetros da fronteira leste do país. É uma viagem espetacular, seguindo uma rota em meio a florestas e campos preservados, atravessando vales de rios ondulantes e, é claro, subindo e passando pelas belas e grandes colinas, e tocando algumas pequenas vilas ao longo do caminho. O percurso é absurdamente extenuante. Os ciclistas precisam enfrentar quatro passagens nas montanhas, que variam em altura de pouco menos de 1.220 metros a quase 3.353 metros. Em alguns lugares, o grau de inclinação na estrada chega a 15%, e uma subida se prolonga por quase quarenta quilômetros. Os organizadores do evento se gabam de que é a corrida de bicicleta de um dia mais difícil do planeta.

No ano em que visitei o Butão, a corrida foi realizada num sábado no início de setembro, no finalzinho da estação da monção, de três meses. De manhã, na praça da Torre do Relógio, em Timfu, um lugar de reunião no centro da cidade, construtores estavam montando um palco para a entrega de medalhas. O céu estava nublado, mas nenhuma chuva era prevista: um bom clima para ciclismo. Ali perto, trabalhadores do Comitê Olímpico do Butão, que supervisiona a corrida, circulavam perto da linha de chegada, de uniforme e boné cor de laranja. Vários trabalhadores tinham bótons com fotos de um casal garboso: Jigme Khesar Namgyel Wangchuck, o atual rei butanês, e a rainha, Jetsun Pema. Como seu pai, o rei é um entusiasta do ciclismo. Nas semanas anteriores à sua coroação, em novembro de 2008, ele viajou pelo Butão para "conhecer seu povo". Fez grande parte da viagem de bicicleta, passando vez por outra a noite em casas de moradores. O rei é conhecido por passear de bicicleta em Timfu. Foi fotografado pedalando com a esposa em estradas adjacentes ao palácio real.

Eram onze horas da manhã. Um estandarte fixado na praça da Torre do Relógio dizia: EXCELÊNCIA EM ESPORTES PARA TODOS. Nos fundos do palco havia uma imagem maior. Mostrava a silhueta de um ciclista encurvado sobre o guidom, pedalando no rasto de um dragão vermelho flamejante. O nome do país em butanês é *Druk yul–druk*. A primeira parte do nome significa "dragão do trovão" e *yul* significa "terra". O hino nacional, "O Reino do Dragão do Trovão", tem uma melodia intrigante baseada numa antiga canção popular, mas a letra é enfática e grandiosa:

> *No Reino Drukpa do Dharma soberano*
> *Os ensinamentos da iluminação florescem*
> *Sofrimento, fome e conflitos desaparecem*
> *Que o sol da paz e felicidade brilhe adiante!*

O sol brilhou no dia da corrida, rompendo a cobertura de nuvens dispersas por volta de meio-dia. Momentos depois, o primeiro ciclista apareceu em Timfu: um homem baixo, delgado, encarapitado numa mountain bike salpicada de lama. Sua camisa e seu short de Lycra em tom claro tinham estampados a palavra "NEPAL". Era Ajay Pandit Chhetri, cinco vezes campeão nacional nepalês, que estava participando do Tour of the Dragon pela primeira vez. Ele rompeu a fita da linha de chegada dez horas, quarenta e dois minutos e quarenta e nove segundos depois da hora em que a corrida começara, às duas da manhã, batendo o recorde anterior em dezessete minutos.

O Tour of the Dragon não é bem o Tour de France. Naquele dia, apenas quarenta e seis ciclistas participaram, em sua maioria amadores. Só vinte e dois foram até o fim, a maioria chegando horas depois do vencedor. Um dos ciclistas mais vigorosos era um participante não oficial, um homem ao qual os butaneses com frequência se referem como "H.R.H.", Sua Alteza Real o príncipe Jigyel Ugyen Wangchuck, presumível herdeiro do trono butanês. O príncipe é o presidente do Comitê Olímpico do Butão, e o Tour of the Dragon é uma invenção dele. Ele passou várias horas do dia em sua bike, pedalando junto aos corredores, oferecendo a eles palavras de estímulo, traçando e retraçando seu caminho ao longo dos passos das montanhas. Até que saltou da bike e entrou num carro com chofer, adiantando-se ao grupo para poder saudar o vencedor em Timfu.

À noite, os participantes do Tour of the Dragon se reuniram numa tenda de frente para o palco na praça da Torre do Relógio, diante de uma multidão de alguns milhares que haviam se concentrado ali para ver a entrega de medalhas. Os ciclistas subiram na plataforma, onde foram parabenizados pelo príncipe herdeiro e outros dignitários. Quando a cerimônia acabou, eu consegui falar com Chhetri, o vencedor da corrida. Será que ele planejava retornar ao Butão no ano seguinte para defender o título? Chhetri disse que ainda não sabia ao certo. Como o trajeto do Tour of the Dragon se comparava ao de outras corridas em que ele competira? Os passos nas montanhas eram desafiadores, mas o cenário era bonito, disse ele. Chhetri abriu um grande sorriso e falou com a estudada tranquilidade de um homem que já lidara com perguntas de jornalistas e sabia como dizer muito pouco, mesmo falando demoradamente. Seu principal objetivo, evidentemente, era expressar gratidão à nação que o recebia, e suas palavras pareciam sob medida para a terra da FIB. "Estou muito feliz", repetia. "Estou muito feliz por poder ter vindo ao Butão."

O tema da Felicidade Interna Bruta surge com frequência no Butão. A FIB é um tanto um emblema quanto um enigma — um motivo de orgulho, mas também um tema de disquisição, debate e confusão. Muitos no Butão acham difícil articular exatamente o que é FIB. Muitos sustentam que o conceito é mal entendido. Alguns observadores da política butanesa sugerem que a FIB é mais nebulosa do que profunda — menos uma filosofia do que uma marca ou slogan, vaga o bastante para atrair a todos que chegam, notadamente turistas com imaginações orientalistas excitáveis e muito dinheiro para gastar.

Kinley Dorji é uma das pessoas solicitadas com mais frequência a explicar a FIB. Durante anos ele trabalhou como jornalista — foi editor-chefe do *Kuensel*, jornal nacional do Butão —, e seu jeito impaciente ainda guarda vestígios daquele sujeito infeliz e manchado de tinta. Quando o conheci, ele assumira um emprego diferente, como chefe do Ministério da Informação e Comunicações do Butão, trabalhando num escritório agradável num complexo em Timfu que abriga muitos ministérios do governo. "Eis o ponto chave da FIB", ele disse. "A felicidade em si é uma busca individual. A Felicidade Interna Bruta então se torna uma responsabilidade do Estado, de criar um ambiente onde os cidadãos possam buscar a felicidade. Não é uma promessa de felicidade — não é uma *garantia* de felicidade pelo governo. Mas há uma responsabilidade de criar as condições para a felicidade."

Dorji disse: "Quando dizemos 'felicidade', temos que ser muito claros de que não é diversão, prazer, emoção, empolgação, todas as sensações fugazes temporárias. É contentamento permanente. Está dentro de si. Porque a casa maior, o carro mais veloz, as roupas mais bonitas não trazem contentamento. FIB significa boa governança. FIB significa preservação da cultura tradicional. E significa desenvolvimento socioeconômico sustentável. Lembre-se que FIB é um trocadilho com PIB, produto interno bruto. Estamos fazendo uma distinção."

A visitantes de praticamente todos os outros lugares do planeta, o Butão se apresenta como um lugar supreendentemente diferente. É um país de beleza impressionante: picos altivos, vales verdejantes, pontes de corda centenárias que se estendem sobre corredeiras espumosas. Há mosteiros aninhados no alto de penhascos. O terminal do Aeroporto Internacional de Paro parece um mosteiro, assim como o Estádio Changlimithang, uma arena em Timfu com capacidade para 45 mil pessoas que recebe partidas de futebol e torneios de arco e flecha.

O Butão é a única nação cuja religião oficial é o budismo Vajrayana. Sua língua oficial, o zoncá, não é falada em nenhum outro país. A televisão e a internet chegaram em 1999, mas a adoção da vida do século XXI no Butão permanece vacilante e ambivalente. A lei determina que todos os prédios sejam construídos utilizando-se designs e métodos butaneses "clássicos". Exige-se que trabalhadores do governo e alunos de colégios usem roupas tradicionais, um traje semelhante a um quimono chamado *gho* (para homens e meninos) e *kira* (para mulheres e meninas). O sucesso do Butão no combate à pandemia de Covid-19 — apenas três mortes por Covid, até o fim de 2021 — foi atribuído à geografia e topografia: os Himalaias são ótimos distanciadores sociais. Mas a eficiência com o que o governo vacinou quase toda a população adulta evidencia outro tipo de excepcionalidade butanesa: a competência burocrática e a coesão social que protegem uma pequena nação em desenvolvimento dos patógenos e patologias que atormentam o mundo em geral, teoricamente mais sofisticado.

A coisa mais excepcional no Butão é a terra em si. A maioria dos cidadãos do Butão ainda vive da terra, praticando agricultura de subsistência e criando animais. As planícies tropicais, florestas de pinheiros e colinas alpinas do país são bastiões de biodiversidade, habitadas por criaturas encontradas em outros poucos lugares do planeta: o leopardo-nebuloso, o rinoceronte-indiano, o panda-vermelho, o urso-preguiça, o serau e o animal nacional do Butão — um ungulado troncudo chamado takin, que parece um pouco uma cabra que vem fazendo um bocado de exercício com halteres na academia de ginástica.

A preservação desses ecossistemas é uma grande prioridade no Butão, que vem sendo chamado de "a nação mais verde do mundo". Quase toda a eletricidade do Butão vem de hidroelétricas. A Constituição do Butão determina que sessenta por cento de suas terras permaneçam sob cobertura florestal; atualmente, as florestas cobrem quase três quartos dos cerca de 39 mil quilômetros quadrados do país. Todas essas árvores têm ajudado a tornar o Butão um sumidouro de carbono: o país absorve três vezes mais CO_2 do que emite, e é uma das únicas duas nações carbono-negativas. (A outra é o Suriname.) Outras 4,4 milhões de toneladas de emissões anuais de CO_2 são compensadas por exportações de energia hidroelétrica, a maior parte para a Índia, e o Butão projeta que esse número chegará a mais de 22 milhões de toneladas em 2025. O governo estabeleceu objetivos ambiciosos para outros progressos. Em 2030, o Butão pretende zerar as emissões líquidas de gases do efeito estufa e zerar seu lixo de produtos agrícolas. Em 2035, cem por cento da agricultura do Butão será orgânica.

Tudo isso tem dado ao Butão uma reputação de paraíso na Terra, o último lugar imaculado. (O *New York Times* chamou o país de "o verdadeiro Xangrilá".) Autoridades butanesas rejeitam essa noção — mas tiram proveito dela. Antes, o Butão admitia apenas 2.500 turistas por ano; hoje, esse número inchou para cem mil, com resorts de luxo surgindo em regiões remotas para atrair ecoturistas. O slogan turístico oficial do Butão é um claro apelo ao público de *Comer, rezar, amar*: "Felicidade é um lugar."

A realidade do Butão é mais complicada, é claro. Nas ruas de Timfu, há clínicas para reabilitação de dependentes químicos e pizzarias, e quando as crianças saem da escola, trocam os *ghos* e *kiras* por casacos de capuz e jeans skinny. Em 2020, o parlamento butanês aprovou uma lei que descriminalizou a homossexualidade, mas gays, lésbicas e pessoas trans butaneses ainda são estigmatizados e sujeitos a preconceito disseminado. A igualdade de gênero ainda é uma questão. Poucas autoridades eleitas no país são mulheres. Um estudo de 2017 constatou que mais de 40% das mulheres butanesas sofreram violência física ou sexual do parceiro e nunca disseram a ninguém ou relataram o incidente.

A própria Felicidade Interna Bruta está emaranhada numa história confusa. De acordo com a narrativa oficial promovida pelo governo, a FIB é uma política nacional desde os anos 1970. Mas o estudioso Lauchlan T. Munro argumentou que a FIB é uma "tradição inventada", que tem origem em uma fala irônica do quarto rei numa entrevista ao

New York Times em 1980, e só foi alçada ao status de "ideologia organizada do Estado butanês" anos depois.

Essa mudança, diz Munro, fez parte de uma resposta "habilidosa e dura" do Governo Real do Butão (GRB) a uma série de crises internas e de geopolítica nos anos 1980 e início dos 1990. Durante esse período, houve uma onda de nacionalismo budista em reação à rápida modernização do país e sua abertura ao mundo externo. Num esforço para apaziguar os tradicionalistas, e para lidar com a ruptura social provocada pela adoção de valores e cultura popular ocidentais pela juventude butanesa, o governo começou a empurrar um monte de leis e reformas sob a rubrica "Uma nação, um povo". Isso incluiu a instituição de um traje nacional e um código de comportamento baseados em normas butanesas e budistas. Ao mesmo tempo, o GRB aprovou medidas draconianas contra a população à qual se refere como *Lhotshampa* ("povo do sul"), uma minoria em grande parte hindu, do sul do Butão e de língua nepalesa. O governo proibiu o uso do nepalês em escolas, forçou o povo *Lhotshampa* a usar roupas butanesas budistas tradicionais e realizou um censo destinado, segundo críticos, a deslegitimar uma população que vivia no Butão havia séculos, designando milhares de butaneses nepaleses como "trabalhadores migrantes" e imigrantes ilegais. De acordo com um relatório de direitos humanos, "milhares de butaneses-nepaleses foram presos, mortos, torturados e receberam pena de prisão perpétua" durante esse período. Estima-se que em 1990 e 1991 o exército do Butão expulsou cem mil cidadãos de língua nepalesa, forçando-os a ir para campos de refugiados no leste do Nepal. O Human Rights Watch considerou essas expulsões uma "limpeza étnica"; o Butão foi chamado de "maior criador de refugiados per capita do mundo".

Foi depois desses eventos que o Butão começou a apregoar a Felicidade Interna Bruta como sua doutrina oficial, promovendo "a imagem de um país pequeno, sem saída para o mar, valente" que segue um "caminho alternativo para o desenvolvimento baseado na felicidade, não em consumo material". Está claro que o compromisso do Butão com um desenvolvimento sustentável é profundo e singular; está claro que os ideais antimaterialistas da FIB são profundamente mantidos por muitos no Butão. Mas também é verdade que a FIB tem funcionado como propaganda, dando um leve toque de Nova Era a uma política de nacionalismo etnorreligioso. No Butão, assim como em todo lugar, a felicidade é um objetivo, um ideal. Um lugar? Talvez não.

———

Um lugar onde você pode com certeza encontrar felicidade — ou, pelo menos, ruidosos espíritos alegres — é uma área residencial de Timfu, a noroeste do centro da cidade, onde crianças se reúnem para brincar em ladeiras de ruas menos movimentadas. Ninguém sabe ao certo quem criou o passatempo que a meninada em Timfu chama de "rolimã". O nome deriva de rolamentos de metal que são fixados a uma tábua de madeira para criar um veículo atípico: um transporte que combina elementos de skate, carrinho dolly, kart e trenó. Algumas variações têm uma única roda na frente e um par de rodas num eixo traseiro; outras têm quatro rodas. Há também um freio de mão de madeira, fixado com pregos à tábua principal. São máquinas rústicas, mas servem a seu propósito. As crianças podem subir as ruas íngremes da cidade, agachar-se sobre a tábua e descer velozes o morro.

Quando criança, crescendo em Timfu, Sonam Tshering saía à noite para brincar de rolimã com os amigos. Era divertido e perigoso, e a natureza ligeiramente ilícita da atividade aumentava a empolgação. Quando ele descia o morro a toda velocidade, as rodas de metal raspavam o chão, lançando faíscas no céu noturno — um espetáculo de fogos de artifício que acompanhava a impetuosa viagem. Sonam aprendeu a manusear o freio de mão de modo a variar o ritmo da descida, mas preferia ir rápido. Adorava a velocidade e o perigo, a sensação do ar frio correndo sobre o corpo e o som estridente dos rolamentos sobre o pavimento. "Sempre fui muito atraído por rodas", diz ele.

Ele nasceu em Timfu em 1988, o sexto dos oito filhos de uma família devotadamente budista. Quando era pequeno, imaginava que seria um monge quando crescesse. (Um amigo da família, astrólogo, disse a Sonam que ele era atraído para a disciplina monástica porque havia sido monge numa vida anterior.) Quando chegou à adolescência, interesses mais mundanos se impuseram. Ele estudou geografia na Faculdade Real de Timfu. Quando se formou, fez um exame para o serviço público e obteve um emprego de auxiliar num escritório do governo em Timfu.

Foi um resultado que agradou a seu pai, que trabalhava para o governo como coletor de impostos. Mas, para Tshering, a atração por rodas provaria ser decisiva. Ele aprendera a andar de bicicleta na infância, circulando um pouco por Timfu em bikes emprestadas por vizinhos. Pouco depois de se formar na faculdade, em 2010, um amigo lhe disse que o Comitê Olímpico do Butão estava patrocinando uma corrida de bicicleta de um dia, do centro do Butão até Timfu. Era o Tour of the Dragon inaugural — não a corrida em si, mas uma prova experimental para avaliar a viabilidade de realizar um evento competitivo. O Comitê Olímpico providenciara cinco bicicletas para serem usadas por jovens butaneses interessados em ciclismo, e uma delas ainda estava disponível.

Um cunhado de Tshering, butanês criado na Alemanha, era um sério ciclista de montanha. Ensinara a ele uma ou duas coisas sobre bicicletas, incluindo o básico de manutenção e reparo. Mas Tshering nunca pedalara nas montanhas, e nunca andara de bicicleta com marchas. Deram-lhe uma mountain bike Trek, camisa e short de ciclismo e óculos escuros. Ele recebeu dois dias de treinamento em Timfu. Numa sexta-feira de setembro, foi levado à cidade de Jakar, em Bumthang, um distrito de viçosos vales montanhosos no centro-norte do Butão. Na manhã seguinte, às duas horas, Tshering e umas duas dúzias de outros participantes se reuniram numa estrada enlameada e partiram para o passeio.

O céu estava preto, o ar estava frio, e o terreno era ameaçador. Os ciclistas seguiram por uma estrada sinuosa junto a um rio por um quilômetro e meio antes de começarem a ascender, enfrentando uma subida de mais de seis quilômetros em meio a neblina densa até o Kiki La Pass, a uma altitude de 2.895 metros. As bikes entregues a Tshering e aos outros ciclistas tinham refletores, mas faltavam faróis dianteiros apropriados. Eles haviam recebido luzes LED para bike baratas, de fabricação indiana, e as haviam colado com fita adesiva nos guidons. A fita nem sempre funcionava: um dos companheiros de Tshering teve que segurar a luz entre os dentes durante toda a árdua subida para

Kiki La. Quando os ciclistas desceram de volta, serpenteando pela escuridão vaporosa em estreitos caminhos em zigue-zague, as luzes LED piscando lembraram a Tshering as faíscas que saíam dos rolimãs nos morros de Timfu.

Nesse primeiro Tour of the Dragon, Tshering ficou esgotado após percorrer 180 quilômetros. Mas foi cativado. O Comitê Olímpico permitiu aos ciclistas ficar com as bikes emprestadas, e Tshering passou o ano seguinte treinando e estudando, aprendendo sobre posicionamento do assento, estratégias de marcha e outros aspectos técnicos de mountain biking, enquanto aumentava sua velocidade e resistência. Em 2011, Tshering participou novamente do Tour of the Dragon. Dessa vez, venceu.

Algumas semanas antes da data marcada para Sonam começar no serviço público, seu cunhado o procurou com uma proposta. Ele desenvolvera uma relação com uma empresa de bicicletas francesa e decidira abrir uma revenda de bicicletas em Timfu, com um estoque de bikes francesas e equipamentos de ciclismo de montanha. Será que Sonam gostaria de administrar a loja?

Foi uma decisão fácil. Wheels for Hills foi a segunda loja de bikes do Butão. Quando não estava cuidando da loja, Tshering estava andando de bicicleta. Ele competiu em eventos internacionais, incluindo várias corridas do outro lado da fronteira, na Índia. Viajou aos Estados Unidos para participar das 24 Hours of Moab, um grande evento de mountain biking realizado a cada outono no deserto de Utah.

Conheci Tshering num fim de tarde num lugar bem conhecido pelos ciclistas de Timfu, uma estrada montanhosa alta pontilhada de bandeiras de oração budistas tremulando, no lado sul da cidade. Tshering estava com sua bicicleta: uma Commencal Meta SX, mountain bike francesa elegante, com pneus de 26 polegadas e um quadro de alumínio rosa--choque. Ele estava de camiseta preta e short amarelo fluorescente. Na parte de baixo de sua perna esquerda havia uma tatuagem de um esqueleto sorridente numa bicicleta.

Tshering é um dos filhos favoritos da cena de ciclismo do Butão. Depois da vitória no Tour of the Dragon em 2011, ele foi convidado para pedalar com o príncipe, H.R.H. "No momento em que atravessei o portão do palácio", disse Tshering, "rezei por dentro: 'Que esta não seja minha última vez aqui.'" Naquele inverno, Tshering passou duas semanas com a família real em sua propriedade de férias em Manas, no sul do Butão. Ali, ele conheceu outro adepto de mountain biking: Sua Majestade o quarto rei, a quem Tshering se refere, como muitos butaneses, pelo apelido de K4. Tshering me disse que os rumores eram verdade: K4 sempre usa seu *gho* quando pedala, e é um ciclista excepcionalmente forte. "Ele é um dos ciclistas mais resistentes que já conheci no Butão", disse Tshering. "Não é um ciclista muito técnico, e downhill não é sua especialidade. Mas, em uphill, acho que ninguém consegue superá-lo."

Tshering nunca alimentou a crença de poder ser um grande corredor internacional. Seus objetivos são mais modestos e voltados para a comunidade. Ele é treinador num clube de ciclismo local cujas dezenas de ciclistas têm idades entre dez e dezenove anos. Ele visualiza um tempo em que o clube terá instalações de treinamento modernas e poderá competir em nível internacional. Quanto a seu próprio ciclismo, ele encontra numa bike o tipo de realização que você poderia esperar de um aspirante a monge de outrora. "A sensação que você tem quando está pedalando na trilha, sozinho na natureza, cercado por todos aqueles sons da natureza, é uma das melhores sensações que você pode ter", disse Tshering. "Minha felicidade — minha FIB pessoal — é a mountain bike e a floresta."

Tshering não é a única pessoa que associa o ciclismo à Felicidade Interna Bruta. Um dia me encontrei com Tshering Tobgay, ex-primeiro-ministro que é hoje o mais proeminente defensor internacional de questões ambientais e de sustentabilidade no Butão. Ele também é um ciclista que participou do Tour of the Dragon. "A FIB consiste em desenvolvimento saudável", disse-me Tobgay. "E ciclismo consiste em desenvolvimento saudável. Você não pode adorar ciclismo e não ser ambientalista. Essa é uma das razões pelas quais devemos incentivar mais ciclismo no Butão."

Estamos acostumados a ouvir esse tipo de conversa entre ativistas da bicicleta em metrópoles do Ocidente com trânsito engarrafado. É mais estranho encontrar as mesmas ideias circulando na nação mais pastoral e ambientalmente progressista do mundo. Mas quando você olha para Timfu das estradas montanhosas onde Sonam Tshering, o quarto rei e outros ciclistas gostam de pedalar, percebe um espetáculo familiar: uma paisagem sendo aos poucos modificada pela cultura automobilística e pelo crescimento urbano. A população de Timfu mais do que dobrou em uma geração. Para onde quer que você olhe, há automóveis passando ruidosos por ruas recém-construídas e prédios crescendo por trás de andaimes de bambu em terras que alguns anos atrás eram um vasto arrozal, por onde andavam camponeses e gado.

Mas a explosão da bike no Butão também se baseia num impulso primitivo, que podemos encontrar ao longo da história, muito antes da era do automóvel. É o desejo que compele ciclistas ao encontro do mais duro desafio de ciclismo que existe. Antes de as mountain bikes chegarem ao mercado com sua boa engenharia e sistemas de marcha feitos para subidas extenuantes e descidas rápidas; antes de corredores de Repack incrementarem suas velhas Schwinns e subirem as encostas do Tamalpais; lá nas profundezas do século XIX, quando a bicicleta era uma novidade e, em termos relativos, um aparelho primitivo — desde o início, havia ciclistas que tinham o anseio de impelir suas duas rodas para o alto e chegar aos picos que se curvavam para o céu.

A escritora e aventureira americana Elizabeth Robins Pennell foi a primeira mulher a pedalar sobre os Alpes, em 1898, numa bicicleta de segurança com uma única marcha. "Eu torrei no sol, sufoquei na poeira, ensopei na chuva", escreveu Pennell. "Longos quilômetros de subida foram o preço pago por cada descida." Por que Pennell empreendeu esse grande esforço e resistiu a suas aflições? "Eu queria ver se conseguia cruzar os Alpes de bicicleta", foi sua resposta. A maioria das pessoas anda de bicicleta simplesmente para passear ou se exercitar. Outras têm ambições mais elevadas. "Eu não pensei que estava sendo muito original", escreveu Pennell. "Outras pessoas cruzaram os Alpes: Aníbal em elefantes, César numa liteira." O ciclista que sobe ao cume de uma montanha ganha glória; o mundo o olhará com admiração.

Ele também contempla a glória, olhando o mundo de uma posição tão alta. Para alguns, essas belas vistas de grandes alturas podem também trazer percepções — uma sabedoria que aqueles que estão em altitudes mais baixas, com suas endorfinas em estado menos agitado, jamais compartilharão.

Andar de bicicleta nos Himalaias é, por definição, o ciclismo mais árduo do planeta. Mas, no Butão, a atitude de pedalar morro acima é, compreensivelmente, menos temerosa, mais despreocupada, do que em outras terras mais planas. No Butão, todo ciclismo é mountain biking.

Tshering Tobgay, por exemplo, não vê a topografia do Butão como um impedimento. "Na verdade, nosso terreno no Butão é favorável a bicicletas", disse Tobgay. "Quando tudo é plano, não é divertido." Observadores externos têm o mau hábito de enxergar parábolas budistas mesmo nos mais brandos pronunciamentos sobre programas de ação butaneses. Mas é tentador encontrar uma mensagem mais profunda nas palavras de Tobgay, uma metáfora de felicidade ou, pelo menos, de contentamento — Interno Bruto, espiritual, pessoal. Tobgay disse: "Aqui no Butão, com nossa paisagem, há altos e baixos. Onde quer que haja um alto, haverá um baixo. As duas partes são necessárias. As duas partes são divertidas. Nesse sentido, acho o Butão perfeito para andar de bicicleta."

10

SEM SAIR DO LUGAR

Passageiros pedalando em bicicletas
estáticas no ginásio do RMS *Titanic*, 1912.

U m par de bicicletas de exercício está repousando 3.800 metros abaixo do oceano Atlântico Norte, cerca de 370 milhas [595 quilômetros] a sul-sudeste de Newfoundland. Em 1912, essas mesmas bikes estavam junto a aparelhos de remo, um "camelo elétrico" e outros equipamentos de última geração no ginásio do RMS *Titanic*.

As bicicletas tinham uma única roda volante e estavam montadas em frente a um grande relógio cujos ponteiros vermelho e azul marcavam o progresso do ciclista para a distância de 440 jardas, ou 402 metros. Há uma famosa fotografia de um homem e uma mulher usando essas máquinas, tirada por um fotógrafo para um jornal de Londres horas antes de o navio partir de Southampton, Inglaterra. As roupas do casal são formais — trajes apropriados para viajantes eduardianos num transatlântico de luxo. A mulher usa um sobretudo e um chapéu com véu e flores no topo; o homem veste terno de tweed e uma camisa de colarinho branco, presumivelmente engomado. É estranho imaginar esses ciclistas, ou outros como eles, pedalando parados enquanto o grande barco avança para o acidente que o enviará para o fundo do oceano.

Os últimos passageiros a pedalar essas bikes foram Charles Duane Williams, cinquenta e um anos, advogado americano estabelecido em Genebra, e seu filho de vinte e um anos, R. Norris Williams, estudante de Harvard e campeão de tênis. Os Williams se retiraram para o ginásio para pedalar enquanto o navio afundava, esportistas até o fim. Quando ficou claro que o *Titanic* naufragava, eles foram para o deque, onde o pai foi atingido pela chaminé do navio que desabou e se jogou no oceano para morrer. R. Norris Williams também pulou no mar, mas nadou até um barco salva-vidas inflável. Ele sobreviveu a graves ulcerações de frio, rejeitou médicos que anunciaram a intenção de amputar suas pernas e mais tarde venceu os títulos de simples masculino nos Campeonatos Nacionais de Tênis dos EUA de 1914 e 1916.

Não se sabe em que ponto da área de 5 quilômetros quadrados ocupada pelos destroços do *Titanic* foram parar as bicicletas. Fotografias submarinas revelam que as paredes do ginásio foram comprimidas para dentro — o resultado, supõem especialistas, de uma imensa coluna de água que atingiu o *Titanic* quando a proa bateu no fundo do mar. As bicicletas, ou o que restou delas, provavelmente ainda estão no ginásio — corroídas por ferrugem, incrustadas de anêmonas, rodeadas de peixes.

Tem sido sugerido que a bicicleta estática é anterior à móvel. Proponentes dessa teoria apontam para a Gymnasticon, uma máquina patenteada em 1796 que tinha um par de rodas movidas por pedais de madeira e guardava alguma semelhança com as bicicletas estacionárias usadas para exercícios hoje. Assim como na maioria das questões sobre a genealogia da bicicleta, sua opinião dependerá de o quanto sua definição de bicicleta é elástica e de o quanto e por quanto tempo você entorta sua vista. De qualquer modo, é certo que no fim dos anos 1870 estavam em uso vários aparelhos que permitiam aos ciclistas pedalar num ambiente fechado, sem se mover um centímetro para a frente.

Muitas das primeiras máquinas eram as chamadas *rollers*. Tipicamente, tinham quadros retangulares de metal ou madeira sobre três cilindros que giravam livremente alguns centímetros acima do chão. O ciclista punha a bicicleta sobre os cilindros, montava e pedalava enquanto um "ciclômetro" ligado a uma correia transportadora marcava a distância percorrida. As *rollers* foram rapidamente adotadas por ciclistas profissionais para propósitos de treinamento; são amplamente usadas até hoje por ciclistas sérios — amadores e profissionais. Menos bem-sucedidos foram os esforços para transformar o ciclismo em roller num esporte para espectadores. Em 1901, dois ciclistas mundialmente famosos — o pioneiro negro campeão de corridas Marshall "Major" Taylor e o demônio recordista de velocidade Charles "Mile-a-Minute" Murphy — competiram numa série de disputas de roller-bike entre os dois em teatros de vaudeville. Mas mesmo esses astros não conseguiram conquistar públicos para uma corrida em que faltava movimento para a frente.

As primeiras *rollers* exigiam que os ciclistas equilibrassem as bikes enquanto pedalavam, mas surgiram versões modificadas com componentes que mantinham a bicicleta firme no lugar. Fabricantes também começaram a produzir verdadeiras bicicletas estacionárias, aparelhos independentes equipados com guidom, um assento ajustável e, quase sempre, uma única roda que girava. Esses "treinadores domésticos" tinham vários mecanismos para simular cargas e aplicar resistência, permitindo aos ciclistas ajustar a dificuldade da pedalada em ambiente fechado. Essa adaptação — o fato de você poder reproduzir os rigores de cada gênero de passeio de bicicleta, da pedalada preguiçosa numa estrada plana à subida de morro onerosa — foi uma novidade impressionante. "O uso de um treinador doméstico proporciona o melhor tipo de exercício em ambiente fechado", escreveu o ativista de ciclismo Luther Henry Porter em 1895. "Pode ser levado a cada estágio, da mais encantadora moderação à severidade máxima."

A chegada dos treinadores domésticos marcou uma evolução no modo como as pessoas entendiam bicicletas e andar de bicicleta. Usar uma bike estática era adotar a noção de que o exercício — o puro esforço físico de pedalar — era um fim em si mesmo, separado da experiência de andar de bicicleta. As bikes estáticas remodelaram o ciclismo como "treinamento", e interpretaram a bicicleta sobretudo como uma máquina para melhorar a forma física, um aparelho para aumentar a resistência, desenvolver músculos, perder quilos. Era uma ideia estranha numa época em que os benefícios do ciclismo à saúde ainda eram um tópico de debate público. Para alguns, o ato de pedalar uma bike imóvel num ambiente fechado não fazia o menor sentido. "Num futuro muito próximo, podemos esperar encontrar algum idiota anunciando uma bicicleta estática para usar em casa", desdenhou um jornalista britânico em 1897, desconhecendo que tais máquinas haviam sido inventadas anos antes. "Ele vai declarar que [uma pedalada na bicicleta estática] proporciona todos os benefícios de um passeio por estradas do interior, no coração da natureza."

Alguns ciclistas estáticos foram longe para simular condições ao ar livre. Recomendaram colocar os treinadores domésticos perto de janelas abertas ou direcionar ventiladores elétricos para as bikes de forma a produzir resistência de vento. Em 1897, um ambicioso ciclista doméstico, pintor de cenários por profissão, criou um panorama pastoral em sua sala de estar em Londres. O homem pintou "duas longas vistas do interior" em faixas grandes de tela, que dispôs em bobinas rotatórias de cada lado de sua bicicleta roller. Essas telas eram ligadas por fios delgados ao aro da roda traseira da bicicleta; quando a roda girava, o cenário começava a se movimentar e a pedalada em ambiente fechado do homem se transformava num passeio bucólico, uma viagem por "campos, vilas, cidades... cujo realismo deixava pouco a desejar". Quatro ventiladores circulares, dispostos em cima de cada bobina, intensificavam o efeito, soprando um vento forte que cortava os montes e vales bidimensionais.

Para aqueles que quiserem simular um passeio de bike ao ar livre hoje, é claro que a tecnologia avançou. Atualmente, um ciclista pode baixar um aplicativo, pôr um fone de ouvido e fazer uma viagem em realidade virtual num treinador doméstico. Em janeiro de 2017, Aaron Puzey, um engenheiro de software da Escócia, fez um passeio de bike de 1.448 quilômetros usando um aplicativo de realidade virtual que ele próprio criou. O software de Puzey extraiu dados do Google Street View para montar uma versão em 3D das estradas que vão de Land's End, em Cornwall, até a vila de John o'Groats, no nordeste da Escócia — uma célebre travessia longitudinal do continente britânico realizada por gerações de ciclistas molhados e castigados pelo vento. Puzey fez a rota em sua bicicleta ergométrica, em sua sala de estar.

Mas a bicicleta estática não pode, e não precisa, substituir o tipo padrão. Pedalar sem sair do lugar é um tipo próprio de prática de ciclismo. Podemos descrever o contraste entre as bikes estática e tradicional em termos que não sejam "treinar versus viajar". Na clássica formulação do século XIX, a bicicleta é uma aniquiladora de espaço — tornando o grande mundo pequeno, levando o pintor de paisagens do interior inglês de seu apartamento em Londres para terras verdes e aprazíveis da vida real. A bike de exercício, em contraste, é uma devoradora de tempo. Quando você pedala uma ergométrica, não está indo a lugar algum literalmente; a questão é por quanto tempo você pedala e em que ritmo. O spinning, esporte de "ciclismo de estúdio" surgido no fim dos anos 1980 e que se tornou um fenômeno global de exercício físico, põe os ciclistas contra o relógio: suas aulas são testes de resistência, desafiando os ciclistas a pedalar sem parar durante quarenta e cinco ou sessenta ou setenta e cinco minutos seguidos. Você poderia dizer que uma bicicleta estática é um relógio com pedais. A maioria dos modelos é equipada com mostradores digitais que exibem números que passam para o ciclista, contando o tempo transcorrido em décimos de segundo, juntamente com outros cálculos cruciais: velocidade, rotações de pedal por minuto, calorias queimadas.

A bicicleta estática é uma máquina versátil. Tem tido seu propósito modificado e tem sido reimaginada, adaptada para finalidades que tem pouco ou nada a ver com andar de bicicleta em si. As bikes de exercício são ferramentas favoritas de terapeutas do esporte, que receitam regimes de ciclismo estático a pacientes que se recuperam de lesões na perna e no torso inferior. Bicicletas ergométricas também são usadas com propósitos de diagnóstico. Cardiologistas utilizam bicicletas de exercícios especialmente criadas para a realização de eletrocardiogramas, exames cardiopulmonares e outros testes de função cardíaca, pulmonar e muscular. Médicos dizem que esse método tem resultados mais precisos do que os testes tradicionais de estresse cardiovascular realizados em esteiras mecânicas, porque as bicicletas empregam muitos músculos e sistemas do corpo. O paciente sobe na bike e é ligado a fios: eletrododos são colados no peito e na região do diafragma, oxímetros são fixados nas pontas dos dedos das mãos e nos lóbulos da orelha, uma máscara de respiração é encaixada no rosto. Armado dessa maneira e sentado ereto no selim de uma bicicleta estática ou recostado sobre o assento de uma bike reclinada, o paciente pode parecer menos um ciclista do que um componente da bicicleta — o nodo de um sistema de engrenagem bizarro coprojetado por Rube Goldberg e o Google.

As bikes estáticas foram utilizadas de maneiras improváveis antes da era digital. No início de 1899, uma equipe de pesquisa liderada pelo professor W. O. Atwater, da Wesleyan University, realizou uma celebrada série de experimentos para medir a eficiência do "motor humano". Os cientistas puseram uma bike estática dentro de uma grande caixa de madeira forrada de metal e usaram ímãs e um pequeno dínamo para transformar a ação da roda traseira da bike em corrente elétrica. A cobaia da pesquisa foi um ciclista que pedalou a bicicleta estática em intervalos alternados, durante vários dias e noites. Ele não teve permissão para sair da caixa, que era provida de uma cama dobrável, uma cadeira e uma mesa. A comida, a bebida e os "produtos excretórios" do homem, assim como o rendimento elétrico da bicicleta, foram medidos e analisados "com a maior precisão". Desse modo os cientistas puderam calcular a proporção entre o "combustível" consumido pelo ciclista e a energia gerada por suas pedaladas. As constatações, anunciou Atwater, não deixavam sombra de dúvida. O ser humano era a fonte de energia mais econômica do mundo, "muito melhor... do que uma locomotiva, produzindo o dobro da energia em relação a uma determinada quantidade de combustível... Na verdade, nenhum tipo de motor já inventado — a vapor, a gasolina ou elétrico — se iguala ao motor humano como produtor de energia".

Um conjunto de conclusões diferentes poderia ter sido extraído dos mesmos dados: andar de bicicleta é um meio excepcionalmente eficiente de transformar o esforço humano em energia, e as bicicletas estáticas em particular podem ser utilizadas para converter esse esforço em fontes de energia como eletricidade e para o funcionamento de máquinas e ferramentas de vários tipos. Durante décadas, a energia de pedaladas em bicicletas estáticas foi usada para o funcionamento de brocas de dentistas do Corpo de Conservação Civil do New Deal, para ativar o ar-condicionado num abrigo subterrâneo romano construído para Benito Mussolini, para iluminar uma árvore de Natal gigante na praça da Prefeitura de Copenhague e para o funcionamento do projetor de filme de um cinema em Vilnius, Lituânia. Em 1897, um inventor excêntrico em St. Louis começou a comercializar uma "bicicleta de banho de chuveiro" cuja combinação de bombas de ar, canos e um bocal semelhante a um focinho de cão, arqueada sobre o ciclista a partir da coroa traseira da bicicleta, permitia a ele se exercitar e se banhar ao mesmo tempo, regulando a pressão da água com o vigor das pedaladas. Hoje, o mesmo princípio é aplicado na Nashira Eco-Village, uma comunidade planejada de mulheres solteiras e crianças no sudoeste da Colômbia, onde uma única bicicleta estática fornece a energia de bombeamento para o funcionamento dos chuveiros comunitários que servem a uma população de quatrocentas pessoas.

A promessa da bicicleta de exercício como fonte de energia alternativa tem estimulado a imaginação de ambientalistas. Bikes estáticas têm sido utilizadas em pequenas fazendas e comunas para moer e debulhar trigo, e alguns defensores dessas máquinas têm sonhado mais alto com agricultura e indústrias movidas a pedal, com o uso de bikes estáticas em larga escala em campos, fábricas e lares. Essas ideias foram elaboradas em um dos artefatos mais fascinantes da utopia da bicicleta nos anos

1970: *Pedal Power in Work, Leisure, and Transportation*, um manifesto, história e manual escrito por um grupo de estudiosos e ativistas e publicado em 1977 pela Rodale Press, especializada em livros sobre sustentabilidade. A retórica de *Pedal Power* combinava tecnofobia e machismo, uma mistura conhecida entre ativistas da bicicleta, atacando "essa era de lasers e sondagens no espaço sideral" em que "grande parte da força do mundo industrializado está pendurada como uma boneca de trapo". A solução, escreveram os autores, era estimular um "clima de bikologia", explorando "todo o potencial humano inerente ao uso de bicicletas para o trabalho".

O livro defendia o "Energy Cycle", um aparelho movido a pedal desenvolvido pelo engenheiro Dick Ott e pelo "Departamento de Pesquisa e Desenvolvimento da Rodale Press". O Energy Cycle consistia em um quadro de bike desguarnecido, um assento de cadeira de escritório, uma mesa de trabalho e uma variedade de manivelas, rodas dentadas e polias. Isso podia ser combinado com qualquer número de ferramentas para realizar uma série de funções, desde trabalhos em agricultura até manufaturas simples e tarefas domésticas básicas. Podia movimentar tornos, brocas, polidores de pedra e rodas de ceramistas; podia arrancar ervas daninhas, mover um arado e irrigar um campo; podia limpar grãos, descascar milho e rolar aveia. Era também uma espécie de eletrodoméstico jumbo para a cozinha, um aparelho infinitamente adaptável. Era capaz de abrir latas, afiar facas, misturar massas, substituir uma batedeira, bater manteiga, arrancar penas, escamar peixes, fatiar carnes e queijos, amassar frutas e legumes, fazer linguiças, sorvete e purê de maçã. Delegando tarefas pesadas a pernas e pés, o Energy Cycle liberava as mãos do usuário para fazer outras coisas: "Pesquisadores relatam que, quando trabalha com cerejas, uma pessoa pode selecioná-las, tirar as hastes e fertilizá-las com as mãos enquanto os pés as descaroçam." Mas os autores de *Pedal Power* imaginaram um futuro mais brilhante para máquinas movidas a pedal:

> Assim como a bicicleta num certo sentido "libertou" as pessoas na virada do século, a energia do pedal pode libertar milhões novamente. As mulheres, que no mundo inteiro precisam cumprir tarefas

difíceis com a mão, podem se beneficiar... Se a energia do pedal se estende para além de níveis de classe e econômicos, a geografia é eliminada.

Mais de quatro décadas depois, essa visão parece ingênua e presciente. A "bikologia" não emancipou milhões nem tornou a geografia obsoleta. Mas o uso de ferramentas movidas a pedal está em crescimento, em particular em comunidades rurais do mundo em desenvolvimento, para ajudar a aliviar os fardos do trabalho manual e impulsionar a produtividade econômica. (Na América Latina, onde aparelhos movidos a pedal são populares, uma nova palavra entrou no vernáculo: *bicimáquinas*, máquinas de bicicleta.) Trabalhadores de ajuda humanitária estão cada vez mais recorrendo a purificadores de água movidos a pedal, que utilizam a energia de bicicletas estáticas para levar água potável a regiões empobrecidas e zonas de desastres.

No Ocidente, a máquina de bicicleta continua sendo um objeto de estimação desajeitado da esquerda ativista. Durante o impasse de dois meses do Occupy Wall Street, no outono de 2011, manifestantes no Zuccotti Park, em Manhattan, carregaram baterias e laptops pedalando bicicletas estáticas ligadas a geradores. Foi uma maneira barata e prática de fornecer energia à cidade de tendas do Zuccotti Park. Mas para manifestantes que criticavam, entre outras coisas, uma perversa aliança de políticos, Wall Street e a indústria de combustíveis fósseis, a energia dessas rodas de bicicleta rangendo era, sobretudo, simbólica: uma reação de baixa tecnologia ao capitalismo das grandes empresas petrolíferas.

―――――

Wall Street, por sua vez, não vê as bicicletas estáticas como motores da revolução. São commodities cujo valor vem tendendo a subir há duas décadas. Hoje, o mercado global de bicicletas estáticas está avaliado em quase seiscentos milhões de dólares, e espera-se que cresça a quase oitocentos milhões em 2026. O alto design prospera e pontos de venda caros chegaram ao humilde mundo dos equipamentos para preparo de alimentos movidos a pedal. O que os sonhadores por trás do Energy Cycle achariam da Fender Blender? Trata-se de uma bike estática da Day-Glo disponível em várias cores, com um liquidificador ativado por pedais disposto sobre uma plataforma que fica em cima da roda volante de 28 polegadas. Criada e comercializada pela Rock the Bike, uma empresa de "tecnologia de eventos" estabelecida em Oakland e especializada em novidades movidas a pedal, a Fender Blender "prepara milhares de smoothies com o mínimo de inconveniência e o máximo de diversão". É vendida no varejo por cerca de 2.700 dólares.

A força impulsora por trás da venda de bicicletas estáticas é o exercício físico, uma febre de ciclismo em ambiente fechado que elevou o esporte ao nível do step aeróbico e da ioga como esteio da indústria das academias. Hoje, os consumidores que compram bikes de exercício para usar em casa constituem o maior setor do mercado. Eu me pergunto quantas dessas máquinas terão o destino daquela da qual me lembro da infância, nas visitas à casa de meus avós: uma "Exerciser" Schwinn verde-limão que com o passar dos anos migrou da sala de estar para o quarto de hóspedes e deste para um canto bolorento do porão, onde mofou ao lado de uma mesa de pingue-pongue desprezada, tão perdida no mundo quanto as bikes que submergiram com o *Titanic*. Certamente legiões de bicicletas estáticas estão no fundo de porões, relíquias de resoluções de Ano-Novo descumpridas, de regimes de exercícios físicos interrompidos.

Por outro lado, para milhões de pessoas hoje, o ciclismo de exercício é uma atividade mais séria do que no passado. As origens do atual boom datam de 1987, quando Jonathan Goldberg, um corredor de bicicleta profissional nascido na África do Sul, evitou por pouco um acidente mortal quando treinava numa estrada à noite, perto de sua casa em Santa Monica, Califórnia. Goldberg soldou uma bicicleta estática caseira e passou a treinar na garagem. Logo, começou a contemplar as perspectivas empresariais do ciclismo em ambiente fechado.

Goldberg, que atende pelo apelido de Johnny G, tinha cabeça para negócios e uma queda por clichês. O resultado foi uma nova forma de exercício, ou pelo menos uma reformulação sagaz de uma antiga forma de exercício, que ele batizou de "spinning". (Goldberg registrou rapidamente o termo, juntamente como "Spin", "Spinner" e "Johnny G Spinner".) O spinning teve como modelo a ginástica aeróbica: aulas de muita energia, realizadas em academias de ginástica, com música agitada e instrutores exortando os ciclistas a pedalar com mais força e por mais tempo. A inovação de Goldberg foi dar à iniciativa uma camada de espiritualidade e autoajuda. "A bicicleta estática, potencialmente o equipamento mais chato imaginável, pode ganhar nova vida, mas só se você tiver um desejo verdadeiro de imbuí-la de energia", escreveu Goldberg em *Romancing the Bicycle: The Five Spokes of Balance* (2000), uma memória e declaração de missão. "O programa de Spinning consiste em... se entregar ao Universo, libertar a mente, abrir o coração e criar parâmetros pessoais." Em retratos de publicidade, Goldberg, um homem enxuto de cabelo loiro oxigenado, foi apresentado como uma espécie de mestre Zen: fotos o mostravam praticando artes marciais numa praia exposta ao vento e sentado em posição de lótus num jardim, ao lado de uma estatueta de Buda. Se a imagem era "oriental", seu credo de autorrealização era, inequivocadamente, americano. "O dom do programa de Spinning", escreveu ele, "pode ser sintetizado em uma mensagem vital: você é a pessoa mais importante do mundo. Nunca deixe de acreditar em si mesmo."

Em anos recentes, uma nova geração de magnatas transfigurou o ciclismo de estúdio, incrementando-o com novas tecnologias e músicas em decibéis mais altos e ao mesmo tempo reformulando as aulas de spinning como um esforço atlético "extremo" e um rito "tribal". A empresa mais responsável pela mudança é a SoulCycle, que cresceu a partir de um único endereço em Upper West Side, Manhattan, para se tornar uma potência com estúdios em mais de uma dúzia de estados americanos e no Canadá, e avaliada em centenas de milhões de dólares. A SoulCycle foi fundada em 2006 por três nova-iorquinas, Elizabeth Cutler, Julie Rice e Ruth Zukerman. Essas empreendedoras perceberam que jovens urbanos interessados em boa forma física queriam uma experiência mais social na academia de ginástica. Elas promoveram a SoulCycle como uma "cardiofesta", com "instrutores astros de rock" liderando ciclistas que "se movem em uníssono embalados na batida". Os estúdios da SoulCycle combinam elementos de boate e spa.

A música é agitada, rítmica, alta. Os estúdios são iluminados por velas e as paredes são decoradas com slogans e beatitudes: ASPIRAMOS A INSPIRAR. INALAMOS INTENÇÃO E EXALAMOS EXPECTATIVA. NÓS NOS COMPROMETEMOS COM NOSSAS SUBIDAS E ENCONTRAMOS LIBERDADE EM NOSSOS SPRINTS. O RITMO NOS IMPULSIONA MAIS DO QUE PENSÁVAMOS QUE FOSSE POSSÍVEL. VICIADOS, OBCECADOS, ANORMALMENTE PRESOS A NOSSAS BIKES. DOIDOS DE SUOR E DE ZUMBIDO DE RODA. TOTALMENTE ENVOLVIDOS, REMODELAMOS NOSSOS CORPOS A CADA PEDALADA.

A linguagem é disparatada — mesmo instrutores astros de rock devem achar difícil inalar intenção —, mas sem dúvida é disparatada intencionalmente. Não há como negar que o marketing da SoulCycle é esperto, a começar pelo nome engenhoso da marca. Assim como Johnny G, a SoulCycle vende o ciclismo estático como uma prática espiritual, um meio de evolução pessoal. Cada vez mais, essa ideia faz parte da cultura da bicicleta, circulando on-line e na versão literatura inspiradora de ciclismo. (Exemplos de títulos: *The Bicycle Effect: Cycling as Meditation*; *The 100 Most Powerful Affirmations for Cycling*; *Mindful Thoughts for Cyclists: Finding Balance on Two Wheels*; *Pedal, Stretch, Breathe: The Yoga of Bicycling*.°) Um princípio da espiritualidade vendida pela SoulCycle é o de que a paz interna traz beleza externa: o ciclista evoluído — isso é fortemente insinuado — será também um ciclista sensual com um corpo espetacular, como os instrutores tonificados e tatuados da SoulCycle.

A SoulCycle enfrentou reveses financeiros e suportou o fechamento de seus estúdios por causa da Covid-19 em parte realizando aulas de "ciclismo indoor" ao ar livre. Mas foi o ambiente dos estúdios da SoulCycle que deu à empresa seu culto, e isso não pode ser reproduzido em plena luz do dia. As luzes são tênues. A música é feita de batidas e estrondos. As velas cintilam como constelações. As palavras na parede dizem: FAÇA UMA VIAGEM, ENCONTRE SUA ALMA. Setenta ciclistas estão pedalando suas bikes imóveis para um lugar distante, um território

---

° "O efeito bicicleta: o ciclismo como meditação"; "As 100 afirmações mais poderosas para o ciclismo"; "Pensamentos de atenção plena para ciclistas: encontrando equilíbrio sobre duas rodas"; "Pedale, alongue-se, respire: a ioga do ciclismo". (N. do T.)

ilimitado não encontrado em nenhum mapa. Eles viajam pelas estradas infindas de si mesmo.

———

A bicicleta estática chegou a outras fronteiras. O Peloton, um serviço de mídia e equipamentos de exercícios por assinatura, atrai milhares de ciclistas de uma vez para suas aulas de ciclismo em streaming ao vivo. O design elegante e os preços altos das bikes Peloton exclusivas, equipadas com tela de toque que permite a seus membros assistir às aulas tanto ao vivo quanto on-demand, no conforto de casa, elevaram a bicicleta estática ao nível de símbolo de status de luxo. A empresa abriu em 2013, mas sua apoteose veio em 2020, quando a Covid pôs milhões de sarados de malhação em quarentena. Em abril de 2020, nas primeiras semanas da crise, um número recorde de 23 mil membros do Peloton participou de uma aula ao vivo em streaming. Boa parte deles, é seguro supor, eram refugiados da SoulCycle. O Peloton não pode simular o companheirismo suado que os devotos da SoulCycle apreciam no que suponho que deva ser agora caracterizado como ciclismo estático na vida real. Em vez disso, os membros do Peloton — alguns milhões no momento em que escrevo, embora a empresa tenha prometido chegar a centenas de milhões — fundiram o antiquado ato de andar de bicicleta com a mais pura experiência do século XXI: olhar para uma tela, sozinho, mas não sozinho, na companhia espectral de incontáveis outros. Se o Peloton cumprir seus objetivos de afiliação, poderá ainda reivindicar os maiores passeios de bicicleta em massa da história — uma falange virtual de milhões de pessoas pedalando juntas no ciberespaço.

Pelo menos uma bicicleta de exercício deixou completamente esse plano terrestre. Cerca de 220 milhas [354 quilômetros] acima da superfície da Terra, na Estação Espacial Internacional, há uma máquina chamada Cicloergômetro com Sistema de Isolamento e Estabilização de Vibração, ou Cevis (na sigla em inglês). As missões à estação espacial em geral duram seis meses. Enquanto estão em órbita, os astronautas experimentam a microgravidade, flutuando e se deslocando no ar, sem nunca usar as pernas para apoiar o peso. Essas condições cobram um preço ao corpo humano. Os astronautas perdem densidade óssea e massa muscular, e precisam manter um regime de exercícios intenso para assegurar que suas pernas ainda funcionem — que eles sejam capazes de ficar em pé e caminhar — quando seus pés voltarem a tocar a terra firme.

O Cevis está localizado no Destiny Laboratory da estação espacial. Tem sido chamado de "bicicleta estática da Nasa", mas não é exatamente estático, e não parece muito uma bike. Não tem guidom nem assento. Consiste em dois pedais que movem uma pequena roda volante através de um sistema de engrenagem planetário. A roda fica dentro de uma pequena caixa retangular, da qual se projetam os pedais; esse dispositivo está preso a um quadro de metal maior que, por sua vez, está pregado à parede do laboratório por suportes de isolamento. Para operar o Cevis, os astronautas simplesmente fixam os sapatos em firma pés e pedalam. Há uma almofada atrás para apoiar a parte superior do corpo, e os ciclistas podem se segurar mais pondo um cinto e correias no ombro. Mas os firma pés são suficientes para mantê-los atracados à bike, e muitos astronautas optam por simplesmente balançar o corpo em cima desses pedais, o que dá a uma pedalada no Cevis a aparência de um truque de mágica. Os pedais viram; a bike e o ciclista flutuam em onírica microgravidade. Parece um monociclo levitando. "Cicloergômetro com Sistema de Isolamento e Estabilização de Vibração" não registra o efeito.

Os astronautas podem ajustar o nível de resistência do Cevis. Podem fazer treinamento progressivo e treinamento intervalado. Um monitor de computador montado ao nível do olho, como uma tela de uma bike Peloton, permite aos ciclistas ouvir música ou assistir a um filme enquanto pedalam. O Cevis é também um dispositivo de dados. Seu computador coleta informações sobre os ciclistas e transmite os números para o planeta Terra, para que médicos da Nasa possam criar protocolos de ciclismo feitos sob medida para as necessidades físicas de astronautas individualmente.

O Cevis não chega a realizar a antiga fantasia de bicicletas no espaço sideral. Ninguém confundirá um astronauta pedalando com as ninfas daqueles antigos cartazes de propaganda, ziguezagueando suas bikes ao longo de um percurso de obstáculos de luas e estrelas. Mas uma pedalada na bicicleta da Nasa reserva outras maravilhas. Os astronautas com frequência são solicitados a pedalar por noventa minutos seguidos, tempo durante o qual a estação espacial passa por dois amanheceres, completando uma órbita da Terra. Na Nasa, eles gostam de brincar que os ciclistas dessa bike de exercício são os mais rápidos da história, capazes de circundar o globo num único exercício. ("Lance Armstrong, morra de inveja!", escreveu o astronauta Ed Lu numa postagem em blog.) O ciclista prende seus sapatos no Cevis e sai pedalando sobre nuvens, desertos, florestas, oceanos repletos de ilhas e icebergs, pelos Himalaias, pela Amazônia, Newfoundland, Nova York, Antártica, África, Ásia — cruzando os céus a 27.800 quilômetros por hora, e sem sair do lugar.

11

CRUZANDO O PAÍS

Os cartões de identificação de Barb Brushe e Bill Samsoe para o Bikecentennial, 1976.

Iremos de bicicleta como marido e mulher...
Pedalando pela estrada da vida
— Harry Dacre, "Daisy Bell (Bicycle Built for Two)"
(1892)

A Old Pali Highway sobe a montanha que separa o centro de Honolulu do lado nordeste de Oahu. É uma estrada lendária, importante na história e no mito havaianos. Atravessa trilhas antigas e passa perto do local de uma batalha crucial das guerras do rei Kamehameha para unificar as ilhas havaianas. Essa batalha, em maio de 1795, terminou quando os homens de Kamehameha direcionaram centenas de guerreiros de Oahu para a beira do Nu'uanu Pali, um precipício que despenca por mais de trezentos metros no vale abaixo. Dizem que os fantasmas desses soldados assombram a Old Pali Highway. No início dos anos 1960, túneis foram perfurados na encosta da montanha e uma nova estrada, a Hawaii State Highway 61, foi aberta. A estrada antiga foi fechada para veículos a motor e se tornou uma rota favorita de trilheiros e ciclistas.

Quando Barb Brushe era uma jovem mulher e trabalhava como enfermeira em Honolulu, conhecia bem a Old Pali Highway. Ela andava de bicicleta ali, pressionando os pedais de sua bike de dez marchas ao lado do amigo Cliff Chang. Era uma amizade, não um romance, mas Barb admirava o estilo marcante, o cabelo comprido e o espírito livre de Cliff. E gostava que Cliff gostasse de andar de bicicleta. Em seus dias de folga, Barb o encontrava para pedalar pela Pali, enfrentando o ângulo pronunciado e o vento uivante na subida da montanha; passando por pomares de abacate e pelo mirante onde se diz que o rei Kamehameha declarou sua vitória; e zunindo pelas curvas fechadas na descida.

Um dia, no inverno de 1975, quando eles estavam cruzando a Pali na volta para Honolulu, Cliff perguntou a Barb se ela tinha ouvido falar de um passeio de bicicleta em massa que estava planejado para o verão seguinte nos EUA continentais, programado para coincidir com a comemoração do bicentenário da Declaração de Independência. Grupos de ciclistas embarcariam numa viagem cruzando o país, seguindo uma rota de estradas rurais de duas pistas em sua maioria, do Oregon à Virgínia.

Barb: Cliff disse: "Chama-se Bikecentennial." Imediatamente, pensei: "Vou fazer isso." Foi uma decisão repentina. Seguimos pela Pali até uma loja de bicicletas onde eles tinham informações sobre isso e me inscrevi para participar. Comprei uma bike de estrada Fuji. E na primavera de 76, fui para casa e treinei para aquilo.

Barb crescera em Roseburg, Oregon, uma cidade de 20 mil habitantes às margens do rio Umpqua, cerca de 270 quilômetros ao sul de Portland. Durante décadas, Roseburg se autointitulou "a capital nacional da madeira", uma presunção que talvez distorcesse a verdade, mas não muito. Nos anos 1960, quando Barb era criança, ainda havia cerca de trezentas serrarias na cidade, a maioria dedicada a cortar abetos-de-douglas, o "ouro verde" colhido nas densas florestas das cadeias de montanhas ao redor. A mãe de Barb trabalhava na biblioteca do Umpqua Community College. O pai era um avaliador de florestas do Escritório de Administração de Terras.

Barb: Meu pai tinha 1,93 metro. Era um cara grande que trabalhava no mato. Ele me ensinou a andar de bicicleta. Na infância, a bike era meu meio de transporte. Era meu meio de circular por Roseburg. Eu ia para a escola de bicicleta. Pedalava pela vizinhança.

Durante seis semanas, na primavera de 1976, Barb treinou duro para se preparar para o Bikecentennial. Ela desenvolveu resistência e tonificou músculos em longos passeios nos Hundred Valleys do Umpqua, ao longo de estradas que acompanhavam o rio e cruzavam passos montanhosos que chegavam a ângulos mais acentuados e a alturas maiores do que as do Nu'uanu Pali em Honolulu.

Barb: Eu estava em boa forma naquela época. As colinas eram árduas. Isso pode ser difícil para os joelhos. Mas eu era bem forte. Fiquei mais forte.

Barb comemorou seu vigésimo quarto aniversário em 12 de junho de 1976. Dois dias depois, numa manhã de segunda-feira, ela amarrou sua Fuji amarelo-girassol no teto do carro da família. Barb e sua mãe percorreriam 120 quilômetros a nordeste, até a cidade litorânea de Reedsport, um dos dois pontos de partida para o Bikecentennial, na Costa Oeste.

Barb: Pouco antes de sairmos de Roseburg, meu pai disse: "Qualquer filha minha consegue fazer isso." Eu pensei comigo: "Oh, céus, não tem como voltar atrás."

Quando Barb e sua mãe chegaram a Reedsport, encontraram uma cena agitada. Reedsport era uma cidade conservadora, mas abrira as portas para o Bikecentennial, e as ruas estavam cheias de homens e mulheres de um tipo ligeiramente contracultural — muito cabelo escorrido e barba desgrenhada — preparando a si mesmos e a suas bicicletas para a longa estrada à frente.

Eles se concentravam em torno do Welcome Hotel, um prédio de três andares da era Art Déco que serviu de escritório do ponto de partida e hospedaria onde os ciclistas se abrigaram por uma noite ou duas antes de embarcar na viagem. (Os quartos eram pequenos demais para acomodar camas para todos os ciclistas, então o hotel tirou móveis de alguns quartos e os ciclistas dormiram no chão, em sacos de dormir, até sete por quarto.) Barb recebeu um cartão de identificação do Bikecentennial e um pacote com orientações. Numa biblioteca pública local, ela se reuniu a outros ciclistas para assistir a *Bike Back into America*, um filme inspirador de doze minutos que mostrava cenas da rota de 676 quilômetros pelo país: cidadezinhas pitorescas, planícies onduladas, montanhas púrpuras majestosas. O filme terminava com "Sweet Surrender", de John Denver, uma balada sentimental de folk-rock cuja letra evoca a paixão da juventude pela estrada aberta e pela liberdade: "Lost and alone on some forgotten highway / Traveled by many, remembered by few / Lookin' for something that I can believe in / Lookin' for something that I'd like to do with my life."°

Barb passou a noite no Welcome Hotel, num quarto com várias outras mulheres jovens. No dia seguinte, 15 de junho, acordou, tomou o café da manhã e se juntou a um grupo de ciclistas do lado de fora do hotel para se preparar para a partida. Ela tinha quase dezesseis quilos de equipamentos, que amarrou no bagageiro traseiro da bike

---

° "Perdido e sozinho em alguma estrada esquecida / Percorrida por muitos, lembrada por poucos / Procurando algo em que eu possa acreditar / Procurando algo que eu gostaria de fazer com minha vida." (N. do T.)

e acomodou em alforjes. Tinha um pneu sobressalente, um estojo de curativos e várias ferramentas para reparos. Tinha um saco de dormir e um colchão de espuma que comprara numa loja de tecidos. Tinha poucas mudas de roupa, incluindo roupas quentes que pretendia enviar para casa depois que passasse pelas Rockies.

 Certos participantes — ciclistas mais experientes e aqueles que desejavam aventura, mas não por um ambiente social — fizeram a viagem sozinhos. Mas a maioria dos participantes do Bikecentennial se juntou em grupos de dez a quinze pessoas, tendo à frente um líder. Havia dois tipos de grupo no Bikecentennial. Aqueles que se inscreveram para os chamados Grupos de Camping optaram por condições rústicas, armando barracas em campings ou fazendas ou, de vez em quando, dormindo em sacos de dormir sob as estrelas. O preço para os ciclistas do Grupo Camping era de 580 dólares para uma viagem de oitenta e dois dias pelo interior, aproximadamente 7 dólares por dia, incluindo refeições. Barb se inscrevera para o Grupo Bike Inn, cujos membros pagaram em torno de 4 dólares a mais por dia para dormir em ambientes fechados — porões de igrejas, ginásios de escolas, dormitórios de faculdades, salões da VFH,° bibliotecas do Lions Club e outras acomodações sem luxo ao longo da rota.

 Naquela manhã, 15 de junho, do lado de fora do Welcome Hotel em Reedsport, o Grupo Bike Inn de Barb cruzou rapidamente com um Grupo Camping que estava começando a viagem no mesmo dia. O líder do grupo chamou a atenção de Barb. Ele era forte e magro, com um ar calmo e confiante. Pareceu ter mais ou menos a sua idade, provavelmente vinte e poucos anos. Usava um capacete de bicicleta branco.

Barb: Naquela época, poucas pessoas usavam capacete de bicicleta. Era uma coisa incomum. O cara tinha cabelo ruivo e a barba um tanto espessa. O cabelo era um pouco comprido. Ele parecia atlético. Este é apenas um daqueles lampejos de memória: consigo visualizá-lo ali com o capacete. Foi a primeira vez que vi Bill.

° Veterans of Foreign Wars, organização de veteranos de guerras. (N. do T.)

Bill: Meus pais se conheceram quando ambos trabalhavam na Simmons, a empresa de colchões. Minha mãe era secretária. Meu pai trabalhou quarenta e quatro anos na Simmons, como engenheiro de embalagens.

Bill Samsoe nasceu em 1953 em Kenosha, Wisconsin. Alguns anos depois, a família Samsoe se mudou para Chicago Heights, Illinois, um subúrbio de classe operária 48 quilômetros ao sul do centro de Chicago.

Bill: Eu devia ter cinco ou seis anos quando aprendi a andar de bicicleta. Meu pai tivera um ataque cardíaco, então um vizinho nosso do outro lado da rua me ajudou a aprender. Ele corria atrás de mim e mantinha a bike ereta. A primeira vez que me soltei sobre duas rodas — foi fantástico. É uma sensação incrível de independência e liberdade.

Bill se formou no ensino médio em 1970 e se matriculou na Illinois Wesleyan University, em Bloomington, Illinois. Depois da faculdade, assumiu um emprego de nível inicial numa agência de seguros.

Bill: Durei um mês naquele emprego. Naquele inverno, fui para o norte de Wisconsin, para uma pequena área de esqui. Virei um rato de esqui. Não tinha realmente nenhuma direção na vida naquela época. Fiz alguns amigos ali, companheiros ratos de esqui. Um deles sugeriu que eu fizesse um curso de treinamento em liderança com a American Youth Hostels para eu poder liderar viagens de bicicleta. Fiz o curso de treinamento e pude liderar uma viagem, em 1975, chamada "Yankee Explorer".

A viagem seguiu uma rota sinuosa, começando em Connecticut e virando para Massachusetts, norte do estado Nova York, Vermont, New Hampshire e Maine antes de fazer uma volta para o sul, até Boston.

Bill: Os meninos eram bem jovens. Haviam acabado de terminar a oitava série. Foi minha primeira vez numa função de liderança. Foi minha primeira vez num passeio de bicicleta de longa distância.

Dois amigos de Bill do curso de treinamento da American Youth Hostels haviam se mudado para Missoula, Montana, para dar treinamento em liderança para uma nova organização, que estava planejando uma ambiciosa viagem de bicicleta pelo interior no verão seguinte. Quando a Yankee Explorer terminou, Bill telefonou para eles, que o incentivaram a ir para o oeste, para Missoula, a fim de trabalhar no Bikecentennial. Ele calculou que não tinha nada melhor para fazer. Foi morar com os amigos, dormindo no chão do apartamento deles no centro de Missoula. Durante esse período, trabalhou no escritório do Bikecentennial, fazendo o que quer que lhe pedissem. Organizou estojos de ferramentas e de primeiros socorros. Fez centenas de cartões de identificação para participantes do Bikecentennial. Quando ofereceram a ele a oportunidade de fazer a viagem pelo interior como líder de um Grupo Camping, agarrou a chance.

Bill: Eu não sabia no que estava entrando. Era muita responsabilidade ser um líder numa viagem de bicicleta de oitenta e dois dias. Quando você é jovem, essas coisas não passam pela cabeça. Você vai no fluxo.

Liderar um grupo do Bikecentennial era um trabalho duro. Você tinha que ser um ciclista forte. Tinha que ser bom numa crise. Os líderes de grupos eram responsáveis pela segurança e bem-estar de todos aqueles dos quais estavam encarregados. O trabalho exigia habilidade com pessoas. Adultos foram postos em contato próximo durante dois meses, e surgiram conflitos. Cabeça fria e senso de humor ajudavam. Era preciso saber se virar com estojo para reparos de pneus de bicicletas e um estojo de primeiros socorros. Saber cozinhar também era bom.

Bill: No primeiro dia, saímos de Reedsport e seguimos por apenas 64 quilômetros. Foi um passeio de teste. Bem simples. Carregar o fogão era uma tarefa minha. Deveríamos nos revezar cozinhando. Fiz as honras na primeira noite — acho que comemos macarrão com queijo e cachorro-quente. Naquela noite, determinamos que eu não cozinharia muito mais.

O grupo de Bill rapidamente estabeleceu uma rotina. Um dia de passeio cansativo terminava numa área de camping. Eles montavam acampamento e se revezavam ajudando a preparar a refeição. Eles liam, escreviam seus diários e cuidavam de suas bicicletas, limpando correntes e substituindo uma câmara de ar remendada por outra nova. A cada dez dias, uma entrega de correio trazia notícias da família e de amigos. Bill com frequência recebia cartas da irmã mais velha, Marge, que também estava trabalhando como líder de grupo no Bikecentennial, viajando na mesma rota.

Bill: Ela estava exatamente duas semanas à nossa frente, indo do Oregon para Yorktown, Virgínia. Ela mandava cartões-postais sobre o que esperar na viagem. Mandava dicas de bons lugares para acampar. Eu me lembro que ela escreveu avisando sobre um cachorro branco e preto em um local específico que estava atacando ciclistas. Conforme previsto, vimos o cachorro vindo correndo quando chegamos lá.

O Grupo Camping de Bill seguiu uma rota sinuosa a leste. Cruzou a divisa do Oregon com Idaho. Rumou para norte, até Montana. Passou a noite do 4 de Julho na cidadezinha de Wisdom, Montana, dormindo dentro de um lugar, para variar — uma casa em estado precário, emprestada por um morador. Havia uma TV em preto e branco, e alguns ciclistas a sintonizaram na cobertura ao vivo das comemorações do Bicentenário em Washington e Nova York, vendo os fogos de artifício iluminarem o céu sobre o Monumento de Washington e a Estátua da Liberdade. Vários membros do grupo se aventuraram a ir à cidade, onde acenderam estrelinhas e bombinhas com crianças locais.

De Wisdom, eles seguiram a sudeste em direção a Dillon, Montana. Depois, Virginia City, Montana. Depois, Wyoming. Passaram por Yellowstone, margearam as Grand Tetons e pedalaram ao sul pela divisa do Colorado. Céu grande. Montanhas grandes. País grande e bonito. O grupo de Bill entrara em sincronia socialmente. Às vezes, entrava em sincronia nas estradas também.

Bill: Certa vez, todo o nosso grupo saiu de Pueblo, Colorado, pedalando em fila indiana a caminho de um lugar chamado Ordway. Isso era incomum. Quase nunca seguíamos todos juntos em formação daquele jeito. Era uma descida leve, mas estávamos nos movendo bem rápido. Passamos por um carro de polícia que estava encostado ao lado da estrada e, quando passamos, uma voz cheia de ruídos saiu do alto-falante em cima do carro: "Vocês estão fazendo 29 quilômetros por hora. Muito bem."

Eles continuaram seguindo a leste. Ordway, Colorado; Eads, Colorado; Tribune, Kansas; Scott City, Kansas. Quando saíram das montanhas e entraram nas Grandes Planícies, o clima ficou quente. Na manhã de 31 de julho, o grupo de Bill levantou acampamento em Newton, Kansas, 40 quilômetros ao norte de Wichita. O destino era Eureka, Kansas, cerca de 120 quilômetros a sudeste. Como líder do grupo, Bill normalmente seguia atrás, mas naquela manhã pediu para seu líder assistente assumir a posição. Era um dia abafado, quente e úmido, mal soprava um vento. Havia um longo percurso pela frente, e Bill estava ávido para continuar. Então ele partiu cedo, sozinho. Pedalou com força por mais ou menos 64 quilômetros e decidiu parar para comer alguma coisa em Cassoday, uma cidadezinha agrícola que se autointitula "A Capital Mundial do Tetraz-das-Pradarias".

Bill: Havia um pequeno restaurante, e achei que parecia apropriado comer um ovo na Capital do Tetraz-das-Pradarias. Entrei, comi um ovo. Então voltei para a bike e parti de novo. Eu não estava muito longe de Cassoday quando alcancei Barb e Les.

Barb Brushe e sua amiga Leslie Babbe também haviam passado a noite em Newton e estavam seguindo para Eureka naquele dia. O Grupo Bike Inn de Barb cruzava com frequência com o Grupo Camping de Bill. Em Baker City, Oregon, os dois grupos haviam parado para passar a noite no YMCA. (Os ciclistas do Bike Inn dormiram dentro do prédio; o Grupo Camping armou barracas do lado de fora.) Antes do jantar naquela noite, os ciclistas do Bikecentennial desceram para as quadras de vôlei e raquetebol do YMCA. Bill e Barb acabaram jogando em lados opostos uma partida de raquetebol em dupla. Foi quando Bill começou a se interessar por Barb.

Bill: Eu fiquei impressionado com o quanto ela era atlética. Ela sabia como lidar com a raquete. Era uma ciclista realmente forte. Também, para ser franco, ela tinha umas pernas ótimas.

Agora Bill e Barb estavam na estrada juntos — sob um sol escaldante, numa vasta pradaria, em algum lugar próximo do centro geográfico exato entre os litorais. Eles emendaram uma conversa, pedalando mais devagar do que de outro modo teriam feito.

Bill: Les teve o bom senso de pedalar à frente e nos deixar sozinhos.

Eles falaram sobre suas famílias, suas cidades, seus planos. O clima estava abrasador, e uma cerração pairava ao longo da estrada longa e plana. De repente, a cor e a textura do céu pareceram mudar. Barulhos estranhos chegaram aos ouvidos deles.

Barb: Estávamos pedalando e começamos a ouvir um som crepitante.
Bill: Foi como se tivéssemos entrado num sistema climático diferente. De repente, havia invasores vindo do céu.

Condições climáticas variadas podem produzir o fenômeno conhecido como nuvem de gafanhotos. Esses enxames aparecem tipicamente depois de períodos de chuva seguidos de seca. Condições chuvosas levam populações de gafanhotos a explodir; a seca diminui seus suprimentos de comida e empurra os insetos para áreas cada vez menores em busca de alimento. Uma nuvem de gafanhotos é um evento de proporção bíblica. Os enxames escurecem o céu e cobrem a terra. Às vezes, as infestações são tão grandes que os insetos são apanhados por detectores de radares meteorológicos. Durante as "grandes pragas de gafanhotos" dos anos 1870, milhões de gafanhotos-das-montanhas--rochosas desceram sobre as planícies que se estendem do Texas às

Dakotas, devorando plantações, removendo a lã de carneiros vivos, comendo cabos de ferramentas de madeira e o couro de selas de cavalo, e impedindo o avanço de locomotivas, que não conseguiam ganhar tração em trilhos de ferrovias encobertos por centímetros de insetos. Para humanos que estão em solo quando uma nuvem ataca, é como ser apanhado por uma borrasca repentina.

Barb: Eles voam em seus olhos, seu nariz, sua boca, seus ouvidos. Voam por todo o lugar, por todo o seu corpo.
Bill: Eram provavelmente centenas de milhares. Talvez milhões. Por toda a estrada. Squish, squish, squish.
Barb: Continuava por milhas e milhas. Era surreal.
Bill: Um dia memorável.
Barb: Bill e eu tínhamos passado um pelo outro durante aquela viagem. Mas tivemos que nos conhecer um pouco ali com os gafanhotos.
Bill: Eu pensei comigo: "Cara, Barb está no topo da lista de seres humanos."

Numa tarde de abril de 1973, um homem chamado Greg Siple estava sentado num café, do lado de fora, numa pequena vila no norte do México, quando uma imagem curiosa lhe veio à mente: ele imaginou um imenso grupo de ciclistas atravessando em uníssono os Estados Unidos, como um enxame de insetos gigante. Siple, vinte e sete anos, de Columbus, Ohio, estava no México com a esposa, June, e outro casal americano, Dan e Lys Burden. Os Siple e os Burden estavam havia dez meses e quase 1.300 quilômetros numa viagem de bicicleta que Greg apelidara de "Hemistour", uma jornada épica de quase 29 mil quilômetros por toda a extensão das Américas, de Anchorage, Alasca, à Terra do Fogo, na ponta sul da Argentina. Naquele dia, os dois casais tinham percorrido mais 64 quilômetros, pedalando de uma área de camping nos arredores da cidade de Torreón, no Deserto de Chihuahua, até Chocolate, uma cidade tão pequena que mal era uma cidade. Mas agora, quando estavam sentados e conversando na varanda de um café onde um ensopado de porco, e não de chocolate, estava fervilhando em tachos de ferro, os pensamentos de Greg vagavam pelo outro lado da fronteira. Como seria, perguntou-se ele, realizar outra odisseia de bicicleta, dessa vez cruzando os EUA, viajando na companhia de milhares de pessoas do Pacífico ao Atlântico? Será que um evento assim não seria popular e, ainda por cima, poderoso, enviando multidões de ciclistas pela grande terra, numa viagem de descoberta?

"Minha ideia original era enviar anúncios e folhetos dizendo: 'Compareça ao Golden Gate Park, em San Francisco, às nove horas da manhã de 1º de junho, com sua bicicleta'", contou Siple a um entrevistador anos depois. "Vamos atravessar o país de bicicleta. Imaginei milhares de pessoas, um mar de pessoas com suas bikes e mochilas, todas preparadas para ir, e haveria homens velhos, pessoas com bicicletas de pneu balão e franceses que haviam vindo de avião só para isso. Ninguém daria um tiro de partida ou algo assim. Às nove horas, todos começariam a se mover. Seria como uma nuvem de gafanhotos cruzando os Estados Unidos."

Greg trabalhava como artista gráfico. Mas o ciclismo de longa distância era sua paixão, e sua missão. Em julho de 1962, quando tinha dezesseis anos, ele e seu pai, Charles, fizeram uma viagem de dois dias, pedalando ao sul de sua casa, em Columbus, até a cidade de Portsmouth, junto ao rio Ohio. Foi uma jornada de "duas centenas": cem milhas [160 quilômetros] por dia. Charles achou o passeio exaustivo, mas Greg queria mais.

No ano seguinte, Greg encontrou três companheiros para pedalar com ele e repetiu a viagem de Columbus a Portsmouth, ida e volta. Em 1964, seis ciclistas participaram. Um ano depois, quarenta e cinco pessoas fizeram o passeio, incluindo Dan Burden, amigo de infância de Greg, e June Jenkins, a futura June Siple, uma ciclista disposta que havia liderado viagens de bike da divisão Columbus da American Youth Hostels. Na época, o passeio ganhara um patrocinador e uma sigla esquisita, TOSRV (Tour of the Scioto River Valley). Alguns anos depois, tornou-se um dos maiores eventos anuais de viagem de bicicleta nos Estados Unidos.

Em 1973, dois mil e duzentos ciclistas participaram do TOSRV. Quanto a Greg, estava — juntamente com June, Dan e Lys — a milhares de quilômetros de Ohio, seguindo para o sul através do México. Naquela tarde no café em Chocolate, Greg compartilhou sua grande ideia com os outros. Ele queria organizar um evento que iria "combinar as melhores características do TOSRV e do Hemistour numa viagem pelos Estados Unidos durante o verão". O Bicentenário estava a três anos de distância; uma viagem de bicicleta em massa pelo interior do país seria uma maneira perfeita de comemorar a ocasião e celebrar o ciclismo.

Imediatamente, June e os Burden disseram que queriam. Eles entenderam. Podiam *ver* aquilo. Foi um daqueles momentos impetuosos, exultantes, em que um grupo de indivíduos com ideias afins experimenta uma epifania coletiva, e o caminho à frente se torna imediatamente claro, como uma parte da estrada que se revela quando a neblina se dissipa. Para os quatro amigos, não havia dúvida sobre a causa à qual eles se dedicariam nos próximos três anos. Algumas semanas antes, June havia comprado um ciclômetro, um aparelhinho que você prende ao eixo de uma roda de bicicleta e que marca as milhas enquanto você pedala. Naquela noite, quando eles chegaram à área de camping na estrada nos arredores de Chocolate, June checou a leitura de seu ciclômetro, a contagem do total de milhas que ela viajara desde que adquirira o dispositivo. Dizia: *1776*. Todos entenderam aquilo como um bom presságio.

Quase dois anos depois, Greg e June Siple concluíram o Hemistour, chegando a Ushuaia, Argentina, em 25 de fevereiro de 1975. Eles haviam tirado cinco meses de folga no outono e inverno de 1973, mas tinham passado a maior parte de três anos na estrada. Para Dan e Lys Burden, o Hemistour terminara cedo, em Salina Cruz, na Costa Pacífico do México, cerca de 1.600 quilômetros ao sul de Chocolate. Dan contraíra hepatite ao voltar aos Estados Unidos para uma visita, e os Burden não voltaram para a estrada.

Mas o planejamento para o Bikecentennial seguiu em marcha alta. Os esforços promocionais haviam começado no estilo guerrilha, com uma série de anúncios classificados enigmáticos publicados em revistas de ciclismo. ("FORMIGAMENTO NOS OSSOS, Caleidoscópico, multidão em aventura de mar a mar, pedalando por estradas secundárias durante setenta dias — BIKECENTENNIAL 76.") Dan e Lys se instalaram em Missoula, onde estabeleceram um centro de operações em seu apartamento. Eles coletaram subvenções e doações — mil dólares aqui, 5 mil dólares ali — e conseguiram status de isenção de impostos. Cartazes foram impressos; folhetos foram distribuídos em lojas de bike. A notícia começou a se espalhar. Em Missoula, chegavam cartas em busca de mais informações e oferecendo apoio. (Alguns remetentes eram menos incentivadores: "Um Woodstock sobre rodas que será uma mácula destrutiva permanente no ciclismo. Minha única esperança é que vocês fracassem antes que isso comece.") Um amigo tinha um micro-ônibus da Volkswagen, e ele e June fizeram uma viagem pelo país, armados de mapas topográficos, para traçar uma rota de costa a costa ao longo de estradas secundárias.

Essa rota — a TransAmerica Bicycle Trail — levaria ciclistas por dez estados: Oregon, Idaho, Montana, Wyoming, Colorado, Kansas, Missouri, Illinois, Kentucky e Virgínia. O caminho passava por mais de duas dúzias de florestas e tocava em cinco cadeias de montanhas. Estendia-se por pradarias e áreas de deserto; abarcava centenas de cidadezinhas. Os participantes do Bikecentennial podiam optar por pedalar por todo o caminho ou parte dele, em uma direção ou outra, de oeste a leste ou no sentido inverso.

Em 1976, a ideia de viajar de bicicleta por 6.437 quilômetros, cruzando os Estados Unidos, pareceu à maioria das pessoas — incluindo, muito possivelmente, algumas que haviam se inscrito para fazer isso — uma coisa estranha, e talvez até tola, de se fazer. Mas antes da era automotiva, histórias de viagens épicas de bicicleta eram esteios da cultura popular americana. Uma pessoa comum não considerava a bicicleta um meio prático de viajar por longas distâncias. (Havia ferrovias e navios a vapor para esse tipo de coisa.) Uma viagem de bicicleta de longa distância era um empreendimento para indivíduos especiais, para aventureiros, atletas e outros em busca de glória. Era um meio de demonstrar sua força física e resistência, também sua personalidade — sua determinação e força espiritual. Era uma maneira de ser um herói.

Na era vitoriana, as proezas dos viajantes de bicicleta — em sua maioria, mas não exclusivamente, americanos e britânicos, e em sua maioria, mas não exclusivamente, homens — foram contadas em jornais, revistas e em alguns dos primeiros e mais populares livros de bicicleta. As corridas de bicicleta evoluíram para assumir a forma de grandes "tours": competições que cobriam longas distâncias, percorridas entre cidades, e que seguiam por caminhos que subiam e desciam montanhas altas. A mais famosa dessas corridas de longa distância, o Tour de France, foi criação de um jornal: um golpe de publicidade planejado para aumentar a circulação, inventado em 1903 pelo diário de esportes parisiense *L'Auto*. Empresários do jornal entenderam que a cobertura em série de grandes viagens sobre duas rodas era boa para os negócios.

A literatura de "expedições" de bicicleta tinha um lado inadequado. Nessas narrativas fanfarronas, a bicicleta era mostrada como uma força colonizadora e civilizadora, levando conhecimentos a cantos primitivos do planeta. O mais famoso livro de viagem de bicicleta, *Around the World on a Bicycle* (1887) — um relato do ciclista americano Thomas Stevens sobre sua viagem global numa penny-farthing —, é característico do claro racismo do gênero. Os "nativos" que Stevens encontra no interior indígena do oeste americano, no Oriente Médio e na Ásia são retratados como selvagens e bobalhões que recebem a bicicleta de Stevens com espanto, terror e incompreensão. No relato de Stevens, a bicicleta é um instrumento do império — um meio de chegar aos cantos "mais obscuros" e remotos do mundo — e uma justificação para isso: as pessoas que não podiam entender as bicicletas, cujas culturas não produziam bicicletas, mereciam ser subjugadas.

Mas havia outro lado no culto vitoriano às viagens de bike. Em romances, canções e na cultura popular, a viagem de bicicleta de longa distância era uma metáfora da felicidade conjugal. Fosse pedalando uma bike de dois selins ou seguindo lado a lado, cada qual em sua bike, os amantes viajavam num veículo que era — como no refrão de um famoso sucesso — "feito para dois". A bicicleta unia casais, selava seus laços de amor e os conduzia na maior de todas as longas e sinuosas viagens: a da estrada da vida, como marido e mulher.

O romance de viagem de bicicleta desvaneceu com a chegada do automóvel e do avião, modos de transporte capazes de levar as pessoas a distâncias muito maiores e em velocidades incomparavelmente mais altas. Mas na época que Greg Siple e seu pai estavam fazendo sua primeira viagem de ida e volta de 321 quilômetros, um ressurgimento das viagens de bicicleta — e um novo e imenso boom da bicicleta — estava ganhando força.

No fim dos anos 1950 e início dos 1960, um novo tipo de bicicleta, fabricado na Grã-Bretanha, caiu no gosto de adultos americanos que, durante anos, haviam desprezado as bikes como brinquedos de criança. Esses produtos britânicos importados eram diferentes dos mostrengos de pneu balão que haviam dominado o mercado americano durante décadas. Eram leves, equipados com câmbios de marcha e vinham em modelos com três, oito e dez marchas. Eram mais fáceis de conduzir e mais velozes, e atraíam adultos em busca de novas maneiras de se exercitar, num país cada vez mais consciente em relação à boa forma física.

As novas bikes estavam atraindo ciclistas de volta às estradas do interior e a espaços abertos. "Em locais de veraneio como a Flórida e a Carolina do Sul, adultos começaram a usar bicicletas de dez marchas em passeios de um dia e em férias de muitos dias", escreve a historiadora Margaret Guroff. As bikes eram promovidas em anúncios que mostravam casais atraentes, em boa forma física, pedalando em lugares bucólicos. Nos anos 1960 e início dos 1970, uma indústria de viagens de bicicleta americana surgiu para atender à crescente procura por aventuras rústicas sobre duas rodas.

Outros anúncios trouxeram de volta as imagens de bicicletas aéreas dos anos 1890. (Um anúncio da AMF Roadmaster, um popular modelo de dez marchas, exibia o slogan "Máquina Voadora".) Na verdade, a nova febre de bicicleta era bem maior do que o grande boom da virada do século. Um relatório do governo federal de 1972 constatou que havia agora 85 milhões de ciclistas no país, a metade de todos os americanos com idades entre sete e sessenta e nove anos. Alguns deles eram trabalhadores urbanos e universitários, que usavam a bicicleta diariamente. Um número maior era o de ciclistas recreativos que, em busca de boa forma física e aventuras, exercitavam-se de bicicleta ou a usavam para fugir de tudo isso. De todo modo, eles estavam comprando muitas bikes. Durante três anos seguidos — 1972, 1973 e 1974 —, foram vendidas mais bicicletas do que carros nos Estados Unidos.

A geopolítica teve um papel. Durante a Segunda Guerra Mundial, o racionamento de combustível estimulou o maior surto de ciclismo entre americanos em meio século; em 1973, o embargo de petróleo da Opep mais uma vez trouxe escassez de combustível e aumentos de preço, levando muitos americanos a buscar alternativas ao uso do carro. Mas um tipo diferente de política — uma mudança de consciência política — também estava em ação. Esse foi o período do crescimento da consciência ecológica, a era de *Primavera silenciosa*, de Rachel Carson (1962); do primeiro Dia da Terra (1970); e de uma legislação pioneira: a Lei do Ar Limpo de 1970, a Lei do Ar Limpo de 1972, a Lei das Espécies Ameaçadas de 1973. Americanos jovens, desiludidos pelo desastre da Guerra do Vietnã, estavam vendo com ceticismo as instituições de seu país, os padrões de consumo e o "modo de vida" vanglorioso. Os automóveis — que durante décadas haviam moldado a economia do país, construído um ambiente e uma mitologia — estavam sob ataque.

Para muitos, o carro já não era a máquina do sonho americano. Era o detestável leviatã das ruas, um poluidor e envenenador. (O termo "gas guzzler" ["beberrão de gasolina"] ganhou proeminência nesse período. No inverno de 1970, estudantes do San Jose State College fizeram durante uma semana o "Survival Faire", uma série de ações para chamar a atenção para questões ambientais. Em 20 de fevereiro, eles encenaram um ritual de enterro de um automóvel: juntaram dinheiro, compraram um Ford Maverick 1970 novo em folha e jogaram o carro num buraco de quase quatro metros de profundidade. Simulando uma seriedade lúgubre, realizaram ritos de sepultamento. "Enquanto os cidadãos locais observavam das calçadas", relatou o *San Francisco Chronicle*, "os estudantes marcharam num passo lento de funeral marcado pela banda que tocou uma seleção de canções de estilo fúnebre."

Enquanto isso, uma nova política de bicicleta estava surgindo. Em Amsterdã, a mensagem antiautomobilismo do movimento Provo foi adotada por cidadãos de classe média, que estavam aflitos com o número de mortes no trânsito em bairros residenciais. Eles encheram as ruas em protesto, exigindo uma cidade mais segura, mais favorável às bicicletas e mais sustentável. Ativistas da bicicleta estavam se impondo também na América do Norte. Em 1971, em Los Angeles, 15 mil ciclistas participaram do passeio "Pollution Solution", organizado pelo grupo Concerned Bicycle Riders for the Environment. Em meados dos anos 1970, em Montreal, o Le Monde à Bicyclette, uma associação de anarquistas e artistas semelhante ao Provo, começou a realizar eventos de ação direta que chamavam a atenção para os danos da cultura automobilística e promoviam a "tendência poética velo-rucionária".

Foi nessa atmosfera de mudança de valores e desafeição geracional que a literatura promocional começou a circular em cinquenta estados, apregoando "o maior evento de viagem de bicicleta da história do mundo". "Que 1976 seja o ano para trazer diante dos Estados Unidos sua necessidade de celebrar e manter vivas as florestas, fazendas, povos e companheirismo dos Estados Unidos rurais", dizia um dos primeiros folhetos do Bikecentennial. Era uma novidade o Bikecentennial, mas sua tendência não era exatamente velo-rucionária. O evento buscava um acerto entre o patriotismo antiquado e a contracultura pós-anos 1960. Dava um toque vagamente hippie à arquetípica jornada americana para a fronteira; era uma viagem burocratizada De Volta à Terra. Era uma coisa clássica e uma coisa nova em folha.

Bill: Havia algumas pessoas na viagem que eu suponho que você poderia chamar de hippies. Mas a atmosfera não era realmente política.
Barb: O Bikecentennial tinha um sentimento único. Era um estado de espírito muito particular daquela época.
Bill: Eu me achava um cara certinho. Eu tinha barba e cabelo comprido — comprido para mim, pelo menos. Mas acho que eu era meio conservador. Não politicamente conservador. Só meio careta. A maioria das pessoas do nosso grupo do Bikecentennial era assim. Eram apenas pessoas que queriam pedalar de costa a costa.

Quatro mil e sessenta e cinco ciclistas participaram do Bikecentennial. Cerca de dois mil percorreram toda a TransAm Trail; outros haviam se inscrito para viagens mais curtas; ou saíram antes de completar a viagem. A maioria era branca e de classe média. Havia apenas quatro negros. Aproximadamente três quartos tinham entre dezessete e trinta e cinco anos, mas havia muitos já aposentados e algumas crianças.

A pessoa mais velha a completar o percurso cruzando o país tinha sessenta e sete anos, a mais jovem, nove. Ciclistas de todos os cinquenta estados participaram. Havia 329 representando outros catorze países, incluindo Holanda, França, Alemanha, Japão e Nova Zelândia. Numa pesquisa de opinião realizada depois do verão do Bikecentennial, a maioria dos ciclistas disse que o aspecto mais agradável da experiência foi "ver a América rural de perto".

Bill: O Bikecentennial levava você para a natureza e para cidadezinhas. Era um aprendizado. Você aprendia muito sobre a beleza da terra. Você conhecia muita gente.
Barb: Era uma visão e tanto quando um bando de ciclistas chegava à sua cidade.
Bill: As pessoas vinham correndo nos dizer que podíamos dormir em suas fazendas. Elas nos levavam para tomar sorvete, nos convidavam para nadar nos lagos de suas propriedades, nos convidavam para usar seus telefones para ligar para casa.

Para os ciclistas do Bikecentennial, cada dia trazia encontros inesperados, visões surpreendentes, aventuras e desventuras. Os dias podiam ser longos e quentes. (De vez em quando, eram longos e frios.) Mas invariavelmente havia prazeres na estrada e recompensas à espera no fim do dia: um mergulho numa piscina municipal, um refrigerante de máquina numa cidadezinha, uma oferta local de um prato de biscoitos caseiros. Nos Bike Inns e nas áreas de acampamento, eles jogavam cartas e xadrez. Bridget O'Connell, uma jovem de dezenove anos que iniciou a viagem como ciclista independente, mas foi "induzida" para um Grupo Camping, fazia apresentações de flauta para seus companheiros toda noite. Alguns ciclistas do Bike Inn passaram a conhecer cada cena do filme promocional *Bike Back into America*, que era exibido e reexibido, já que com frequência não havia outras opções de entretenimento. O público vaiava e assoviava quando estradas mal pavimentadas apareciam na tela.

Os ciclistas faziam amizade rapidamente. Havia personagens inesquecíveis entre eles. Wilma Ramsay, de quarenta e nove anos, proprietária de uma hospedaria de beira de estrada em Buchan, Austrália, pedalou quase toda a TransAm Trail com uma saia na altura do joelho, cinta, meia-calça e sapatos de salto. Estava acompanhada de seu irmão mais velho, Albert Schultz, prospector e mecânico de Alice Springs, Austrália. Ele tinha uma barba de patriarca bíblico e pedalava com botas de trabalho pesadas. Fumava um cachimbo; com frequência, enquanto pedalava. Carregava um taco de madeira para afastar cachorros e uma garrafa de álcool de cereais Everclear, que ele acrescentava ao chá que fazia toda noite em sua "frigideira chaleira", ou panela. Antes do Bikecentennial, os dois irmãos não se viam havia vinte e cinco anos. Wilma o convidou para a viagem para que pudessem se reaproximar.

    Todos os ciclistas viveram triunfos e reveses. Suportaram ventos contrários, queimaduras de sol e feridas causadas pelo selim. Raios de rodas quebraram. Pneus furavam o tempo todo. Houve calamidades relacionadas à comida e ao clima. Um Grupo Camping comeu comida chinesa num restaurante de uma cidadezinha no Kentucky e metade foi parar num hospital local com um dispositivo intravenoso no braço. Ciclistas foram surpreendidos por tempestades e, algumas vezes, por tempestades de neve. Em 13 de junho, quando uma nevasca incomum atingiu partes do Wyoming e o norte do Colorado, vários ciclistas do Bikecentennial se viram pedalando por uma passagem montanhosa em meio a quarenta centímetros de neve.

    Muitos ciclistas nunca haviam dormido ao ar livre e aprenderam a identificar os melhores lugares: em perfumadas florestas de pinheiros, junto a riachos murmurantes, em milharais onde o som do vento acalentava o sono. Eles passaram a noite em tendas indígenas em Idaho e em alpendres no Kentucky. Quando o tempo fechava, refugiavam-se onde podiam: bancos de igrejas, casas abandonadas, cavernas. Os membros de um Grupo Camping encontraram abrigo para uma noite chuvosa em um chiqueiro, dormindo entre grunhidos de porcos.

    Eles se depararam com animais silvestres, embora nem sempre vivos. Um dia, Lloyd Sumner, líder de um Camping Group, viu um tetraz-da-pradaria ser abatido por um carro que passava. Sumner recolheu o animal morto e o carregou para o acampamento daquela noite. Ele o depenou, limpou, assou-o numa fogueira e o comeu no jantar.

Ciclistas passaram por cobras, filhotes de urso, rebanhos de gado. Numa estrada no oeste de Kansas, desviaram-se de tartarugas que estavam seguindo lentamente para o outro lado.

Para muitos ciclistas, o tempo parecia se dissolver enquanto o mundo real, o mundo fora da TransAm Trail, tornava-se cada vez mais distante e difuso. Eles estavam no tempo da bicicleta. Estavam se movendo rápido, percorrendo em média oitenta quilômetros por dia. Mas estavam se movendo lentamente, como fazem as bikes: lentamente o bastante para notarem uma flor curvando-se ao vento na beira da estrada e a abelha pairando sobre essa flor que balançava. Às vezes, seguiam realmente lentos, quando a estrada se verticalizava.

Barb: Minhas lembranças mais vivas são as montanhas.
Bill: Nós subimos algumas colinas difíceis. Passamos pelo Hoosier Pass, a mais ou menos 3.500 metros de altura. Havia momentos em que você achava que não conseguiria.

A subida mais famosa da TransAm Trail ficava no condado de Rockbridge, Virgínia. Quatro semanas antes de chegarem, os ciclistas haviam ouvido histórias assustadoras sobre o monte dos Apalaches que parecia se erguer em linha reta. Seu apelido era Vesúvio.

Bill: Havia uma cidade na base desse monte chamado Vesuvius, então nós o chamamos de Vesúvio. Era brutal.
Barb: Não sei qual seria o grau dessa montanha, mas se você me dissesse que era 8 ou 9%, eu acreditaria em você. Era só zigue-zague, zigue-zague, zigue-zague.
Bill: Levava pelo menos uma hora, esforço máximo. Não poderíamos estar indo mais rápido do que cinco quilômetros por hora.
Barb: Você não podia fazer nada além de pensar: "Gire os pedais, gire de novo. Só mais uma pedalada."
Bill: Os caras que eram ciclistas rápidos chegavam lá primeiro e saíam para a Blue Ridge Parkway, onde havia uma vista incrível do Vale do Shenandoah. Toda vez que mais um ciclista chegava ao topo, havia enormes aplausos.

Agosto deu lugar a setembro. Os grupos de Bill e Barb estavam se aproximando do ponto final da viagem, Yorktown, Virgínia.

Barb: É claro que eu estava ansiosa para chegar ao objetivo. Mas não queria que terminasse. Você tinha aquele sentimento de "Como vou voltar à vida real?".
Bill: Um dia, perto do fim da viagem, eu estava numa lojinha do interior com outros dois líderes de grupos. Estávamos do lado de fora da loja, e Barb passou pedalando rápido. Eu disse em voz alta: "Acho que estou apaixonado."

Os grupos de Bill e Barb chegaram a Yorktown na tarde de 6 de setembro de 1976. Eles marcaram a ocasião mergulhando suas rodas no oceano Atlântico. Naquela noite, um grupo de ciclistas, incluindo Bill e Barb, pedalou uns vinte quilômetros para o interior, até Williamsburg, onde comemorou com filé no jantar.

Bill: Era um lugar chamado Peddler. Eles tinham uns assados grandes. O garçom punha a faca no assado e dizia: "Qual a espessura que você quer?" Eles cortavam e pesavam. Havia, eu acho, catorze pessoas no jantar. A conta deu menos de cem dólares. Essa era a época.

Depois do jantar, os ciclistas ficaram por ali bebendo e dançando. Em algum momento, tarde da noite, Barb chamou Bill para acompanhá-la à pista de dança.

Barb: Não era o meu estilo. Não sou o tipo de pessoa que chama um homem para dançar. Mas por algum motivo pareceu a coisa certa a fazer.
Bill: Era uma dança lenta. Foi realmente bom.

E então acabou.

Bill: Foi muito abrupto. Desorientador. Você passa todo aquele tempo com aquelas pessoas, faz aquela viagem incrível. E de repente todos se dispersam. No dia seguinte, alguns foram de bicicleta para Washington. Outros pegaram um avião para casa. Havia alguns holandeses no nosso grupo, e eu me lembro que eles tinham que pegar um ônibus cedo para o aeroporto para voar de volta à Holanda. Eu não sabia o que fazer, então fui para o Colorado. Voltei a ser rato de esqui.

Bill arrumou um emprego numa loja de aluguel de esqui num lugar de férias perto de Dillon, Colorado. Naquele Natal, ele enviou cartões para todos de seu Grupo Camping e para algumas pessoas do Grupo Bike Inn de Barb.

Barb: A verdade é que eu estava atrapalhada.

Havia alguns anos, Barb tinha um relacionamento com um oficial da Guarda Costeira. Originalmente, ela planejara ficar na Costa Leste depois do passeio do Bikecentennial, para ficar com ele.

Barb: Depois da viagem de bicicleta, eu era uma pessoa diferente. Eu acabara de viver a maior aventura da minha vida. Percebi que meu relacionamento não era o que deveria ser. Faltava alguma coisa.

Barb voltou para sua cidade, Roseburg. Mas se sentia inquieta, e depois de alguns meses voltou para o Havaí e para seu trabalho como enfermeira.

Barb: E então eu recebi a carta.

Bill enviara um cartão de Natal para o endereço de Barb em Roseburg. A mãe de Barb o remeteu para a filha no Havaí.

Barb: Eu me lembro que estava sentada na biblioteca Kapi'olani, em Honolulu. Eu soube na hora que minha vida havia mudado. Era apenas uma carta simples, amigável. Mas me bateu como um raio.

Bill e Barb começaram a se corresponder e a falar ao telefone. Quando a temporada de esqui terminou, na primavera de 1977, Bill foi a Dallas, onde seus pais estavam morando. Enquanto estava ali, candidatou-se a um emprego de comissário de bordo na Braniff International Airways.

Bill: Eu comecei a trabalhar na Braniff em maio de 1977. Veja só, tivemos um voo de treinamento sobre Honolulu, com uma parada rápida de duas horas. Barb e eu combinamos de nos encontrar no aeroporto.

Mas, quando Bill desembarcou, não conseguiu encontrar Barb em lugar nenhum.

Bill: Fui a um telefone público e liguei para o apartamento dela. Ninguém em casa. Fiquei meio que em estado de choque. Então andei pelo aeroporto de Honolulu durante algum tempo e fui beber alguma coisa com meus colegas comissários de bordo. Voltei para o portão uns quinze minutos antes da hora em que deveríamos partir. Olhei e lá estava Barb.

De algum modo, os dois amigos haviam se desencontrado. Barb passara mais de uma hora vagando pelo terminal, à procura de Bill.

Bill: Nós nos falamos durante alguns minutos e eu tive que ir. Ela me deu um grande abraço. Foi só isso — ela me conquistara.

Eles escreveram muitas cartas. Às vezes, Barb redigia às pressas um bilhete durante intervalos no trabalho, em papel timbrado com "Queen's Medical Center Patient Progress Notes". Bill respondia em papel de carta do hotel Ramada Inn, em Kansas City, ou do Dunfey's Royal Coach Motor Inn, em Dallas. Eles discutiam livros que liam: *Em busca de Watership Down*, *Sobre a morte e o morrer*, *O jogo interior do tênis*. Escreviam sobre ciclismo, sobre seus colegas de quarto, sobre seus trabalhos. Escreviam com frequência sobre Deus e religião. Às vezes, questões mais esotéricas eram consideradas. Em uma carta, no verão de 1977, Bill mencionou uma reportagem de capa da *Newsweek* que havia lido sobre vida em outros planetas: "Nós emitimos uma mensagem para um agrupamento de estrelas que se estima estar a 24 mil anos-luz daqui. Podemos esperar uma resposta em 48 mil anos-luz — *se* houver vida lá. O autor propõe o seguinte: 'Civilizações mais antigas, girando em torno de estrelas de segunda ou terceira geração, possuiriam tecnologias tão avançadas que para olhos na Terra pareceriam indistinguíveis de mágica'... O que você acha disso, Barb?"

Naquele outono, Bill visitou Barb algumas vezes, sempre por alguns dias. Eles se falavam ao telefone sempre que podiam. Em dezembro, Bill foi a Honolulu para uma permanência mais longa.

Bill: Eu trabalhava na Braniff havia seis meses, o que significava que ganhara uma semana de férias e privilégios plenos de passagem aérea. Voei para o Havaí e passei uma semana com Barb.
Barb: Dezesseis de dezembro foi o dia em que Bill me pediu em casamento.
Bill: Foi na véspera de minha partida. Saímos para jantar naquela noite. Eu esperara até o dia 16 porque é o meu aniversário. Esperava que, se fizesse o pedido no meu aniversário, ela ficasse com pena de mim e dissesse sim.
Barb: Eu acabara de tomar banho. Estava com um roupão velho. Estava com uma toalha na cabeça. Bill se ajoelhou e tudo mais. Que cena. Eu lhe disse: "Sabe, se você não tivesse feito o pedido, eu teria feito."

Bill e Barb se casaram em 17 de junho de 1978, quase exatamente dois anos depois do dia em que se cruzaram pela primeira vez, no ponto de partida do Bikecentennial, em Reedsport. Foi um casamento pequeno, realizado na casa dos pais de Barb, em Roseburg.

Barb: O pastor da igreja da minha infância celebrou a cerimônia, ali no quintal.
Bill: Havia talvez trinta e cinco convidados.
Barb: Isso foi antes da época dos casamentos luxuosos. Havia algumas saladas. E um bolo, é claro.

Bill: Havia meio barril de cerveja.
Barb: Minha melhor amiga da infância tocou auto-harpa e cantou "Whither Thou Goest". Vizinhos nossos a algumas quadras de distância foram sem ser convidados, Homer e Betty Oft. Que sobrenome apropriado.° Era um casal excêntrico — eles eram meio esquisitos.
Bill: O tempo estava perfeito. Foi um ótimo casamento.
Barb: Foi um ótimo casamento.

Eles se mudaram para Dallas, onde Barb encontrou um emprego como enfermeira e Bill continuou a trabalhar como comissário de bordo. Não eram ricos, mas tinham do que precisavam. Eram felizes. Eram o tipo de casal cuja alegria inspira admiração e talvez um pouco de ressentimento entre amigos e membros da família cujos relacionamentos são mais complicados. Eles pareciam não brigar nunca. Desentendimentos, pequenas discussões domésticas, eram sempre resolvidos logo e sem levantar vozes. Barb deu à luz um filho, Erik, em 1980.

Houve estresses — épocas em que o dinheiro ficou apertado. Em 12 de maio de 1982, Bill estava sentado num avião que estava na pista do Aeroporto Internacional Dallas/Fort Worth, à espera do quarto voo naquele dia.

Bill: Eu voara para Washington naquela manhã, depois para Memphis, depois de volta a Dallas. Deveríamos fazer uma pausa em Kansas City. Havia grandes temporais com trovões na área, e os voos em Dallas começaram a ser cancelados. E então, de repente, todos os voos foram cancelados.

A Braniff International Airways havia entrado com um pedido de falência.

Bill: Estávamos no avião, no portão, com uma carga completa de passageiros que não sabiam de nada. A Braniff acabara de morrer, mas não havíamos sido oficialmente informados. Não me lembro da sequência

---

° Oft significa "frequentemente". (N. do T.)

de eventos, mas de algum modo o que estava acontecendo se tornou aparente. Os passageiros deixaram o avião. Eu deixei o avião por uma escada traseira, que saía na pista. Evitei o terminal e fui andando até meu carro. Tive que voltar para casa e contar a Barb, que estava grávida de sete meses.

Em junho, Barb deu à luz uma menina, Kelly.

Bill: Foi uma época assustadora para nós. Houve um momento em que estávamos com nossos últimos 200 dólares. Eu me mexi e abri um pequeno negócio. Cuidava de gramados e jardins no verão. Eu tinha um negócio de limpeza de chaminés nos meses mais frios. Fiz isso durante dez anos. Logo depois que Kelly nasceu, Barb continuou sua carreira em enfermagem. Nós conseguimos.

Os Samsoe gostavam de Dallas. Moravam numa casinha no limite nordeste da cidade. As crianças eram felizes e tinham uma vida plena, com bons amigos. Bill e Barb gostavam da diversidade racial e étnica de Dallas. Erik e Kelly frequentavam escolas públicas onde crianças brancas eram minoria. Seus colegas de sala eram filhos de imigrantes da América Latina e do Sudeste Asiático. Os Samsoe gostavam de comer em restaurantes mexicanos e apreciavam a riqueza cultural da vida na cidade grande. Mas Bill e Barb sentiam falta da natureza, e desejavam um dia a dia diferente.

Barb: Nós queríamos que nossos filhos tivessem um modo de vida rural. Queríamos que eles estivessem ao ar livre na natureza, onde pudessem plantar, caminhar e passear de caiaque. Já aos dez anos, nossa filha estava começando a dizer coisas como "Eu quero as melhores roupas, mamãe". É claro que não podíamos dar a ela as melhores roupas. Não tínhamos esse dinheiro. Também sentíamos falta das montanhas. Eu sentia uma falta desesperada das montanhas.

Bill e Barb tinham amigos que moravam no condado de Ravalli, no sudoeste de Montana. Os Samsoe souberam que um terreno de mais de cinco hectares estava à venda perto de onde seus amigos viviam, num vale cinematográfico, cercado de floresta, que se estendia até as sombras das montanhas Bitterroot. Eles fizeram uma viagem para ver a propriedade.

Bill: Era o auge do inverno. Havia neve sobre o chão. Muito austero, sem nada. Mas tão bonito.

A família se mudou para Montana em 1992. Moraram em Missoula, com a irmã de Bill, Marge, durante nove meses enquanto a casa era construída. É uma casa de madeira de dois andares, com laterais de cedro e deque nos dois lados.

Barb: A casa ocupa pouco menos de um hectare. Deixamos para os animais os outros 4,8 hectares.

A casa dos Samsoe fica a cerca de quinhentos metros de uma curva do rio Bitterroot, no que já foi o território do povo Salish Bitterroot, ou Cabeça-Chata. A expedição de Lewis e Clark passou pela curva do rio em 9 de setembro de 1805, e Meriwether Lewis fez uma anotação em seu diário: "Um curso d'água simpático com cerca de noventa metros de largura que fornece uma quantidade considerável de água muito clara." Há lontras no rio e espécies variadas de truta. A terra em torno é território de cervos, alces, ursos-negros e pumas. Águias-de-cabeça--branca passam no alto. Abutres se empoleiram em árvores, e quando um animal morre, descem para fazer seu trabalho, pegando os restos mortais sem deixar nada para trás, nem mesmo um osso. Nesse lugar selvagem, Bill e Barb encontraram a vida que queriam. Mas os primeiros anos em Montana impuseram desafios.

Barb: Deixamos tudo para trás quando nos mudamos. Quando chegamos aqui, não tínhamos conseguido trabalho. Como enfermeira, pude encontrar um emprego bem rapidamente. Mas Bill ficou sem trabalho durante alguns anos. Isso foi um teste para nós.
Bill: Trabalhei numa estação de rádio por um breve período. Trabalhei quase um ano tentando abrir um negócio, mas não aconteceu. Terminei

com duas possibilidades. Eu poderia trabalhar numa pequena empresa de energia solar ou numa academia esportiva. Acabei na academia esportiva. Fiquei dez anos ali. Até que consegui um emprego como diretor para associados na Câmara do Comércio de Missoula. Isso me caiu como uma luva.

Para Bill e Barb, às vezes parece que o tempo voou, décadas passaram num piscar de olhos. Ao longo dos anos, eles plantaram mais de setenta árvores na propriedade, e viram essas árvores crescerem. Eles criaram seus filhos e os viram casar e ter seus próprios filhos. No início dos anos 2000, pouco antes de Kelly se casar, sua tia Marge a puxou para o lado para uma conversa particular. Marge queria se certificar de que Kelly tinha expectativas realistas. Será que ela entendia que o casamento era difícil, que a maioria dos casamentos não eram tão bons quanto os dos pais, que a maioria dos casais não combinava tão bem?

Bill e Barb viajam tanto quanto podem e passam todo o tempo possível ao ar livre, nadando, passeando de caiaque, caminhando e explorando a natureza. E andando de bicicleta. Quando moravam em Dallas, eles participaram de um passeio de bike anual de 1.600 quilômetros em Wichita Falls, Texas, chamado Hotter'N Hell Hundred. Durante anos, Bill competiu em triatlos, percorrendo milhares de quilômetros sobre o selim.

Em 2018, para comemorar o quadragésimo aniversário de casamento, Bill e Barb decidiram atravessar o país de bicicleta de novo.

Barb: Parecia a maneira perfeita de marcar a ocasião.

Teoricamente, foi menos árduo do que o Bikecentennial: uma viagem de cinquenta e nove dias pela rota "Southern Tier", de San Diego a Saint Augustine, Flórida. A viagem foi realizada pela Adventure Cycling Association, uma organização de 50 mil membros, cofundada por Greg e June Siple e Dan e Lys Burden, e oriunda do Bikecentennial. A Southern Tier cobria quase 5 mil quilômetros, alguns milhares de quilômetros a menos que a rota de 1976. Quarenta e dois anos antes, Bill e Barb haviam levado seus equipamentos; dessa vez, uma van de apoio com um trailer rebocou a bagagem dos ciclistas de um ponto a outro. Embora eles tenham passado a maioria das noites em áreas de camping, houve alguns pernoites em hotéis — acomodações bem mais confortáveis que as dos Bike Inns no verão do Bicentenário. Mas agora os Samsoe tinham mais de sessenta anos.

Barb: Você fica bem exausto quando está passando por montanhas no Oeste. Eu realmente quis desistir. Havíamos comprado um seguro caso alguma lesão ocorresse. Comecei a pensar: "Se eu cair e quebrar uma clavícula, podemos usar o seguro e a viagem pode acabar." E então, depois de duas semanas na estrada, eu engrenei: "Ah, eu consigo."

No caminho da Southern Tier, as vistas e os sons eram diferentes daqueles do Bikecentennial. A rota passava pelo deserto do Arizona, pelo interior montanhoso do Texas, pelos canais da Louisiana. Assim como em 1976, a rota passava em grande parte por estradas secundárias que levavam a cidadezinhas. Mas a atmosfera dessa vez era diferente.

Barb: Agora os Estados Unidos têm um lado feio. E é claro que se vê isso na estrada.
Bill: Vimos muitas placas de Trump. "Make America Great Again."
Barb: Não me orgulho disso, mas tiro conclusões precipitadas quando vejo uma placa de Trump no gramado de alguém. Suponho que as pessoas ou são muito estúpidas ou muito odiosas. Talvez as duas coisas.
Bill: Em 1976 você sentia orgulho de verdade. Foi um ano patriótico. O chamado patriotismo que as pessoas expressam hoje — para mim, não é nem um pouco patriotismo. Nesse momento, jamais poríamos uma bandeira americana do lado de fora de nossa casa. É um símbolo que foi tomado por elementos deste país aos quais não queremos ser associados.
Barb: Aqui em Montana, você vê caminhonetes com suporte para armas e exibindo duas bandeiras americanas. E elas têm um adesivo de Trump no para-choque. Bill ainda anda de bicicleta por aqui às vezes, e ele teve algumas experiências ruins na estrada com caminhonetes grandes.

Bill: Quando elas passam, sopram uma nuvem de fumaça de escapamento na sua cara. Ouvi falar que elas têm um botão especial que ativa isso. Não sei se isso é verdade, mas é óbvio que fazem isso de propósito.
Barb: Sei que há bondade neste país. Em muitas pessoas. Para mim essa é a face verdadeira dos Estados Unidos. Mas é difícil vê-la agora. Esses são os Estados Unidos que precisam voltar.

Bill e Barb não são o único casal que se conheceu no Bikecentennial em 1976. Houve vários casamentos do Bikecentennial. Houve vários casos breves.

Bill: Sei que houve algumas relações temporárias. Algumas transas, aqui e ali.
Barb: Você não tinha a menor ideia na época.
Bill: É verdade. Muito depois eu descobri que dois membros do meu grupo transaram. Eles estavam juntos durante todo o caminho que cruzou o país. Acho que de vez em quando davam uma escapada. Eles tentaram continuar depois da viagem.
Barb: Não durou muito.
Bill: Acho que durou uma semana.

Um dia, em julho de 1976, o Grupo Bike Inn de Barb fez uma viagem de 120 quilômetros de Missoula a Darby, Montana. Barb já percorrera aproximadamente um terço do caminho naquele dia, pedalando com Les Babbe, como fazia com frequência, quando as duas amigas pararam para admirar uma vista espetacular. Elas estavam na Eastside Highway, uma estrada de duas pistas que oferecia um ponto de observação elevado da paisagem. A oeste havia uma imagem de cartão-postal de montanhas e vale.

Barb: Eu me lembro de parar no alto do morro, olhar e pensar: "Uau, isso é bonito." É onde moramos agora.

A casa dos Samsoe fica a apenas alguns passos da Eastside Highway. Barb encostara sua bicicleta junto à estrada, a um pulo do local onde, anos depois, ela e Bill construiriam sua casa.

Em anos recentes, eles passaram mais tempo em casa do que o habitual, por causa da Covid. No primeiro ano da pandemia, quase nunca saíam de sua propriedade. Erik e a esposa moram a 37 quilômetros, em Missoula; Kelly, o marido e os dois filhos moram a 9 quilômetros, indo pela estrada. A mãe de Barb mora em Missoula também. Mas, durante aqueles longos meses da pandemia, Barb e Bill se acostumaram a visitar os entes queridos pelo Zoom.

Barb: Nós não queríamos ver ninguém. Ficamos focados em tentar manter a nossa segurança e a de nossos entes queridos. Temos sorte, porque gostamos da companhia um do outro. Jogávamos jogos de tabuleiro. Bill lia.
Bill: Meu pai costumava dizer: "Eu acordo sem nada para fazer de manhã e quando vou dormir não terminei a metade."
Barb: Podemos andar bastante numa bela caminhada sem sair do nosso terreno.
Bill: Você nunca se cansa da paisagem aqui.
Barb: Parece cafona, mas o pôr do sol é o melhor.
Bill: É incrível ver o sol descer sobre as montanhas. Ver a última luz chegar às nuvens e formar tons lindos de vermelho e rosa. Vimos muita coisa deste país, e tenho certeza de que não há outro lugar onde eu preferiria ter uma casa.

A casa é bem ocupada.

Bill: É uma casa cheia de amor. Cheia de tralha também.

Em muitas casas americanas, os restos da vida — seja lixo ou tesouro — dão um jeito de chegar à garagem. Na garagem dos Samsoe, há galões de gasolina e material de jardinagem, ferramentas e lonas, sacos de fertilizante e de carvão. Pregados na parede dos fundos, há um saco de aniagem da empresa de café Pakalolo — lembrança dos anos de

Barb no Havaí — e um grande mapa dos Estados Unidos. Também há um pôster do Pink Floyd na parede, e um pôster do Led Zeppelin com a letra de "Stairway to Heaven" ("And as we wind on down the road / Our shadows taller than our soul..."°). O velho capacete de bicicleta branco de Bill, aquele que chamou a atenção de Barb naquele dia em Reedsport, está pendurado num gancho ali por perto.

Também há bicicletas na garagem — nove ao todo, suspensas por ganchos no teto. Há três mountain bikes e duas bicicletas de triatlo de Bill. (Bill as chama de "Vai Rápido" e "Vai Mais Rápido".) Há um par de bicicletas de viagem Fuji, dele e dela, que os Samsoe compraram para a viagem da Southern Tier no quadragésimo aniversário do casamento. Cada uma delas custou 725 dólares.

Bill: Era mais ou menos o preço da bicicleta mais cara do mercado na época do Bikecentennial. Hoje em dia, você pode gastar milhares de dólares numa bike.

Há mais duas bikes penduradas no teto da garagem: uma Fuji S10-S amarela e uma Sekai 2500 preta. São as bicicletas em que Bill Samsoe e Barb Brushe cruzaram os Estados Unidos no verão de 1976.

Bill: Nenhum de nós anda nessas bicicletas há muitos anos. Eu usei a minha em triatlos durante algum tempo, mas não é uma bicicleta de triatlo. É uma bicicleta de viagem.
Barb: Provavelmente nunca mais as usaremos, mas acha que nunca iremos nos desfazer delas.
Bill: São peças de museu, sabe? Mas aposto que, com um pouco de esforço, ficariam boas para usar. Dizem que, quando você cuida bem, uma bicicleta dura cem anos.

° "E enquanto seguimos pela estrada / Nossas sombras mais altas que nossa alma..." (N. do T.)

12

ANIMAL DE CARGA

Riquixás nas ruas engarrafadas de Daca, Bangladesh, 2007.

Eu estava em Daca, o que quer dizer que estava preso no trânsito. A proposição poderia ser mais precisamente formulada no sentido inverso: eu estava preso no trânsito, portanto, estava em Daca. Se você passa algum tempo na capital de Bangladesh, começa a olhar a palavra "trânsito" de outra forma e a rever sua definição. Em outras cidades, há veículos e pedestres nas ruas; de vez em quando, as ruas ficam engarrafadas e o avanço é impedido. A situação em Daca é diferente. O trânsito em Daca é trânsito ao extremo, um estado de caos tão generalizado e permanente que se tornou um princípio organizador. É o clima da cidade, uma tempestade que nunca passa.

Os moradores de Daca lhe dirão que o resto do mundo não sabe o que é trânsito, que o pior congestionamento em Mumbai ou Cairo ou Lagos ou Los Angeles equivale a um bom dia para os motoristas de Daca. Há dados que sustentam essa alegação. No Global Liveability Index, um relatório sobre qualidade de vida emitido anualmente pela Economist Intelligence Unit, Daca rotineiramente se situa em último lugar, ou quase lá, entre cento e quarenta cidades. A classificação de sua infraestrutura foi a pior na pesquisa durante dez anos consecutivos.

Daca tem quase vinte e dois milhões de pessoas. Mas faltam quase completamente os confortos e o estado de direito que tornam as grandes cidades circuláveis. Apenas 7% da área da cidade é coberta por ruas. (Em lugares como Paris e Barcelona, modelos de planejamento do século XIX, a proporção é de 30%.) Há muito poucas calçadas, e as que existem com frequência são intransitáveis, ocupadas por vendedores e massas de cidadãos pobres que montam seus barracos ali. Os pedestres são obrigados a andar nas ruas junto aos veículos, exacerbando a congestão. Daca tem apenas sessenta sinais de trânsito, e são mais ou menos ornamentais — poucos motoristas prestam atenção neles. As interseções são controladas por guardas de trânsito, que gesticulam com indiferença, como dançarinos fazendo movimentos desordenados de hand-jive.

Fundamentalmente, trânsito é um problema de densidade: é o que acontece quando gente demais tenta passar por um lugar pequeno demais. E densidade é o grande problema de Bangladesh. O país é o décimo segundo mais densamente povoado do planeta, mas, com um número de cidadãos estimado em 164 milhões, é de longe o mais populoso dos que estão no topo da lista. (Os lugares com classificação mais alta em densidade são cidades-Estados afluentes e nações ilhas: Macau, Mônaco, Cingapura, Barém, Gibraltar, Hong Kong, Cidade do Vaticano etc.) Para explicar a situação em termos diferentes, a massa de terra de Bangladesh tem 1/118 do tamanho da Rússia, mas sua população excede a da Rússia em mais de 20 milhões.

O problema de densidade de Bangladesh é ampliado em Daca — em parte, porque, em termos práticos, Daca é Bangladesh. Quase todo o governo do país, os negócios, a assistência médica, as instituições educacionais e a maioria dos empregos estão concentrados em Daca.

Forças globais e geopolíticas maiores também têm sua culpa. A erosão causada pela elevação do nível do mar está devastando o litoral de Bangladesh e o delta do rio Ganges, direcionando um êxodo de habitantes rurais para favelas de Daca. O fato de Bangladesh emitir apenas 0,3% dos gases do efeito estufa que estão causando a mudança climática é motivo de discussão acadêmica. As nações mais responsáveis, como os Estados Unidos e a China, demonstraram pouco interesse por uma das maiores crises de refugiados do clima no mundo. A cada ano, 400 mil migrantes chegam a Daca — uma corrente contínua de humanidade fluindo para a capital já inundada.

Esses novos moradores de Daca se veem numa cidade de contradições e extremos. A vitalidade de Daca — seu próspero setor manufatureiro, a crescente classe média, a animada cena cultural e intelectual — é contrabalançada por sofrimento e desgoverno: pobreza, poluição, doenças, crimes, violência, corrupção, incompetência municipal e, no nível da política nacional, uma batalha de soma zero entre a governante Liga Awami e o opositor Partido Nacionalista de Bangladesh (PNB), uma rivalidade, afirmam comentaristas, que tem forçado os eleitores bengaleses a escolher entre o autoritarismo e o extremismo. A cidade está sofrendo os efeitos da mudança climática e enfraquecendo. Um estudo de 2021, de pesquisadores americanos, publicado na *Proceedings of the National Academy of Sciences,* determinou que Daca é a cidade do mundo mais afetada pela "exposição ao calor extremo da mudança climática e do efeito ilha de calor urbano".

Mas foi o trânsito que selou a reputação de Daca como símbolo da disfunção urbana do século XXI. O trânsito a tornou um lugar surreal, uma cidade que é tanto frenética quanto paralisada, e alterou os ritmos da vida diária. Em 2015, um jornal de Daca publicou um artigo intitulado "Cinco coisas para fazer enquanto se está preso no trânsito". As atividades sugeridas incluíam "falar com amigos", ler e manter um diário.

Meu diário começa na Dhaka-Mymensingh Highway, que corre ao sul do Aeroporto Internacional Hazrat Shahjalal e vai até o centro da cidade. Se você fizer uma pesquisa na internet sobre essa estrada, pode ser que se depare com uma página do Facebook intitulada "Highway to

Hell, Airport Road".° Fotografias postadas on-line revelam a natureza do inferno, registros aéreos que mostram um amontoado de automóveis dispostos em ângulos estranhos nas oito pistas da estrada.

Essas imagens haviam me preparado para o pior. Mas no voo para Daca me disseram que o trânsito na cidade estaria excepcionalmente leve. Havia semanas, Bangladesh estava vivendo uma *hartal* — greve geral nacional e "bloqueio do transporte". A *hartal*, convocada pelo PNB em protesto contra as políticas da Liga Awami, tumultuara a capital, com manifestações nas ruas e violência esporádica que levaram os moradores a restringir a rotina normal. Fizera algo aparentemente impossível, desfazendo os congestionamentos nas ruas da cidade. Um bengalês em meu voo explicou a situação. "Em Daca, ou você tem um trânsito horrível ou um trânsito realmente horrível", ele disse. "Mas com a *hartal*, quase não haverá trânsito. O trânsito estará razoável."

Trânsito horrível, trânsito realmente horrível, quase nenhum trânsito, trânsito razoável. Bastam alguns minutos em Daca para perceber que esses termos não são científicos. Quando o avião pousou, peguei um táxi, que saiu do aeroporto e passou por uma rotatória antes de entrar na rodovia. Ali, inconfundivelmente, havia trânsito: carros e caminhões até onde a visão alcançava amontoados numa configuração que não tinha nenhuma relação clara com as linhas das pistas pintadas no asfalto. Meu táxi se juntou ao comboio e o lento avanço começou.

O trânsito se moveu para o sul durante vinte segundos. Parou. Ficamos à toa por alguns minutos. Então, por motivos misteriosos, nos arrastamos de novo. De vez em quando, o trânsito corria desimpedido por mais ou menos um minuto, chegando a um marco talvez de vinte e poucos quilômetros por hora. Mas logo dávamos um solavanco e estancávamos de novo. Era o tipo da rotina para e anda que eu experimentara nas interestaduais americanas — as condições de para-choque-atrás-de-para-choque que os repórteres de trânsito descrevem no rádio, gritando acima do barulho de imensas pás de helicóptero sobre um caminhão atravessado na pista. Mas não havia nenhum acidente ali.

° Rodovia para o Inferno, Estrada do Aeroporto. (N. do T.)

Havia simplesmente o fenômeno inescrutável e indomável que todos em Daca descrevem simplesmente como engarrafamento.

Na verdade, a estrada do Aeroporto talvez seja menos atingida por engarrafamentos do que qualquer outro lugar em Daca. É uma das rodovias mais bem conservadas da cidade, e uma das mais bem planejadas, com interseções e viadutos que ajudam a facilitar o fluxo do trânsito. É quando você deixa a rodovia e entra na cidade que a confusão se instala.

Há ônibus municipais em Daca, vermelhos e com dois andares, no estilo londrino, e antiquados, dos anos 1970. Eles tremem, cospem fumaça, e parece que a qualquer momento vão emitir um último suspiro e tombar. Há também ônibus rodoviários de empresas privadas, tão apinhados que muitos passageiros são forçados a ficar do lado de fora, agarrando-se a portas abertas ou pendurados das janelas. Zumbindo por toda parte há os pequenos veículos que os moradores de Daca chamam de CNGs, porque são movidos a gás natural comprimido. São autorriquixás do tipo que você encontra em cidades da Ásia: pequenas caixas de metal apoiadas sobre três rodas e divididas em dois compartimentos minúsculos, um para o motorista e outro — ligeiramente maior, mas ainda assim apertado — para passageiros. Os CNGs são pintados de verde-floresta, quase todos são sujos e danificados, e fazem muito barulho, rosnando pelas ruas como cães bravos. São maquininhas irascíveis, primas bárbaras dos carrinhos de golfe.

Observei meu motorista fazendo manobras no meio do enxame. Era uma atuação impressionante, com um linguajar peculiar. Os motoristas de Daca talvez sejam os mais agressivos do planeta. Talvez estejam também entre os melhores, se sua ideia de habilidade ao volante é extensa o bastante para incluir o desrespeito às leis que Daca exige. O romancista K. Anis Ahmed, um aclamado cronista da vida em Daca, descreveu os truques praticados por motoristas locais:

> Pequenos avanços e cortes para preencher qualquer bolha de espaço ocupável que se abra, mudando de pista, ocupando duas pistas, metendo-se em supostos atalhos, esbarrando de leve em veículos não motorizados, ameaçando atropelar vendedores ambulantes e pedestres com pneus rodando sobre calçadas, virando sem sinalizar

em ruas de mão única, atravessando sinais vermelhos e ignorando a linguagem de sinais dos mal pagos guardas de trânsito... O tempo todo se tentava abafar os protestos de todos os competidores com o berro estúpido, brutal e incessante de suas buzinas elétricas.

Alguns alegam que o nome Daca deriva de *dhak*, um grande tambor de som retumbante. Não há dúvida de que o martelar da cidade afeta os nervos auditivos. Estudos determinaram que o barulho das ruas em Daca nos dias úteis excede muito os setenta decibéis que a Organização Mundial de Saúde considera "som extremo". O trânsito em Daca é uma música da qual não se escapa, uma trilha sonora de motores rugindo, buzinas zurrando e motoristas berrando. Talvez o grito dos motoristas de Daca ouvido com mais frequência seja a palavra *aste*. "*As-tay, as-tay, as-tay!*", gritam eles, curvando-se sobre buzinas, agitando punhos, pisando no acelerador e tentando avançar. Tradução grosseira: "Suavemente."

Há uma forma de transporte em Daca que pode ser considerada suave, pelo menos para os duros padrões da cidade: o ciclo-riquixá de três rodas, movido a pedais. Daca tem sido chamada de capital mundial do riquixá. A reivindicação provavelmente é justificada, mas os particulares da questão são imperfeitos. Existem cerca de oitenta mil riquixás licenciados em Daca, mas a maioria nas ruas de Daca não é reconhecida oficialmente. Estimativas conservadoras calculam que o número de riquixás, legais e não exatamente, está em torno de trezentos mil; um estudo de 2019 do Instituto de Estudos Trabalhistas de Bangladesh apresentou uma estimativa de 1,1 milhão. O sociólogo Rob Gallagher, autor de um estudo abrangente, *The Rickshaws of Bangladesh*, abordou o enigma invocando uma parábola indiana em que um conselheiro do rei, solicitado a identificar o número de corvos da cidade real, respondeu: "Bem, senhor, são exatamente 999.999." O cortesão explicou que se alguém contasse os corvos e constatasse menos de 999.999, isso significaria que alguns haviam ido embora recentemente. Se, por outro lado, o cálculo chegasse a mais de 999.999, o motivo seria óbvio: alguns corvos eram visitantes vindos de fora da cidade.

Em outras palavras, há muitos riquixás em Daca, e calcular o total é uma tarefa impossível. Se estendermos a conta para abranger todas as pessoas que trabalham no negócio de riquixás, o número é astronômico, chegando a bem mais de 999.999 almas, em uma variedade de indústrias satélites. (O relatório do Instituto de Estudos Trabalhistas de Bangladesh estimou que três milhões de cidadãos de Daca subsistem com renda obtida com trabalho na indústria de riquixás.) Há os homens que pedalam os riquixás, os chamados puxadores de riquixá — em bengali, *rickshawallahs*. Há os negociantes que constroem, conservam e decoram os veículos. Há os mecânicos de riquixá de beira de estrada e os que consertam pneus, e os vendedores que atendem aos puxadores de riquixá em barracas nas esquinas das ruas, servindo comida barata e xícaras de chá doce. Há os intermediários e os homens do dinheiro: os donos de garagens que alugam riquixás e operam depósitos, e os chefes políticos, policiais e outros burocratas de níveis inferiores que recebem sua parte e aceitam subornos e dinheiro de proteção nos diversos níveis da cadeia alimentar do riquixá.

Em suma, o jogo do riquixá em Daca é um negócio grande, e essencial. O ciclo-riquixá é de longe a forma mais popular de transporte público em Daca, um serviço utilizado por quase todos na cidade, à exceção dos muito ricos e desesperadamente pobres, categoria esta que inclui os próprios *rickshawallahs*. Em 1992, Gallagher estimou que sete milhões de viagens de riquixá com passageiros eram feitas em Daca todos os dias, cobrindo uma distância de 17,7 quilômetros. Esses totais, observou, representavam "quase o dobro dos resultados no metrô de Londres". Nas décadas seguintes, a população de Daca mais do que triplicou, e os números certamente subiram de forma correspondente.

Mas números não conseguem transmitir o modo como os riquixás dominam a paisagem da cidade. Eles são onipresentes — raramente fora do alcance de vista e nunca fora do alcance dos ouvidos; mesmo quando não vistos, suas campainhas de bicicleta ressoam sobre a balbúrdia de Daca como pássaros canoros enlouquecidos. Eles se movem em multidões pelos becos e avenidas congestionados, esbarrando e se jogando em meio ao trânsito motorizado. O modo como os riquixás contribuem para a crise dos transportes em Daca e a proporção disso são ardentemente debatidos, mas ninguém nega seu status icônico — eles são universalmente reconhecidos como símbolos de Bangladesh. São máquinas simples, sem marcha, com uma única roda na frente e uma transmissão por corrente que dá voltas sob um subquadro traseiro para girar duas rodas traseiras. As acomodações do passageiro são espartanas: um assento acolchoado, uma capota ajustável, um apoio para os pés. Mas os quadros coloridos e laboriosamente enfeitados dos riquixás lhes dão uma aparência majestosa.

Há outro tipo de ciclo-riquixá em Daca, um veículo de carga que os moradores chamam de "van riquixá". Trata-se de um triciclo com uma grande plataforma de madeira que transporta pilhas altas de qualquer coisa e de tudo: canos de metal, varas de bambu, melancias, enormes rolos de tecidos, caixas de ovos, bujões de gás, galões de água, lixo, animais vivos, grupos de crianças a caminho da escola, trabalhadores diários indo para o trabalho. Na medida em que se pode dizer que Daca funciona, funciona impulsionada pela força de pedais. Em Daca, quando pessoas ou coisas viajam do ponto A para o ponto B — quando um estudante universitário ou uma dúzia de sacos de arroz de 90 quilos vencem um engarrafamento e chegam a seus destinos — geralmente há um homem inclinado sobre o guidom de um ciclo-riquixá, levando a carga.

———

A bicicleta é um animal de carga. Desde que existe, pessoas vêm empilhando coisas nela e carregando por aí. No projeto original de Karl von Drais, de 1817, a *Laufmaschine* tinha uma "prancha de bagagem" montada na traseira e encaixes para alforjes semelhantes aos que são carregados no lombo de cavalos de carga. As várias bicicletas derivadas da *Laufmaschine* que apareceram nos anos seguintes à invenção de Drais apresentavam igualmente bagageiros. Isso também é verdade para cada bicicleta fabricada nos dois séculos que se seguiram. Bicicletas têm bagageiro na frente e bagageiro atrás; têm caixas de carga e cestas;

alforjes e bolsas de selim; carregadores dispostos horizontalmente e verticalmente; reboques e carrinhos laterais que se encaixam no quadro; bolsas presas ao guidom ou montadas atrás; cadeirinhas, carrinhos e plataformas para transportar crianças. É claro que são muitas as variedades de bikes criadas expressamente como veículos de carga — "cycle trucks", *porteurs*, bicicletas Long John e outras bikes cujos quadros, sistemas de transmissão e entre-eixos são projetados para acomodar cargas. O fato mais notável, do ponto de vista da engenharia, é que a mais delgada bicicleta convencional suportará uma carga de peso muitas vezes superior ao seu, supondo que o material esteja adequadamente equilibrado e seguro. Bicicletas são feitas para carregar.

A história recorreu a esse princípio. Em 2 de fevereiro de 1967, o senador William Fulbright, do Arkansas, convocou uma audiência especial da Comissão de Relações Exteriores do Senado sobre o estado da intervenção americana no Vietnã. A principal testemunha era Harrison Salisbury, editor-chefe assistente do *New York Times*, que retornara recentemente de uma viagem a Hanói. Não era segredo que as forças americanas estavam enfrentando dificuldades no Vietnã, mas o testemunho de Salisbury chocou a comissão. Os Estados Unidos estavam perdendo a guerra, disse ele, e estavam sendo derrotados por bicicletas.

Salisbury disse aos senadores que a cadeia de suprimentos do exército norte-vietnamita — a munição e os equipamentos que iam do norte ao sul pela trilha Ho Chi Minh — estava sendo conduzida por bicicletas. As bikes eram roadsters sem marcha fabricadas na China. Mas os vietcongues as reconfiguraram. Eles alargaram o guidom, soldaram uma ampla plataforma ao quadro e reforçaram a suspensão, transformando a bicicleta num palete de carga com rodas capaz de suportar cargas de várias centenas de quilos. Eles também cobriam as bikes de folhas, para camuflá-las. Viajando em grupos de dezenas, as bicicletas podiam transportar o mesmo volume de suprimentos dos caminhões, e eram mais furtivas, mais ágeis e mais fáceis de manobrar. As forças americanas jogaram Agente Laranja na trilha Ho Chi Minh para remover a cobertura florestal; bombardearam estradas e pontes. Mas era difícil localizar as bikes e, diferentemente dos veículos maiores, elas podiam transpor pontilhões de bambu que o Vietcong fizera para substituir as pontes que os americanos haviam destruído. "Acredito literalmente que sem bicicletas [o exército norte-vietnamita] teria que sair da guerra", disse Salisbury à Comissão de Relações Exteriores. O senador Fulbright estava incrédulo: "Por que não nos concentramos nas bicicletas?"

Na verdade, as bicicletas vinham sendo utilizadas como veículos de abastecimento militar desde o século XIX. Mais disseminado ainda era o uso comercial e industrial de bicicletas de carga. "Os grupos de entregadores de jornais de Londres deslizando pelo trânsito de Londres com cargas pesadas, com enorme rapidez e uma destreza de enguia, são um infalível motivo de espanto", escreveu um jornalista britânico em 1905. Na época, visões desse tipo estavam se tornando lugar-comum em cidades da Europa e da América do Norte. Era mais um exemplo de bicicletas assumindo trabalhos que antes eram feitos por cavalos: embora uma carroça puxada por cavalo tivesse uma capacidade de carga maior do que uma bicicleta de carga, a diferença em termos de custo de manutenção — o fato de que as bicicletas eram baratas, fáceis de guardar e não precisavam ser alimentadas — tornava a bicicleta um bom negócio para quem transportava mercadorias pouco volumosas, como jornais.

Na Europa e nos Estados Unidos, o apogeu da bicicleta de carga durou umas quatro décadas, chegando ao auge na Europa nos anos 1930. Foi o período da bicicleta do açougueiro, da bicicleta do padeiro, das entregas de correspondência e leite em bicicleta, das bancas de frutas e doces transportadas de bike, dos afiadores de faca e vidraceiros pedalando pela cidade com suas oficinas móveis a reboque. A tendência foi incentivada pelo desenvolvimento do triciclo de carga, cuja roda a mais dava maior estabilidade. Andar nessas bicicletas e triciclos exigia força e resistência, e uma cultura machista se desenvolveu entre os comerciantes. Na França, ciclistas entregadores de jornais participavam de eventos como o Critérium des Porteurs de Journaux, uma competição anual em que "corriam em triciclos de carga carregados com até quarenta quilos de lastro".

O uso de bicicletas de carga decaiu com o surgimento de alternativas motorizadas, primeiro nos Estados Unidos e, em seguida, depois da

Segunda Guerra Mundial, na Europa. Mudanças na cultura do comércio e nos padrões de distribuição de mercadorias também contribuíram para o fim das bicicletas de carga. Mas algumas permaneceram, mesmo nos lugares mais dominados por automóveis. Até hoje, em cidades americanas, vendedores ambulantes ainda vendem sorvete, cachorro-quente e outros alimentos em *triporteurs* — triciclos de carga com carrinhos retangulares baixos posicionados entre duas rodas dianteiras. Nas mecas do ciclismo do norte da Europa — em especial na Holanda e na Escandinávia —, as bikes de carga continuam sendo um meio de transporte doméstico popular.

O culto às "cargo cruisers" de estilo holandês e dinamarquês se difundiu em anos recentes entre moradores de cidades dos Estados Unidos e da Europa Ocidental. As cargo cruisers têm duas ou três rodas, entre-eixos compridos e recipientes espaçosos o bastante para todo tipo de carga, incluindo, com frequência, crianças. Nos Estados Unidos, em especial, elas são uma afirmação política: escolher uma bike de carga como o veículo da família é sinalizar ceticismo em relação à cultura automobilística e uma inclinação para valores "europeus" progressistas. É claro que as bikes também são indicadores de classe social. As bicicletas de carga são caras e, por seu tamanho, um pouco ostentosas. Em outras palavras, são um símbolo de status, apreciadas por boêmios burgueses que habitam bairros urbanos sofisticados orlados com ciclovias. A história da bicicleta de carga é uma parábola da gentrificação: o trabalhador manual que rebocava cargas na cidade industrial se tornou um trabalhador do conhecimento que pedala por ruas elegantes com um depósito cheio de crianças e couve.

Mas isso é apenas uma parte da história. Em outras partes do planeta, o ciclismo de carga comercial continua em escala incrivelmente grande. No sul e no leste da Ásia, na África, na América Latina, milhões de bicicletas e triciclos de carga transportam bilhões de quilos de mercadorias e matéria-prima todos os dias. Os veículos variam bastante de tipo e design, de acordo com tradições locais, material disponível, e caprichos e improvisações dos indivíduos. Uma característica comum a todas essas bicicletas e triciclos é sua capacidade de sustentar cargas de tamanho extraordinário, o que, invariavelmente, são convocadas a fazer. O espetáculo é conhecido em todo o mundo em desenvolvimento: um ciclista solitário apequenado por uma carga de mercadorias em caixas ou madeira, metais, tecidos, o que você imaginar, empilhados à altura e largura de uma casa de dois andares. É um assombro e uma piada visual. É também uma imagem indelével do esforço humano: um homem movendo uma montanha.

A economia do ciclismo de carga não é bem compreendida. Está claro que as bikes de carga estão entrelaçadas à economia informal de algumas das maiores cidades do mundo, uma ligação crucial na proverbial última etapa do percurso de bens de consumo. Mas as estatísticas apontam para uma história maior. De acordo com uma recente estimativa, existem "entre 40 e 60 milhões de triciclos de trabalho" só na China. O número impressionante excede em muitas vezes a soma de todos os outros veículos de carga do mundo — caminhões trens, navios e aviões. O número alto de bikes de carga e sua proeminência em países com grandes mercados de exportação, como China, Índia e Bangladesh, sugerem que a humilde bicicleta pode estar exercendo um papel mais essencial do que percebemos na mecânica do comércio global. Certamente, a existência de uma imensa força de trabalho ciclista, pedalando pelo pão nas ruas do Sul Global, expõe o provincianismo do discurso da bicicleta em lugares como os Estados Unidos, pondo em questão nossas estranhas suposições de Primeiro Mundo sobre bicicletas e andar de bicicleta. Para milhões de pessoas em Daca, Chengdu, Lima, Kampala e outros lugares, a bicicleta significa trabalho, e não lazer; sustento, e não "estilo de vida" ou "qualidade de vida".

Segundo alguns cálculos, a forma mais difundida de ciclismo de carga é aquela dedicada à carga humana. "A bicicleta para transporte de passageiros — em suas diversas formas de riquixá de passageiro — é quase certamente o tipo mais numeroso de bicicleta de trabalho que existe hoje", escreveram os estudiosos Peter Cox e Randy Rzewnicki em 2015. Os ciclo-riquixás exercem funções vitais no transporte público de várias nações africanas; podem ser encontrados em grande número na América Latina e no Caribe, em lugares como Peru e Cuba. Em anos recentes, tornaram-se uma presença em cidades europeias e americanas, principalmente como uma novidade dirigida a turistas. Mas a Ásia é o coração do riquixá. Alguns riquixás são configurados como os de Daca, com o condutor na frente e o passageiro sentado atrás; outros têm o arranjo inverso ou situam o passageiro ao lado do condutor, num carrinho lateral. Eles atendem por vários nomes: *bikecab, pedicab, velotaxi, beca, becak, trishaw, trisikad*. O riquixá de Madagascar é o *cyclo-pousse*, o do México é o *bicitaxi*, o da Tailândia, *samlor*. No Malauí, os táxis de bicicleta — tecnicamente não riquixás, mas bicicletas com garupas acolchoadas onde o passageiro monta de pernas abertas ou de lado, são chamados de *Sacramento*, um apelido irônico tirado do nome de uma empresa de ônibus famosa no Malauí pelo conforto de seus carros. A palavra "riquixá" deriva do japonês *jinrikisha*, "carruagem movida por homem", o que vai direto ao ponto. Todos os passageiros de riquixás devem se reconciliar com a absoluta desumanidade da combinação: o fato de sua viagem confortável impor esforço e, com frequência, sofrimento a outro ser humano.

O riquixá foi inventado no Japão, provavelmente em 1869. De início, pode ter sido concebido como uma espécie de cadeira de rodas, um aparelho para inválidos, mas se estabeleceu como meio de transporte. As criações iniciais eram primitivas: uma liteira sobre um eixo, grandes rodas de madeira e um par de alças que o condutor segurava para puxar o dispositivo sobre as rodas. A adição de rolamentos de esfera, rodas de borracha e outras características melhoraram a funcionalidade e, no fim do século XIX, os riquixás eram característicos da vida urbana por todo o Leste Asiático e Índia.

Desde o início, eram controversos. Representavam democracia, de certa forma. Nos primeiros tempos, elites eram transportadas pelas ruas em liteiras; agora, o riquixá tornava nobre qualquer um que pudesse pagar um preço modesto. É claro que o gosto de luxo estava, literalmente, nas costas do puxador de riquixá, fato que incomodava a consciência mesmo em sociedades de classes duramente estratificadas, como a Índia britânica e a China no fim da dinastia Qing. O desenvolvimento do ciclo-riquixá nos anos 1930 revolucionou o negócio e tornou o trabalho do puxador menos fisicamente oneroso. Mas ainda é um trabalho árduo. Para alguns críticos, a preocupação com direitos humanos é a maior de todas: os riquixás são simplesmente um anacronismo, insistem eles, um vestígio da Era do Império e de sistemas de castas antiquados que não têm lugar no século XXI.

Em Daca, a história do riquixá seguiu o padrão histórico mais amplo: os riquixás puxados a mão chegaram à cidade no fim do século XIX, e o tipo com pedais veio nos anos 1930. Hoje, em Daca, discutir sobre riquixás é um passatempo quase tão popular quanto dirigi-los. Alguns sustentam que os riquixás são as máquinas mais adequadas para transpor as ruas engarrafadas da cidade, e as mais favoráveis ao meio ambiente. Outros dizem que são ineficientes, argumentando que quatro riquixás seguindo lado a lado ocupam o comprimento de um ônibus e transportam apenas oito passageiros. Há as conhecidas questões morais. Puxar riquixá seria um trabalho digno? Uma maneira de os mais oprimidos de Daca saírem da pobreza abjeta? Ou seria uma abominação, um trabalho que transforma homens em mulas que sustentam um peso esmagador ao longo de ruas deterioradas?

Houve várias propostas para proibir os riquixás em Daca, mas esses esforços sempre foram repelidos. Alguns argumentos intrigantes foram apresentados em seu favor. Os pesquisadores Shahnaz Huq-Hussain e Umme Habiba fazem uma defesa populista e feminista, argumentando que os pobres e a classe média de Daca "são altamente dependentes de transporte não motorizado" e que as mulheres, em especial, "ficariam imobilizadas se não fosse a conveniência, segurança, proteção e privacidade proporcionadas pelo riquixá". Com frequência, o riquixá é defendido por motivos sentimentais. Está profundamente emaranhado à história e aos mitos de Daca, e tem comoventes associações para os moradores da cidade. Para muitos, os riquixás são românticos: incontáveis romances tiveram início e inúmeros beijos furtivos foram trocados sob as capotas abaixadas de ciclo-riquixás.

Os moradores também romantizam os homens que puxam os riquixás, o que é curioso, considerando a intensidade da piedade e do desdém que os *rickshawallahs* inspiram. A força de trabalho é exclusivamente masculina e em grande parte composta por migrantes vindos do interior. Há até puxadores de doze anos, o que não surpreende num país onde se estima que há cinco milhões de crianças trabalhadoras.

Muitos *rickshawallahs* trabalham em Daca entre a estações de plantio e de colheita, retornam a suas vilas para trabalhar a terra e migram de volta a Daca para repetir o ciclo. As condições de vida dos puxadores de riquixá em geral são péssimas. A saúde deles com frequência é fraca e os índices de abuso de drogas entre os *rickshawallahs* é alto. A pandemia de Covid trouxe novos e mais profundos sofrimentos, já que Daca se isolou e os passageiros minguaram, deixando os *rickshawallahs* praticamente sem nenhuma renda durante meses a fio. A cidade voltou à vida em 2021, mas a concorrência se tornou mais feroz, uma vez que milhares de novos migrantes — bengaleses rurais que haviam perdidos seus empregos durante a pandemia — chegaram a Daca e começaram a puxar riquixá. Pergunte a um *rickshawallah* sobre as dificuldades do trabalho e ele desfiará um triste rosário: acidentes no trânsito, clima ruim, poluição, crimes, brutalidade da polícia, agressões verbais e físicas por parte de clientes e transeuntes, ganhos baixos — a lista prossegue.

O *rickshawallah* é importante na imaginação bengalesa. É uma figura heroica e patética, um perene protagonista para escritores e poetas e uma metáfora pronta para todos os propósitos. O puxador de riquixá é para Daca o que o estivador e o operário de fábrica eram para a Londres vitoriana: um proletário comum, personificando o sonho e o pesadelo, as ambições e degradações da vida na cidade. Em "Hafiz and Abdul Hafiz" (1994), o poeta Mahbub Talukdar retratou o *rickshawallah* como um Ulisses de Daca — um nômade amaldiçoado, viajando para toda parte sem ir a lugar nenhum, preso num engarrafamento existencial.

> *Dirijo um riquixá na cidade de Daca,*
> *De Sadarghat a Nawabpur, rua Bangshal, Chawbazaar...*
> *As rodas do riquixá giram com a roda do tempo.*
> *O tempo passa, mas permaneço em um lugar.*

Mohammed Abul Badshah não é poeta, e suspeito de que ele explicaria a questão de maneira diferente. Badshah não reclama de permanecer em um lugar, não importa quanto tempo passe atolado em engarrafamentos.

Seu problema é o oposto: movimentar-se demais, quilômetros demais, horas demais sob o sol escaldante e a chuva fustigante. Badshah puxa um riquixá em Daca desde 2008. Cruzou a cidade milhares de vezes e conta que tem a imagem de quase todas as ruas gravada na mente. Quando dorme, as ruas, as visões e o tráfego agitado de Daca invadem seus sonhos. Às vezes, ele acorda no meio da noite dando chutes, os pés tentando apertar pedais fantasmas.

Badshah já tinha quarenta e quatro anos quando começou a trabalhar como *rickshawallah*. Agora tem mais de cinquenta anos, é um veterano, décadas mais velho que a maioria dos homens que puxam riquixá em Daca. Seus músculos doídos entregam sua idade, diz ele. As pernas, afirma, estão mais fortes do que jamais foram, mas estão mais cansadas também. Ele tem câimbras nas panturrilhas, as costas travam. Quando isso acontece, ele faz alguns exercícios de alongamento e vence a dor. Às vezes, na rua, no trânsito ruim, os ânimos se exaltam e Badshah ouve xingamentos com referências à sua idade. Certa vez, ele confrontou um jovem *rickshawallah* do lado de fora de um centro médico, onde dezenas de puxadores estavam se acotovelando numa fila, à espera de clientes. O jovem o chamou de "sogro", um grave insulto. Outros palavrões foram trocados; houve uma briga, e o jovem *rickshawallah* cravou os dentes em sua mão direita. A mordida deixou uma cicatriz, que Badshah me exibiu como um troféu. "Eu o esmurrei e o estapeei", disse ele, rindo. "Ele parou de morder."

A primeira vez que pus os olhos em Badshah, ele estava em outra fila de puxadores de riquixá, dessa vez no movimentado distrito de Kawran Bazar, numa pequena área triangular delineada por barreiras de tráfego, onde o alto da rua Sonargaon encontra uma rotatória. É um lugar ao qual os *rickshawallahs* se referem como "os Tigres", por causa das grandes esculturas de um tigre-de-bengala e um filhote de tigre que ficam ali, sobre uma plataforma elevada. Numa manhã de agosto, às quatro horas, o tigre maior, de quase oito metros de comprimento e feito de concreto, caiu em cima do puxador de uma van riquixá, comprimindo-o contra o chão e matando-o. Nos dias que se seguiram ao acidente, foram muitas as recriminações. A Corporação Municipal do Sul de Daca, organismo de governo local, pôs a culpa na empresa que havia contratado para montar as estátuas, enquanto a imprensa e o público clamavam por justiça: a estátua fora mal projetada, conservada de maneira incorreta e, além disso, os tigres eram medonhos; não pareciam nada com tigres de verdade. Foi uma comoção clássica de Daca — ao mesmo tempo tragédia e ópera-bufa.

Mas no dia de março em que conheci Badshah, a confusão estava há meses de acontecer. O monumento estava intacto e eu o achei bonito, meio espalhafatoso. As esculturas de tigres pareciam bugigangas de arte popular gigantes, pintadas em cores fortes e exageradamente laqueadas, com dentes à mostra e olhos ferozes de cartum. Abaixo dessas criaturas, uma multidão de *rickshawallahs* zanzava sob o calor, tentando com graus variados de agressão e apatia arranjar passageiros.

Badshah era um dos tipos relaxados. Quando eu o vi, estava sentado imóvel no assento de passageiro de seu riquixá, impassível e régio. Poderia ter passado por uma estátua por mérito próprio. Um tradutor que eu contratara para me ajudar na apuração de informações pediu a ele para me levar à Velha Daca, e o dois se envolveram numa versão delicada do ritual de regateio que precede todas as corridas de riquixá. Os visitantes de Daca com frequência não sabem que se espera que eles regateiem ou talvez fiquem temerosos com a possibilidade; mas deixar de fazer isso é uma violação da etiqueta e pode ser visto com desdém pelos *rickshawallahs*, embora eles possam se beneficiar recebendo o preço que pediram. Quanto a Badshah, lidou com a negociação com certa formalidade, semicerrando os olhos e olhando à distância enquanto revisava seu preço como se estivesse calculando de acordo com um sistema preciso, o que pode bem ter sido. Um preço foi decidido, eu subi no riquixá e Badshah o direcionou para o sul, para a Velha Daca.

Essa foi a primeira de muitas viagens que fiz no riquixá de Badshah. Enquanto ele seguia, eu perguntava sobre seu trabalho e sua vida. De vez em quando, um traço de ironia transparecia em seu tom e um indício de contrariedade passava em seus olhos. Estava claro que eu havia lhe perguntado algo tolo. Se a conversa apontava para uma direção ainda que vagamente sentimental — um assunto que parecia exigir alguma expressão de piedade ou autopiedade de sua parte —, ele ria e a rejeitava. Não discutia esse tipo de coisa. Um dia, Badshah parou o riquixá para dar uma esmola a um grupo de imãs que estavam sentados em postos na calçada, pedindo fundos para suas mesquitas. Quando lhe perguntei sobre sua prática religiosa, Badshah deu de ombros: "Sou muçulmano de sexta-feira", disse.

A viagem para a Velha Daca naquela manhã foi lenta, um percurso arrastado de 3 quilômetros em trânsito pesado. Badshah se meteu em engarrafamentos em artérias principais — rua Sonargaon, rua Shahbagh, avenida Kazi Nazrul Islam —, antes de entrar em ruas estreitas margeadas dos dois lados por prédios de cinco andares. Acima, fios elétricos cruzados e varais de roupas fatiavam o céu. Estávamos agora na Velha Daca. É um lugar histórico, o coração da cidade surgida durante o período do Império Mogol e proclamada capital da Bengala Mogol no início do século XVII. Hoje, é um labirinto de ruas e becos que acompanham a margem norte do rio Buriganga. A área conserva um ar medieval: mercados agitados, emanando cheiros de pimentas, peixe e carne crua, pedestres por toda parte, apressados e gritando, sons estridentes na frente de oficinas. Carroças "tom-tom" puxadas por cavalos passam pelas ruas, e cachorros, cabras e vacas soltos andam livremente. Ao longo da orla do Buriganga há mais cenas de comoção e comércio, milhares de passageiros entrando e saindo de barcas nos cais de Sadarghat, um dos maiores e mais movimentados portos fluviais do mundo. Em Daca, as águas não oferecem alívio do trânsito.

Em anos recentes, Daca instituiu regulamentos impedindo veículos não motorizados em certas vias. Embora sejam ignoradas com frequência, essas regras reduziram o número de riquixás em algumas das ruas mais movimentadas da cidade. Mas 85% das ruas de Daca são pequenas demais para acomodar grandes veículos a motor, e os riquixás predominam. Nos labirintos da Velha Daca, há legiões deles. Eles disputam espaços livres em condições mais congestionadas do que em qualquer outro lugar na cidade.

Puxar riquixá é um trabalho duro, um esporte de contato. Nas ruas cheias de Daca, riquixás batem e arranham; um riquixá recém--construído que começa a rodar, reluzente, terminará o primeiro dia de trabalho desgastado como um carro velho. Os puxadores desenvolvem repertórios de movimentos, mergulhos, desvios e paradas abruptas para evitar acidentes. Mas também aprendem a colidir de propósito, direcionando as rodas para outros veículos e batendo para abrir caminho. O modo como Badshah ganha espaço em condições engarrafadas lembra um braço de ferro de futebol americano: uma aproximação e um empurrão, executados de maneira instintiva e fluida, enquanto as pernas apertam os pedais. Eu o vi fazer isso várias vezes no corredor polonês da Velha Daca, estirando-se para empurrar de volta riquixás que haviam se aproximado demais para seu gosto ou que estavam impedindo seu avanço. Certa vez, numa rua perto do Chawk Bazar, um famoso mercado da era Mogol, Badshah fez essa manobra sobre o traseiro de uma vaca que assumira uma posição lânguida no meio da rua, indiferente ao trânsito agitado por todos os lados.

Quando os puxadores de riquixás avançam, Badshah é gentil. Ele grita ou fala pouco, e geralmente evita conflitos, não obstante a briga casual do lado de fora do centro médico. Certa vez, no centro de Daca, nós nos vimos em um engarrafamento frustrante, parados durante vários minutos em uma coluna imóvel numa rua lateral chamada Garden. Por fim, o engarrafamento se dissolveu e as rodas começaram a girar, mas o riquixá diretamente à nossa frente permaneceu parado. Assim não dava. Então Badshah o pressionou a prosseguir, batendo a roda dianteira várias vezes no para-choque traseiro do riquixá, dando uma série de pequenos e veementes empurrões. Era um gesto amistoso: um colega dizendo ao outro para ir adiante, para prestar atenção.

Mesmo quando os riquixás não estão batendo um no outro, não há viagens suaves. Na Velha Daca e nas grandes favelas da cidade, as ruas são mal pavimentadas ou sem pavimento. Os riquixás precisam transitar em caminhos de terra acidentados e em ruas cheias de lixo e concreto quebrado. Na estação da monção, ruas se tornam lagos; quando as águas das enchentes cedem, deixam uma lama de trinta centímetros de profundidade. Com frequência, a força do pedal é insuficiente para produzir impulso, e os puxadores de riquixá são obrigados a saltar e, de fato, puxar — arrastando o veículo pelo guidom em meio a poças, em subidas, transpondo buracos e passando por cima de entulhos.

Mas mesmo a mais imaculada das ruas impõe dificuldades a um *rickshawallah*. O riquixá é uma geringonça, um desastre de engenharia.

Especialistas concluíram que são máquinas "pesadas, mas falta força e segurança, têm freios ruins, são instáveis, difíceis de direcionar e, como não têm marchas, é uma dificuldade impulsioná-las". Em outros lugares da Ásia, ciclo-riquixás que se utilizam de pequenos motores e energia de bateria estão reduzindo o tormento físico dos puxadores de riquixás. Mas Daca está atrasada. Supõe-se que haja trinta ou quarenta mil "bicicletas fáceis" movidas a bateria nas ruas da cidade, mas elas estão desafiando uma proibição imposta em 2015 pelo Supremo Tribunal de Bangladesh, e autoridades apreenderam e destruíram milhares delas. Em junho de 2021, Asaduzzaman Khan, o ministro do Interior bengalês, reforçou a posição do governo contra as bikes fáceis, anunciando uma nova proibição a essas máquinas sob a alegação de que elas são "muito arriscadas" e causam acidentes. A capital mundial do riquixá é um bastião do tradicionalismo do riquixá, em prejuízo aos *rickshawallahs*.

Badshah cumpre as cansativas rotinas de pedalar e puxar, saltar e voltar a montar, com impressionante agilidade. Quando não está dirigindo o riquixá — quando para numa barraca à beira da rua para uma xícara de chá ou um prato de comida —, seus olhos embaçam e seu corpo fraqueja de exaustão. Mas na rua ele é o retrato da firmeza e eficiência. Certa vez, quando entramos numa pequena rotatória com o trânsito se movendo rápido na Velha Daca, Badshah deu uma guinada violenta para ocupar uma posição externa, uma brusca mudança de pista que nos lançou lateralmente para um pequeno espaço entre dois riquixás agressivos, a uma distância de talvez dois centímetros de cada lado. Um instante depois, o motivo da manobra se tornou claro: um guarda posicionado no centro do círculo de trânsito incitava os *rickshawallahs* golpeando-os com um bastão de madeira. Eu devo ter ofegado, porque Badshah começou a rir e me lançou um olhar sobre o ombro. Ele se divertia com meu jeito de principiante. Eu era americano e jornalista, e em teoria conhecia muito mais o mundo do que Badshah, um homem sem instrução que quase certamente jamais porá os pés fora de Bangladesh. Mas Daca me fizera arregalar os olhos. "É uma cidade louca", disse Badshah. "É um trabalho louco."

Ele nasceu no interior, numa pequena vila do distrito de Barisal, no que na época era o leste do Paquistão, onde sua família tinha um pedacinho de terra. Seu pai trabalhava num moinho de arroz. Em 1971, a família de Badshah estava entre os quarenta milhões de bengalis deslocados por um cataclismo: a repressão genocida da junta militar paquistanesa contra nacionalistas bengalis, uma campanha que levou à Guerra da Libertação de Bangladesh. Os Badshah fugiram para Daca. A cidade estava longe de ser um refúgio seguro. Era local de algumas das piores violências de guerra, incluindo o evento que instigara o conflito, o massacre de estudantes e funcionários da Universidade de Daca em 25 de março de 1971. Mas era preferível se estabelecer em meio às multidões de Daca do que permanecer vulnerável no interior esparsamente povoado. O jovem Mohammed Abul Badshah tinha sete anos quando a família chegou à cidade. Hoje, Badshah ainda fala bengali com um sotaque que denuncia sua origem em Barisal. Mas as décadas que ele passou em Daca o distinguem dos recentes migrantes rurais que puxam riquixás, e em parte devem explicar a tranquilidade em seu rosto no turbilhão da cidade. Quando Bangladesh ganhou sua independência, em 16 de dezembro de 1971, a população de Daca era de pouco mais de um milhão. Badshah cresceu junto com Daca, vendo aquele lugar atrasado se transformar numa megacidade. Faz muito tempo que seu metrônomo interno entrou em sincronia com o ritmo bizarro de Daca.

Sua escolarização terminou aos sete anos, com a mudança para Daca. Ele começou a trabalhar, ganhando pequenas quantias cumprindo tarefas em mercados de rua e fazendo outros trabalhos ocasionais quando possível. No fim da adolescência, Badshah encontrou trabalho numa linha de montagem de uma fábrica de canetas esferográficas, emprego que manteve por vários anos. Aos vinte e cinco, ele se casou com Shahnaz, uma adolescente de sua vila natal cuja família chegara recentemente a Daca. Logo eles tiveram uma filha e se mudaram para o sul, para a cidade litorânea de Chittagong, onde Badshah ganhava a vida vendendo roupas na rua. Ele não gostava do trabalho e sentia falta de Daca. Cinco anos depois, o casal voltou para a capital, agora com três filhas a reboque.

Foi quando Badshah começou a pedalar riquixás. Durante vários anos, ele vendeu objetos de cerâmica, em sua maioria pratos e tigelas, na traseira de seu riquixá van. Foi uma boa experiência, mas não um bom negócio. "Aprendi a puxar riquixá, conheci algumas ruas", disse Badshah. "Mas não se ganha dinheiro vendendo essas coisas."

Badshah é um homem bonito, com olhos escuros vivos. Tem um cabelo castanho fino e um bigode branco bem aparado que se curva sobre o lábio superior. Seu sorriso revela a falta de vários dentes. Geralmente ele usa *lungi*, o tradicional pano enrolado do tipo sarongue amarrado na cintura, e uma camisa de algodão folgada. Quando dirige o riquixá no calor do meio-dia, ele amarra um lenço de algodão na cabeça para se refrescar.

Ele é magro, como quase todos os *rickshawallahs*, o que atesta a cruel matemática do trabalho, a proporção desigual entre calorias gastas e calorias absorvidas. Efetivamente, os puxadores de riquixá ganham um salário de fome: uma quantia insuficiente para cobrir o custo de vida e manter um peso saudável. O problema é comum em Bangladesh. Em Daca, cartazes e anúncios na televisão apregoam os benefícios profissionais e românticos de suplementos para "ganhar peso" (GANHEI PESO... CONSEGUI MINHA ALMA GÊMEA! OBRIGADO, ENDURA MASS!) A ubiquidade dos ciclo-riquixás assegura que a pobreza abjeta esteja sempre à vista em Daca, mesmo em bairros elegantes — Uttara, Lalmatia, Gulshan, Baridhara, de frente para o lago — onde os abastados da cidade se refugiam em boas casas. Em toda parte, sempre, há *rickshawallahs* apresentando um espetáculo feudal: comboios de homens macilentos, lutando e se esforçando enquanto passageiros mais saudáveis, mais bem alimentados, sentam-se atrás relaxados. Escritores compararam os corpos dos *rickshawallahs* a esqueletos e abutres. "Ganhamos a vida com dificuldade neste país / Homens trabalhando como vacas e cavalos", escreveu o poeta Dilip Sarkar em "The Rickshawallah's Song". "Puxamos esse fardo humano em nossas costas, / Para acalmar a ardência em nossos estômagos / Para fazer duas refeições completas por dia."

Badshah dirige o riquixá das dez da manhã às oito da noite, todos os dias exceto sexta-feira. Em média, conduz de quinze a vinte passageiros por dia, ganhando em torno de 400 tacas bengalesas, mais ou menos 5 dólares. Ele gasta 55 tacas por dia em comida e bebida de barracas à beira das ruas: 40 para uma refeição simples de arroz, legumes e peixe; e 15 para três chás, uma xícara revitalizadora a intervalos de algumas horas, a 5 tacas cada. Em dias especialmente bons, consegue lucrar 600 tacas, pouco mais de 7 dólares. É muito pouco dinheiro, mas é o melhor meio de vida que ele já teve. Badshah não sabe ler e a única palavra que consegue escrever é seu sobrenome. Ele lembra que gostou de seu primeiro dia como *rickshawallah,* mas desde então gostou menos do trabalho a cada dia. Continua ali, afirma, porque não tem opções melhores. "Vou puxar riquixá por mais muitos anos", disse. "É o melhor trabalho que posso fazer."

Os dias de trabalho terminam com ele se arrastando para casa. Badshah mora em Kamrangirchar, uma península do rio Buriganga que tem a maior concentração de favelas de Daca. Estima-se que quatrocentas mil pessoas habitam uma área de pouco menos de 4 quilômetros quadrados. Muitas delas vivem em condições semelhantes às de campos de refugiados, amontoadas em barracos com chão de terra e paredes e telhados feitos de remendos de metal corrugado, madeira, palha, pedaços de linóleo e lona plástica. Os índices de subnutrição e mortalidade infantil em Kamrangirchar são altos; doenças de pele, diarreia e males respiratórios são desenfreados. Em 2014, um porta-voz da Médicos Sem Fronteiras chamou Kamrangirchar de "um dos lugares mais poluídos do planeta".

O bairro era antes um aterro sanitário público, e quando você atravessa a ponte que liga a extremidade sudeste da península à Velha Daca, o mau cheiro de lixo e esgoto paira pesado. Ao longo da margem do Buriganga, enormes áreas de despejos permanecem. Catadores — mulheres e crianças em sua maioria — reviram o entulho, procurando recicláveis plásticos e outros restos para revender. Fogueiras de lixo acres queimam em montes à margem do rio e nas ruas e becos de Kamrangirchar, onde moradores preparam comida em fogo aberto, aceso com qualquer material inflamável que esteja à mão, madeira, papel ou plástico.

A água à margem de Kamrangirchar é suja. Da beira do rio se observa um ensopado tóxico: grandes flotilhas de lixo seguindo por uma corrente marrom-esverdeada viscosa. Entretanto, muita gente em Kamrangirchar entra no rio para se banhar e lavar roupas. Durante décadas, uma fonte importante de contaminação foram dezenas de curtumes que, situados rio abaixo em relação a Kamrangirchar, despejavam centenas de litros de poluentes no Buriganga todos os dias. O governo por fim interveio na primavera de 2017, obrigando os curtumes a se mudar para um subúrbio a noroeste da cidade. Mas a poluição industrial ainda é um flagelo em Kamrangirchar. O bairro abriga centenas de fabriquetas — de plásticos, reciclagem de eletrônicos, rodízios de alumínio, fundições, baterias de carro, tambores de PVC e bolas de soprar. Esses negócios funcionam praticamente desregulados, expondo os trabalhadores a condições de risco e despejando venenos no ar e no lençol freático. Em muitas fábricas, os trabalhadores são crianças de até seis anos. As pragas de Kamrangirchar são um problema local, mas suas causas estão longe. Assim como as roupas que são feitas por trabalhadores que dão duro em confecções escravizantes em Daca e rendem milhões de dólares, muitos produtos de fábricas de Kamrangirchar, como bolas de soprar, são enviados para o exterior. Ao mesmo tempo, uma grande parte do lixo eletrônico tóxico e dos plásticos reciclados em Kamrangirchar vem de lugares distantes de Bangladesh, incluindo os Estados Unidos. Daca é onde o mundo faz grande parte de seu trabalho sujo.

As condições de vida de Badshah são melhores que as da maioria em Kamrangirchar. Sua casa fica em Boro Gram, uma área comercial suja, mas vibrante, no centro da península. Para chegar à casa, você passa por uma entrada arqueada numa rua de compras movimentada e segue por uma viela que, menos de 50 metros depois, estreita-se numa passagem ladeada por pequenas moradias de um cômodo. O espaço ali é apertado. Há sete casas no total, e todas elas compartilham um vaso sanitário, um chuveiro e um fogão do lado de fora. A passagem que separa a casa de Badshah da porta do vizinho de frente tem apenas 60 centímetros de largura; quando moradores que seguem em direções opostas se encontram na passagem, precisam encostar o corpo na parede para passar. A vida não é fácil, mas não é miserável, e a atmosfera, para Kamrangirchar, é serena. No beco, o barulho de Daca diminui e se torna um rugido fraco ao fundo, dando lugar a sons locais, à música doméstica simples: panelas batendo, crianças gritando e cantando, discussões em família, alguém martelando em metal, consertando uma cadeira quebrada.

As construções no beco são decentes. A casa de Badshah tem piso e paredes de concreto e um telhado de chapa metálica que raramente vaza, mesmo durante a estação da monção. A casa tem eletricidade e um ventilador de teto para refrescar quando o clima está quente. É um lugar pequeno, uma caixa de catorze metros quadrados sem janelas. A maior parte do espaço é ocupada por uma cama grande. Num canto há uma máquina de costura antiga, movida a pedal. (Shahnaz, a esposa de Badshah, traz um dinheiro extra trabalhando como costureira.) Sobre um armário ao pé da cama há uma televisão de 15 polegadas que fica ligada o tempo todo, exibindo novelas indianas, partidas de críquete ou o que quer que esteja passando. Há algumas prateleiras, cheias de roupas e utensílios de cozinha. As paredes são pintadas num belo tom de verde- claro. O aluguel custa 3 mil tacas por mês.

A família mora nessa casa há dezoito anos. Houve um tempo em que o cômodo abrigava seis pessoas, mas agora as três filhas mais velhas de Badshah, todas com mais de vinte anos, casaram, liberando espaço e aliviando seu fardo financeiro. Uma filha continua em casa: Faima, uma menina tímida e inteligente de doze anos. Faima é boa aluna e progrediu mais na escola do que qualquer outro na família. (Todas as suas irmãs largaram os estudos depois da quinta série, aos onze anos.) No ano seguinte, quando tiver treze anos, Faima terminará a oitava série, e a conclusão prévia é de que sua escolaridade chegará, então, ao fim. Perguntei a Badshah o que Faima fará quando parar de ir à escola. Ele disse que provavelmente ela ajudará em casa e depois trabalhará, talvez numa confecção, como fizeram suas irmãs antes de casar. Com toda certeza, disse ele, Faima também se casará logo. Perguntei se havia alguma chance de Faima continuar os estudos. Ela já desafiara as probabilidades. Em décadas recentes, Bangladesh progrediu em educação pública, aumentando os índices de matrícula em escolas primárias e secundárias, em especial entre meninas, porém mais da metade das crianças de favelas de Daca nunca vão à escola. Com persistência, Faima poderia concluir o ensino médio e até estudar numa universidade. Mas para Badshah essas possibilidades pareciam remotas demais para serem consideradas. Talvez seus netos pudessem ir para uma universidade, disse ele.

Ele tem cinco netos, e esse número está crescendo. A filha mais velha, Yasmin, de vinte e cinco anos, mora perto, em Kamrangirchar, com o marido e três filhos; as outras duas — Nazma, de vinte e três, e Asma, de vinte e dois, moram nos arredores de Daca. Badshah não esconde o orgulho que tem das filhas. Elas são inteligentes, trabalhadoras e ajuizadas, diz ele. Sua opinião sobre os genros é menos favorável. O marido de Yasmin, em particular, é um assunto complicado. Durante anos, ele trabalhou numa fábrica fazendo relógios de parede, mas nos últimos anos tem puxado riquixá. Não tem ido bem. Badshah disse: "Ele não é um cara do tipo trabalhador." Em duas ocasiões, Badshah lhe deu dinheiro para comprar riquixás usados, mas em ambas as vezes o genro acabou revendendo as máquinas quando ficou sem dinheiro. Atualmente ele puxa um riquixá alugado e reclama muito de dificuldades no trabalho. "Não é um trabalho bom para ele", disse Badshah. "Ele deveria voltar para os relógios."

O riquixá de Badshah foi presente da filha Asma, que o comprou usado por 7 mil tacas, dinheiro do trabalho numa confecção que ela economizara. É de longe o bem mais valioso que ele possui. Os riquixás são caros e muito cobiçados. Um riquixá novo custa 25 mil tacas, bem mais do que os recursos da maioria dos puxadores, que compram máquinas usadas ou, com mais frequência, alugam-nas em garagens por 100 tacas por dia. Há um forte mercado ilegal, e os *rickshawallahs* devem estar alertas para o risco de roubo. Um puxador que se afasta demais de sua máquina estacionada poderá olhar e ver três rodas desaparecendo a distância. Riquixás são roubados à ponta de uma faca em plena luz do dia; a arma escolhida por alguns ladrões é Tiger Balm, uma pomada para dores musculares à base de pimenta, que eles esfregam nos olhos da vítima para incapacitá-las. Ter um riquixá roubado pode ser a ruína. Badshah descobriu isso alguns anos atrás, quando apanhou um vigarista que se passou por policial à paisana. Quando Badshah passou por um guarda de trânsito, o passageiro lhe pediu educadamente para encostar e correr vinte metros atrás para buscar seu "colega" uniformizado. Quando Badshah chegou ao guarda de trânsito, o impostor havia trocado o banco de passageiro do riquixá pelo selim e foi embora, sumindo na multidão. De repente, Badshah estava sem riquixá e com uma dívida monstruosa — o custo do veículo roubado, que ele teria que pagar a um preço extorsivo ao dono da garagem onde o alugava.

Foi quando Asma esvaziou suas economias para comprar para o pai o riquixá usado. Desde então Badshah vem puxando esse riquixá. Ele guarda a máquina numa garagem em Kamrangirchar, perto de casa. Milhares de garagens de Daca funcionam como depósitos, guardando os veículos por uma taxa. (Badshah paga 200 tacas por mês.) Quase todos os donos de garagem têm suas próprias frotas de riquixás de aluguel. Algumas garagens oferecem alojamento para *rickshawallahs*. Essas acomodações, chamadas *tongs*, são caixas de sucata grosseiramente construídas, com frequência dispostas sobre pilhas de bambus que são postas em cima das fileiras de veículos estacionados. Ali, os *rickshawallahs* dormem de ponta a ponta no que equivale a um acampamento urbano. Geralmente, os donos de garagem oferecem esse abrigo gratuitamente, em troca do aluguel do riquixá. Para eles, essa combinação tem um benefício adicional: os inquilinos servem como serviço de segurança, protegendo o lugar dos ladrões, conhecidos por assaltarem depósitos de riquixá durante a noite.

A garagem onde Badshah guarda seu riquixá é bem pequena, um espaço retangular decrépito que permite armazenar mais ou menos cinquenta veículos, incluindo os doze da casa. Fui lá com Badshah numa tarde quente, quando uma temperatura em torno de trinta e cinco graus se abatia sobre o empoeirado e fedorento Kamrangirchar e todo o bairro parecia estar desfalecendo. A exceção era o dono da garagem de riquixá, tão animado que o ar pesado à sua volta praticamente pulsava. Era um homem de meia-idade, mais ou menos da idade de Badshah, com uma pança, cabelo grisalho cortado rente, e uma barba rala brotando nas bochechas e no queixo. Usava uma camisa marrom manchada de suor, desabotoada pela metade do torso; seus dedos estavam besuntados de graxa de corrente de bicicleta. A única vez que ele parou de sorrir, estranhamente, foi quando lhe pedi para posar para uma fotografia.

Ele é um homem decente, disse-me Badshah, mais honesto do que outros donos de garagem. Isso não significava que não era um enrolador. Era astuto, à maneira de um político falando, e recebia cada novo visitante da garagem como um parente que não via havia muito tempo. É o tipo de cordialidade exagerada que aquece o coração de algumas pessoas e leva outras a manter a mão sobre a carteira. Era um homem de negócios, em outras palavras, e bem-sucedido para os padrões de Kamrangirchar. Como muitos donos de garagem, era um ex-*rickshawallah* que havia comprado um riquixá usado, depois outro, e acabou deixando de ser escravo de salário para se tornar empreendedor.

Sentado à sua esquerda sob o teto de chapa metálica que cobria a metade frontal da garagem estava um *rickshawallah* de barba espessa e semblante sério, parecendo habitar seu próprio microclima espiritual. Era um homem envolto em nuvens negras. Parecia fisicamente mais forte que a maioria dos *rickshawallahs*, mais corpulento e mais bem alimentado. Mas seus ombros eram caídos e todo o seu ser parecia ter sido arrastado para baixo pela melancolia. Badshah se acomodou junto aos dois homens e eles iniciaram uma conversa. Formavam um trio estranho. O dono da garagem era falador e contente; o homem de barba, taciturno e atormentado; Badshah, um observador muito quieto, oferecendo pouco mais do que um grunhido ou um balançar de cabeça ocasionais. Perguntei a eles sobre a situação do comércio de riquixás. "É um bom negócio", disse o dono da garagem. "Não é muito ruim. Durante anos, puxei um riquixá. E agora, veja. Tenho muitos riquixás." Perguntei sobre a imagem pública dos *rickshawallahs*, sobre como eles são tratados pelos clientes. O dono da garagem disse: "Os clientes não são muito maus. Geralmente são respeitosos. Somos respeitados. O dia em que não houver mais riquixás — todo mundo sabe, nesse dia não haverá mais Bangladesh."

Mas o homem de barba não concordava com nada disso. Em sua maioria, os passageiros de riquixá são pessoas de classe média, às vezes pessoas muito ricas, e olham para os puxadores como se eles fossem os mais baixos dos baixos, disse ele. Os passageiros os insultam e xingam: às vezes, até batem em *rickshawallahs*, sabendo que não haverá consequências por fazerem isso. Com frequência, trapaceiam os *rickshawallahs*, recusando-se a pagar a quantia negociada no início da viagem.

Agora o homem de barba estava recitando uma ladainha. O trabalho é perigoso demais. As ruas estão em péssimo estado, há acidentes o tempo todo, o trânsito é horrível, os puxadores de riquixá são feridos e mortos. Um motorista de ônibus, um cara num CNG, passa por cima de um riquixá e vai embora sem pensar duas vezes. Daca é cheia de crimes — assaltos, sequestros, atentados a bomba, assassinatos. Nada do que você vê na rua o surpreende. A polícia é corrupta. Eles batem em você, furam seus pneus, arrancam o passageiro do banco de seu riquixá para você não poder trabalhar. Não há nenhum lugar autorizado para você estacionar seu riquixá em Daca, e a qualquer momento a polícia pode decidir que você parou no lugar errado e lhe dar uma multa, ou pior. Na verdade, eles multam por qualquer coisinha: se você não fez nada errado, eles inventam alguma coisa. É terrível. Não dá para ganhar a vida assim.

A voz do homem de barba se elevara; ele estava vociferando como um profeta. O dono da garagem deu uma risada e levantou as mãos, exasperado. Badshah apenas suspirou e balançou a cabeça, e era impossível saber de quem ou do que ele estava discordando, ou se estava discordando.

Os riquixás de Daca são conhecidos no mundo como objetos de arte. Seus quadros exibem pinturas coloridas e ornamentos elaborados; eles têm sido chamados de "museus móveis". Quase todos os riquixás que você vê em Daca são surrados, com pinturas descascando e tapeçarias desfiando. Mas sua mística é inseparável de sua aparência castigada pelo tempo, e do modo como rangem e sacolejam enquanto viajam. Eles têm uma majestade original.

A meca da construção de riquixás em Daca é a rua Bangshal, uma via estreita que corre de leste a oeste cruzando o coração comercial da Velha Daca. Ali, pode-se ter uma rara visão de riquixás em condições imaculadas e observar as várias fases da construção de um riquixá: trabalhadores soldando o chassi de ferro, encurvando bambus para fazer o capô que protege os passageiros do sol e da chuva, fixando fitas brilhantes e franjas ao guidom. Há pequenas oficinas onde artesãos forram assentos de compensado com plástico brilhante, pregam tachinhas decorativas, costuram coberturas para capôs e enfeitam essas coberturas com contas e lantejoulas.

E há os pintores de riquixá, cujo trabalho é cobrir os quadros. Observadores do negócio de riquixás lhe dirão que a pintura do quadro é uma arte que está morrendo: logo, dizem eles, os ciclo-riquixás exibirão imagens e símbolos produzidos em massa. Mas por enquanto os pintores ainda fazem seu trabalho na rua Bangshal. Sua especialidade são trabalhos em placas traseiras, pintadas em tons berrantes e fixadas nos para-choques traseiros dos veículos. Os temas são variados. Há retratos de astros de cinema de Bollywood e outras celebridades, como Barack e Michelle Obama. Há imagens de mulheres bonitas com olhos sonolentos, semicerrados, que fitam de forma sedutora — ou seria com indiferença? Há panoramas históricos. Um tema popular é a Guerra da Libertação de 1971: cenas de batalhas, heroicos combatentes da liberdade em marcha, representações assustadoras de oficiais do exército paquistanês atacando mulheres e meninas bangladesas. Há imagens de animais, aves, motivos florais, slogans e frases religiosas escritos em letras de bengali enfeitadas. Há pinturas pastorais — montanhas altivas, vilas idílicas, cisnes deslizando em lagos sob o brilho da lua. E há imagens de cidades. Pinturas de placas traseiras de riquixás mostram paisagens urbanas oníricas, com o sol poente resplandecendo sobre torres de edifícios e uma enorme construção com um domo, que lembra o Taj Mahal. Embaixo desses prédios há uma rua como você não encontra em Daca. É limpa, tranquila e inteiramente sem tráfego.

Um dia, subi no riquixá de Badshah e ele pedalou até a Universidade de Daca, onde eu tinha um encontro marcado com um homem chamado Syed Manzoorul Islam, romancista, crítico e professor de inglês na universidade. Ele é um arguto observador da política e cultura de Bangladesh, e escreveu com perspicácia sobre riquixás e puxadores de riquixás.

Para um estudioso de *rickshawallahs* e seus hábitos, o escritório de Islam é bem localizado. A universidade fica no centro da cidade, no distrito de Shahbagh, uma espécie de zona fronteiriça entre a Velha Daca e as partes mais novas da cidade. A situação do trânsito ali não é má. Na estrada Nilkhet, principal via de leste a oeste, a procissão de riquixás e veículos a motor segue densa, mas flui; as ruas raramente engarrafam. A maioria dos riquixás passa por essas ruas algumas vezes por dia. O campus da universidade em si é agradável e quieto, sombreado por grandes árvores. É um popular ponto de encontro de *rickshawallahs*, um lugar para comer, socializar e descansar. Há consertadores de riquixá ali, e vendedores de comida e chá. Badshah me disse que às vezes desvia para o campus para tirar um cochilo, e quando viramos para sair da estrada Nilkhet e paramos do lado de dentro do portão principal da universidade, vi meia dúzia de *rickshawallahs* dormindo. Eles haviam estacionado seus riquixás na lateral da entrada do campus e deitado seus corpos transversalmente sobre os veículos: a cabeça repousando sobre o assento do passageiro, pernas estendidas sobre o selim, pés apoiados no guidom.

O caos pode se intrometer nos lugares mais pacíficos de Daca. Menos de quinhentos metros a leste, pela estrada Nilkhet, fica a rotatória onde, em 2015, o escritor bengalês-americano Avijit Roy foi assassinado por militantes do grupo extremista islâmico Ansarullah Bangla Team. Roy, ateu e ativista da liberdade de expressão, estava sentado com a esposa num ciclo-riquixá quando sofreu uma emboscada de homens armados de facões. Em nosso caminho para a universidade, Badshah apontou o local de um memorial que surgiu depois do ataque. Mas agora, dentro dos portões do campus, a selvageria da cidade parecia remota. O dia estava abafado, mas o campus tinha seu próprio clima. Mognos, tamarindos e árvores-da-chuva se estendiam no alto para formar uma cobertura refrescante. Os galhos se curvavam sob a brisa, balançando sobre os *rickshawallahs* adormecidos, como asas de pássaros gigantes, beneficentes.

Badshah não planejava cochilar naquele dia. Uma tarde de trabalho o aguardava. Mais tarde, podia ser que ele voltasse à área da universidade e parasse para uma xícara de chá. Talvez então nos esbarrássemos, disse ele. Por hora, era adeus. Ele apertou minha mão, agarrou o guidom de seu riquixá e saiu com sua máquina pelos portões da universidade, em direção à estrada Nilkhet.

Quando um riquixá para, não é fácil fazer a coisa se mover de novo. Para fazer as rodas começarem a girar, Badshah curvou as costas e o empurrou, como um homem lançando um barco a remo numa margem de rio lamacenta. Em seguida, ele passou a perna direita sobre o selim, ficou em pé sobre os pedais e começou a pedalar. Aos poucos, o riquixá ganhou velocidade. Observei Badshah deslizando em direção ao trânsito e mantive o olhar fixado nele por mais uns trinta segundos, até deixar de distinguir sua forma magra e sua camisa listrada entre os riquixás e *rickshawallahs* que o haviam envolvido, mais ou menos seiscentas rodas girando sob uns duzentos homens que seguiam para leste pela estrada Nilkhet. Eles estavam indo para a interseção da avenida Kazi Nazrul Islam, deixando a calma relativa da zona da universidade e voltando para algumas das ruas mais tumultuadas de Daca, um rio desembocando num mar revolto.

Encontrei o escritório de Syed Manzoorul Islam ao subir dois lances de escada no prédio da Faculdade de Artes. Islam é um dos mais respeitados intelectuais de Bangladesh. Ele parece e soa como tal. É um homem pequeno com cabelo ralo e grisalho, bigode e olhos perscrutadores emoldurados por óculos com armação de arame. É uma daquelas pessoas absurdamente eruditas que parecem ter inalado toda a história e literatura, e dominado outros incontáveis temas mais arcanos. Ele pode voar de uma dissertação sobre Dickens para uma discussão sobre para-lamas de bicicleta. Seu escritório era abarrotado de livros que, dispostos em pilhas oscilantes, pareciam ter sido postos na sala por uma retroescavadeira.

Um dos tópicos de conversa favoritos de Islam é Daca e seus descontentes. Nisso, ele não está sozinho. "Em nenhum outro lugar as pessoas falam tanto sobre sua cidade", disse Islam. "Todo mundo em Daca discute Daca incessantemente. Todo mundo encontra defeitos. Há muitos defeitos para encontrar." Quando olha para Daca, Islam vê a chocante profundidade da inépcia e corrupção governamentais. Vê o legado do colonialismo e da guerra, e a crueldade da economia global. Vê uma cidade que impõe indignidades na vida diária de seus cidadãos mais privilegiados e aflige os menos afortunados com sofrimentos intoleráveis.

Mas Islam também olha para Daca e vê um novo mundo surgindo. "É claro que Daca é uma bagunça. Mas há grandes mudanças acontecendo aqui. As mulheres estão deixando para trás as algemas das obrigações familiares e considerações patriarcais. Em toda parte, mulheres estão trabalhando. Estão assumindo o comando de suas vidas e seus corpos. Na verdade, não estou muito preocupado com a bagunça da cidade. Estou mais preocupado com o que as pessoas estão fazendo de suas vidas. Como elas estão avaliando suas vidas? As pessoas em Daca estão se tornando participantes da cidade? São simplesmente sombras passando? Não, essas pessoas são donas da cidade e estão clamando. Vejo Daca como uma cidade inquieta. Uma cidade de vitalidade. Este é um lugar onde o futuro está."

Se o futuro incluirá os riquixás, essa é uma das perguntas que os moradores de Daca debatem *ad nauseam*. O dono da garagem tinha sua opinião: no dia em que não houver mais riquixás, não haverá mais Bangladesh. Islam tem uma visão diferente. Com o tempo, um trânsito de massa mais eficiente chegará a Daca, melhorando incomensuravelmente a vida de seus cidadãos. O que se perderá quando o riquixá sumir, diz Islam, é um talismã. "Os riquixás corporificam tradição", disse ele. Para os milhões que trabalham em confecções e áreas de construção da "nova Daca" globalizada, os riquixás são relíquias confortantes. São lembretes, escreveu Islam, da "forma de vida ameaçada pelo caos e a alienação" da megacidade do século XXI. Os *rickshawallah* carregam 200 quilos de madeira, borracha e aço, e mais centenas de quilos de carga humana. E ele carrega o peso da nostalgia coletiva.

A nostalgia está inscrita nas imagens que enfeitam os próprios veículos. Assim como os puxadores de riquixá, os pintores de riquixá são na maioria migrantes do Bangladesh rural, e suas obras de arte — aquelas flores se abrindo, campos verdejantes e cenas delicadas da vida na vila — guardam visões de um mundo deixado para trás. Mais curiosos são os panoramas urbanos, como o do riquixá de Badshah, com suas torres elegantes e ruas improvavelmente ordenadas. Islam publicou estudos sobre a pintura dos riquixás. Ele me disse que a imagem na placa traseira de Badshah é uma paisagem urbana típica de riquixás.

Ele disse: "Quando você olha essas pinturas, tem que perguntar a si mesmo: Que cidade é essa? Geralmente, é uma cidade que parece um pouco Cingapura, uma cidade muito belamente projetada com edifícios altos. Com frequência, as pinturas também mostram um avião, ou decolando ou aterrissando. As ruas são absolutamente calmas, sem qualquer transporte. Talvez um ou dois carros. É uma cidade com regulamentos de trânsito fantásticos, uma cidade com disciplina. Os puxadores de riquixá, mais do que qualquer pessoa, percebem a importância da disciplina nas ruas. Eles são vítimas da indisciplina, de uma cidade com um sistema de trânsito insano, onde não existe nenhuma regra municipal. E então essas pinturas mostram uma cidade fantasia, uma cidade suave, uma cidade disciplinada. É uma cidade imaginária que todos carregam na mente quando migram para Daca."

Islam disse: "Acho que isso também explica as imagens de aviões. É o nível mais alto de transporte, não é? Na mente do puxador de riquixá, talvez isso represente um tipo de fantasia diferente. É uma aspiração, um sonho de futuro. *Se eu faço esse trabalho árduo — se eu puxo esse riquixá nessa cidade inflexível, insana —, talvez um dia meus filhos voem naquele avião.*"

HISTÓRIA PESSOAL

O autor e seu filho. Brooklyn, 2018.

I. Primeira pedalada

Uma vida de ciclismo começa com um esplendor de glória. Durante horas ou dias ou semanas, você ainda não sabe andar de bicicleta. Você oscila, balança e cai, travando uma luta penosa com a força da gravidade e o peso e a imprevisibilidade da máquina de metal indisciplinada. Então, de repente, você está deslizando por uma rua que segue em direção a um horizonte sem limite. Ou talvez, mais provavelmente, você está pedalando em círculos no asfalto do pátio de uma escola. De qualquer modo, você está andando de bicicleta. Existem poucas transições na vida mais abruptas e definitivas: você não é um ciclista, e de repente é. A habilidade que lhe escapava momentos antes é agora magicamente assimilada, e nada que não esteja próximo de um trauma cerebral brusco ou um desastre neurológico lhe tirará isso.

Em anos recentes, pesquisadores passaram a compreender melhor os processos que levam ao nosso domínio da bicicleta. Cientistas identificaram uma célula nervosa, o interneurônio da camada molecular — que controla a produção de sinais no cerebelo — que converte uma habilidade motora recém-aprendida, como pedalar, num código que é gravado como memória em outro lugar do cérebro. Isso é um exemplo da chamada memória processual: assim como caminhar, falar ou amarrar o cadarço do sapato, andar de bicicleta é uma função motora que, uma vez aprendida, pode ser realizada automaticamente, sem recorrermos ao pensamento consciente. Na verdade, pedalar é o exemplo mais famoso de memória processual. "É como andar de bicicleta", dizemos quando algo se torna natural, uma atividade que podemos voltar a fazer depois de pararmos, não importa quanto tempo tenha passado.

A maioria das pessoas aprende a pedalar quando é pequena. Assim como "você nunca esquece como é andar de bicicleta", você nunca esquece a primeira vez que andou de bicicleta, ou é o que nos dizem. Proverbialmente, a primeira vez que uma criança anda de bicicleta traz um gosto estimulante de liberdade e autonomia, uma prévia da grande libertação que a aguarda depois de mais uns doze anos de estrada. A primeira vez representa livrar-se das garras de guardiões adultos, quando a criança se afasta pedalando do adulto que estava mantendo a bike firme segurando-a por baixo do selim. O escritor francês Paul Fournel, um dos mais líricos cronistas da bicicleta, descreveu a emoção de sua primeira vez: "Certa manhã, eu já não ouvia o som de alguém correndo atrás de mim, o som de uma respiração rítmica às minhas costas. O milagre acontecera."

Dramatizações desse "milagre" são comuns em filmes, televisão e anúncios, que durante décadas retrataram a bicicleta como um emblema da infância. Nos Estados Unidos pós-guerra, escreveu o historiador Robert Turpin, "a ideia de que a bicicleta e a criança pertenciam uma à outra era tão difundida que havia pouco espaço para qualquer outra pessoa". A noção de que aprender a andar de bicicleta era um rito de passagem semelhante a aprender a andar ou ler foi promulgada pela indústria da bicicleta, que, depois de perder os ciclistas adultos para os automóveis, remodelou as bikes como uma compra obrigatória dos pais, essencial para o crescimento físico e moral dos filhos, em especial dos meninos. Como explicou um comerciante de bicicletas na Califórnia: "Nada se compara à bicicleta para seu filho em crescimento desenvolver um corpo firme, pulmões fortes, bochechas rosadas, olhos brilhantes e autoconfiança."

Há uma famosa ilustração de capa do *Saturday Evening Post* que capta uma cena agradável. *Bike Riding Lesson* (1954), do artista George Hughes, mostra um menino pequeno andando de bicicleta numa rua residencial arborizada enquanto seu pai segura o guidom e o selim, esforçando-se para manter a bicicleta ereta. Em torno da cintura do menino há um coldre de couro com um revólver de brinquedo: ele é um caubói andando num cavalo indomado. Esse arquétipo do *Saturday Evening Post* — criança de olhos brilhantes andando de bicicleta em subúrbios idílicos — ainda faz parte da cultura pop, depois de passar por sucessivos ciclos de nostalgia e renovação. Em *E.T. — O extraterrestre,* as crianças californianas de Steven Spielberg que andam de BMX atualizaram as imagens de subúrbios dos anos 1950 para os anos 1980 semirrurais. Mais recentemente, *Stranger Things*, série da Netflix passada num subúrbio dos anos 1980, flertou com *E.T.*, pondo seus bravos protagonistas em Schwinn Sting-Rays.

Hoje, no mundo inteiro, ensinar crianças a andar de bicicleta é tanto uma convenção social quanto uma medida prioritária. Da Colômbia à Austrália, governos instituíram programas de instrução de ciclismo para jovens nos níveis federal e local. Na Nova Zelândia, as crianças recebem ensinamentos de ciclismo na escola e por meio de instrutores treinados pelo governo em municípios. O ambicioso Plano de Ciclismo e Mobilidade Ativa, da França, inclui um programa para assegurar que toda criança em idade escolar saiba andar de bicicleta aos onze anos.

Enquanto isso, o marco da primeira vez em que se andou de bicicleta permanece totêmico. Na internet, pais orgulhosos postam vídeos que documentam os triunfos — a primeira vez em playgrounds, em gramados na frente das casas, em entradas de garagens, em ruas norman--rockwellianas sombreadas, com varandas e cercas de estacas, em ruas sem saída steven-spielbergianas. Hoje em dia, muitas crianças começam a aprender a andar de bicicleta numa bicicleta de equilíbrio — uma bike sem pedais, sem corrente e sem roda livre, na qual a criança monta e se movimenta empurrando os pés no chão — em outras palavras, uma *Laufmaschine*. Para ensinar um novato a manter uma bicicleta estável e se movendo para a frente, a invenção de Karl von Drais vem a ser bem mais preferível à bicicleta de rodinhas. A bicicleta original da história retornou como bike de iniciante.

Minha primeira vez não foi comemorada. Não há nenhum filme caseiro, nem mesmo uma foto. Estou razoavelmente certo de quando isso aconteceu: eu tinha cinco anos. Sei onde aconteceu. Eu estava na Claremont Avenue, a alguns quarteirões de minha casa na infância, em Morningside Heights, um bairro tranquilo para os padrões de Manhattan, junto ao campus da Universidade de Columbia, no Upper West Side. A Claremont Avenue é uma via particularmente sossegada, conhecida principalmente pela altiva catedral neogótica da igreja de Riverside e por alguns grandes prédios de apartamentos pré-guerra que servem para abrigar professores da Columbia e do Barnard College. Tenho certeza de que não foi nem meu pai, nem minha mãe, mas sim minha "outra mãe", a sócia de minha mãe, Roberta, que estava presente no momento ilustre — que correu pela calçada segurando a bike com mão firme e, com um leve empurrão, lançou-me para a vida de ciclismo.

Fora isso, de nada me lembro. Estou na meia-idade: as lembranças vão desaparecendo juntamente com o cabelo. Ou pode ser que minha primeira vez não tenha sido especialmente memorável. Houve muitos passeios de bicicleta: passeios reveladores, passeios triviais, passeios ótimos, passeios ruins, o passeio da noite passada, o passeio desta manhã. Na infância, eu subia e descia o quarteirão da West 121st Street. Nosso prédio ficava no lado norte da rua, quase exatamente a meio caminho de um trecho alto da calçada que descia dos dois lados para encontrar avenidas movimentadas, a Amsterdam a leste e a Broadway a oeste. Eu tinha rígidas instruções para voltar bem antes de chegar à esquina, e gostava de dar uma pequena derrapada quando apertava os pedais para trás para ativar o freio da bicicleta sem marcha. Anos depois, quando me mudei com minha mãe para Brookline, Massachusetts, um subúrbio de Boston, eu pedalava pelo bairro, um lugar chamado Coolidge Corner. E andava de bicicleta na Beacon Street, dentro de Boston, para explorar as ruas e comprar discos estranhos e roupas vintage — os bens talismânicos que eram, juntamente com a própria bicicleta, a armadura essencial, as coisas que me distinguiam e que, eu imaginava, me tornavam moderno, ou pelo menos me ofereciam alguma proteção contra as muitas ofensas e humilhações que a vida reservava para um adolescente.

Eu era louco por bicicletas, mas não um expert. Conhecia garotos aficionados, que rondavam lojas de bikes e manejavam uma chave Allen como se fosse um canivete — que estavam sempre incrementando suas bikes, tornando-as mais iradas e radicais. Eu não era assim. Até hoje, mal consigo remendar uma câmara de ar. Não era um cara atirado que fazia longos passeios e subia morros. Não era um garoto de BMX que empinava a bike e encarava half-pipes. Eu andava de bicicleta para colocar a cabeça no lugar. Era como se houvesse uma abertura no meu crânio e, quando eu pedalava e aumentava a velocidade, o vento entrava ali, limpando a sujeira. Não que pedalar por aí me deixasse mais inteligente ou mais esperto. Pelo contrário, eu era, como muito rapazes da minha idade, confuso com quase tudo que era importante, mas certo de que entendia o mundo, ou que podia pelo menos me fazer passar simulando uma certa arrogância. Estou certo de que andar de bicicleta me deixava mais confiante nesses equívocos, um pateta mais seguro. Definitivamente, era algo que me acalmava e me animava. Eu podia subir na minha bike numa nuvem de neurose e descer algum tempo depois me sentindo bem — corajoso o bastante, pelo menos, para pegar o telefone e ligar para uma garota.

Sempre prestei atenção à aparência das bicicletas, então é estranho que só consiga trazer à mente imagens nebulosas das bikes que tive quando era criança e adulto jovem. Sei que a bicicleta que eu pedalava naquele dia na Claremont Avenue era uma bike pequena de selim banana, apropriada para a primeira vez de um menino nos anos 1970. As bicicletas de quando eu era mais novo eram bem de acordo com as tendências da época. Em algum momento no início dos anos 1980, comprei uma bike de dez marchas com guidom baixo; no fim dos anos 1980, comprei uma mountain bike. Ao longo do caminho, houve outras, de marcas e aparências variadas. Bikes vieram; bikes se foram. Devo ter tido seis ou sete entre os cinco e os vinte e cinco anos de idade. Fiquei grande para algumas e outras ficaram velhas — ou então as tratei mal, deixando-as na rua durante a noite o ano inteiro, mesmo no inverno.

Adoro bikes, mas não as trato como preciosidades. Nunca tive uma bicicleta cara. Não duvido que uma esplêndida máquina sofisticada rodaria como uma nave espacial, mas nunca senti o impulso de me permitir esse luxo. Quando garoto, admirava a bela bicicleta de estrada Cannondale de meu vizinho. Parecia ter sido montada com pedacinhos de céu e nuvem; quadro de cobalto reluzente, guidom branco, selim branco. Mas também invejei as BMX Mongoose aventureiras e surradas, em que os meninos corriam por aí com bolas de tênis velhas presas entre os raios. Não era e não sou um conhecedor. Era, e sou, algo mais na linha de um glutão de bicicleta. Se os pedais giram, eu pedalo.

Não que eu não tenha estabelecido certos limites. Quando eu era jovem, com frequência passava fins de semana em Connecticut, na propriedade rural da família da segunda mulher de meu pai, uma casa grande no alto de uma colina sobre uma curva do rio Connecticut. Havia décadas que a casa era um refúgio de portas abertas para a família de minha madrasta, um grande clã de classe privilegiada, e para vários clãs satélites de amigos e amigos de amigos. O lugar era cheio de relíquias de moradores e visitantes do passado, incluindo, na garagem, algumas bicicletas velhas de incerta procedência. Uma delas era uma cruiser infantil antiga, provavelmente um modelo do início dos anos 1960. Havia ferrugem no quadro vermelho carro de bombeiro, mas alguém devia ter feito algum trabalho de manutenção, engraxado a corrente e endireitado as rodas, porque a coisa rodava muito bem. Era perfeita para andar nas estradas sinuosas dos bosques próximos.

É possível que essa bicicleta tenha sido formalmente deixada de herança para mim por algum adulto em posição de fazer isso. De um jeito ou de outro, eu a reivindiquei: era a *minha bike* nos fins de semana no campo. Tecnicamente falando, era uma bicicleta de menina, com um quadro com cano baixo, mas isso não me incomodava. Havia um problema, porém: as fitas plásticas vermelhas, brancas e azuis no guidom. Aquilo me parecia estúpido e vergonhoso. Tremulando freneticamente enquanto eu pedalava, as fitas transformavam o negócio digno de andar de bicicleta em uma tola brincadeira infantil. Uma alteração se fazia necessária. Não consigo me lembrar se primeiro tentei e não consegui arrancar aquelas coisas das manoplas do guidom. Em todo caso, acabei fazendo uma cirurgia mais violenta. Encontrei uma grande tesoura de jardinagem num quadro acima de uma bancada na garagem e cortei as fitas, *snip, snip*, como um cavalariço aparando o rabo de um cavalo de exibição.

II. Garoto mensageiro

Julho de 1988. Eu acabara de fazer dezenove anos e estava passando o verão em Boston. Estava morando com minha mãe, que, agora que eu me tornara (em princípio, pelo menos) um jovem adulto e (de novo, em princípio) deixara o ninho, estava matriculado na Universidade de Boston, perseguindo um sonho havia muito tempo adiado de uma formação avançada. Meus sonhos eram mais banais, e mais ridículos. Eu estava deixando o cabelo crescer. O INXS, um grupo de pop-rock australiano, estava no auge da fama internacional, tocando muito no rádio e na MTV. Eu não era louco pela banda — gostava apenas —, mas adorava o aspecto do vocalista, Michael Hutchence, com grandes olhos escuros, cachos de cabelo caindo sobre o rosto e movimentos de dança ondulantes. Decidi que se usasse o cabelo como o de Hutchence, seu charme dionisíaco seria transmitido a mim, e as garotas começariam a se jogar na minha cama.

Em julho, meu cabelo chegara a um comprimento que me permitia puxá-lo para trás e fazer um rabo de cavalo curto. Eu tinha quatro piercings na orelha esquerda, um deles na cartilagem dura do alto da orelha, que estava sempre infectado. Tinha um violão que não sabia tocar, mas isso não me impedia de ficar batendo nele. Também não sabia cantar, mas não sabia disso na época, e estava absolutamente convencido de que era um ótimo compositor, destinado ao estrelato — mais precisamente ao estrelato de nicho, que é o melhor tipo. Não cobiçava a popularidade global mundana de Michael Hutchence; eu me via como um herói cult, um artista festejado pela crítica e por um público pequeno, mas fanático, que reconhecia minha genialidade. Passava pelos dias com a cabeça num nevoeiro: esses versos foram escritos por mim, num caderno que levava para todo canto, caso a inspiração batesse. Não era a melhor frase que já escrevi, mas era precisa. Minha mente estava enevoada de sonhos, desejos e grandiosidades, com melodias e letras, com visões de fama, aplausos, garotas e glória — todos os triunfos por vir. Enquanto isso, porém, eu era um garoto de classe média, um estudante de faculdade a caminho do segundo ano, e precisava de um emprego de verão. Então consegui um, de mensageiro de bicicleta.

Nos anos 1980, os mensageiros de bike de Nova York eram lendários, uma nova espécie de super-herói urbano: rapazes intrépidos que costuravam pelo trânsito pesado de Manhattan em alta velocidade. A diferença entre levar mensagens em Nova York e Boston era a diferença entre Nova York e Boston. Nova York é a maior onda, a metrópole imbatível, imensa, frenética e eletrizante. Boston, em comparação, é interiorana. De bicicleta, você pode cruzar a cidade de norte a sul, de Charlestown a Mattapan, em mais ou menos uma hora. Como mensageiro de bike em Boston no fim dos anos 1980, você passava pelo menos metade do dia de trabalho circulando pela mesma área de aproximadamente quinhentos metros quadrados: o Financial District no centro, um labirinto de algumas dezenas de ruas trançadas entre Chinatown e City Hall Plaza. Algumas tarefas o enviavam para mais longe: a oeste até Back Bay, Kenmore Square e Allston-Brighton, a sul até South End, atravessando o rio Charles para Harvard e para Central Square e Porter Square em Cambridge.

Bastavam alguns dias de trabalho para ligar esses pontos na cabeça e criar um mapa mental claro. O que não quer dizer que, uma vez que você conhece as ruas, conhece a cidade. Com sua história profunda, seus bairros tribais, seus bairros dentro de bairros, seu progressismo político, seu profundo racismo, suas inflamadas antipatias entre o povo local e a comunidade acadêmica, sua alucinada cultura esportiva, seus sotaques insondáveis, Boston era e é fascinante e desconcertante. Como mensageiro de bike, você mergulhava imediatamente na beleza de Boston, em suas ruas graciosas e suas vistas e edifícios, em especial nos elegantes Back Bay e Beacon Hill. Você também aprendia rapidamente sobre a virulência dos moradores de Boston, que — pelo menos quando dirigiam automóveis — eram pessoas com raiva, com mais raiva do que parecia possível ou compreensível num ambiente tão singular. O trânsito de Boston não é furioso como o de Nova York, mas os motoristas se enfurecem. Os motoristas viam a presença de bicicletas na rua como uma afronta, e qualquer indício de deferência insuficiente — qualquer sugestão de que eles deviam ceder ao ciclista alguma parte da pista, ainda que por um momento — podia provocar uma resposta veemente. A janela do lado do motorista descia e revelava um rosto irado, com veias tão grossas quanto as cordas de uma âncora saltando na testa. As palavras saíam no sotaque local: *filho da puta*, *babaca*, *veado*. Era preciso permanecer alerta, pronto para uma ação de evasão quando um louco virava as rodas na sua direção e acelerava.

Apesar desses riscos, eu adorava o trabalho. A bicicleta que dirigi naquele verão era uma Ross de dez marchas. Não era excelente, e estava castigada sob meus cuidados. Mas não era uma lata velha; andava. Estou certo de que tive que assinar um documento para indenização da empresa de envio de mensagens caso eu sofresse danos durante o cumprimento do dever. Em troca, recebi uma bolsa de mensageiro preta, um pager que prendi na alça da bolsa sobre o ombro, uma prancheta e um maço de folhas de registro de entrega para manter em dia minhas tarefas e colher assinaturas ao apanhar e entregar algo. Na bolsa, eu guardava várias canetas e um saco plástico cheio de moedas, para poder ligar para o serviço de despacho de um telefone público quando o pager tocava ou quando eu terminava uma corrida e precisava de uma nova missão. Você podia iniciar e interromper o trabalho quando quisesse, sem motivo. Geralmente eu começava às nove em ponto e largava em torno das seis. Não sei bem quantos quilômetros eu percorria num dia, mas era o bastante para ficar ensopado de suor e não muito cansado — um tipo de cansaço que, aos dezenove anos, passa com um banho, para em seguida encontrar amigos e beber cerveja. Essa foi a época em que passei mais tempo de bicicleta, e isso confirmou minha suspeita de que eu não queria ficar sem uma.

O trabalho era simples. Você pegava um pacote em uma empresa e o entregava em outra. Naqueles tempos anteriores ao e-mail — e anteriores até mesmo ao fax —, o correio de bike era rápido. Se uma carta ou memorando ou relatório precisava atravessar a cidade rápido, você chamava um serviço de mensageiro e em minutos uma pessoa suada, fedorenta e de aparência infame aparecia em seu escritório para apanhá-la. Com frequência, eram envelopes enormes ou plantas arquitetônicas enroladas dentro de grandes tubos de papelão. Você recolhia os itens e uma assinatura, punha a carga na bolsa, saía do prédio, destrancava a bike e levava o pacote ao destino tão rapidamente quanto possível — quanto mais rápido, melhor, para que você pudesse passar para a tarefa seguinte. Os mensageiros de bike recebiam um valor por hora mais uma comissão por cada entrega. Quanto mais tarefas você fizesse, mais dinheiro recebia. Então você pedalava com força.

Essa era a ideia, pelo menos. Meu modus operandi era diferente. Nada parecido com isso. Eu era lento. Não que fosse preguiçoso; é que eu tinha outra programação. Eu estava ocupado aproveitando o passeio, absorvendo a atmosfera e tentando escrever canções na cabeça. Às vezes, desviava para uma rua desconhecida porque ela parecia interessante. Havia outras distrações: uma vitrine, uma placa registrando um acontecimento histórico, uma briga na rua, uma garota bonita na calçada. Se uma letra de música particularmente boa vinha à cabeça, alguma grande dádiva dos deuses da canção, eu parava para escrevê-la. Eu podia encontrar um banco e ficar sentado ali por algum tempo. Uma firma de serviços financeiros podia suportar um atraso de alguns minutos para receber um contrato autenticado. Mas a Arte não podia esperar.

Meu jeito vagaroso de trabalhar não passou despercebido. Certa vez, quando liguei para o despacho depois de uma entrega, a voz na linha tinha um tom duro. "Você não quer ganhar dinheiro?", perguntou o cara do despacho. "Sim, é claro", eu disse encabulado, mas mentindo.

Eu não tinha que pagar aluguel; meu ensino na faculdade e minhas despesas de manutenção eram cobertos pelo meu pai. Meus ganhos como mensageiro de bike proporcionavam algum dinheiro para sair e talvez um pequeno extra para pôr no banco. Era o bastante.

Outros mensageiros eram mais sérios. Para eles, aquilo era uma carreira, ou pelo menos um trabalho de verdade, algo que faziam enquanto imaginavam qual seria sua carreira. Era também um modo de vida, uma subcultura. Eu ouvira falar que havia alguns bares em Jamaica Plain onde os mensageiros se encontravam, mas não era ligado o bastante para saber onde ficavam, nem corajoso o bastante para perguntar. Eu sabia de outro local onde os mensageiros se reuniam depois do trabalho. Era um pequeno trecho de calçada numa ruazinha perto da South Station, a alguns passos do escritório de despacho onde eu deixava os registros de entrega e apanhava meus cheques de pagamento irrisórios. Todos os dias da semana, por volta das seis da tarde, o lugar ficava cheio de mensageiros encostados em suas bikes, sentados no meio-fio, falando do trabalho, bebendo cerveja barata em garrafa e fumando cigarros e maconha.

A cena era atraente, mas intimidante. Eu estivera ali algumas vezes depois do trabalho e ficara à margem, num ponto onde podia observar, mas não ser observado. Eu virava a bike e a punha na calçada em posição invertida, apoiada no selim, fingindo que estava examinando uma roda ou fazendo algum pequeno reparo. Se alguém me notou, não se importou em atestar minha existência nem se incomodou com isso. Quase todos os mensageiros estavam na casa dos vinte anos e a maioria parecia roqueiro punk, meio fora da lei, com cabelo arrepiado e piercings nas orelhas e no nariz. Estava claro que aquelas pessoas não eram da minha turma. Eram mais velhas e mais sábias. Sabiam mais do que eu sobre bikes e, sem dúvida, sobre a maioria das outras coisas também.

O grupo de mensageiros de Nova York era, em grande parte, negro e latino. Mas, sendo Boston o que é, a cena de mensageiros era muito branca e muito masculina. Havia exceções. Alguém que frequentava aquele local depois do trabalho era uma jovem, provavelmente de vinte e poucos anos, cujo nome eu nunca soube. Ela tinha olhos muito azuis, a cabeça raspada como a de Sinéad O'Connor e um ar moderno implacável. Eu a achava fascinante. Eu não tinha exatamente uma queda por ela. Não queria ser seu namorado; queria ser ela, ou alguém bem parecido com ela. Também queria sua bike. Era a bicicleta mais feia que eu já tinha visto, a mais magnífica e pós-apocalíptica sucata — uma fixa, eu acho — que parecia saída de um filme de Mad Max. Era preta — ou não? Era impossível dizer, já que o quadro era envolvido em camadas de fita adesiva preta e enfeitado com adesivos de bandas que eu não conhecia. Parecia possível que a fita e os adesivos estivessem mantendo a bike de pé. Havia arranhões e amassados — cicatrizes que testemunhavam incontáveis façanhas de agressividade. A bike parecia ter pegado fogo e ziguezagueado em zonas de guerra. Quanto à dona da bike, era uma ciclista forte. Quando ela ia embora, depois de uma cerveja e um cigarro, suas rodas pareciam sair queimando o calçamento.

O efeito dessa cena foi tão forte que durante algum tempo pensei em tosar o cabelo, talvez pôr um piercing no nariz, virar um pirata punk-rock total. Não cortei o cabelo, porém. Continuei deixando-o crescer. Em agosto, eu tinha um rabo de cavalo mais substancial e estava deixando um cacho ou dois caírem na frente do rosto, um duvidoso toque hutchenciano. O cabelo não exerceu sua magia sobre nenhuma garota naquele verão, mas imaginei que minha sorte logo voltaria. Enquanto isso, eu andava de bicicleta, entregava alguns pacotes e devaneava. Enquanto pedalava, escrevia canções. Os ciclos sem pressa das pedaladas, o lânguido girar dos pedais e das rodas, as árvores, a brisa, o modo como minha respiração se encaixava no tempo da respiração da bike e o cenário ao redor — isso era musical, rítmico e se prestava à composição de melodias e letras.

Certa noite, depois do trabalho, saí com amigos em Cambridge e fiquei fora até tarde. Passava da meia-noite quando segui para casa, mas não fui para lá. Continuei rodando pela cidade, refazendo rotas que fazia durante o dia de trabalho. Sobre a ponte da Massachusetts Avenue. Pelas belas ruas de Back Bay: Beacon Street, Marlborough Street, Commonwealth Avenue, Berkeley, Clarendon, Dartmouth, Exeter. Para cima e para baixo em Beacon Hill, subidas castigantes seguidas de descidas oníricas. Entrando no quase vazio Financial District. A noite estava quente e ventava, eu tinha bebido alguns drinques e minha impressão era de que a inspiração estava se soltando num coral astral. Enquanto eu passeava, compus uma canção. Não era ótima, mas era a melhor que eu já fizera ou jamais faria. Tinha um bom título: "I Love Romance." Geralmente, minhas letras eram difíceis e floreadas, cheias do que eu pensava que eram jogos de palavras inteligentes. Mas nesse caso tentei manter as palavras tão simples quanto possível.

> *Ten thousand cars*
> *Ten million stars*
> *In the sky above*
>
> *Shining bright*
> *Oh what a night*
> *I want to fall in love*
>
> *May I have this dance?*
> *I love romance*
>
> *Down this road*
> *A man once strode*
> *With a coat and cap and cane*
>
> *Beneath these stones*
> *His yellow bones*
> *Are wrapped around the water main*
>
> *May I have this dance?*
> *I love romance*°

° Dez mil carros / Dez milhões de estrelas / No céu / Brilhando intensamente / Ah, que noite / Quero me apaixonar / Vamos dançar? / Eu adoro romance / Nessa estrada / Um homem certa vez passou / Com um casaco, um boné e uma bengala / Sob essas pedras / Seus ossos amarelos / Estão envolvidos por canos d'água / Vamos dançar? / Adoro romance. (N. do T.)

Digitando hoje essa letra — vendo os versos do jovem poeta menor estendidos na tela fria e branca do notebook — fico impressionado com sua sólida construção e sua ambição exacerbada. Não consigo lembrar exatamente o que eu pensava que estava dizendo em 1988, mas está claro que eu buscava algo grandioso, esforçando-me para fazer uma irônica, astuta e engenhosamente velada Grande Declaração de Amor, História, Memória e Morte — algo assim. Pus a letra numa batida suingada lenta e em acordes de sétima menor que eu arranhava no violão, à minha maneira rude. Eu tentava conseguir um clima melancólico, pressagioso e sofisticado, um estilo Kurt Weill misturado com Weimar cabaret e toques de Tom Waits, cujos discos eu escutava muito naquela época. "I Love Romance" estava, eu sabia, destinada a ser a faixa número quatro de meu álbum de estreia. Uma joia escondida, apreciada por conhecedores. Um corte profundo.

Hoje, percebo que a canção é sobre andar de bicicleta. É sobre os pensamentos que inundam a mente quando você roda pelas ruas da cidade sob o céu da noite — a sensação de loucas possibilidades, as epifanias de: *Ah! Doce mistério da vida!*, que convulsionam a alma de um cara jovem, branco, ingênuo, sentimental, pretensioso, compreensivelmente autocentrado — tudo ampliado pela cadência estável dos pedais girando e pela emoção de correr pela escuridão sob a sinistra silhueta dos edifícios.

Mantive "I Love Romance" no que passou por meu repertório durante anos. Eu não era um mensageiro de bike muito bom, mas era melhor mensageiro de bike do que músico. Definitivamente, nunca tive um trabalho mais prazeroso. No fim de agosto, voltei para a escola, na Universidade de Wisconsin-Madison, e fui morar com cinco amigos próximos em uma casa num bairro de estudantes fora do campus. Deixei a Ross de dez marchas para trás em Boston, mas, no dia seguinte ao que cheguei a Madison, fui à cidade e comprei uma bike usada por, acho, quarenta paus.

III. Acidente

Quando eu tinha talvez nove ou dez anos, meti a bicicleta em uns seixos, senti a roda da frente prender, puxei o guidom e tombei, caindo sobre meu lado esquerdo e me ralando no asfalto. Isso foi no verão, numa manhã chuvosa em Connecticut, na velha bicicleta vermelha cujas fitas eu cortara. Eu estava passeando perto da casa de meus avós postiços, numa estrada densamente arborizada que, àquela hora do dia, não tinha nenhuma outra presença humana. O bosque em volta era profundo e sinuoso, cenário que eu associava aos romances de fantasia que estava lendo — um lugar que se podia imaginar conter uma colônia de hobbits ou uma cova de leões narnianos. Eu devia estar devaneando sobre algo assim; de qualquer modo, estava indo rápido e foi uma queda feia. Quando bati no chão, dei uma deslizada longa, batendo e derrapando num percurso em diagonal, deixando pele para trás no pavimento molhado de chuva. Não bati a cabeça nem quebrei um osso, mas os arranhões no braço e na coxa ardiam como se a carne tivesse sido toda queimada. Os ciclistas chamam isso de "road rash". A bicicleta estava emborcada a mais de dez metros de mim, e no trecho de estrada entre nós, o asfalto estava pintado de manchas e pontos de sangue, como chuviscos expressionistas abstratos sobre uma tela preta.

Esse pode ter sido ou não meu primeiro acidente de bicicleta. Tive um número razoável, possivelmente mais do que um ciclista médio, e, de novo, essas lembranças tendem a se confundir. Alguns infortúnios deixaram marcas. Quando eu tinha uns dezesseis anos, voei da bike e quebrei uma articulação do dedo anular esquerdo. Até hoje, esse dedo é disforme, com uma junta inchada, bulbosa. (Quando me casei, tive que comprar uma aliança de casamento extragrande para passar por esse nó; um joalheiro soldou bolas estabilizadoras de metal no lado interno do anel para ele não escapar do dedo.) Outro acidente, na faculdade, me deixou com um inchaço no queixo do tamanho de uma bola de pingue-pongue. Não tenho memória do acidente em si, mas me lembro de estar sentado com a perna levantada no apartamento de um amigo fora do campus, esfriando o inchaço com um saco que apanhara no congelador: mix de legumes Birds Eye.

Minha mulher diz que sou propenso a acidentes e, embora as estatísticas possam sustentar essa tese, não acredito muito nisso. A mim parece que a lei das médias se faz valer: se você anda muito de bicicleta, está sujeito a bater em coisas de vez em quando. Isso é especialmente verdade se você pedala na maioria das vezes em Nova York. Nas últimas décadas, a cidade criou centenas de quilômetros de ciclovias; há planos, suspostamente, de acrescentar centenas de outras e aumentar o número de faixas protegidas de veículos a motor por barreiras. Mas, por enquanto, a infraestrutura de Nova York para bicicletas é inadequada, e os ciclistas são forçados a entrar no tráfego barulhento de ruas onde motoristas operam com algo próximo da impunidade.

Todo ano, milhares de ciclistas são feridos por automóveis em Nova York, e somente em raros casos os motoristas enfrentam repercussões legais. Isso também é verdade para casos em que ciclistas são mortos. Os nova-iorquinos crescem acostumados a ver bicicletas fantasmas, memoriais a ciclistas falecidos que surgem em locais de acidentes fatais. As bikes fantasmas são inteiramente pintadas de branco; com frequência, são enfeitadas com flores ou uma fotografia laminada do falecido. Olhar um desses santuários nunca deixa de dar uma pontada de medo. Quando você passa pedalando, isso o faz lembrar de sua total vulnerabilidade. Os carros e caminhões rosnando de todos os lados têm o poder de permitir uma avaliação rápida; não importa o quanto um ciclista urbano seja experiente e cauteloso, pode ser simplesmente pura sorte o que determina se você chega a seu destino. Se você tiver um fim violento, uma bicicleta fantasma surgirá onde você caiu; se não, Nova York receberá a notícia com indiferença. De vez em quando, líderes da cidade espremem algumas lágrimas de crocodilo em resposta a acidentes de bike fatais. Mas é evidente que essas mortes são vistas, por autoridades de Nova York e por grande parte de seus cidadãos, como infelizes, mas inevitáveis — um resultado previsível de fazer algo tão tolo, tão ilícito, quanto andar de bicicleta em ruas que pertencem a automóveis. "É aceitável matar ciclistas?", foi a pergunta feita num artigo de opinião do *Times* em 2013. A resposta, concluiu o autor, Daniel Duane, é sim: nos Estados Unidos, temos um "sistema de justiça que na prática torna legal matar pessoas, mesmo quando isso é claramente culpa sua, desde que você esteja dirigindo um carro e a vítima esteja de bicicleta e você não esteja obviamente bêbado nem fuja da cena".

Nova York, em outras palavras, é um lugar muito americano. O carro é o grande unificador, uma das últimas paixões compartilhadas que une um corpo político fraturado, assim como o Sistema de Rodovias Interestaduais une Portland, Maine, a Podunk e à Golden Gate, de mar a mar brilhante. Com frequência se pensa em Nova York como a exceção aos Estados Unidos, uma cidade-estado que flutua fora da costa do continente e funciona de acordo com suas próprias regras, vagamente "europeias". A relação da cidade com os automóveis seria um exemplo claro. Os nova-iorquinos possuem 30% menos carros do que os moradores de outras grandes cidades americanas. Muitos presumem que dirigir um carro em Nova York não é prático nem apropriado — vai contra o espírito da cidade.

Mas os ciclistas sabem que Nova York é tão centrada em carros quanto qualquer lugar a oeste do Hudson. A cultura automobilística une as distâncias políticas de Nova York. Não importa se é um liberal do Upper West Side cujo hatch ostenta um adesivo de PENSE GLOBAL, COMA LOCAL ou um apoiador de Trump de Staten Island que põe uma bandeira americana em apoio à força policial no teto do carro — esses inimigos naturais estão unidos pela crença em estacionar na calçada livremente, pela oposição à tarifação de congestionamento, pelo desdém pelos mosquitos humanos de bicicleta que passam zumbindo à sua volta. A cultura automobilística está escrita nas estátuas da cidade e nas colunas de seus jornais, notadamente o *New York Post*, de Murdoch, que é implacavelmente contra as bicicletas, retratando-as como um risco à segurança, em particular dos pedestres. O teor da cobertura não difere muito daquele de cento e vinte e cinco anos atrás, quando o ciclista veloz diabólico circulava pelas colunas dos tabloides de escândalos de Hearst e Pulitzer. Isso talvez explique por que tantos nova-iorquinos consideram os ciclistas uma grande ameaça à sua paz de espírito e a suas pessoas, quando dados e o bom senso demonstram que o verdadeiro perigo provém desses nacos de aço de 1.400 quilos que dominam as ruas. Os nova-iorquinos têm, é claro, uma probabilidade muito maior de serem atingidos por um carro ou um caminhão do que por uma bike, e com consequências bem mais graves.

Andar de bicicleta em Nova York, em outras palavras, é enfrentar perigo e hostilidade, e muitos moradores que em outras condições poderiam pedalar felizes pela cidade jamais ousarão fazê-lo. Porém, mais de um milhão o fazem, e o número está crescendo, graças em parte ao Citi Bike, o popular programa de compartilhamento de bicicletas de Nova York. Um ciclista de Nova York pedala com cautela, defensiva e estrategicamente, e aprende os pequenos truques do jogo: como relaxar a pedalada e surfar em meio aos solavancos quando você encontra um grande espaço livre na pista; como correr os olhos pelos espelhos retrovisores de carros estacionados para identificar um motorista que está prestes a dar partida ou a abrir a porta.

É preciso uma certa atitude mental. Você cultiva um fatalismo suave, dizendo a si mesmo que, como ciclista, você é simplesmente mais consciente da morte que o espreita em todos os lugares — mais atento do que o transeunte que a qualquer momento pode passar sob um piano caindo ou andar no caminho de um carro que subiu na calçada. Certamente é verdade que os ciclistas entendem os automóveis melhor do que qualquer um, e em especial as pessoas que os dirigem. "Os carros tornam você estúpido, assim como a riqueza torna você estúpido", escreve a ensaísta Eula Biss. "São como homens importantes conversando com outros homens importantes. As bicicletas são às vezes gentilmente acomodadas por carros, com frequência ignoradas, ocasionalmente respeitadas, às vezes seguidas com nervosismo e com frequência sequer vistas. Nesse sentido, andar de bicicleta no trânsito não é diferente de ser uma mulher entre homens."

As condições enfrentadas por ciclistas em Nova York são, portanto, uma bênção e uma maldição. Conferem ao ciclista dons de percepção e acuidade indisponíveis àqueles que se amarram dentro de caixas rolantes e enfrentam o mundo por trás de um para-brisa. Quando se anda de bicicleta, escreveu o jornalista Bill Emerson, "cachorros se tornam cachorros de novo e mordem sua capa de chuva; buracos nas ruas se tornam pessoais". Poder-se-ia também dizer que uma cidade se torna mais cidade, mais efervescente e carnavalesca do ponto de vista privilegiado de uma bicicleta. O perigo intensifica os sentidos, energiza o cenário, fazendo tudo parecer volátil e vivo. Vista do selim de uma bike, Nova York revela sua velha face não gentrificada, passando por uma mutação e voltando a ser a cidade decrépita, vulcânica, de outrora: a antiga Nova York hip-hop, a Nova York punk-rock, a Nova York de Damon Runyon, garbosa, mas ameaçadora. Esse pode não ser um bom argumento para dirigir uma bike no fluxo letal da hora do rush no Queens Boulevard. Mas para aqueles de nós que temos o ciclismo nos ossos, os argumentos contrários são piores. Andar de bicicleta pode matar você, mas arrastar-se pelo dia sem pedalar — isso não é jeito de viver.

Então eu pedalo, e de vez em quando uma perturbação se mete no meu caminho ou anda atrás de mim. Em meados dos anos 1990, quando eu passava pela Tenth Avenue, em Chelsea, fui atingido por trás em frente a uma igreja: a igreja do Anjo Guardião, nada menos. O motorista saltou e duas freiras vieram correndo da escola paroquial da igreja. Em me arranhei, mas não tive nenhum ferimento sério — *Deo gratias*. Mais ou menos uma década depois, em junho de 2006, levei uma batida por trás de novo, dessa vez de um SUV possante, na Cadman Plaza West, em Brooklyn Heights, uma via movimentada cheia de veículos entrando e saindo da Brooklyn Bridge. Foi o primeiro acidente sério da minha vida. A força da queda deslocou seriamente meu ombro esquerdo; o lábrum — o anel de cartilagem em torno do glenoide do ombro — foi rasgado em pedacinhos. Uma unidade do corpo de bombeiros próximo foi a primeira a chegar; um dos bombeiros me disse: "Seu braço não está onde deveria estar, meu amigo." Alguns dias depois, um cirurgião pôs o ombro de volta no lugar e reconstruiu o lábrum macerado enxertando tecido de outra parte do meu corpo. Hoje, a extensão do movimento em meu braço esquerdo permanece deficiente, e uma dor na minha articulação glenoumeral rangente é um presságio de mudanças na pressão atmosférica.

Não posso culpar as ruas da cidade por todos os meus acidentes. Houve o tombo em Connecticut, quando eu era criança, e aquela vez em que caí de bunda com Danny MacAskill na floresta escocesa. Mas alguns acidentes são, por definição, urbanos. Os arqui-inimigos do ciclista da cidade são as portas de carros, esses monstruosos apêndices de metal pesado que abrem como um varal para pendurar ciclistas quando eles passam. Fui atingido por elas várias vezes, a mais grave na Eighth Avenue, perto da Fiftieth Street, em Midtown Manhattan, quando um homem saltou de repente de um táxi amarelo, justo quando eu passava no nível da porta traseira do lado do passageiro, dando um golpe brutal contra minha patela esquerda. Como saí mancando daquela cena sem ossos quebrados jamais saberei, mas demorei várias semanas, e meia dúzia de idas a um acupunturista chamado Dr. Chan, para me livrar das muletas. Minha principal lembrança do evento é o som. Eu ouvi o acidente antes de senti-lo — um nanossegundo antes de a sensação correr pela via expressa da medula espinhal para ser registrada no cérebro como dor. Primeiro veio o rangido da porta abrindo sobre a dobradiça. E então um horrível triturar, como uma noz se despedaçando num quebra-nozes.

IV. Trancando

Há outros infortúnios que podem se abater sobre um ciclista numa grande cidade. No verão de 1999, saí do prédio no East Village onde estava morando e vi que minha bike havia sumido.

Eram seis da manhã. Na noite anterior, eu a trancara como sempre fazia. Passava uma corrente de aço pelos aros da roda dianteira; passava a corrente em volta de um poste de metal verde que sustentava uma placa de estacionamento; levava a corrente de volta ao centro do quadro em diamante e a enroscava em torno do cano superior. Então esticava a corrente e punha um sólido cadeado de aço através de dois de seus elos, prendendo a bike ao poste. Isso era na Avenue B, esquina com East Tenth Street, em frente ao Tompkins Square Park, a apenas alguns passos de uma mercearia aberta vinte e quatro horas. Naquela manhã, quando descobri que a bike desaparecera, perguntei a um dos funcionários da mercearia, que estava pondo latas com buquês de flores baratas fora da loja, se por acaso ele havia visto alguém roubando uma bicicleta que estava presa ao poste — àquele poste, bem ali.

Sim, ele me disse; sim, ele havia visto. Duas horas antes, por volta das quatro da manhã, dois caras haviam parado junto à calçada um caminhão com a plataforma aberta. Quando eles subiram na plataforma, ficaram numa altura em que podiam alcançar e tocar a placa de estacionamento no alto do poste. Um dos caras pegou uma chave-inglesa e soltou a placa. Seu colega então ergueu minha bicicleta, cuja roda da frente ainda estava acorrentada ao quadro, e, juntos, os homens içaram a bike e a passaram por cima do poste, a mais de três metros do chão. Eles puseram a bicicleta na plataforma e foram embora.

O cara da mercearia relatou esses fatos de maneira direta, mas enfastiado. Era evidente que o acidente havia despertado apenas um leve interesse de sua parte. Certamente não foi um evento que ele se sentiu estimulado a interromper do ponto de vista técnico — por exemplo, dirigir pela cidade apanhando bicicletas que não são suas não é nem bonito nem, a rigor, legal. Na verdade, os ladrões eram mais conscientes de seus deveres cívicos do que a testemunha. O homem que havia removido a placa de estacionamento a aparafusou de volta no lugar antes de deixar a cena.

Os roubos de bicicleta são uma epidemia mundial. Dezenas de milhões de bikes são roubadas a cada ano. Nos Estados Unidos, as bikes roubadas representam aproximadamente 5% dos casos de furto, e esses números são apenas o começo da história — a maioria dos casos não é relatada. Para roubar uma bike não é preciso muita habilidade ou astúcia. Cadeados de bicicleta podem ser serrados, quebrados ou arrombados; podem ser abertos com um alicate ou congelados com ar comprimido de uma lata de spray e em seguida esmagados com um martelo. Na maioria dos casos, a polícia é ineficaz, considerando bicicletas roubadas um problema pequeno demais para justificar a alocação de pessoal e recursos. Em suma, o roubo de bicicleta é o sonho do delinquente: facilmente realizado e quase completamente desprezado pela polícia. É crime sem castigo.

Esse é um dos motivos pelos quais nunca me interessei em investir numa bicicleta cara. Se ladrões desmontam pacientemente um mobiliário de rua para surrupiar uma cruiser de merda, quanto tempo iria durar uma beldade cara na selvagem Gotham? Alguns anos antes desse roubo na Avenue B, uma bicicleta nova me foi roubada, horas depois de eu apanhá-la na loja. Era uma Trek 800 Sport, uma mountain bike sem graça, de nível médio a nível baixo, que custara apenas 250 dólares. Mas era nova em folha, com um quadro verde imaculado e reluzente. Naquela noite, pedalei de meu apartamento em Chelsea até Uptown para visitar minha mãe, que na época se mudara para Nova York e estava morando de novo em Morningside Heights, a oeste da Broadway, na 114th Street. Encontrei um poste no fim do quarteirão dela, perto da Riverside Drive, e prendi a bike com um cadeado em U Kryptonite. Foi uma estupidez: os cadeados em U são notoriamente fáceis de arrombar. (Na internet, você pode assistir a vídeos instrutivos demonstrando como abri-los com uma caneta esferográfica.) Jantei com minha mãe e, quando cheguei lá embaixo — *puf*.

O que vem fácil vai fácil. Hoje à noite, vou trancar minha bike do lado de fora do meu prédio, passando uma corrente de aço manganês de alta durabilidade em volta das rodas e do quadro e prendendo-a com um cadeado num poste de luz. É um serviço mais resistente, teoricamente uma versão mais à prova de ladrão do que o esquema que usei na Avenue B. Mas se aparece algum patife empreendedor com o conjunto certo de ferramentas e coragem para fazer o trabalho, o cadeado não será o bastante. Amanhã pode ser que eu acorde e encontre a bicicleta onde a deixei, ou pode ser que ela tenha sumido muito tempo antes: desmontada em partes, ou repintada e entregue a um receptador, ou totalmente intacta, mas agora com outra pessoa, seus pedais subindo e descendo sob os pés de um estranho.

V. Cycleur

Ainda assim. Apesar de todos os riscos e aborrecimentos de andar de bicicleta em Nova York, há aqueles para os quais o ciclismo é a essência de uma existência em Nova York, aqueles que sabem que viver em Nova York sem uma bike é experimentar apenas metade da cidade — vê-la a uma distância indistinta, como que olhando através do vidro de um globo de neve que recebeu uma boa sacudida. Não que andar de bicicleta seja a opção mais eficiente e, a despeito do risco mortal, mais agradável para se deslocar, vencer o engarrafamento e chegar ao trabalho. É também a melhor maneira de compreender e se imbuir de Nova York, de entender o sentido do lugar, de tragar a cidade.

A bicicleta ensina a você a configuração da terra, aprendendo os fatos topográficos básicos. Quatrocentos anos de escavações e dragagens remodelaram e aplainaram as massas de terra do arquipélago de Nova York. Mas muitas ruas dos cinco distritos ainda repousam sobre as vertentes e os picos de morainas glaciais e placas de crosta triássica. "É andando de bicicleta que você aprende melhor os contornos de uma região, uma vez que precisa suar subindo as colinas e descê-las", escreveu Ernest Hemingway. A bicicleta revela o terreno por trás dos nomes — Brooklyn Heights lhe mostra suas alturas; Murray Hill, seu monte. Um ciclista de Nova York, esforçando-se nas subidas e zunindo nas descidas em gradientes que pedestres e motoristas talvez mal notem, conecta-se com o passado imemorial, antes de esse lugar ser holandês, antes de ser Lenape, antes de quando mastodontes vagavam. As duas rodas lhe contam uma história de Nova York que revela uma escala de tempo geológica.

Mas andar de bicicleta é também a melhor maneira de penetrar nos mistérios da cidade de hoje. A escritora Valeria Luiselli, nascida no México e hoje nova-iorquina, cunhou o termo *cycleur* para descrever o *flaneur* de bicicleta, aquele que se move pela paisagem urbana com proposital falta de propósito, fluindo livremente à deriva. "[O *cycleur*] descobriu o ciclismo como uma ocupação sem nenhum resultado final", escreve Luiselli. "Ele possui uma estranha liberdade que só pode ser comparada àquela de pensar ou escrever... Deslizando sobre duas rodas, o ciclista encontra o ritmo certo para observar a cidade e ser ao mesmo tempo seu cúmplice e sua testemunha."

Qual é o ritmo certo? Houve um tempo em que a bicicleta prometia velocidades incríveis. (Seu primeiro nome a ganhar ampla aceitação, velocípede, provém do latim *velox pedis*, "pé veloz"; o sentido é preservado no francês *vélo*.) Hoje, muitos prezam a bicicleta por sua lentidão, adotando o "slow cycling" juntamente com outras escolhas de estilo de vida desacelerado ("slow food", "slow sex") e defendendo a bicicleta como um antídoto à era da informação ultraveloz.

Mas para um *cycleur* de Nova York, o ritmo ideal não é nem rápido nem lento. Está majestosamente entre uma coisa e outra, permitindo observar a paisagem, numa frase de Luiselli, "como através da lente de uma câmera de cinema". Sua ida à mercearia se torna cinemática, uma filmagem com câmera em movimento que abarca os edifícios, a rua e a calçada. Você pode vislumbrar a torre de escritórios que se ergue no horizonte, um par de tênis pendurados pelo cadarço num fio de telefone, um esquilo saindo de uma lata de lixo com os restos de um *bagel*. Você absorve fachadas de lojas, símbolos e slogans de propaganda, grafites, centenas de rostos e outras centenas de cabeças sem rosto inclinadas sobre celulares. Um passeio de bicicleta oferece o melhor dos deslocamentos a pé e em veículo a motor. Você pode captar o panorama em indistinta amplitude ou seguir devagar para reparar os detalhes.

Explicando de outra maneira: o assento da bicicleta é um bom poleiro para ver o mundo passando. Sentado num banco de bicicleta, você alcança a altitude de LeBron James. Tendo a me colocar ainda mais alto: eu me levanto um bocado na bike, equilibrando-me sobre pedais imóveis enquanto as rodas giram livremente. Isso põe você numa altura da qual você pode olhar sobre o teto dos SUVs que passam. A não ser que você esteja de pernas de pau ou numa vara de pogo ou pilotando um biplano ativado por pedais, é impossível ter uma visão tão elevada viajando sob a própria força. Nova York tem uma boa aparência vista ali de cima.

VI. Peru

Quanto à minha aparência ali, pode não ser bonita. Num sentido técnico, não sei andar de bicicleta. Um ciclista especialista — um ciclista esportivo que se importa em pedalar rápido e bem — talvez olhe para o modo como me porto e faça uma dura avaliação. Na gíria do ciclismo, um ciclista desajeitado é um "peru". Sem dúvida, sou um deles. Nunca me preocupei com a postura certa, com a técnica de pedalar apropriada ou mesmo com o tamanho ideal do quadro. Posiciono meu selim numa altura de acordo com a fórmula corretiva, pondo um pedal em cima e o outro embaixo e me certificando de que o joelho esteja mais ou menos reto. É só até aí que presto atenção a questões técnicas.

Quando encaro morros e ventos contrários, meu desempenho se torna grosseiro. Há um bocado de desagradáveis respiros ofegantes e grunhidos. Sou conhecido por adiar a ida ao mecânico e, com o tempo, a bicicleta também começa a gemer: as marchas rangem, a corrente crepita, as pastilhas de freio soltam um guincho de porco. Lá se vai o corcel silencioso.

Mas essas sutilezas não têm importância. Minha prática de ciclismo — o ano inteiro e em qualquer clima, transitando pela cidade e viajando — é um tipo próprio de arte rude, e eu poria minhas habilidades contra as de qualquer pessoa. Sou perito em me insinuar e passar por ruas congestionadas. Sei como agir seguindo o fluxo do trânsito e indo contra ele. Atalhos, o direito de usar o posto de gasolina, viradas bruscas para entrar em vãos estreitos entre os para-lamas de carros estacionados e subir no meio-fio para entrar na calçada — executo essas manobras sem pensar, recorrendo a puro instinto como um mestre.

Pode não ser um espetáculo esteticamente agradável. Mas, de qualquer modo, quem está assistindo? A bicicleta, diz Valeria Luiselli, "permite ao condutor passar diante dos olhos de pedestres e passar despercebido por viajantes motorizados". Isso não é bem verdade, mas parece ser, e isso é bom o bastante. De bicicleta, você escapa da vigilância dos outros e daquelas ligeiras olhadas que dá em si mesmo — em especial se você é o tipo de pessoa propenso a olhar seu reflexo em vitrines de lojas. Quando dirijo minha bike, pequenas vaidades desaparecem. Alcanço um estado zen, aquele lugar de graça, em que não me importo se pareço um lixo.

VII. Membro fantasma

Os dias sem pedalar são frustrantes. Eles acontecem. Chuvas alagam a cidade, ou neve se acumula. Você tem compromissos a cumprir, e tem que se mostrar de forma mais apresentável do que estaria depois de pedalar por oitenta quarteirões. Talvez sua bicicleta esteja na oficina. Quando você está acostumado a transitar de bike, a condição de estar sem ela é desnorteadora e debilitante. Sem rodas, você se sente amputado.

No metrô, você fica engaiolado, inquieto, entediado. Num táxi, você olha ressentido as bikes passando. A pé, pode ser que você tenha a sensação de estar cruzando um rio de areia movediça. Andar de bicicleta revela verdades escondidas sobre Nova York, mas também mente sobre a cidade, dando impressões equivocadas de distâncias e dimensões. Percursos que você faz rapidamente de bicicleta se tornam jornadas épicas quando é preciso caminhar ou depender de transporte público. Sem bike, Nova York é maior, mas menos magnificente, um lugar feito para frustração e derrota. O cenário fica mais sem graça. Sua mente parece mais sem graça.

O consolo vem à noite. Em seus sonhos, você está novamente de bike, cruzando ruas conhecidas. Ou talvez essas ruas tenham se tornado psicodélicas e você esteja pedalando uma bicicleta voadora numa cidade de ficção científica, uma Nova York levitando pela Via Láctea, onde estrelas se estendem como um tapete sob seus pneus e o planeta Marte está fincado no pináculo do Empire State Building, como uma cereja no palito de um coquetel. Em 1896, H. G. Wells escreveu sobre como um ciclista continua pedalando durante a noite: "Uma memória do movimento perdura nos músculos de suas pernas, e elas parecem continuar dando voltas. Você pedala na terra dos sonhos em maravilhosas bicicletas sonhadas que mudam e crescem."

VIII. Te encontro na esquina

Meu filho mais velho aprendeu a andar de bicicleta numa tarde de fim de semana. De manhã ele recebera uma notícia: seu amigo mais próximo havia sido visto andando de bicicleta no bairro. Meu menino estava demorando a começar a pedalar, mas a ideia de que o amigo chegara a esse marco primeiro era demais para suportar. Ele aprendeu naquele dia. Tinha seis anos.

Há anos ele andava de bicicleta, mas não como ciclista. Era um passageiro de minha bike, meu companheiro de viagem em passeios pela cidade. Durante algum tempo eu o levei a reboque, num daqueles carrinhos que você prende atrás da bike e puxa pela rua. Mais tarde, troquei isso por um assento infantil que o deixava alguns centímetros atrás de mim. Íamos para todo canto: para a escola e o parque, a norte para Williamsburg e Greenpoint, sobre as pontes para Manhattan.

Uptown, Downtown. Enquanto viajámos, conversávamos: sobre Nova York, história, escola, comida chinesa, bicicletas. Certa vez, mencionei um artigo que havia lido sobre um ciclista de longa distância que estabelecera o objetivo de percorrer o equivalente a uma viagem de ida e volta à Lua. Meu filho perguntou se poderíamos fazer o mesmo: quantas viagens de casa para a escola seriam o mesmo que uma viagem de ida e volta à Lua? Fizemos os cálculos e chegamos a um número aproximado: cerca de 500 mil. Decidimos estabelecer um objetivo mais possível.

Mas então ele aprendeu a andar de bicicleta sozinho, experimentando a liberdade e os perigos. Em nossos novos passeios pela cidade, eu seguia pela rua e o fazia permanecer na calçada. A ideia era que ele pedalasse em paralelo a mim, tendo como exemplo o meu andamento, mas na segurança de um terreno sem carros. Mas ele não tinha a menor paciência para essa prática. Ele passava à minha frente, correndo pela calçada e chegando ao fim do quarteirão antes de mim, enquanto eu ficava preso atrás de carros. "Te encontro na esquina", dizia. E então, *zum*, sumia. Durante algum tempo insisti para que ele parasse nas esquinas e me esperasse antes de atravessar a rua. Mas logo ficou claro que isso era inútil. Ele era cuidadoso, dizia; não iria bater. Além disso, eu era lento demais. Por que ele tinha que esperar por mim?

Hoje ele é um adolescente grande, bonito, quase da minha altura. Evoluiu para uma BMX estilo retrô, com um elegante quadro branco e rodas de 26 polegadas. Aprendeu sozinho a empinar sobre a roda traseira, a dar saltos e outros truques. Com mais frequência, simplesmente anda de bicicleta pela cidade, encontrando amigos, passeando, fazendo sabe-se lá o quê, sabe-se lá onde, por toda a cidade, em todas as horas do dia e da noite. Ele chegou àquela fase da adolescência em que está aqui, mas não está, uma presença espectral que entra em casa, come, dorme, faz quem sabe um pouco de dever de casa, troca algumas palavras e então sai de novo — pula para cima da BMX e segue para lugares ignorados. A ansiedade de ser pai de um adolescente é intensificada quando seu filho gosta de correr de bicicleta por Nova York. Mas não estou em posição de lhe dizer para não fazer isso e, além do mais, poderia ser pior. Ele poderia estar dirigindo um carro.

Recentemente, tive a estranha experiência de esbarrar com meu filho de bicicleta. Ele estava passeando com um amigo, a uns doze quarteirões da rua onde moramos. Foi uma novidade, uma rara visão do adolescente na rua. Minha mulher e eu havíamos saído para uma caminhada com nosso filho mais novo, e então, de repente, ali estava ele, a todo o vapor no cruzamento: meu meninão, mais do que nunca parecendo um jovem adulto. Foi um encontro breve. "Oi, gente", ele disse. E então, após algumas brincadeiras: "Temos que ir." E eles se foram, meu filho e seu amigo, zunindo pela rua e sumindo de vista.

Ainda pedalamos juntos, às vezes. Há os passeios em família ocasionais: meu filho abrindo o caminho, minha mulher e eu seguindo atrás. Saímos assim em caravana pelo Brooklyn, até uma livraria ou um restaurante asiático. Ainda há um assento infantil atrás de mim, mas agora um ocupante diferente: meu filho mais novo, que ainda não tem sua própria bike. Ele está hesitando em aprender a andar de bicicleta, mas está ficando grande demais para o assento infantil; é só uma questão de tempo. Logo, ele também estará em seu caminho, indo para a esquina.

IX. Envelhecendo bem

Não faz muito tempo que vi uma notícia sobre uma mulher do interior do Chile chamada Elena Galvez. Era uma dessas histórias inspiradoras que saem disparando pela internet. Com mais de noventa anos, Galvez pedala centenas de quilômetros toda semana, levando ovos de suas galinhas para um mercado. Os ovos são sua única fonte de renda; seu único meio de transporte é uma cruiser surrada que ela chama de "companheira e amiga". "Não sou nada sem ela", diz Galvez. Ela sustenta que andar de bicicleta é o segredo da longevidade. Se chegar a cem anos, insiste, o crédito será da bicicleta.

Você pode envelhecer numa bike. Muitas pessoas mais velhas permanecem ativas fazendo esportes refinados como golfe. Mas esses passatempos as afastam da vida. Um campo de golfe é um falso elísio, um jardim murado isolado do vasto mundo. Uma bicicleta pode ajudar a manter em forma um corpo em envelhecimento. Porém, mais importante, ela mantém esse corpo *lá fora*, onde está a ação.

Quando fantasio sobre minha vida como idoso — quando evoco um quadro idealizado de meus chamados anos dourados —, retorno às mesmas imagens indistintas, que passam por minha cabeça como a montagem de um filme meloso: eu e minha mulher pedalando juntos no crepúsculo, em ruas plácidas de Nova York. É vergonhoso relembrar as visões vangloriosas que eu tinha na cabeça quando era jovem. Mas devo admitir que isso não mudou muito: hoje, mais ou menos as mesmas coisas me levam a devanear. Já não anseio pelo estrelato no rock — o que é bom para mim pessoalmente e para o mundo em geral. Mas as bicicletas ainda surgem à minha frente e no centro e, suponho, ainda adoro romance. Uma cidade grande; uma bike decente; um corpo ativo o bastante para andar de bicicleta; minha mulher, em sua bike, pedalando ao meu lado. Esse é o passeio ao entardecer que eu quero. Se minha sorte se mantiver, se eu não for esmagado por um caminhão na esquina, ou atingido de lado por um Uber sem motorista, ou se não sofrer algum outro infortúnio sobre duas rodas, ou fora delas, pode ser que ainda me torne essa grande e nobre — ou talvez humilde, mas digna — criatura. Um homem velho de bicicleta.

14

CEMITÉRIOS

Uma bicicleta na lama do canal Saint-Martin drenado. Paris, 2017.

A cada década mais ou menos, a cidade de Paris drena o canal Saint-Martin. O curso d'água de quase cinco quilômetros de extensão, que corre ao sul por um trecho do Rive Droit, foi construído originalmente para manter Paris limpa, fornecendo água doce a uma cidade assolada por cólera e disenteria. Mas ao longo de seus dois séculos de existência, o canal tem se prestado com frequência a uma função diferente — na verdade, oposta. É um local de despejo, uma grande lata de lixo líquida. A drenagem periódica é, portanto, reveladora também. A água é retirada e as coisas chutadas, empurradas ou furtivamente jogadas no canal nos milhares de noites precedentes são expostas.

Quando o canal foi esvaziado em 2016, multidões se concentraram em pontes e ao longo dos *quais* para ver as equipes de limpeza caminhando na lama e removendo o lixo. Havia muito. Colchões, malas, placas de rua, cones de tráfego. Uma máquina de lavar e secar, um manequim de alfaiate, mesas e cadeiras, banheiras e vasos sanitários, rádios velhos, computadores pessoais. Vários veículos — nenhum deles destinado a viajar sobre a água — foram retirados do lodo. Havia carrinhos de bebê, carrinhos de compra, pelo menos uma cadeira de rodas e várias bicicletas motorizadas.

Hoje, as ruas adjacentes ao canal, no 10º Arrondissement, estão entre as mais badaladas de Paris, ladeadas de cafés e restaurantes chiques. Porém, tarde da noite, a área conserva em parte a atmosfera mórbida de anos anteriores, quando era um *quartier populaire* sórdido e com frequência servia de cenário para filmes noir e romances de detetives durões. Nessas histórias de ficção baratas, segredos obscuros surgem na lama do canal Saint-Martin. *Em Maigret e o corpo sem cabeça*, de Georges Simenon, o mistério de um assassinato tem início quando a polícia draga um cadáver desmembrado perto do Quai de Valmy. Durante a limpeza de 2016 não foram descobertos restos humanos, mas trabalhadores encontraram uma pistola em um dos diques mais ao norte. Mais tarde, autoridades anunciaram que um rifle também fora encontrado.

Os objetos mais abundantes no canal — além de garrafas de vinho e telefones celulares — eram bicicletas. Nove anos antes, em 2007, Paris lançara um programa de compartilhamento de bikes, o Vélib', e quando as águas foram dragadas, foi possível ver as formas esqueléticas de cruisers do Vélib' semienterradas na lama do fundo do canal. Havia muitas outras bikes também, de diversas marcas e períodos de fabricação, algumas das quais pareciam ter sido mutiladas antes de serem jogadas no sepulcro das águas. Havia bikes com rodas arqueadas e torcidas, ou sem rodas. Outras com rodas e quadros intactos, mas sem canos e guidom: corpos sem cabeça.

Algumas bikes podem ter ido parar no canal por acidente. Numerosas situações podem resultar na deposição não intencional de uma bicicleta num curso d'água, e esse tipo de infortúnio acontece. Ciclistas perdidos no escuro ou desorientados pela neblina perdem o caminho na orla e vão parar dentro de canais. Ciclistas bêbados caem de pontes. Ladrões de bicicleta fugindo da polícia desviam para o rio. As vítimas que têm mais sorte conseguem sair da água para a terra firme — e, às vezes, com suas bicicletas —, mas esses incidentes podem ter resultados calamitosos. Uma olhada em arquivos de jornais revela histórias horríveis com títulos fortes: "Tombo na doca: ciclista se afoga em Port Talbot", "Corpo preso a bicicleta no rio", "Amigo viu menina de bicicleta se afogar", "Menino se afoga em canal: encontrado com sua bicicleta", "Ciclista afogada: caiu sobre parapeito de ponte de rio", "Caiu no canal na escuridão: homem de Gloucester se afoga quando ia de bicicleta para o trabalho", "Ciclista afogado, mas como?". Algumas almas deprimidas pedalam deliberadamente para as profundezas. No outono de 2016, uma mulher transgênero de trinta e oito anos deixou um bilhete de suicídio em seu apartamento em DeWitt, Nova York, próximo a Syracuse. Em seguida, ela foi para um parque estadual próximo, onde se algemou a uma mountain bike e a dirigiu para dentro de um lago. Seu corpo, ainda preso à bike, foi encontrado uma semana depois.

Quanto às bikes do canal Saint-Martin, parece seguro supor que a maioria delas foi parar na água não por acidente nem em circunstâncias trágicas. As pessoas gostam de fazer travessuras, e bicicleta é uma coisa boa para travessuras. Há muitas bikes por aí, e você pode roubá-las ou sabotá-las sem que haja consequências. Para aqueles dispostos a atos aleatórios de vandalismo — que, talvez, sublimem uma compulsão por violência contra seres sensíveis destruindo coisas insensíveis com as quais se depararam —, uma bike representa um alvo atraente. Pode ser que a bicicleta, cuja qualidade de "cavalo de ferro" quase animado tem irritado e seduzido há dois séculos, incite anseios profundos em certos vândalos. O crescimento de programas de compartilhamento como o Vélib' pôs mais bicicletas nas ruas de cidades do mundo e, para os sabotadores, elas podem parecer alvos legítimos, uma vez que não pertencem a indivíduos. A introdução de bicicletas de compartilhamento dockless, deixadas em calçadas, e não na segurança de estações, removeu um impedimento de formas de autoexpressão como esmagar rodas, espancar quadros e cortar fios de freios. Algumas pessoas têm atitudes mais estranhas: pendurar bikes em cercas de ferro batido, empoleirá-las no alto de sinais de trânsito e de abrigos de pontos de ônibus, prendê-las a galhos de árvores altos para ficarem empoleiradas ali como pterodáctilos fazendo ninho.

Jogar uma bicicleta na água é um esporte especializado que oferece uma série peculiar de frissons e satisfações. Na internet, há vídeos caseiros de jovens travessos derrubando bicicletas em barragens sobre lagos, empurrando-as sobre gradis de cais, jogando-as em correntezas. Num deles, um adolescente encara a câmera segurando uma BMX azul surrada. "Mike, esta é sua bike", diz ele. "Está na minha garagem e não quero ela aqui. Então vou jogá-la na lagoa. Espero que não se importe." O menino sai correndo e lança a bicicleta sem condutor na água, por sobre uma tábua. Ouvem-se gritos e risadas ao fundo enquanto a câmera trêmula registra a morte rápida da bike, a roda traseira flutuando por um instante na superfície antes de sumir engolida pela lagoa — um assassinato de comédia pastelão. Não vou mentir: é engraçado.

Claramente, para muita gente isso é engraçado. Em alguns lugares, é uma epidemia. Um inglês que cresceu na cidade de Peterborough, em Cambridgeshire, recordou que nos anos 1960 meninos locais roubavam bicicletas e saíam pedalando e se divertindo; a travessura terminava com o ritual de jogar as bikes no rio Nene. A prática foi descoberta quando "um barco esbarrou em... uma montanha de bicicletas submersa". Em Amsterdã, em determinada época, os montes de bicicletas afundadas nos 165 canais da cidade eram tão altos que arranhavam a parte de baixo de barcas de fundo chato. A solução foi a *fietsen vissen*, "pesca de bicicleta". Nos velhos tempos, essa tarefa era realizada por catadores de lixo autônomos que percorriam os canais em barcos a remo, usando varas com ganchos para retirar a bikes, que eram vendidas como sucata. Nos anos 1960, a agência de águas de Amsterdã assumiu a responsabilidade pela pesca de bicicletas. Hoje em dia, uma unidade de trabalhadores municipais procura bikes afundadas em barcos equipados com guindastes presos a garras hidráulicas. O problema não é tão sério quanto já foi, mas pescadores ainda puxam 15 mil bicicletas em canais a cada ano. É um espetáculo singular em Amsterdã, que nunca deixa de atrair uma multidão de observadores: a grande garra de metal erguendo-se na água e trazendo rodas, quadros e cestas de selim pingando. As bikes são despejadas em barcas de lixo e transportadas para ferros-velhos para serem recicladas. Dizem que muitas bikes recicladas viram latas de cerveja.

Em Amsterdã, assim como em Paris, ninguém sabe ao certo por que ou como tantas bicicletas vão parar na água. Autoridades municipais atribuem o problema, sem muita certeza, a vandalismo e roubo. O álcool certamente tem um papel, e é possível que haja uma espécie de ecossistema funcionando: a bicicleta é retirada do canal, reciclada e transformada em latas de cerveja, cujo conteúdo é avidamente bebido por um morador de Amsterdã, que, ao ir para casa ao fim de uma noite de excessos, vê uma bicicleta e é tomado pelo impulso de jogá-la num canal. O escritor Pete Jordan, em seu livro encantador sobre Amsterdã e ciclismo, *In the City of Bikes*, dedica várias páginas ao afundamento de bicicletas, associando a prática em parte à tumultuada história política da cidade. Nos anos 1930, comunistas provocavam fascistas jogando suas bicicletas no Prinsengracht, o "Canal do Príncipe"; durante a ocupação alemã na Segunda Guerra Mundial, líderes da resistência pediam aos moradores de Amsterdã para jogar suas bicicletas nos canais a fim de impedir que elas caíssem nas mãos dos nazistas, que estavam confiscando bikes. Jordan também cita o romance holandês de 1963 *Fietsen naar der maan* (Pedalando para a lua), que retrata o afundamento de bicicletas como uma forma elaborada de roubo: um pescador de bicicleta derruba bicicletas secretamente num canal de Amsterdã durante a noite; na manhã seguinte, ele retorna para resgatá-las e vendê-las a um atravessador.

A situação em Amsterdã é talvez mais bem explicada por simples matemática. Estima-se que a cidade tenha 2 milhões de bicicletas e 48 quilômetros de canais, e a lógica determina que há excedentes de um dentro do outro. Quando um morador precisa se livrar de uma bicicleta velha, esses cursos d'água representam a lata de lixo mais conveniente. O jornal holandês *Trouw* caracterizou certa vez os canais de Amsterdã como "aquelas latas de lixo tradicionais onde você leva nossos visitantes para passear de barco".

Mas esse não é um costume apenas holandês. Em 2014, o Departamento de Parques de Tóquio tomou conhecimento de que um peixe não natural havia sido introduzido na grande lagoa situada no centro do parque Inokashira, nos subúrbios do oeste da cidade. O peixe, que se pensava ter sido posto na água por seus ex-proprietários, estava causando danos ambientais; autoridades decidiram drenar a água para retirar o animal. Mas quando a lagoa foi esvaziada, outra espécie invasiva foi encontrada: dezenas de bicicletas. A descoberta pegou de surpresa muita gente em Tóquio. Trabalhadores de saneamento reclamavam há muito tempo que bicicletas indesejadas eram abandonadas em ruas, becos e estacionamentos. Mas o descarte de bicicletas em corpos d'água era um costume popular em grande parte desconhecido — por definição, escondido. Quantas outras bicicletas estão cobertas pelas águas do mundo, ocultas por lagoas, lagos, canais, pelo Danúbio, o Ganges, o Nilo, o Mississippi?

Muitas, é razoável supor, e o número parece estar crescendo à medida que os programas de compartilhamento de bicicletas proliferam. Durante o primeiro ano de operação do Vélib', policiais de Paris pescaram dezenas de bikes no Sena. Uma empresa de compartilhamento de bicicletas interrompeu seus negócios em Roma depois que demasiadas de suas bicicletas foram atiradas no Tibre. "Bicicletas dockless continuam indo parar embaixo d'água", relatou o *Boston Globe* em 2018, logo depois da chegada de empresas de compartilhamento de bicicleta a Boston e seus subúrbios.

O mesmo problema foi relatado em Melbourne, Hong Kong, San Diego, Seattle, Malmö, na Suécia, e em muitas outras cidades. Na Grã-Bretanha, bicicletas de compartilhamento foram retiradas de canais em Londres e Manchester, e dos rios Tâmisa, Cam, Avon e Tyne. (O Canal & River Trust, responsável pela proteção de cursos d'água da Inglaterra e do País de Gales, divulgou um vídeo subaquático mostrando peixes nadando ociosamente no fundo de um canal, passando por rodas de bicicleta orladas de algas.) Em fevereiro de 2019, em Nova York, uma cruiser do Citi Bike que evidentemente passara algum tempo no rio Hudson apareceu da noite para o dia numa estação de bicicletas no Upper West Side, em Manhattan. A bicicleta estava empolada de cracas e moluscos; os aros cobertos de algas. O website *Gothamist* pediu a um especialista em conservação do rio Hudson para estimar o tempo em que a bicicleta estivera embaixo d'água. "Com base nas ostras do selim, diríamos que estava no rio desde pelo menos agosto, possivelmente desde junho", disse o expert.

Os relatos mais dramáticos de descarte e remoção de bicicletas vieram da China. Nos anos de 2016 e 2017, as então maiores empresas de compartilhamento de bikes no mundo, Ofo e Mobike, retiraram milhares de bikes de aluguel dockless de rios no sul da China. Um vídeo que circulou amplamente mostrava um homem numa movimentada ponte de pedestres jogando bicicletas da Mobike no rio Huangpu, em Xangai. Outros vídeos viralizados registraram espetáculos como a destruição de bikes de compartilhamento por um grupo de crianças e uma bike sendo espancada por uma mulher idosa que empunhava um martelo. Na China, bikes de compartilhamento têm sido roubadas, depenadas, jogadas sob automóveis, enterradas em áreas de construção e incendiadas. A onda de vandalismo estimulou exames de consciência. "É comum ouvir pessoas descreverem o compartilhamento de bicicletas como um 'espelho revelador de um monstro' que expôs a verdadeira natureza do povo chinês", relatou o *New York Times* em 2017.

Ou talvez esse espelho reflita verdades maiores sobre os nossos tempos. O homem filmado jogando bicicletas no rio em Xangai era um migrante de Hong Kong. Ele disse a jornalistas que destruíra outras nove bicicletas da Mobike com um martelo. Disse que estava furioso com a violação da privacidade dos usuários pela empresa: "Os chips da Mobike são inseguros e revelam informações pessoais dos usuários, como sua localização."

Ele certamente não é a única pessoa cujos atos de sabotagem de bicicleta são motivados por raiva política. Teoricamente, um programa de compartilhamento de bikes é uma iniciativa que torna a vida na cidade não apenas mais conveniente e prazerosa, mas também mais ecológica e equitativa, mais justa e livre. Na verdade, muitos programas de compartilhamento de bike são parcerias público-privadas patrocinadas por bancos multinacionais cujos logotipos enfeitam os para-lamas das bicicletas. A indústria de compartilhamento de bicicletas dockless é dominada por empresas de tecnologia que inundaram de bikes as ruas e calçadas, com frequência antes de regulamentos e infraestrutura serem estabelecidos. A maioria dos programas de dockless se baseia em aplicativos e oferece uma permuta conhecida da era digital: facilidade e conveniência à custa da privacidade. Os aplicativos coletam dados pessoais do usuário, e as bicicletas usam chips de GPS embutidos e conexões sem fio para transmitir a localização do usuário com frequência de até mesmo segundos. Uma bicicleta que espiona seu condutor — isso é uma virada e tanto para a máquina que antigamente prometia um tipo de liberdade pessoal antes inimaginável.

Na China, mais de setenta startups de compartilhamento de bicicletas dockless, apoiadas por mais de um bilhão de dólares de capital de risco, puseram milhões de bikes em cidades em 2016 e 2017. A oferta superou a procura, e as bikes, literalmente, amontoaram-se. Nos arredores de Pequim, Xangai, Xiamen e outras cidades, dezenas de milhares de bikes de compartilhamento confinadas, muitas delas novas em folha, encheram grandes terrenos vagos, em imensas aglomerações que chegam a vários metros de altura. Esses lugares foram chamados de "cemitérios de bicicleta", mas em fotos feitas de cima e vídeos gravados por drones, com frequência parecem mais campos de flores: os tons fortes de amarelo, cor de laranja e cor-de-rosa dos quadros das bikes se estendem por hectares, como um tapete berrante depositado sobre a terra. Visualizadores dessas imagens com a mente voltada para a história poderiam pensar numa bolha especulativa arquetípica: a "mania de tulipas" que cativou a República Holandesa no século XVII. Em todo caso, a bicicleta de compartilhamento que está empilhada numa montanha de sucata — ou que é incendiada, ou jogada no lixo, ou atirada num rio — conta uma história sobre o século XXI, embora o significado dessa história e seu desfecho estejam neste momento longe de ficar claros. Qualquer que seja o destino reservado pelo futuro, ele vem com uma contagem de corpos de bicicletas.

É claro que sempre houve cemitérios de bicicletas. Se você andar por uma rua desolada de um bairro industrial, pode ser que se depare com um ferro-velho. E se olhar com atenção, provavelmente verá bikes e componentes espalhados em meio aos montes de detritos. Há um grande ferro-velho a um quarteirão de meu apartamento no Brooklyn. O dia inteiro, enormes escavadeiras com garras apitam e roncam sobre montes de metal, carregando e descarregando barcas no adjacente canal Gowanus. A sucata é posta em prensas enfardadeiras e comprimida em blocos de mais de duzentos quilos. Algumas vezes, vi partes de bicicleta naqueles fardos retangulares — quadros, rodas e outros pedaços de bike, achatados como restos fossilizados. Vários anos atrás, o ferro-velho foi multado em 85 mil dólares quando o Departamento de Conservação Ambiental do Estado de Nova York descobriu mais de cem casos de "derramamento de metal" em que a empresa havia despejado destroços do depósito no canal. Talvez o lamacento Gowanus — assim como o canal Saint-Martin, assim como o pitoresco *grachten* da antiga Amsterdã — esconda tesouros de bikes em suas águas.

Pelo que sei, uma de minhas antigas bicicletas poderia estar no canal. Ocorre-me que de todas as bikes que tive — pelo menos umas vinte —, a única por cujo paradeiro posso responder é a cruiser preta que neste momento está presa a um poste de luz, a um quarteirão e meio daquele ferro-velho barulhento. Naturalmente, não sei que fim levaram minhas bikes que foram roubadas. Mas também não tenho nenhuma memória de algum dia ter dado ou vendido uma bicicleta; nem consigo me lembrar de ter jogado uma bike no lixo. Estou certo de ter deixado uma bike ou duas para trás, num porão, quando me mudei de casa.

Quanto às outras, não faço a menor ideia. Para onde vão as bicicletas quando morrem? A bicicleta é um bem durável, mas também descartável: é algo do qual você se livra facilmente, se não se importa de ser um pouco antissocial. No afluente mundo desenvolvido, pelo menos, uma bike pode ser comprada por um preço baixo, e quando ela enguiça, ou quando uma nova bike é comprada, o dono com frequência expulsa a velha — ele a deixa em algum lugar ao ar livre para ser apanhada por algum passante ou recolhida pelo departamento de saneamento.

Há também aquelas bicicletas que são deixadas em locais mais isolados, onde ficam em estado cada vez mais abjeto à medida que a ação do tempo cobra seu preço. Em cidades, com frequência você vê bikes abandonadas, mas trancadas, presas a postes e cercas por velhas correntes ou cadeados em U. Geralmente, abutres aparecem para bicar as carcaças, escapando com o que quer que possam levar — uma roda, ou duas rodas, ou um guidom. Essas bikes saqueadas podem ser tristes visões. Correntes pendendo em coroas surradas, refletores em pedaços espalhados pelo chão, aros e cabos de freio se abrindo como cabelos desordenados de cartuns de George Booth. Penso na ótima canção de Tom Waits "Broken Bicycles": "Broken bicycles / old busted chains / with rusted handlebars / out in the rain... / laid down like skeletons / out on the lawn."° A letra é metafórica — é uma canção sobre um romance arruinado —, mas funciona como reportagem. Se essas bicicletas quebradas sobre o gramado são como a maioria das bikes, são feitas em grande parte de aço ou liga de alumínio, o que significa que têm uma origem subterrânea, como minerais ou pedras sedimentares que foram extraídos de uma mina. Agora, pedacinhos de bikes estão retornando à terra: as lascas de aço enferrujado e as finas partículas calcárias que cobrem a superfície do alumínio oxidado podem ser espalhadas pelo vento e levadas para os esgotos numa tempestade.

Algumas bikes abandonadas ganham uma segunda vida. O ferro-velho perto de minha casa leva seus fardos de metal para estabelecimentos de reciclagem. Ali, a sucata é limpa e selecionada, posta em fornalhas, aquecida até um estado de derretimento e submetida a processos de purificação. Com o tempo, os metais são moldados ou convertidos em lâminas e voltam a circular. O aço e o alumínio estão entre os materiais mais reciclados no mundo. Algumas vezes, como em Amsterdã, um

---

° "Bicicletas quebradas / velhas correntes rompidas / com guidom enferrujado / na chuva... / deitadas como esqueletos / sobre o gramado." (N. do T.)

quadro de bicicleta que foi jogado fora pode renascer como uma lata de bebida, ou como outro tipo de embalagem de alimento. Aço e alumínio reciclados também são usados na construção de aviões, automóveis e, de fato, bicicletas. São usados na construção de mobiliário urbano, casas e prédios de apartamentos. O místico dentro de mim gosta de imaginar uma paisagem urbana feita de bicicletas velhas: ciclistas pedalando bikes reencarnadas de bikes anteriores, passando por arranha-céus sustentados por vigas e barras feitas de quadros de bicicleta reciclados, enquanto jatos montados com sucata de bicicleta voam no céu. A reciclagem de metal produz resíduos prejudiciais ao meio ambiente, mas alguns subprodutos podem ser reciclados e postos em uso. A escória ou escuma que resulta da moldagem de alumínio às vezes é utilizada como enchimento de asfalto e em misturas de concreto. Em certos lugares, portanto, a própria estrada é um tipo de cemitério de bicicletas, e os ciclistas que saem para passear no domingo estão girando suas rodas numa paisagem de ossos reconstituídos.

15

MOVIMENTO DE MASSA

Ciclistas em manifestação do Black Lives Matter. Brooklyn, junho de 2020.

Em 4 de junho de 1989, o povo de Pequim acordou e encontrou um cemitério de bicicletas no coração da cidade antiga.

Da noite para o dia, tanques haviam entrado e tropas do Exército de Libertação Popular (ELP) tinham disparado tiros nas ruas, matando centenas, possivelmente milhares, de seus companheiros cidadãos, incluindo manifestantes pró-democracia que ocupavam a vasta praça da Paz Celestial há cinquenta dias e noites. As imagens indeléveis da ação repressiva no local são as fotografias — tiradas na tarde de 5 de junho — que mostram o "Homem do Tanque": um manifestante solitário e não identificado diante de uma coluna de tanques na avenida Chang'an, na extremidade norte da praça. Hoje, essas fotos são suprimidas na China, assim como praticamente todas as referências aos eventos de 4 de junho. Mas na primavera e no verão de 1989, os telespectadores da China passaram a conhecer um ambiente diferente.

Quando o exército retomou a praça da Paz Celestial, sua primeira ordem de serviço foi apagar. Travesseiros, cobertas, tendas, cartazes, faixas, a estátua de papel machê de dez metros de altura que os manifestantes chamavam de *Deusa da Democracia*, praticamente todos os vestígios da ocupação, que, em seu auge, tivera um milhão de pessoas, na maioria estudantes, reunidas na praça — tudo isso foi reduzido a escombros, jogado em pilhas e queimado ou transportado em helicópteros. As filmagens transmitidas na televisão nos dias e semanas seguintes mostravam um espetáculo de ordem restaurada: vistas amplas da praça agora impecável e vazia. Ou quase vazia. Pelo menos um lembrete do protesto e de seu fim violento permanecia, e foi registrado pela tomada geral em câmera lenta da praça da Paz Celestial que foi ao ar repetidamente. Era o retrato de um massacre: dezenas de bicicletas, destroçadas e amassadas por tanques do exército, deixadas para trás amontoadas.

Não podia haver dúvida de que o governo queria que o povo chinês visse os destroços e prestasse atenção na mensagem que eles enviavam. Os manifestantes da praça da Paz Celestial haviam sido um exército de ciclistas. A revolta foi desencadeada pela morte de Hu Yaobang, ex-secretário-geral do Partido Comunista Chinês (PCC), que fora forçado a renunciar em 1987 devido a seu apoio a ativistas pró-democracia. Hu era um herói para cidadãos chineses favoráveis a uma reforma, e quando a notícia de que ele sofrera um ataque cardíaco fatal chegou aos campi universitários de Pequim, em 15 de abril de 1989, estudantes começaram a se reunir para manifestações improvisadas. Consta que um estudante da Universidade Normal de Pequim "pegou uma bicicleta e um alto-falante para organizar a multidão caótica" e logo eles estavam marchando juntos para a praça da Paz Celestial. Um dos manifestantes, Zhang Boli, era um jornalista de trinta anos que estava participando de um programa de treinamento para escritores na Universidade de Pequim. Zhang percebeu que os estudantes "precisavam propor algo ao governo". Então ele parou de marchar, pegou caneta e papel e anotou uma lista de exigências — incluindo reivindicações de democracia, liberdade de imprensa e fim da corrupção —, que se tornou a base do movimento. "Eu anotei sete pedidos", recordou Zhang, "e segui de bicicleta para alcançar os outros."

Durante vários dias seguintes, outros milhares seguiram para a praça da Paz Celestial, ocupando a praça onde ficavam o Grande Salão do Povo, o Mausoléu de Mao Tsé-Tung e outros símbolos e cidadelas do poder do partido. Um enorme retrato de Hu foi instalado no Monumento aos Heróis do Povo, o obelisco com altura de dez andares que se ergue sobre a praça. Em 22 de abril, mais de cem mil estudantes se reuniram diante do Grande Salão do Povo, onde estava sendo realizado o funeral de Hu, exigindo uma audiência com o premier chinês, Li Peng. No Politburo, o debate era furioso. Manifestações haviam se espalhado por toda a China. Li e outros linha-dura estavam pressionando Deng Xiaoping, líder supremo da China, a tomar medidas agressivas para reprimir os protestos. Em 26 de abril, um editorial do jornal estatal *Diário do Povo* denunciou o movimento como "uma conspiração bem planejada" com o objetivo de "jogar o país numa desordem".

Mas manifestantes ainda enchiam a praça da Paz Celestial, e muitos chegavam de bicicleta. A maioria pedalava bikes sem marcha. Outros seguiam de triciclos riquixás com reboque para carga. Os ciclistas levavam bandeiras e estandartes adornados com slogans escritos à mão, que tremulavam ao vento atrás deles. Um observador comparou a procissão a uma frota de veleiros — uma regata de bicicletas, navegando pelas avenidas e vielas da cidade. Alguns manifestantes pedalavam de braços dados, uma espécie de proeza de ciclismo que se tornava também uma demonstração de solidariedade e força.

Em 10 de maio, estudantes realizaram uma grande "manifestação de bicicleta" em apoio a jornalistas que haviam feito exigências de liberdade de imprensa. Mais de dez mil ciclistas se reuniram para uma circum-navegação de 40 quilômetros em Pequim, acompanhando os limites do muro da cidade antiga num percurso para a praça da Paz Celestial. Philip J. Cunningham, um estudante americano que morava em Pequim, estava entre as legiões que partiram naquele dia do campus da Universidade de Pequim. Num livro de memórias, *Tiananmen Moon*

(2009), Cunningham relembrou o clímax do passeio, uma triunfante onda que invadiu a praça, violando as ordens da polícia:

> A louca corrida atravessando a praça da Paz Celestial foi o ponto alto do dia. Uma desafiante explosão de energia nos impulsionou desimpedidos pela área proibida, num corte gigante, em diagonal... Da posição privilegiada de uma bicicleta deslizando, foi uma cena magnífica. À nossa frente e atrás de nós, bandeiras vermelhas e estandartes de escolas vibraram no ar e se desfraldaram na corrente do jato das bicicletas correndo. Isso deu a impressão de que as bandeiras e estandartes, alguns amarrados a bicicletas, outros erguidos por ciclistas hábeis, estavam voando sobre a multidão com força própria, como as vassouras mágicas do aprendiz de feiticeiro.

Não é exagero dizer que bicicletas e triciclos mantiveram a ocupação prosseguindo. Na praça, bikes foram usadas para erguer mastros de bandeiras e sustentar tendas. Pessoas dormiram sobre triciclos de carga e embaixo deles. Bikes e trikes transportaram suprimentos e sustento para a praça da Paz Celestial. Foram usados como estandes de comida e bebida. Quando mais de três mil manifestantes deram continuidade a uma greve de fome, médicos e enfermeiros voluntários prenderam cruzes vermelhas improvisadas em seus guidons e pedalaram até a praça. Triciclos de carga foram transformados em leitos de hospital de campanha para tratar os enfermos.

As bicicletas se tornaram ainda mais essenciais depois de 20 de maio, quando foi declarada a lei marcial em Pequim e o transporte público foi paralisado. Manifestantes iam de bicicleta de um campus universitário a outro para transmitir mensagens e trocar informações. A escultura da *Deusa da Democracia* foi levada da Academia Central de Belas-Artes, para a praça, peça por peça chegando na traseira de triciclos riquixás. Os estudantes ergueram a estátua de frente para o portão da praça, diante do icônico retrato do presidente Mao de seis metros de altura.

Na noite de 3 de junho, quando tanques do ELP rugiram em Pequim a caminho da praça da Paz Celestial, cidadãos tentaram impedir o avanço empilhando bicicletas nas ruas para criar barricadas.

Quando as tropas entraram na praça, nas primeiras horas da manhã de 4 de junho, alguns manifestantes usaram suas bikes para escapar com vida. Alguns ficaram e lutaram o quanto podiam, lançando-se de bicicleta diante de imensos veículos blindados. Testemunhas disseram que condutores de bicicletas e triciclos salvaram muitas vidas naquela noite. Bravos ciclistas pedalaram em meio aos tiros, resgatando feridos e levando-os para hospitais enquanto balas passavam zunindo. Outros não tiveram sorte. Foram derrubados por tiros ou esmagados sob esteiras de tanques, e morreram entre os destroços de suas bicicletas.

———

Três anos depois. A cerca de dez mil quilômetros, do outro lado do Pacífico Norte. Numa noite de outubro de 1992, algumas dezenas de pessoas estavam reunidas no distrito de SoMa, em San Francisco, numa rua estreita ladeada de pequenos prédios de apartamentos, garagens e negócios de indústrias leves. O espaço do andar térreo por trás da porta de enrolar em 498 Natoma Street abrigava a Fixed Gear, uma loja de bikes de vanguarda e "salão de bicicletas" que atraía mensageiros de bike da cidade e ativistas de ciclismo. Naquela noite, o público viera para assistir a uma projeção de *Return of the Scorcher*, documentário de um diretor local, Ted White, que celebrava a "história da bike radical" e defendia um renascimento do ciclismo como remédio para males sociais e ecológicos.

No ano anterior, White viajara para a China com um amigo, um designer de bicicletas de Nova York chamado George Bliss, para registrar a cultura de bicicletas na nação mais populosa do mundo. A ação repressiva na praça da Paz Celestial esmagara os ciclistas insurgentes da China. Mas quando White e Bliss chegaram a Guangzhou, uma cidade portuária de 3,5 milhões de habitantes às margens do rio das Pérolas, encontraram outra brigada de bicicletas: as grandes massas de cidadãos chineses, trabalhadores, crianças e idosos, que inundavam as ruas sobre duas rodas, todos os dias, em todos os lugares.

A China era o *Zixingche wang guo*, o "Reino da Bicicleta", a nação que adotara o ciclismo numa escala sem precedentes. Sugeriu-se que a afinidade do país com a bicicleta tem raízes em suas tradições agrícolas: durante séculos, agricultores de regiões de cultivo de arroz no centro e sul da China apertaram pedais de rodas d'água para irrigar os campos. Mas a bicicleta em si chegou ao conhecimento dos chineses em relatos de diplomatas que haviam se deparado com o exótico "carro que se move sozinho" em missões na Europa. "Nas avenidas, as pessoas andam num veículo de apenas duas rodas, que são mantidas juntas por um cano", escreveu um enviado da corte do imperador Tongzhi que viajou a Paris em 1866. "Elas correm como cavalos galopando."

Nos anos 1890, a bicicleta de segurança chegou à China, encontrando uma popularidade de nicho num pequeno grupo de elites e expatriados na Xangai cosmopolita. O fracasso da bicicleta em ganhar uma aceitação maior pode em parte ser explicado por seu status de produto importado do Ocidente. Numa era marcada pelo crescente fervor anti-imperialista que culminou na Rebelião dos Boxers (1899-1901), a associação de bikes com missionários e autoridades coloniais era um ponto negativo. Mas outros fatores — em particular o custo — impediram a bicicleta de alcançar as massas. O mais famoso ciclista da China no início de século XX era ninguém menos que Pu Yi, o último imperador adolescente da dinastia Qing, que ordenara a remoção das soleiras das portas na Cidade Proibida para poder pedalar desimpedido pelo complexo de palácios.

A história logo varreria para longe os vestígios da antiga ordem dominante da China; Pu Yi foi expulso da Cidade Proibida em 1924 e enviado ao primeiro de muitos exílios. As bicicletas, porém, permaneceriam e proliferariam. Nos anos 1930 e 1940, a política da China foi tumultuada, mas sua economia industrial explodiu. O desenvolvimento de uma indústria de bicicleta interna baixou os preços e a bicicleta se tornou uma forma favorita de transitar entre as classes médias em modernização da República da China. Em 1948, havia cerca de 500 mil bicicletas em uso no país, sendo 230 mil na cidade de Xangai.

E então: 1949 e a revolução. Desde o início, a República Popular da China promoveu a bicicleta como uma ferramenta de uso diário e um estímulo à economia. O primeiro Plano Quinquenal, uma iniciativa do presidente Mao para o rápido desenvolvimento econômico, apresentou uma visão ambiciosa para o crescimento da indústria de bicicleta da China. Na década seguinte, pequenos fabricantes se consolidaram, tornando-se grandes, e produtores de bike receberam acesso a matérias-primas racionadas. Assim como outras necessidades da vida diária na China, bikes foram distribuídas a cidadãos por meio de um sistema de cupons, mas o governo incentivou as bicicletas priorizando os cupons e fornecendo subsídios a trabalhadores que precisavam se deslocar para os lugares onde estavam empregados. As condições das ruas e as paisagens da China — dos estreitos *hutongs* em Pequim aos caminhos sinuosos nos campos e arrozais do interior agrário — já eram propícios a bicicletas. O Estado deu mais um passo, criando novas infraestruturas em cidades, incluindo amplas ciclovias, que eram separadas do tráfego de automóveis em largos bulevares de estilo soviético.

Uma década depois, o número de bikes na China havia dobrado. A bicicleta também adquirira um novo status cultural. Era um emblema da própria nação, símbolo de "um sistema social igualitário que prometia pouco conforto, mas um percurso confiável na vida". Com o tempo, a bicicleta se tornaria algo quase compulsório: juntamente com um relógio de pulso, uma máquina de costura e um rádio, era uma das quatro posses necessárias a todos os chineses adultos que queriam se casar e começar uma família. Novas bicicletas saíram dos chãos de fábricas de propriedade estatal. Eram bicicletas simples, robustas, sem marcha e com quadros pretos sem enfeites, mas os nomes de suas marcas soavam míticos, sugerindo majestade e durabilidade: Phoenix, Pheasant, Red Flag, Flying Arrival, Golden Lion, Mountain River, One Hundred Hills.

As mais reverenciadas de todas eram "a Ford e a GM da China": a da empresa Forever (*Yongjiu*), estabelecida em Xangai, e a bicicleta nacional de fato, a Flying Pigeon (*Fei Ge*), uma máquina forte que tinha como modelo a roadster britânica Raleigh, de 1932. A sede da Flying Pigeon Company ficava na cidade do nordeste Tianjin, numa antiga fábrica de munição que Mao ordenara modificar em 1950 para produzir bicicletas. Quando Deng Xiaoping chegou ao poder, em 1978, na esteira da Revolução Cultural, prometeu "uma Flying Pigeon em cada domicílio": a jornada do povo chinês para uma era de reforma seria feita a bordo de uma bicicleta resistente. Durante esse período, dizia-se que a Flying Pigeon era o veículo mecanizado mais popular do planeta.

As estatísticas parecem sustentar a alegação. Nos anos 1980, a Flying Pigeon produzia 4 milhões de bicicletas por ano e empregava uma força de trabalho de dez mil. No fim da década, as vendas anuais de bicicletas da China haviam chegado a 35 milhões, superando as vendas globais de veículos a motor. Havia mais de 8 milhões de bicicletas só nas ruas de Pequim; 76% do espaço viário da cidade era ocupado por bikes. Mas as multidões que pedalaram para os protestos na praça da Paz Celestial representavam apenas uma pequena fração da incomensuravelmente imensa frota de bicicletas da China: em 1989, havia cerca de 225 milhões de bikes nas ruas do país. Os números evidenciavam uma ligação cultural, uma percepção da centralidade das bicicletas para a China e para tudo que era chinês que permeava a esfera de mito nacional. A bicicleta, escreve Paul Smethurst, "foi tão absorvida na cultura patrocinada pelo Estado nos anos 1960 que a maioria dos cidadãos acreditava (e ainda acredita) que era uma invenção chinesa".

———

Foi esse o reino da bicicleta para onde peregrinaram Ted White, com sua câmera de filmar, e seu amigo George Bliss no outono de 1991. White, vinte e oito anos, e Bliss, trinta e sete, eram amantes da bike e defensores da bike, parte de uma vanguarda cujo objetivo era revigorar o ciclismo em cidades americanas. Eles sabiam que antigamente, nos anos 1890, era nos Estados Unidos que as ruas se enchiam de milhões de ciclistas. White e Bliss sonhavam que esses exércitos de bicicletas podiam ser restabelecidos e que a América urbana podia ser arrancada das garras da cultura automobilística. Os dois haviam passado algum tempo na Holanda, na Dinamarca e em outros bastiões norte-europeus do ciclismo. Na China, estavam certos, encontrariam mais inspiração — outra visão da sociedade favorável às bicicletas que eles desejavam construir, ou reconstruir, nos Estados Unidos.

Mas quando White e Bliss puseram os pés em Guangzhou, saindo de uma barca que os levara de Hong Kong para o continente, contemplaram uma cultura de ciclismo de outra ordem. Havia bicicletas em todas as direções, rodando pela cidade em colunas grandes demais para o olho captar. O trânsito era uma massa indistinta de jovens e idosos, homens e mulheres, pedalando aquelas famosas roadsters pretas. Havia bikes e também triciclos carregados de mercadorias volumosas em bagageiros e carrocerias. Momentos depois de chegar, White viu um homem paraplégico passar veloz numa bicicleta pedalada com as mãos. White há muito tempo defendia o ideal de "velodiversidade", de ruas que abrissem espaço para todo tipo de bike e aparelho semelhante a bike. A própria Guangzhou parecia ser uma espécie de grande máquina operada por pedais, movida por tendões humanos e pelo chiado de incontáveis pedivelas, correntes e rodas.

Foi esse espetáculo que White registrou em filme naquele dia e nos dias seguintes, espreitando as ruas com uma câmera no ombro. Um ano depois, em outubro de 1992, na Fixed Gear, na Natoma Street, em San Francisco, uma plateia de algumas dezenas de pessoas viu o desfile de bicicletas de Guangzhou passar na tela. O público que se reuniu naquela noite para assistir a *Return of the Scorcher* era gente de Ted White: gente de bicicleta, mensageiros, artistas, pais jovens com cadeirinhas de criança montadas nas bikes, o tipo de boêmio urbano para o qual o ciclismo era tanto uma rotina diária quanto uma causa política. Várias pessoas presentes faziam parte de um novo movimento cujo objetivo era aumentar a visibilidade dos ciclistas de San Francisco fazendo um passeio em grupo pela cidade na última sexta-feira de cada mês.

Algumas semanas antes, em 25 de setembro de 1992, cerca de sessenta ciclistas haviam se reunido na Justin Herman Plaza, perto da orla da baía de San Francisco, para o primeiro desses passeios, num percurso que seguiu para sudoeste pela Market Street, uma das vias mais movimentadas da cidade. "Você não está cansado de ter que lutar por sua vida nas ruas da cidade?", perguntava um folheto de propaganda do evento. Havia precedentes, é claro, para passeios de protesto que defendiam as bicicletas em detrimento dos carros. Mas os moradores de San Francisco tinham uma crítica política incisiva, uma aguçada consciência de como o sistema era organizado contra os ciclistas e um forte sentimento de indignação com isso: "Por que somos tratados como carros pela lei, mas como obstruções odiosas e indesejadas por pessoas em carros?" Os organizadores do passeio apoiavam uma visão de força em números, de ciclistas reivindicando o direito às ruas convergindo para elas em massa: "Imagine vinte e cinco, quinhentas ou mesmo mais de mil bikes indo para a Market juntas!"

Agora, na projeção de *Return of the Scorcher*, o público da Fixed Gear via imagens de outro tipo de armada de bicicletas: trabalhadores de Guangzhou pedalando sobre pontes e avenidas a caminho de suas ocupações diárias. A filmagem era intercalada por uma entrevista com George Bliss, o designer de bicicletas de Nova York. Na China, dizia Bliss, ele aprendera "como é acordar de manhã, montar numa bike e ir para o trabalho com um milhão de outras pessoas, pedalando com campainhas retinindo". O filme, acrescentou Bliss, não podia fazer justiça à experiência de andar de bicicleta em Guangzhou: "Não é o mesmo que estar ali e ser levado junto, sentindo aquilo fluindo à sua volta e vindo para você de todas as direções simultaneamente." Bliss ficou especialmente impressionado com as regras subentendidas nas ruas, os sistemas que haviam se desenvolvido organicamente em ruas onde os veículos a motor tinham que ceder às bicicletas, muito mais numerosas que eles. Descrevendo o modo como os ciclistas transitavam por interseções movimentadas sem sinais de trânsito, Bliss disse: "Era uma espécie de massa crítica em que todos os ciclistas se amontoavam e então iam."

Essa expressão, "massa crítica", sensibilizou o público da Fixed Gear. Os organizadores do passeio mensal em grupo inicialmente o haviam chamado de "Commute Clot"° — fácil de pegar, talvez, mas delineando o passeio em termos negativos, como uma trombose impedindo o fluxo sanguíneo da cidade. "Massa crítica" soava um pouco diferente, sugerindo protesto e poder. Dias depois da projeção de *Return of the Scorcher*, novos folhetos apareceram, convidando os ciclistas: "Participe da Massa Crítica." Em novembro, Chris Carlsson, escritor e ativista proeminente nos círculos de bike de San Francisco, imprimiu um folheto, *Critical Comments on the Critical Mass*, saudando o novo movimento como "um *espaço público* onde uma política de verdade entre pessoas de verdade

---

° "Coágulo em Trânsito." (N. do T.)

pode se desenvolver" e visualizando uma San Francisco radicalmente alterada, um futuro em que "fantásticos ecocorredores", com ciclovias, caminhos para pedestres e riachos recuperados, cruzariam a cidade. "Podemos ter orgulho de escolher a bicicleta, e podemos e devemos demonstrá-lo", escreveu Carlsson. "Nossa MASSA CRÍTICA deve ser uma massa e deve ser *crítica*!"

O que o futuro reserva para a bicicleta? O que o futuro da bicicleta pressagia para o mundo em geral? Será que nossas cidades se moverão ao tamborilar de milhões de bikes, como fizeram Pequim e Guangzhou três décadas atrás? Ou os ciclistas se verão, assim como em San Francisco em 1992, indesejados nas ruas e lutando por suas vidas?

Nenhuma resposta fácil se apresenta. A história passa por reviravoltas de maneiras peculiares. Os ciclistas que pedalaram pela Market Street naqueles primeiros passeios da Massa Crítica — uma confederação de várias dezenas apenas — não poderiam ter previsto que seu protesto local lançaria um movimento global. Nos anos que se seguiram desde então, milhares de passeios da Massa Crítica foram realizados em mais de seiscentas cidades, em seis continentes. Mas a Massa Crítica não se afastou muito de suas raízes. Não é uma organização; é uma ideia. Não há líderes nem membros. Em San Francisco, no início dos anos 1990, os participantes estabeleceram a tradição da "xerocracia", em que qualquer pessoa podia ter a iniciativa de traçar rotas para os passeios e distribuir fotocópias de mapas — uma postura descentralizada que funcionou tanto estrategicamente, para frustrar a polícia que poderia intervir para impedir os protestos, quanto ideologicamente, como uma expressão de princípios não hierárquicos.

Como o passar dos anos, outras táticas foram desenvolvidas e se espalharam de cidade em cidade. Participantes da Massa Crítica com frequência empregam uma manobra conhecida como "corking" ["arrolhar"], estacionando ciclistas em interseções de ruas para bloquear o tráfego e permitir que a Massa siga atravessando sinais vermelhos. Há o "bike lift" ["elevação de bicicleta"], quando os ciclistas saltam das bicicletas e as levantam sobre a cabeça. Uma peça ainda mais interessante do teatro de rua é o "die-in" ["morrer ali"], em que os ciclistas deitam seus corpos e suas bicicletas na rua, numa simulação em grupo de um massacre. Parece que a tática foi usada pela primeira vez em Montreal, nos anos 1970, por um grupo anterior ao Massa Crítica, o Le Monde à Bicyclette; a intenção é evocar os ferimentos e mortes de ciclistas por carros e indicar o perigo que todos nós enfrentamos numa era de colapso ecológico. Mas o die-in faz lembrar outros terrores — incluindo, é claro, o cemitério de bicicletas na praça da Paz Celestial.

Em quase todos os lugares onde foram realizados, os passeios da Massa Crítica encontraram resistência da polícia, de motoristas e autoridades do governo. Mas não há dúvida de que a Massa Crítica deixou sua marca. Conforme cidades por todo o mundo tomaram medidas, em anos recentes, para adotar políticas favoráveis ao ciclismo — e na medida em que mesmo em lugares onde ocorreram poucas mudanças a questão de bikes, carros e segurança nas ruas é agora um tema de debate —, algum crédito deve ser dado aos ativistas que tomaram as ruas em grupos e insistiram no propósito.

A maioria dos passeios da Massa Crítica é modesta em tamanho: algumas dezenas de ciclistas, talvez algumas centenas. Alguns são bem maiores. Em Budapeste, dois passeios das Massa Crítica realizados anualmente — no Dia da Terra (22 de abril) e no Dia Mundial sem Carro (22 de setembro) — atraem dezenas de milhares de participantes, transformando as elegantes avenidas e pontes da cidade num território tomado por bicicletas que lembra as ruas da China. Para ser exato, as ruas da China de outrora. Aqui devemos levar em conta outra monumental mudança histórica. Nas últimas três décadas, enquanto ativistas e formuladores de políticas no mundo inteiro perseguiam o sonho de desenvolver uma cultura de bicicleta como a da China, a própria China fez um drástico movimento na direção oposta — adotando a automobilidade e afastando das ruas as massas de ciclistas que eram, aparentemente, tão orgânicas e onipresentes quanto a terra sob os pés e o céu sobre a cabeça.

Essa é uma mudança que pode remontar à praça da Paz Celestial e à primavera de 1989. Na sequência da praça da Paz Celestial, o governo chinês agiu para suprimir todos os vestígios do movimento pró-democracia e expurgar do PCC as facções que haviam defendido a liberalização política. Ao mesmo tempo, Deng e outros líderes do partido reconheceram que um novo pacto social era necessário. Nos anos 1990, a China instituiu o programa de "reforma e abertura" econômica de Deng, abandonando o antigo ideal maoista do coletivismo em favor da competição e do consumo. O governo dissolveu as comunas populares e fechou as fábricas estatais, instituindo uma nova forma de socialismo de economia de mercado que acolhia o comércio externo, investimentos diretos e empresas privadas. O sistema se amparava numa troca hobbesiana: os cidadãos chineses ganhavam uma prosperidade pessoal sem precedentes e, ao mesmo tempo, renunciavam a direitos e liberdades básicos, deixando a política e a governança sob o controle incontestado do PCC. O resultado foi "o milagre chinês", a superexpansão econômica que aconteceu durante os anos 1990, adentrou o novo milênio e culminará — por volta de 2028, estimam especialistas — quando a China superar os Estados Unidos como a maior economia do mundo.

O ceticismo em relação ao governo é profundo na China. Muitos cidadãos silenciosamente desprezam a corrupção do PCC, sua propaganda e sua repressão aos dissidentes. Eles se ressentem dos censores que removem material "subversivo" na internet e dos sistemas de reconhecimento facial e drones de vigilância que representam uma armadilha digital para a população. Em privado, pode ser que eles revirem os olhos para Xi Jinping, o presidente e líder supremo da China, que promoveu um culto à personalidade como o de Mao e buscou, em anos recentes, estreitar a adesão ideológica ao "Pensamento de Xi Jinping" em todos os níveis da sociedade.

Mas, numa nação com uma história de devastadoras violência política, privações e fome — onde os traumas do Grande Salto para Frente e da Revolução Cultural ainda estão presentes na memória coletiva —, as concessões são amplamente avaliadas como compensadoras. Em termos de segurança, proteção e conforto material, o povo chinês está em situação muito melhor do que estava na época da revolta na praça da Paz Celestial, ou em qualquer época anterior. Em 1989, o PIB per capita da China era de 310 dólares, inferior ao de nações como Sri

Lanka, Guiné-Bissau e Nicarágua. Três décadas depois, o PIB per capita chegou a 10.216 dólares, e centenas de milhões de pessoas haviam saído da pobreza e ingressado na maior classe média que qualquer nação já conheceu.

Essa nova classe média — 400 milhões e aumentando — goza não apenas de um padrão de vida básico inimaginável para as gerações anteriores — comida abundante, moradia decente —, mas também de renda disponível e coisas boas: artigos e acessórios da boa vida consumista. Estima-se que haja 1,6 bilhão de assinaturas de celular na China, número que excede a população do país; consta que um bilhão de chineses têm acesso à internet. (Pelo menos um terço deles usa uma VPN para escapar do Grande Firewall do governo.) Eles compram roupas de marca e produtos domésticos sofisticados. E mais de 200 milhões possuem o bem de luxo que se tornou um símbolo da ambição individual, sucesso e liberdade na nova China: um carro.

Essa pode ser a mais miraculosa — ou pelo menos a mais importante — evolução associada ao milagre econômico da China. Para os cidadãos chineses, até 1984 era ilegal comprar um carro de passeio; na época da revolta na praça da Paz Celestial, apenas um em cada 74 mil trabalhadores chineses possuía um veículo a motor. Em uma série de diretrizes lançadas no início dos anos 1990, o governo designou a indústria de automóveis um "pilar" da nova economia da China, apresentando planos impetuosos de aumentar a produção interna de veículo a motor e buscar empreendimentos conjuntos com fabricantes estrangeiros, com o objetivo de produzir 3,5 milhões de carros em 2010. De uma perspectiva atual, esse número parece risivelmente modesto. Em 2009, o ano em que a China superou os Estados Unidos como maior produtor e consumidor de automóveis no mundo, quase catorze milhões de carros foram construídos nas fábricas da nação. Quatro anos depois, a China bateu o recorde de mais carros de passeio vendidos num país num único ano, 20 milhões.

A cultura automobilística se expressa arquitetonicamente. Para abrir espaço para os veículos a motor, a China mudou de formato, alterando sua paisagem e seu ambiente construído num ritmo, e numa escala, sem comparação. Hoje, as redes de vias expressas da China cobrem quase 160 mil quilômetros, mais que o dobro do tamanho do Sistema de Rodovias Interestaduais dos EUA. Essas estradas interligam uma nação de cidades extensas, urbes, subúrbios e exúrbios, muitos deles lugares inteiramente novos, habitados por milhões que se deslocaram do interior em décadas recentes. (A China agora ostenta mais de cem cidades com mais de um milhão de habitantes.) Esses novos assentamentos urbanos foram construídos para automóveis, numa escala inóspita para os padrões tradicionais da vida urbana e para os meios tradicionais de trânsito urbano.

Enquanto isso, cidades mais antigas da China foram adaptadas para carros. A China derrubou e construiu, arrasou e reconfigurou, terraplenando distritos residenciais e demolindo antigos centros urbanos para construir ruas com várias pistas, viadutos e rodovias. Muitas cidades foram tão amplamente modificadas que moradores nascidos ali se veem desorientados — perdidos em suas cidades natais ou convencidos de que as perderam. "Muitos eventos passados e recordações que antes estavam claramente inscritos no espaço da cidade desapareceram", disse um nativo de Kumming, capital da província de Yunnan, no sudoeste da China, à antropóloga Li Zhang. "Só consigo encontrá-los olhando... fotografias em preto e branco desbotadas em arquivos." Estima-se que, desde os anos 1990, 90% dos 8 mil *hutongs* de Pequim — os famosos becos com pátios onde a vida residencial prosperou durante séculos — foram destruídos, substituídos por edifícios altos e anéis viários com oito pistas de tráfego. Para compreender a magnitude da transfiguração urbana da China, escreveu a estudiosa Beth E. Notar, você precisa imaginar uma situação em que "a maioria dos bairros antigos de Boston, Nova York e Washington foi demolida e reconstruída em dez anos, juntamente com os de Chicago, Atlanta, Dallas, Houston, Denver, Phoenix, Seattle e San Francisco".

Quando as ruas antigas desapareceram, sumiram também as multidões de ciclistas que enchiam essas ruas. Os números contam uma história de mudança impressionante. Em 1996, a quantidade de bicicletas na China era a maior de todos os tempos, 523 milhões, ou 1,5 bicicleta por domicílio. Mas com o início do "frenesi do automóvel", o uso de bikes despencou. Em dez anos, havia mais chineses andando de carro do que de bicicleta, e andar de bicicleta se tornara uma atividade periférica, mesmo nas cidades mais antigas e mais tradicionalmente repletas de bikes.

Isso era, entre outras coisas, uma medida da incrível capacidade do PCC de exercer um poder centralizado e produzir grandes transformações sociais. Assim como a cultura de bicicleta sem paralelos da China havia sido uma criação do Estado, produto de meticuloso planejamento e investimento sob os regimes de Mao e Deng, a eliminação da bicicleta foi um programa de ação realizado. Vale notar que o imenso impulso à automobilidade na China foi acompanhado de copiosos investimentos em formas de transitar alternativas, incluindo a construção da rede ferroviária de alta velocidade mais extensa do mundo e a criação de novas linhas de metrô e ônibus em cidades. Em outras palavras, a dedicação da China aos carros não foi monomaníaca — mas a promoção da cultura automobilística pelo governo baseou-se em livrar as ruas das bicicletas, e esse compromisso foi absoluto. Seguiu-se um programa de, por assim dizer, desbikeficação, concebido em Pequim e implementado no nível municipal.

A Lei de Segurança nas Ruas, aprovada em 1994 na China, incluía uma cláusula que permitia a autoridades locais reivindicar espaços nas ruas antes reservados ao transporte não motorizado. Cidades em toda a nação mudaram rapidamente, transformando ciclovias em pistas e estacionamentos para carros. Planejadores estabeleceram objetivos ambiciosos de tirar os ciclistas das ruas. Guangzhou, cuja massa crítica de ciclistas tanto empolgou George Bliss e Ted White, formulou um plano mestre de transporte no início dos anos 1990 que visava a reduzir em 40% o trânsito de bicicletas no ano de 2013. (Essa meta foi alcançada, e superada, uma década antes: em 2003, o uso de bicicletas na cidade tivera uma queda de 60%.) Outras cidades tomaram medidas mais draconianas. No início dos anos 2000, Xangai declarou proibição total a andar de bicicleta em certas áreas movimentadas do centro. No mesmo período, a agitada cidade de Dalian, na província de Liaoning, no litoral nordeste, declarou-se uma "cidade sem bicicletas".

As mudanças foram especialmente drásticas na grande cidade de ciclismo que era Pequim. Em 1996, as estimativas eram de que havia 9 milhões de bicicletas na capital, mais ou menos 2,5 bikes por domicílio, e de que quase dois terços de todas as viagens na cidade eram feitas de bicicleta. Quinze anos depois, o número de bicicletas nas ruas caíra para menos de 4 milhões e a bicicleta respondia por apenas 16,7% das viagens em Pequim. Em parte, isso era um reflexo do imenso crescimento da cidade. Hoje, a área urbana de Pequim é mais de dez vezes maior que seu tamanho em 1990, cobrindo um espaço maior que o estado de Rhode Island. Sob o antigo sistema de unidade de trabalho comunista, os cidadãos moravam perto de seus locais de trabalho, para os quais podiam ir facilmente de bicicleta. Mas para milhões na imensa Pequim do século XXI, a vida sem um carro é insustentável.

À medida que a cultura automobilística se consolidou, as condições nas ruas chinesas começaram a se parecer com aquelas que haviam levado ciclistas em San Francisco a fundar a Massa Crítica. As ruas ficaram congestionadas, envoltas em fumaça de escapamento e perigosas. Com frequência, bikes eram atingidas por carros e a culpa pelos acidentes era atribuída aos ciclistas. Críticos também diziam que as bicicletas eram a causa da epidemia de trânsito, uma avaliação que levou ao fechamento de mais ciclovias. As condições hostis impeliram mais ciclistas a trocar bikes por carros ou, no caso aqueles que não podiam pagar por carros, a optar pelo transporte público. Em Pequim, esse desenvolvimento foi comemorado, observaram os pesquisadores Glen Norcliffe e Gao Boyang Gao em 2018, por meio de uma nova característica da paisagem: bicicletas jogadas fora, "abandonadas aos milhares" e dispostas "em pilhas desprezadas do lado de fora de prédios de apartamentos e em outros lugares". Eram monumentos, você poderia dizer, ao reino perdido das bicicletas.

Eram também monumentos a uma mudança de opinião — uma alteração emocional e ideológica tão profunda quanto aquelas determinadas em documentos de programas de ação e depositadas em asfalto. Os chineses haviam deixado de ser apaixonados por bicicletas. Não era só que uma nação de motoristas agora considerasse as bicicletas — assim como os motoristas de San Francisco em 1992 — "obstruções odiosas e indesejadas". O sentimento antibicicleta na China era mais profundo e mais provocado por estigma e vergonha. Numa sociedade onde o carro se tornara o símbolo máximo de status — o santo graal para incontáveis milhões de trabalhadores de classe média e para outros milhões que se esforçavam para ingressar na classe média —, a bicicleta era vista como vergonhosa, antiquada, "para fracassados", "para os pobres". Era um anátema para o estilo de vida moderno, para as ambições e aspirações daqueles que eram jovens e subiam na vida. Mulheres chinesas ligadas em moda estavam agora "optando por saias, em vez de calças, [e] desistindo de suas bikes" — uma inversão da imagem no espelho no boom dos anos 1890, quando as mulheres de vanguarda exibiam sua modernidade trocando vestidos por bombachas e bikes. E se a bicicleta já havia sido um bem indispensável no mercado chinês do casamento, um dos quatro itens essenciais, era agora um impedimento ao sucesso romântico. Em 2010, num episódio de um popular programa de namoro na TV, *If You Are the One*, uma participante de vinte anos foi convidada por seu pretendente a dar uma volta de bicicleta. Sua resposta se tornou uma máxima que viralizou e teve muitos memes. "Prefiro chorar num BMW", disse ela, "do que sorrir numa bicicleta."

Se você quiser começar a entender a cultura automobilística global — se, a propósito, quiser refletir sobre as intricadas complexidades da vida no planeta Terra no século XXI globalizado —, um bom lugar inicial é Wuhan, cidade de onze milhões de habitantes na província de Hubei, no coração industrial da China. Assim como tantas cidades chinesas, Wuhan já foi uma cidade de bicicletas, mas a maioria de seus milhões de ciclistas abandonou as duas rodas há muito tempo. Hoje, Wuhan é uma cidade de carros por excelência. É uma das "Detroits" da China, uma grande base de produção para a indústria de automóveis. A cada ano, milhões de carros são produzidos em fábricas de Wuhan — aproximadamente 10% de todos aqueles fabricados na China. Wuhan é a sede da Dongfeng Motor Corporation, uma das "Quatro Grandes" empresas de automóveis do país. Vários fabricantes de carros estrangeiros — Honda, Nissan, Peugeot, Renault e General Motors, entre outros — têm fábricas em Wuhan. A cidade também abriga centenas de fornecedores de peças de automóveis, que exportam seus produtos para o mundo.

No inverno de 2020, Wuhan ganhou notoriedade como um tipo diferente de ponto de origem global. O primeiro caso conhecido do novo coronavírus, SARS-CoV-2, foi identificado em Wuhan em dezembro de 2019. A natureza exata da origem do vírus é desconhecida, e é ainda assunto de acalorado debate. Mas o modo como a Covid-19 se tornou pandêmica, disseminando-se na China e se espalhando por praticamente todos os países do planeta, não é nenhum mistério. O vírus se moveu veloz num mundo que se move veloz. Seguiu os mesmos caminhos das velas de ignição, conversores catalíticos e componentes de mecanismos de direção que são montados em Wuhan e enviados para o mundo inteiro. Saiu da cidade pela Via Expressa Xangai-Chongqing. Cruzou oceanos em navios de carga que transportam mercadorias para fora da China. Zuniu sobre os mares em Boeings e Airbuses.

E então, enquanto a Covid se instalava em uma nação após a outra, tudo diminuiu de velocidade e foi parando. Em cidades grandes e pequenas, o silêncio se abateu sobre as ruas. Grande parte dos carros desapareceu das ruas, ônibus e metrôs cessaram suas operações, o céu ficou vazio de aviões. A existência cotidiana havia adquirido uma textura surreal e assustadora. Mas em meio ao temor e à morte, novas, e muito antigas, formas de vida surgiram.

Moradores de cidades em quarentena olhavam pela janela e contemplavam cenas bucólicas. Animais estavam vagando em centros de cidades abandonados. Grupos de javalis perambularam por Haifa, Israel; onças-pardas apareceram nas ruas de Santiago. Em Istambul, onde o tráfego marinho diminuíra e uma proibição de pesca estava em vigor, golfinhos foram vistos no Bósforo, bem mais próximos da orla da cidade do que normalmente se aventuravam. Houve espetáculos semelhantes na Índia, onde centenas de milhares de flamingos em migração transformaram os brejos de Mumbai num mar cor-de-rosa, e manadas de búfalos passaram despreocupadas por avenidas vazias de Nova Délhi.

Fotos e vídeos de cidades agora selvagens foram disparados na internet, incluindo muitos que eram claramente falsos. (Não, golfinhos não estavam brincando nos canais de Veneza.) Mas as imagens, tanto reais quanto falsas, ofereceram uma metáfora pronta e um grau de conforto àqueles que buscavam sentido na loucura da pandemia. Talvez as coisas estivessem voltando a ser como deveriam ser; talvez fosse possível uma existência melhor, em que recalibraríamos nossos ritmos de forma compatível com o mundo natural e a vida seguiria num passo mais imponente, mais são.

Mudanças já estavam ocorrendo. Havia outras criaturas andando pela cidade. Ciclistas estavam repovoando as ruas. Com as opções de transporte público reduzidas e os moradores de cidades compelidos a manter uma distância entre si e seus vizinhos, a bike de três marchas enferrujada no porão exerceu uma nova atração. Quando as restrições de confinamento diminuíram, milhões de pessoas começaram a sair com suas velhas bicicletas ou a comprar novas. "O que a bicicleta e o papel higiênico têm em comum?", perguntou o *Washington Post* na primavera de 2020. "Ambos estão voando das lojas em meio à pandemia de coronavírus."

Entre março de 2020, quando o isolamento teve início nos Estados Unidos, e abril de 2021, as vendas de bicicleta aumentaram quase 60% no país em comparação ao mesmo período anterior. Diante de lojas de bicicletas, filas se estendiam pelas calçadas. Muitas lojas ficaram sem bikes, e novos estoques demoraram a chegar, enquanto fabricantes se esforçavam para atender aos pedidos e cadeias de abastecimento eram rompidas. Os roubos de bikes dispararam. (O dono de uma loja de bicicletas no Brooklyn disse a um jornalista que a melhor maneira de evitar ter a bicicleta roubada nas condições da época era "dormir ao lado dela".) Muitos daqueles que compraram bikes eram ciclistas recreativos buscando um tipo de exercício socialmente distanciado. Nos primeiros meses da pandemia, um grupo sem fins lucrativos que promove a conversão de ferrovias desativadas em ciclovias e caminhos para pedestres relatou um número recorde de pessoas em ciclovias americanas. Mas houve também uma explosão do uso de bicicleta em lugares tão improváveis quanto Houston e Los Angeles, onde apenas um pequeno percentual da população andava de bike em tempos normais. Um estudo realizado nas primeiras semanas da pandemia constatou que um em dez adultos americanos havia andado de bicicleta recentemente pela primeira vez em um ano ou mais, e a maioria disse que planejava continuar a pedalar depois que a crise passasse.

A "rebelião do trânsito" nos EUA provocada pela pandemia, como explicou a CNBC, foi apenas parte de um fenômeno muito maior e mundial — o "Grande Boom de Bicicleta da Covid-19". Em Santo Domingo, Lima, Milão, Moscou, Dubai, Beirute, Abidjan, Nairóbi, Cingapura, Seul e centenas de outras cidades, ciclistas estavam se acumulando nas ruas. Em muitos lugares, eles se beneficiaram de infraestruturas existentes, convergindo para ciclovias e utilizando sistemas de compartilhamento de bikes em números sem precedentes.

Mas cidades também estavam montando às pressas novas infraestruturas. "Ciclovias de corona" surgiram em todo o planeta. Fundos de emergência foram utilizados, programas foram acelerados, incentivos e subsídios para impulsionar o ciclismo foram introduzidos. Novas ciclovias surgiram na Cidade do México e em Bogotá, em Campala e na Cidade do Cabo, em Jacarta e Tóquio, em Sydney e Auckland. Nas Filipinas, ciclovias temporárias, instaladas no centro de Manila depois da chegada da Covid, foram expandidas para integrar uma rede permanente cobrindo cerca de 320 quilômetros e passando por doze das dezesseis cidades da região metropolitana de Manila. O Ministério de Habitação e Urbanismo da Índia, citando a "revolução de ciclismo" que tomara o país durante a pandemia, lançou a iniciativa "India Cycles4Change", convocando as municipalidades a se "transformarem... em paraísos para ciclismo" com nova infraestrutura, estabelecimento de ruas abertas, participação de mulheres ciclistas e outras medidas.

Algumas das ações mais agressivas para modificar ruas e reivindicar espaço para bikes foram empreendidas no Reino Unido e na Europa. Um estudo publicado na primavera de 2021 constatou que novas ciclovias haviam sido instaladas em cento e seis cidades europeias desde o início da pandemia. Sob a liderança de Anne Hidalgo, uma prefeita ardorosamente pró-ciclismo, Paris acrescentou centenas de quilômetros de *coronapistes* para bicicletas nos primeiros meses da crise e baniu os carros da Rue de Rivoli, transformando uma das vias mais famosas da cidade numa passarela de bicicletas de três quilômetros. No ano seguinte, Hidalgo apresentou um plano mais radical de proibição de tráfego em vários *arrondissements*, programa que transformaria grande parte do centro de Paris numa zona praticamente sem carros.

Essas mudanças foram testemunhos da profundidade da crise da Covid, do modo como a pandemia havia reordenado prioridades e destravado possibilidades políticas, encorajando formuladores de programas de ação e cidadãos a tomar atitudes. Ou talvez não fosse bem "encorajando"; talvez tenha sido simplesmente o medo, o terror cego incitado pela Covid, o verdadeiro motivador das mudanças. Trabalhadores, temerosos de contrair a gripe em ônibus, trens e táxis, recorreram às bicicletas, um meio de transporte que punha um espaço para respirar entre eles e os vizinhos que de repente haviam se tornado fontes do mal, potenciais vetores da doença. Esses novos ciclistas circulavam em rotas delimitadas por cones de trânsito, *bollards* de plástico e cavaletes da polícia, vias que as autoridades improvisaram na pressa do pânico, desesperadas para permitir às pessoas voltar a se movimentar de novo e para reativar economias moribundas. As cidades de bicicletas sonhadas durante décadas por participantes da Massa Crítica e outros ativistas estavam — apesar de uma catástrofe histórica, e por causa dela — surgindo. O paradoxo foi notado numa entrevista da BBC com Will Butler-Adams, diretor administrativo da Brompton, fabricante de bicicletas inglês famoso por suas bikes dobráveis. Pedalando por um mundo tomado por aflição e apreensão, os ciclistas se viram em algo próximo a condições idílicas — em ar limpo, em ruas seguras, seguindo livres e com facilidade. Estavam experimentando, disse Butler-Adams, "a alegria das... cidades como elas poderiam ser".

Nova York foi um dos lugares cujas vias e costumes passaram por transformações. O primeiro caso de Covid-19 na cidade foi documentado em 1º de março de 2020. (Pesquisas posteriores revelaram que o vírus começara a circular nos cinco distritos já no início de janeiro.) Logo, Nova York se tornou o epicentro global da pandemia. Em 6 de abril, havia mais de 72 mil casos de Covid confirmados na cidade, e pelo menos 2.400 infectados haviam falecido. Em 7 de abril, 774 nova-iorquinos morreram. Em 8 de abril, houve mais 810 mortes.

Os nova-iorquinos estavam aprendendo que uma praga traz um problema logístico macabro: muitos cadáveres que precisam ser acomodados. Necrotérios e cemitérios haviam ficado sem espaço enquanto a cidade enfrentava o que uma autoridade chamou de "o equivalente a um 11 de Setembro por dia". Os mortos estavam sendo amontoados em caminhões frigoríficos estacionados em esquinas de ruas, do lado de fora de hospitais. Em 9 de abril, uma câmera de drone da Associated Press fez um vídeo de corpos sendo depositados numa cova coletiva num terreno no litoral do Bronx. Tratava-se de Hart Island, uma área de quarenta hectares no estuário de Long Island que durante mais de um século abrigara a vala comum de Nova York, o local da cidade onde eram enterrados indigentes e anônimos.

A filmagem, que circulou amplamente on-line, era de causar arrepios. Para os nova-iorquinos, Hart Island era um lugar fora da vista e da mente, uma necrópole dentro da metrópole, afastada geográfica e fisicamente da população viva. A ilha estava desabitada havia décadas, quase inteiramente fechada ao público, com acesso apenas às barcas que periodicamente faziam a estígia viagem para entregar mortos e transportar os trabalhadores que, extraídos da população carcerária da cidade, tinham a tarefa de enterrá-los. O vídeo da AP mostrava trabalhadores com roupas de proteção acomodando caixões em uma vala ampla e lamacenta. O ponto de observação no alto dava à cena uma impessoalidade assustadora. Quando os coveiros usavam pás para jogar terra sobre as caixas de madeira simples, faziam isso com a diligência incerimoniosa de uma equipe de consertos urbanos enchendo de asfalto um buraco. Era olhar as profundezas do inferno.

Agora, a morte nunca estava fora do alcance do ouvido. Dia e noite, sirenes uivavam do outro lado das paredes onde milhões de pessoas se refugiavam. Das janelas de minha sala, era possível ver dois níveis de ruas quase vazias. Embaixo, as ruas do Brooklyn; acima delas, repousando sobre imensos pilares de aço, um longo trecho da via expressa Gowanus. Normalmente, tanto as ruas quanto a rodovia ficavam cheias de carros, mas o tráfego estava reduzido a um gotejar, formado em sua maior parte por ambulâncias estridentes correndo com enfermos para hospitais. Quando as sirenes se afastavam, a quietude da cidade era impressionante. Podia-se ouvir o canto de pássaros, o vento nas árvores e, de vez em quando, passos solitários na rua. O silêncio era quebrado toda noite, precisamente às 19 horas, por uma erupção estrondosa, quando os nova-iorquinos se debruçavam sobre janelas ou iam às varandas de seus apartamentos para bater panelas e frigideiras, usando utensílios de cozinha para homenagear os médicos, enfermeiros, motoristas de ambulância e outros trabalhadores essenciais que estavam lutando nas linhas de frente enquanto o resto de nós permanecia do lado de dentro.

Escutando com atenção, era possível ouvir outro som também: o zumbido agudo dos motores de bicicletas elétricas. Os condutores dessas bikes eram entregadores, que levavam comida pedida por moradores em quarentena. Eles também eram trabalhadores da linha de frente, considerados "essenciais" pelo governo. É questionável, porém, se muitos daqueles que aclamavam os heróis da pandemia batendo panelas estavam pensando no cara que havia acabado de passar para deixar a pizza ou o pad thai do jantar.

Os entregadores eram em sua maioria imigrantes da América Latina: do México, Guatemala, Equador, Venezuela e outros lugares. As máquinas que eles dirigiam não eram bikes elétricas sofisticadas, mas bicicletas híbridas equipadas com acessórios de bicicleta elétrica recarregáveis. Mesmo em tempos não pandêmicos, era um trabalho que estava entre os mais difíceis da cidade. Eles enfrentavam o perigo físico de motoristas e condições climáticas adversas; eram vítimas frequentes de roubo de bikes, muitas vezes sob a ponta de uma pistola ou faca. Assim como muitos trabalhadores da economia gig, não tinham direito a salário-mínimo, hora extra, plano de saúde ou outros benefícios, e reclamavam que uma parte de suas gorjetas estava sendo ilegalmente tomada por restaurantes e empresas de aplicativos de entrega. A maioria dos restaurantes se recusava a deixá-los usar o banheiro quando eles chegavam para apanhar pedidos.

Os bairros onde os entregadores moravam — no Brooklyn, no Queens e no Bronx — tinham alguns dos índices de Covid mais altos da cidade. Esses trabalhadores estavam mantendo a indústria de restaurantes ativa, estavam alimentando centenas de milhares de nova-iorquinos, e muitos deles estavam indo parar em enfermarias de coronavírus. Nova York, ao que parece, não é muito diferente das megacidades do Sul Global. Daca tem seus *rickshawallahs*; nós temos nosso *deliveristas*: uma subclasse de trabalhadores ciclistas, dezenas de milhares deles, que mantêm a cidade funcionando enquanto enfrentam dificuldades, riscos e agressões.

Os *deliveristas* não eram os únicos ciclistas que circulavam pela cidade em isolamento. Outros trabalhadores essenciais estavam se deslocando de bicicleta para evitar a exposição à Covid no transporte público. Em maio, com a curva finalmente achatando, os nova-iorquinos começaram a sair de casa. O padrão estabelecido em outras cidades do mundo estava sendo seguido: as ciclovias estavam lotadas; o uso de bicicletas compartilhadas havia disparado. E então, na última semana do mês, eventos a mais de 1.500 quilômetros de distância tiraram outras legiões de nova-iorquinos, e suas bicicletas, do isolamento e os levaram para as ruas.

Na noite de 25 de maio, George Floyd foi morto pelo policial Derek Chauvin, de Minneapolis, depois de supostamente usar uma nota de 20 dólares falsa para comprar cigarros. Nos dias e semanas que se seguiram, estima-se que quinze milhões de americanos participaram de uma revolta que foi considerada o maior movimento de protesto da história do país. Em Nova York, manifestantes encheram as ruas da cidade, marchando e gritando palavras de ordem. No fim de semana de 30 e 31 de maio, a agitação se intensificou. Manifestantes quebraram janelas e saquearam lojas sofisticadas; jogaram coquetéis Molotov e incendiaram carros da polícia. Segunda-feira à noite, 1º de junho, o prefeito Bill de Blasio impôs um toque de recolher em toda a cidade, num esforço para restaurar a ordem.

Na noite de 3 de junho, policiais foram vistos confiscando bicicletas de manifestantes do Black Lives Matter que continuavam a marchar em desafio ao toque de recolher das 20 horas. Num vídeo amplamente compartilhado, uma câmera trêmula registrou um policial andando numa bicicleta aparentemente desapropriada; podia-se ouvir uma mulher gritando para a polícia, perguntando por que bicicletas estavam sendo tomadas e como os manifestantes voltariam para casa. Outra filmagem viralizada mostrava três policiais espancando um ciclista com cassetete numa rua de Manhattan. Não ficou claro se o homem foi preso ou que fim levou sua bicicleta.

Nos dias que se seguiram, as ações antibicicleta do Departamento de Polícia de Nova York (NYPD, na sigla em inglês) continuaram. A repórter do *Daily News* Catherina Gioino tuitou que a polícia recebera ordem para "focar nos ciclistas". Outras postagens na mídia social documentaram prisões e ataques violentos a ciclistas, inclusive a jornalistas com credenciais de imprensa. O primeiro toque de recolher da cidade desde a Segunda Guerra Mundial havia sido imposto, de acordo com a ordem executiva do prefeito De Blasio, para coibir "ataques, vandalismo, danos à propriedade e/ou saques". Nova-iorquinos ficaram imaginando como as cenas de policiais batendo em manifestantes e roubando suas bikes — ou, em alguns casos, deixando as bikes jogadas na rua — correspondiam aos objetivos declarados.

Esses incidentes não eram exatamente surpreendentes. O NYPD tem uma longa história de hostilidade a ciclistas, em especial a ciclistas que também são manifestantes. Durante anos, a polícia usou táticas agressivas, às vezes violentas, para afastar participantes de eventos da Massa Crítica. Em 2008, um oficial do NYPD espancou um ciclista da Massa Crítica; mais tarde, esse policial foi condenado por crime doloso por sua ação e por abrir uma falsa queixa criminal numa tentativa de enquadrar o ciclista. Em 2010, a cidade concordou em pagar um acordo de quase um milhão de dólares a oitenta e três participantes da Massa Crítica que haviam sido detidos ou presos indevidamente entre 2004 e 2006.

Na era de De Blasio, o NYPD adotou medidas repressivas esporádicas contra ciclistas, multando-os e confiscando bicicletas. (Defensores do ciclismo caracterizaram essas "blitzes de multa" — com frequência após acidentes em que ciclistas são mutilados ou mortos por automóveis — como uma forma institucionalizada de culpar a vítima.) Durante anos, De Blasio e o NYPD travaram uma "guerra contra as e-bikes", apreendendo centenas delas, uma campanha que atingiu quase exclusivamente os *deliveristas* da cidade.

O conflito entre policiais e ciclistas se deu em nível nacional. Em Los Angeles, San Francisco, Portland, Chicago, Atlanta, Miami e dezenas de outras cidades, manifestantes pedalaram e marcharam com suas bicicletas, confrontando policiais que, em muitos casos, também estavam montados em bikes. Policiais de bicicleta passaram a fazer parte de forças policiais nas últimas décadas. Mas nos protestos de 2020, os americanos viram algo novo: polícia de bicicleta militarizada, usando táticas violentas de controle de tumultos contra manifestantes que não estavam tumultuando.

Policiais de bike lançaram gás lacrimogêneo, jogaram spray de pimenta, atiraram granadas de luz e bateram em manifestantes com cassetetes. Manusearam suas bicicletas como armas, usando-as como escudo e aríete. A BikeCo., distribuidora americana da Fuji Bikes, emitiu uma declaração anunciando que estava suspendendo a venda de bikes de polícia depois de ver seus produtos sendo empregados de maneiras "que não intencionamos ou que não foram criados para serem usados".

Em Nova York, surgiu uma unidade de "elite" de policiais do NYPD montados em bikes, com um uniforme que era uma mistura de tropa de assalto, goleiro de hóquei e Tartaruga Ninja Mutante Adolescente. Tratava-se do pelotão de bicicletas Grupo de Resposta Estratégica (SRG, na sigla em inglês) do NYPD, especializado em controle de multidões. Em 4 de junho, o pelotão participou de intervenções da polícia e prisões em massa numa manifestação do Black Lives Matter no Bronx, usando suas bicicletas para atacar, empurrar e ajudar a confinar manifestantes. O Human Rights Watch caracterizou as ações do NYPD no incidente como um "ataque planejado" e "brutalidade policial".

O "Guia de Instrução" do pelotão de bicicletas SRG, um manual de cento e setenta e três páginas divulgado pelo site de notícias de escândalos de corrupção *The Intercept*, detalha os deveres da unidade. Estes incluem servir como "multiplicador de força" em protestos e obter informações monitorando "grupos, líderes e/ou organizadores". O manual oferece exemplos para ilustrar a diferença entre grupos "pacíficos" ("Desfiles ou circunstâncias como a Noite de Ano-Novo") de grupos "violentos" ("Occupy Wall Street, o movimento BLM, Manifestações contra Trump"), e apresenta instruções para várias manobras de ciclismo "agressivas" ("Power Slide" e "Dynamic Dismount") que policiais de bicicleta usam para controlar e dominar. Ao que parece, a tendência distópica da vida americana não poupou a bicicleta.

―――

A destacada presença de bicicletas na revolta do Black Lives Matter talvez tenha sido surpreendente para alguns. Mas questões de transporte são questões de justiça social. Os danos de diretrizes de trânsito ruins e infraestruturas piores — trens e ônibus que não funcionam bem e atendem de forma inadequada a bairros de baixa renda, tráfego de veículos que poluem o meio ambiente e põem em risco a vida de ciclistas e pedestres — são sofridos de forma desproporcional por comunidades de negros e latino-americanos. Pesquisadores constataram que os índices de morte em acidente de trânsito para ciclistas negros e latinos são, respectivamente, 30% e 23% mais altos do que aqueles para brancos.

Estudos também confirmam que a polícia aborda, importuna e prende ciclistas não brancos em índices radicalmente maiores que os dos brancos. Uma pesquisa em Oakland, cidade onde 28% da população é negra, concluiu que 60% dos ciclistas abordados pela polícia eram negros. Estudos sobre multas emitidas para condutores de bicicleta pelas polícias de Chicago e Tampa constataram disparidades ainda mais pronunciadas. Em Nova York, 86% de todos os ciclistas multados em 2018 e 2019 por dirigir na calçada eram negros e latino-americanos, e quase metade tinha vinte e quatro anos ou menos.

Essas estatísticas refletem a verdade de que, em muitas cidades americanas, pessoas não brancas andarem de bicicleta é, na prática, ilegal. Para a polícia, a presença de uma bicicleta serve de pretexto para suspeitas baseadas em discriminação racial e para o emprego de táticas de parar e revistar que — institucional, oficialmente — eles alegam ter abandonado. Uma investigação do *Los Angeles Times* analisou mais de 44 mil vezes em que o Departamento do Xerife do Condado de Los

Angeles (LASD, na sigla em inglês) parou bicicletas entre 2017 e julho de 2021. A maioria das abordagens ocorreu em bairros de baixa renda com grandes populações de não brancos, e sete em cada dez envolveram ciclistas latino-americanos. O *Times* reportou que os xerifes do LASD apreendem ciclistas "por pequenas violações como dirigir na calçada" e "revistam 85% dos condutores de bike que param, embora com frequência não tenham nenhum motivo para suspeitar de que encontrarão algo ilegal. A maioria dos ciclistas foi mantida no banco de trás de carros de patrulha enquanto agentes revistavam seus pertences ou verificavam se havia ordens de prisão". Parar uma bicicleta no trânsito pode ter resultados trágicos. Em 31 de agosto de 2020, noventa e oito dias após a morte de George Floyd, agentes da LASD atiraram e mataram Dijon Kizzee, um homem negro de vinte e nove anos que tentavam deter por "andar de bicicleta no lado errado da rua" na comunidade de Westmont, no sul de Los Angeles. Uma autópsia constatou que Kizzee foi atingido por dezesseis balas, sofrendo ferimentos nas mãos, braço, ombro, peito, queixo, costas e parte posterior da cabeça.

Em Nova York, o verão e o outono de 2020 foram estações de protestos de bicicleta. *Deliveristas* fizeram manifestações em frente a delegacias do NYPD para denunciar a indiferença do departamento diante de uma epidemia de roubos de bikes elétricas e ataques a entregadores. Em outubro, centenas de *deliveristas* convergiram para a prefeitura, exigindo melhores salários e condições de trabalho. Novos movimentos estavam surgindo. O Street Riders NYC, formado em junho por seis ativistas negros do Brooklyn, atraiu milhares de ciclistas para passeios de protesto pela cidade. Eram manifestações do Black Lives Matter, que pediam justiça racial e econômica, menos verbas para a polícia e o desmantelamento do sistema carcerário americano. Mas os protestos também abordaram as políticas racial e de mobilidade, celebrando a ecumênica "liberdade de pedalar" e — tacitamente, pelo menos — criticando uma comunidade de ativistas de bicicleta brancos que durante anos ignorou questões de equidade no trânsito e os fardos singulares enfrentados por ciclistas de cor.

Talvez a mais revolucionária nova forma de protesto de bicicleta seja a que alega não ser um protesto. O termo "bikelife" se referia originalmente a "gangues" de praticantes de motocross e motoristas de quadriciclos de cidades como Nova York e Baltimore que ganharam fama com vídeos que mostravam *wheelies*, *donuts* e outras proezas loucas que eles executavam em ruas urbanas e rodovias. No início dos anos 2010, Darnell Meyers, um entregador de bicicleta do Harlem, na época com vinte e poucos anos, começou a postar vídeos on-line de suas manobras inspiradas em manobras de bikelife, realizadas não em veículos a motor, mas numa antiquada So Cal Flyer: uma bike BMX de estilo retrô, fabricada pela lendária empresa SE. O quadro de alumínio grande, mas leve, da bike, suas rodas grandes, pneus grossos e cavilhas serviam como uma robusta plataforma para truques, e o repertório de Meyers era impressionante. Ele podia ficar de pé sobre o selim ou sobre o guidom enquanto a bike seguia em alta velocidade; podia inclinar a bike a ponto de ela rodar centímetros acima do chão e deslizar sobre a roda traseira como se estivesse surfando ou voando num tapete mágico; podia puxar a roda da frente para cima a um ângulo de quase noventa graus e pedalar equilibrado sobre a roda traseira enquanto se inclinava para trás para deixar a mão esfregar o chão, como um barqueiro passando os dedos num lago.

O mais incrível nos truques de ciclismo de Meyers não era o que ele fazia, mas onde fazia: nas ruas de Nova York, com frequência enquanto costurava no trânsito. Ele se orgulhava de suas proezas sobre a roda de trás, pedalando com a frente da bike erguida para o alto, quarteirão após quarteirão, e deu a si mesmo um apelido que celebrava a prática: DBlocks. Ele angariou muitos seguidores no Instagram e começou a postar avisos convidando ciclistas a se encontrarem para passeios em grupo pela cidade. Isso não era exatamente uma novidade. DBlocks contraíra o vírus da bicicleta aos onze anos, quando viu grupos de crianças da vizinhança pedalando pelo Harlem em bandos. Mas os "ride-outs" de DBlocks logo ficaram grandes, e depois maiores: esquadrões de ciclistas de BMX, em sua maioria jovens, negros e homens, surgiam nas avenidas às dezenas ou centenas, com as rodas da frente erguidas sobre o chão, realizando truques perigosos e ostentosos, quilômetro após quilômetro, e narravam suas façanhas em feeds de mídia social.

Hoje, o movimento conhecido pela hashtag #bikelife é um fenômeno global. Os ride-outs chegaram a seis continentes e ganharam proeminência pop ao aparecerem em vídeos de rap. Assim como as corridas de arrancada e a prática de skate, #bikelife é um exemplo do tipo de busca de energia anárquica que cativa adolescentes e adultos jovens com certas disposições, e em boa parte porque afrontam figuras de autoridade. Em Nova York, a polícia agiu contra eventos de #bikelife, confiscando bicicletas de participantes e, segundo consta, interrompendo ride-outs avançando com bicicletas motorizadas sobre ciclistas. (O manual do Pelotão de Bicicletas do SRG vazado para o *Intercept* inclui o policiamento de "Ride Outs de Bicicleta" numa lista das realizações do pelotão.)

Mas #bikelife não é apenas uma rebelião de adolescentes em interesse próprio. Observar um ride-out — ver centenas de garotos negros, dezenas deles lado a lado, empinando bikes ao longo de pontes, rodovias e outras vias onde bicicletas são proibidas — é testemunhar uma exibição de ciclismo tão radical, e com tanta liberdade e resistência, quanto qualquer outra na história de dois séculos da bicicleta. Assim como gerações anteriores de ativistas de bicicleta, os participantes de #bikelife reivindicam seu direito ao uso de vias públicas — mas fazem isso com uma agressividade e exibicionismo que faz um passeio da Massa Crítica parecer antiquado em comparação.

É claro que #bikelife representa uma política mais ampla. O Black Lives Matter é, em parte, uma cruzada moral sobre mobilidade e sobre quem tem liberdade para ir para onde. Condena um sistema que vigia e circunscreve o movimento de pessoas negras — que interpreta a simples presença de pessoas negras em espaços públicos como uma transgressão, um crime punível com aprisionamento ou mesmo morte. Nos ride-outs de #bikelife, membros da população mais demonizada e exageradamente policiada dos Estados Unidos afirmam seu direito à absoluta liberdade de movimento. Os ride-outs dramatizam a vulnerabilidade de corpos negros, pondo ciclistas velozes num trânsito desordenado, sobre bikes de 14 quilos, em meio a veículos cem vezes mais pesados. Mas os ciclistas dos ride-outs representam resistência e destemor, transformando deslocamentos perigosos em performances virtuosísticas e ao mesmo tempo desdenhando de autoridades e vigiando a si próprios: documentando suas atividades supostamente ilegais em câmeras de celulares e postando as provas na internet. Retumbando pela cidade com suas rodas da frente erguidas, como uma cavalaria com garanhões empinados, os ciclistas de #bikelife celebram a alegria, o estilo e a audácia de pedalar sendo negro.

———

Os inimigos da bicicleta receberam o novo boom de bikes americano com vituperações antiquadas. As guerras culturais estão sendo travadas, e furar pneus de bicicleta com tachinhas retóricas é uma maneira consagrada de provocar. No primeiro ano da pandemia, as invectivas contra a bicicleta ressoaram nos habituais recintos da mídia social e da imprensa de direita. Mas também retumbaram no Olimpo da Suprema Corte. Numa decisão em novembro de 2020, *Roman Catholic Diocese of Brooklyn, New York v. Cuomo*, a corte barrou restrições a cerimônias religiosas que o governador de Nova York, Andrew Cuomo, havia imposto para combater a disseminação da Covid-19. Em parecer convergente, o juiz Neil Gorsuch ridicularizou a inclusão de "lojas de conserto de bicicleta" numa lista de negócios essenciais e incluiu a bicicleta num catálogo de adornos de um estilo de vida "secular", juntamente com o vinho e tratamentos de acupuntura. "De acordo com o governador, pode ser inseguro ir à igreja, mas é sempre bom pegar mais uma garrafa de vinho, comprar uma bicicleta nova ou passar a tarde explorando seus pontos distais e meridianos", escreveu Gorsuch.

Era uma retórica conhecida, e havia mais por vir, em especial quando Joe Biden derrotou Donald Trump na eleição presidencial de 2020 e nomeou o inteligente e ambicioso caxias Pete Buttigieg para o cargo de secretário de Transportes. Buttigieg fez declarações sensatas como: "Acho que muitos americanos não têm consciência de… o quanto estamos atrasados em termos de segurança de bicicletas e pedestres" e "Somos melhores quando nossas decisões giram não em torno de carros, mas em torno do ser humano". Isso era uma provocação aos experts da direita, e eles rebateram, extorquindo algumas notícias da proposição

"Os democratas estão vindo atrás de nossos carros". Quando câmeras registraram Buttigieg indo de bicicleta para uma reunião de gabinete, a mídia de direita falsamente relatou que ele havia "fingido" ter feito o percurso de bicicleta, saindo de um carro com chofer para "andar de bicicleta alguns metros" para os paparazzi.

A rude cultura de carro americana e o incipiente fascismo americano eram aliados naturais. Na primavera de 2021, legislativos controlados por republicanos em Oklahoma e Iowa haviam aprovado leis que dão imunidade a motoristas cujos carros batem em manifestantes. O segundo verão da pandemia estava diante de nós, e o clima nos Estados Unidos estava intensamente — quase comicamente — sinistro. Parecia que para onde quer que você olhasse havia cenas de decadência e presságios de declínio e queda. As vacinas de Covid haviam chegado, mas também a variante Delta. Enquanto bilhões no mundo aguardavam em desespero a primeira dose da vacina, metade dos americanos com direito a tomá-la estavam rejeitando o medicamento prontamente disponível com base em lunáticas teorias da conspiração. Presumivelmente, houve uma significativa superposição entre a população antivacina e aqueles que alegavam que a insurreição nacionalista branca de 6 de janeiro no Capitólio dos EUA foi uma operação falsa perpetrada por antifascistas.

Enquanto isso, magnatas estavam saindo do planeta. Em 20 de julho de 2021, a pessoa mais rica do mundo, Jeff Bezos, fez um passeio suborbital de dez minutos a bordo de um foguete fálico chamado New Shepherd. O design da nave espacial lembrava tanto a silhueta de um pênis e testículos como aqueles rabiscados na parede do banheiro dos meninos numa escola de ensino médio que parecia impossível que Bezos não tivesse entendido a piada — até você lembrar que era Jeff Bezos. Nove dias antes, o magnata britânico Richard Branson havia passado à frente de Bezos na corrida espacial, conseguindo completar seu próprio voo suborbital no *VSS Unity*, um avião supersônico da Virgin Galactic. Depois teve Elon Musk, o magnata da Tesla que, sem se deixar desanimar depois de o protótipo de sua espaçonave "Starships" se acidentar e incendiar em vários voos de teste, estava agora ocupado trabalhando em duas frentes: planejando um programa de colonização marciana com sua empresa de "transporte espacial" SpaceX e, na qualidade de fundador da Boring Company — um nome brilhante ou idiota, você escolhe —, tornando-se pioneiro num novo sistema de transporte subterrâneo em que Teslas sem motorista levariam passageiros entre cidades através de uma rede de túneis de "Hyperloop".

Você não poderia culpar os bilionários por quererem se jogar no espaço ou meter a cabeça embaixo da terra. O planeta está passando por um período de clima ruim. Na mesma manhã em que Bezos decolou no New Shepherd, eu saí de meu prédio, desacorrentei minha bike e comecei a pedalar. Logo, notei que meus olhos estavam ardendo, a garganta coçou e o céu estava tingido num tom nebuloso de laranja-avermelhado. Há semanas dezenas de incêndios florestais estavam devastando a Costa Oeste, queimando milhões de hectares. O calor extremo gerado por um desses infernos, o Bootleg Fire no Oregon, criou pirocúmulos, nuvens cheias de cinzas que viajaram em ventos de níveis altos por quase cinco mil quilômetros a leste para derrubar um véu empoeirado sobre o Brooklyn. Já não existe algo que você possa chamar de clima local.

Várias semanas depois, outro sinal dos tempos desceu do céu. Em 1º de setembro, numa noite de quarta-feira, chuvas torrenciais caíram sobre Nova York, causando uma enchente violenta, que alagou a cidade. A tempestade era remanescente do furacão Ida, que atingira a Louisiana quarenta e oito horas antes. Carros flutuaram nas ruas, boiando em águas que carregavam esgoto bruto. A via expressa Brooklyn-Queens ficou cheia como um canal veneziano. A enchente estourou tetos de estações do metrô e cascatas caíram sobre trens e plataformas. Treze pessoas morreram em Nova York, quase todas elas imigrantes no Queens que ficaram presos em apartamentos no subsolo enquanto a água subia. Uma postagem no Twitter que viralizou mostrava um vídeo de um trabalhador do Grubhub numa rua do Brooklyn que virara um rio, empurrando sua bicicleta em meio à chuva forte com água pela cintura. No guidom da bike podia-se ver um saco plástico pendurado: ele estava fazendo uma entrega de comida. Mais tarde, soube-se que alguns aplicativos incentivaram *deliveristas* a trabalhar em condições de risco de vida oferecendo "incentivos para clima rigoroso": alguns dólares a mais pelo serviço.

A manhã seguinte, 2 de setembro, estava clara, fresca e seca, um daqueles dias absurdamente cristalinos que parecem vir depois de eventos climáticos únicos no século, que agora acontecem mais ou menos todo mês. Durante a noite, o sistema de metrô inundado havia sido fechado, então nova-iorquinos acordaram e pegaram bicicletas. O Citi Bike registrou 126.360 viagens naquele dia: o maior número num único dia em oito anos de existência do serviço até aquela data. O gelo está derretendo no topo e na base do planeta, florestas estão em chamas, sistemas políticos estão quebrando, uma pandemia abalou a rotina em suas fundações e, em meio ao tumulto, uma nova cultura de bicicleta global está surgindo. O boom da bicicleta hoje é, sem dúvida, o maior da história, abrangendo incontáveis milhões de ciclistas em praticamente todo canto do planeta. É um movimento de massa, de proporções épicas. Mas seria pequeno demais? Tarde demais?

Nas últimas duas décadas, Ai Weiwei, artista plástico chinês dissidente, criou uma série de esculturas que ostenta o evocativo título de *Forever Bicycles*. A primeira delas, de 2003, mostra algumas dezenas de bicicletas sem guidom, pedais e correntes, montadas num padrão circular para formar uma única estrutura — uma espécie de Ouroboros de bicicleta, uma louca bike dadá. Ai continuou a desenvolver o trabalho em escala cada vez maior, produzindo instalações de *Forever Bicycles* para lugares específicos em que centenas, às vezes milhares, de bikes são dispostas em amplas configurações simétricas que se elevam e arqueiam no alto. O efeito é estroboscópico: olhando para cima, o observador vê uma infinitude de quadros e rodas.

Há alusões históricas à arte aqui: um aceno a Duchamp, certamente, e talvez às câmaras de eco ópticas de M. C. Escher. Há outras ressonâncias também. O título, *Forever Bicycles*, contém um trocadilho, uma referência à famosa marca de bicicleta Forever, de Xangai, que, juntamente com a Flying Pigeon, dominava as ruas na juventude de Ai, nos anos 1960 e 1970. (Em muitas versões das esculturas, Ai usou bikes Forever.)

Ninguém que conheça Ai duvidará de que há política em suas monumentais montagens de bikes sem condutores: uma evocação às multidões de ciclistas de outrora que desapareceram, incluindo aqueles que pedalaram juntos para a praça da Paz Celestial. Mas Ai também fala da profundidade da tradição da bicicleta e do amor pela bicicleta. *Forever Bicycles* é um tributo poético, sinfônico, à beleza pura e atemporal da forma da bicicleta: todas aquelas bikes — ou, mais exatamente, uma única bike, a Bike Eterna, refratada infinitamente — pairando no alto, como que flutuando na abóbada celeste.

É claro que a bicicleta provavelmente não é eterna. Em nossa era de colapso, o que é? Mas é resiliente: tem um jeito de fazer reaparições. Em anos recentes, a China indicou reconsiderar o fim de seu reino de bicicletas. A conversão da nação à cultura automobilística teve uma série previsível de efeitos ambientais e sociais: aumentou a poluição e as emissões de gases do efeito estufa, elevando os índices de doenças pulmonares e outros males respiratórios, uma crise de obesidade e uma epidemia de acidentes de automóveis. Hoje, as estradas da China são as mais perigosas do mundo, e os acidentes de trânsito são a principal causa de morte para chineses de quarenta e cinco anos ou menos.

As bicicletas continuam fazendo parte da economia da nação. A China é, de longe, o maior produtor e exportador mundial de bikes e componentes de bikes. E recentemente, o governo iniciou ambiciosos esforços para restabelecer o ciclismo no país. Depois de anos construindo estradas para carros em escala gigantesca, o PCC empreendeu modernos projetos de infraestrutura para ciclismo, incluindo vias expressas para bicicletas em Pequim e na cidade litorânea de Xiamen.

Os sistemas de compartilhamento de bike são outra chave para restabelecer a bicicleta na China. O experimento da nação com bikes de compartilhamento começou mal: com o desastre de boom e falência no fim dos anos 2010, que deixou aquelas montanhas de bicicletas da Mobike e da Ofo abandonadas e amontoadas em periferias urbanas. Mas na segunda metade da década, em especial desde o início da pandemia, a indústria recuperou terreno, com novas marcas de bicicletas de compartilhamento, financiadas por gigantes corporativos que operam num mercado um pouco mais regulado. A Dockless Hellobikes (apoiada pelo golias da tecnologia Alibaba) e a Meituan Bike (que adquiriu a Mobike em 2018) estão cada vez mais presentes em cidades chinesas, populares para uma nova geração de profissionais urbanos que são, talvez, menos adeptos do culto do carro e guardam menos associações estigmatizadas com as bikes. Um número cada vez maior de bicicletas de compartilhamento são bikes elétricas, que se tornaram o ponto focal do renascimento do ciclismo na China. Hoje, há impressionantes 300 milhões de e-bikes nas ruas da China, tanto bikes de compartilhamento quanto bicicletas particulares.

Em termos históricos, é um negócio bem grande. O crescimento das e-bikes — cujo mercado global chegará a 70 bilhões de dólares em 2027, de acordo com previsões da indústria — poderá se tornar a mais significativa evolução na cultura da bicicleta desde a invenção da bicicleta de segurança. Uma bike que exige o uso mínimo de músculos humanos e de força no pedal representa uma enorme mudança ontológica, uma grande e nova conceitualização de *o que é uma bike*. Mas o que importa nesse quadro é que muita gente realmente gosta de bikes elétricas e está reconfigurando a vida em torno delas. Na China, a e-bike é claramente a nova "bicicleta nacional", sucessora das icônicas roadsters pretas de antigamente.

Essas roadsters ainda estão em circulação, porém. Há milhões delas na China, muito possivelmente centenas de milhões, em variados estados de conservação. Andei numa delas quando visitei Pequim, muito antes da Covid. Eu estava hospedado num grande hotel corporativo no centro da cidade, não muito longe da Cidade Proibida e da praça da Paz Celestial, e o hotel tinha uma meia dúzia de bikes Forever dos anos 1990 disponíveis para uso dos hóspedes. Pedalei por toda a cidade e fiquei de olho em outras do gênero. Espionei muitas roadsters velhas e surradas — Forevers, Flying Pigeons, Golden Lions e outras semelhantes — nos *hutongs* residenciais ainda existentes em Pequim, encostadas em muros e inclinadas sobre engradados. Durante algum tempo, alimentei a fantasia de que eram bikes amadas, valorizadas por veteranos que haviam pedalado nelas durante décadas e não podiam suportar se separar delas. Mais tarde, soube que muita gente as tirava do esquecimento e as usava em *hutongs* para guardar vagas de estacionamento para seus carros.

Mas você vê moradores de Pequim pedalando as clássicas bicicletas. Geralmente, são pessoas de meia-idade ou idosas, e não particularmente bem de vida. Muitos chineses nunca puderam ter um carro, e jamais dirigirão uma e-bike. Nos mercados de atacado da cidade e em distritos proletários miseráveis, bicicletas e triciclos de carga são ubíquos. O comércio de bicicletas antiquadas também resiste. Você ainda vê mecânicos de bicicleta nas calçadas, trabalhando diante de "lojas" definidas por alguns blocos de concreto dispostos numa esquina, fazendo reparos rápidos em correntes emaranhadas, pneus furados e garfos entortados. Há lugares onde o Reino da Bicicleta nunca caiu, onde a força nos pedais ainda tem primazia, onde a cultura da bicicleta de outrora está intacta e, ao que parece, inalterada.

Na verdade, é inexato falar de "cultura de bicicleta na China" como se ela fosse monolítica, ou mesmo compreensível. Existem culturas de bicicleta, no plural — demasiadas para catalogar ou meter numa grande teoria unificada. Para alguns jovens em Pequim, o que atrai na bicicleta é que ela é uma subcultura: algo no qual eles entram e que é um pouco estranho, um nicho.

Para quem não é chinês, certas cenas de ciclismo em Pequim que, no contexto chinês, são exóticas podem parecer uma tendência predominante. Em anos recentes, a cidade teve uma proliferação de clubes focados em bicicletas de estrada. Os membros desses coletivos possuem bikes de corrida e passeio sofisticadas; eles fazem passeios em grupo, em massa, a montanhas a norte e oeste de Pequim. Os sócios desses clubes são quase todos homens, e têm, parece razoável dizer, uma fixação reconhecivelmente masculina por feitos atléticos que podem ser quantificados e comparados — quilômetros percorridos, subidas vencidas, velocidades alcançadas. Eles também são muito ligados em materiais: equipamentos e componentes de primeira linha, quadros de titânio, roupas "técnicas" de ciclismo. Duas gerações atrás, era inimaginável na China que andar de bicicleta pudesse distinguir um indivíduo de outros cidadãos. Hoje, os ciclistas esportivos de Pequim sabem das coisas. Pedalando nas ruas da antiga capital com uniformes de lycra, capacetes reluzentes e óculos escuros caros com lentes fotocromáticas, eles representam uma novidade: o ciclismo com estilo e como estilo de vida, disponível aos exigentes a um preço elevado.

Há outras novas subculturas de bicicleta em Pequim. Descobri uma delas, por acaso, quando estava zanzando certa tarde numa esquina da moda no distrito de Dongcheng, no centro-leste de Pequim. Ali, num *hutong* ladeado de lojas elegantes, deparei-me com a Natooke, uma loja de bicicletas customizadas, dirigida por uma expatriada alemã chamada Ines Brunn, que vende exclusivamente bikes fixas, sem marcha. Brunn é um personagem: uma ciclista de truques profissional, com mestrado em física, que morou e se apresentou no mundo inteiro. Ela abriu a Natooke para disseminar o evangelho da bicicleta fixa para os moradores de Pequim, e evidentemente foi bem-sucedida. Jovens atraentes com cortes de cabelo difíceis estavam ali. Pareciam mais ou menos o tipo de cliente que você veria numa butique de fixas no Brooklyn.

Mas não há nenhuma loja parecida, seja no Brooklyn ou, até onde eu sei, em outros lugares. Sem dúvida, era a loja de bicicletas mais bonita que eu já tinha visto. Para onde quer que meus olhos virassem, havia peças e partes de bicicletas empilhadas em ordem e penduradas em ganchos e grades, numa explosão de cores do arco-íris: quadros, garfos, aros, pneus, eixos de roda, raios de roda, coroas, correntes, guidons, manoplas de guidom, em vermelhos, azuis, amarelos, roxos e rosa. O segredo da loja era que você podia customizar cada componente de sua bike, nos tons que escolhesse.

Fiquei impressionado com a diferença, semioticamente falando, entre a Forever pesadona que eu trancara ali na rua do lado de fora — uma bike rude, anônima, feito um barco grande preto, construída para transportar massas de proletários da China — e as bikes fixas leves da Natooke, engraçadas feito cartuns, disponíveis em qualquer cor pastel que o comprador desejar. Também fiquei impressionado com o quanto eu quis ter uma coisa daquelas. Durante algum tempo, fiquei em pé ali, com um olhar meio feroz, imaginando a combinação de cores que escolheria e como exatamente faria para levar uma bike da Natooke, ou duas, para Nova York.

Em vez disso, decidi alugar uma delas por algumas horas, opção que a loja oferecia. Recebi uma bicicleta de pneus e quadro brancos, e vários outros componentes num tom que poderia ser descrito como verde Caco, o Sapo. Deixei a Forever trancada no *hutong* e tomei o rumo norte pedalando a fixa. Estava indo para o parque Ditan, a uns dez minutos de distância, um oásis de árvores enfileiradas e caminhos pavimentados onde eu passara algumas horas agradáveis lendo no dia anterior. O parque Ditan abriga o Templo da Terra, um edifício da dinastia Ming, do século XVI. É um lugar sereno, sossegado, portanto, bom para meus propósitos. Eu teria espaço para experimentar. Só dirigira uma bike fixa uma vez, por um breve período e não muito bem, na época do ensino médio. E a fixa exige algum tempo para você se acostumar.

A maioria das bicicletas tem um eixo equipado com uma catraca, o mecanismo que permite aos pedais permanecer parados quando a bike roda. É a catraca que permite aos ciclistas seguir sem pedalar — uma das sensações mais oníricas e prazerosas quando se anda de bicicleta. (Iain Boal, historiador, considerou o termo para isso em inglês, "freewheeling", a maior contribuição da bicicleta para a língua inglesa.)

Mas numa bike fixa, o sistema de transmissão está preso diretamente no eixo da roda traseira, uma junção que torna impossível andar "na banguela". Quando você pedala para a frente, a roda de trás é posta em movimento e a bike se move para a frente. Desde que a roda traseira continue girando — quer você esteja pedalando ativamente ou não —, os pedais continuam rodando. A relação é recíproca e inequívoca. Os pedais giram a roda; a roda gira os pedais.

Adeptos sustentam que isso torna a bicicleta fixa a mais confiável, a mais bicicleta das bicicletas, uma escolha purista. É a bicicleta que emprega o motor humano de forma mais direta e eficiente, sem nenhum dispositivo extrínseco para interferir na transferência de energia. A sensação de se fundir com a máquina é experimentada com mais profundidade numa fixa do que em qualquer outra espécie de bike.

Há outras vantagens apregoadas pelos fãs da fixa. Ela oferece aos condutores um maior grau de controle. Ciclistas de truques com frequência a usam porque ela lhes permite pedalar para trás. As fixas são rápidas. Como funcionam com muita eficiência, seus condutores podem manter cadências de pedalada mais altas do que as dos condutores de bicicletas com marchas na mesma proporção. Algumas pessoas se referem às fixas por seu nome tradicional, "track bikes", ou "bicicletas de pista", porque originalmente elas foram criadas para corridas em velódromos e pistas ao ar livre. Velocidade também é o motivo pelo qual as fixas eram preferidas por mensageiros de bike de Nova York, que iam tão rápido quanto possível nos anos 1980 e 1990.

Depois há também uma questão de estética. As fixas são bonitas, no sentido loosiano de que menos é mais, uma vez que são despojadas das peças extras necessárias a um sistema de transmissão com marchas completo. A fixa é a bike elementar — a bicicleta reduzida à sua essência.

Os freios são um dos componentes não encontrados numa bike fixa clássica. (A Natooke vende fixas com e sem freios; a que eu aluguei era um modelo sem freios.) O desafio, para um novato numa fixa, não é pedalar, mas parar. Para pará-la com segurança, você precisa aplicar uma pressão reversa, usando as pernas e o peso do corpo para empurrá-la contra a rotação das pedivelas. É uma ação à qual eu estava acostumado: minha bike era um cruiser com freio de contrapedal, ou freio no pé, que eu ativava com esse mesmo movimento de pedalar para trás. Mas o freio de contrapedal é um mecanismo separado, integrado ao eixo interno da bicicleta; quando você pedala para trás, o freio é acionado e faz o trabalho difícil para você.

Interromper o movimento de uma fixa sem freio é uma tarefa de outra ordem. Exige mais força e mais astúcia. Várias técnicas podem ser empregadas. Há o método básico de aplicar pressão constante para trás nos pedais para a bike rodar mais devagar. Você também pode tentar um "skip stop": erguer-se sobre o selim e levantar a roda traseira do chão algumas vezes em rápida sucessão. Ou, se estiver se movendo rápido, você pode fazer um skid — um movimento mais rápido em que você pressiona os pedais para trás com tanta força que a roda traseira tranca e você desliza até parar. Parece simples, mas frear uma fixa é uma coisa de sentir, o tipo de manobra em que você precisa contar com a memória do músculo. É uma habilidade.

Se você não tem habilidade, tem que adquirir. Cheguei ao parque Ditan, que àquela hora, por volta de duas da tarde, tinha algum movimento, mas não muito. Um langor pós-prandial pairava sobre o lugar. Havia jovens mães empurrando carrinhos de bebê e homens idosos sentados a mesas jogando *xiangqi,* a versão chinesa de xadrez. Havia algumas pessoas numa pequena área de exercícios físicos equipada com barras de macaco, barras paralelas e uma bicicleta estática. Andei um pouco pelo parque até encontrar um caminho bom, longo, com pouca gente. Era setembro, mas o clima era de verão. Soprava uma brisa agradável. Era um dia mais ou menos perfeito para andar de bicicleta.

Passei a perna direita sobre a fixa, suspendi o corpo para sentar no selim e pus a coisa em movimento, pedalando devagar e deliberadamente. Aumentei um pouco o impulso, permitindo à bike avançar talvez uns doze metros. E então empurrei os pedais para trás, no estilo contrapedal.

Mas a bicicleta empurrou de volta. Os pedais não cederam, continuaram girando para a frente, e dei uma sacudida para a frente, erguendo-me do selim e descendo para ficar em pé. Eu estava montado sobre o cano superior — uma posição fisicamente desagradável, para ser totalmente franco — enquanto arrastava os pés pelo chão, tentando fazer a bike ir mais devagar, mais ou menos como Fred Flintstone em seu carro da Idade da Pedra. Por fim, a bike parou.

Considerando todos os fatos, essa não era uma boa maneira de frear uma bike. O que eu precisava fazer, percebi, era realizar a manobra de forma mais fluida. A ação necessária não era o empurrão violento único que eu dava na minha cruiser contrapedal. O que eu precisava fazer era realmente *pedalar* para trás, exercendo uma pressão constante até a roda reverter o curso. Então montei de novo, virei a bike, lancei-me para a frente e tentei de novo — e de novo os pedais desobedeceram. Meus pés se soltaram, eu estava fora do selim, puxando o guidom para a direita e depois para a esquerda, balançando e desviando. As pernas estavam abertas sobre o cano superior e os pés estavam dando pisadas no chão num esforço feio para fazer a bike ir mais devagar e para mantê-la ereta.

Consegui fazê-la parar. Olhei em volta. *Tem alguém vendo isso?* Um transeunte poderia concluir que estava testemunhando uma viagem inaugural: um homem tentando andar de bicicleta pela primeira vez na vida. Mas havia pouca gente passeando naquele canto do parque. À direita, umas dez mulheres mais velhas estavam fazendo tai chi. Todos pareciam estar perfeitamente indiferentes aos esforços, e à existência, do estrangeiro de bicicleta.

Ocorreu-me que eu podia ter me colocado em desvantagem dirigindo uma fixa que não era equipada com correias para os dedos dos pés. Esses pequenos acessórios, que firmam os pés do condutor aos pedais, são úteis — alguns consideram essenciais — para fazer uma bike fixa parar. Eles impedem o problema que eu estava tendo — os pés saindo dos pedais — e dão um grau maior de força e controle, permitindo ao condutor empurrar para baixo o pé de trás enquanto empurra para cima o da frente. Mas ao longo dos anos eu havia visto muitos ciclistas de fixa pedalando sem correias nos pés. O problema, concluí, não era a falta do equipamento, ou mesmo minha técnica ruim. Era uma questão de convicção. Aquela atitude apreensiva não resolveria. Eu tinha que ir com determinação.

Então virei mais uma vez a bike. Apontei as rodas para o longo caminho calçado, centralizei meu peso no assento e dei um impulso, pedalando com suavidade e constância.

As duas rodas sussurravam sobre o chão. A bike cortava o ar. Acima, galhos de *ginkgo* balançavam. Não havia dúvida: a Natooke era legítima. Seu desempenho era tão bom quanto sua aparência.

Eu percorrera pouco mais de vinte metros, talvez, alcançando uma velocidade razoável. Era agora. Transferi meu peso para a parte de trás da bike, firmei as coxas contra o cano superior e dei um empurrão forte para trás. Mas de novo senti a força dos pedais empurrando de volta, de novo meus pés saíram, de novo a bike oscilou e cambaleou, e tive que balançar o guidom várias vezes para estabilizar o navio.

Meus pés buscaram os pedais. A única maneira de agir agora, ao que parecia, era fazer as pazes com a bike, e não lutar contra ela. Se você é uma pessoa que conhece a história da bicicleta, esse é o tipo de situação que leva sua mente ao passado: os testemunhos de todos aqueles ciclistas do século XIX que consideravam seus velocípedes e boneshakers feras insubordinadas, máquinas que pensavam por si próprias. Meus pés agora estavam de volta aos pedais. Eu estava pedalando a bike ou ela estava me pedalando? Não estava claro. De qualquer modo, a fixa estava rodando e ganhando velocidade. A situação apresentava uma escolha simples: eu podia cair fora — escolher o trecho de aparência mais suave do calçamento que eu pudesse encontrar e me jogar nele — ou segurar mais firme a manopla branca do guidom e sair passeando. Comigo ou sem mim, a bicicleta estava indo para a rua.

AGRADECIMENTOS

Eu acumulei muitas dívidas de gratidão enquanto estava trabalhando neste livro. Algumas pessoas têm consciência — demasiada, possivelmente — de como me ajudaram. Outras podem se surpreender ao encontrar seus nomes relacionados aqui. Cada uma delas foi crucial para a realização deste projeto. Palavras em páginas não podem transmitir o quanto sou grato, mas é um começo.

Meu primeiro agradecimento vai para aqueles que suportaram minhas perguntas, compartilharam suas histórias e me permitiram escrever sobre suas vidas. Obrigado, Mohammed Abul Badshah, Syed Manzoorul Islam, Sonam Tshering, Barb Samsoe, Bill Samsoe, Greg Siple, June Siple, Danny MacAskill, Rev. Harry Latham, Ted White e George Bliss.

Minha agente, Elyse Cheney, orientou o livro do começo à conclusão. Sou grato a ela por seu amparo, seus conselhos e seu bom humor. Obrigado também a toda a equipe da Cheney Agency, incluindo Alex Jacobs, Claire Gillespie, Allison Devereux, Isabel Mendia e Danny Hertz.

Tive a sorte extraordinária de chegar à Crown e sou grato a todos ali que tiveram uma participação na publicação deste livro. Obrigado à minha editora maravilhosa, Libby Burton, por sua mente afiada, sua avaliação perspicaz, sua paciência e bondade. Obrigado a Aubrey Martinson, que fez muito para assegurar um processo de edição, produção e publicação suave. Obrigado a Gillian Blake, excelente publisher e editora, cujo apoio significa muito para mim. Obrigado a David Drake e Annsley Rosner. Obrigado a Evan Camfield, Bonnie Thompson, Stacey Stein e Melissa Esner. Obrigado também a Rachel Klayman e Molly Stern, que acreditaram neste livro desde muito antes.

Devo um agradecimento especial àqueles que me ajudaram durante minhas viagens. Em Daca, tive a assistência de Rifat Islam Esha, que me serviu como tradutor, facilitou minha apuração de informações e compartilhou muitas percepções sobre sua cidade. Obrigado também a K. Ahmed Anis e Imran Khan, em Daca.

Ina Zhou foi minha tradutora e mediadora na China, e foi imensamente útil nos meses que se seguiram à minha apuração de informações lá. Sou grato a outros de cuja generosidade e conhecimentos me vali na China: Andrew Jacobs, Xu Tao, Li Tao e Shannon Bufton.

Sem a assistência de Dhamey Norgay, eu jamais teria viajado para o Butão ou realizado qualquer coisa enquanto estava lá. Obrigado, Dhamey.

Jake Rusby me recebeu em seu estúdio no sul de Londres, mostrou-me suas bonitas bikes feitas à mão e me ensinou lições valiosas sobre design e engenharia de bicicleta.

Devo agradecer a todos da Rasoulution em Munique por tudo que fizeram para coordenar meu tempo na Escócia com Danny MacAskill.

Sou grato aos intrépidos ciclistas de Longyearbyen, a 78 graus de latitude norte, que abriram meus olhos de novas maneiras para a beleza, e insanidade, do ciclismo de inverno.

Obrigado a Franchesca Alejandra Ocasio e à Ovarian Psycos por me permitirem acompanhá-los em Los Angeles. Essa experiência mudou meu modo de pensar sobre bicicletas e política.

Obrigado às equipes da New York Public Library, Brooklyn Public Library, Elmer Holmes Bobst Library na NYU, Library of Congress, British Library, Royal Geographical Society e Bibliothèque Nationale de France.

Obrigado, Omar Ali e todos da Cobble Hill Variety. Obrigado também às equipes de uma centena de cafés — ou talvez sejam mil — no Brooklyn e em outros lugares.

Sou especialmente agradecido a estudiosos, ativistas e aficionados de bicicleta cujas ideias e expertise instruíram este livro. Com algumas dessas pessoas tive o prazer de me comunicar diretamente; outras conheço apenas através das palavras que escrevi. Sou grato a todas elas e a muitas outras cujo trabalho citei nas Notas. Obrigado a: Iain

Boal, Zack Furness, Melody Hoffmann, Adonia Lugo, Aaron Golub, Gerardo Sandoval, Evan Friss, James Longhorst, Paul Smethurst, Peter Cox, Randy Rzewnicki, Hans-Erhard Lessing, Tony Hadland, Tiina Männistö-Funk, Timo Myllyntaus, Glen Norcliffe, Margaret Guroff, Robert Turpin, Steven Alford, Suzanne Ferriss, Nicholas Oddy e Carlton Reid. Obrigado, Gary Sanderson, Jennifer Candipan e Evan P. Schneider. Obrigado à International Cycling History Conference.

Obrigado aos estimados colegas da *New York Times Magazine*, que apoiaram minha carreira, tal como é, e de várias maneiras me ajudaram a chegar à linha final deste livro: Nitsuh Abebe, Jake Silverstein, Jessica Lustig, Bill Wasik, Sasha Weiss, Erika Sommer.

Sou grato a muitos membros da família, amigos, colegas, valorosos conhecidos, *et al.*, que ofereceram camaradagem, conselhos, incentivo, ideias e recomendações de fontes, entre outros mitzvá. Obrigado também a muitos de vocês por fornecerem a inspiração de seus próprios bons escritos e pensamentos. Gillian Kane, Ann Powers, Carl Wilson, Whitney Chandler, Dan Adams, Craig Marks, Eric Weisbard, Julia Turner, Michael Agger, John Swansburg, Adam Gopnik, Dana Stevens, Josh Kun, Stephen Metcalf, Ali Colleen Neff, Karl Hagstrom Miller, Sean Howe, Jennifer Lena, Karen Tongson, Garnette Cadogan, Nathan Heller, Daphne Brooks, Forrest Wickman, Emily Stokes, Eddy Portnoy, Eric Harvey, Mark Lamster, Erin MacLeod, Joe Schloss, Frankie Thomas, Miles Grier, Steve Waksman, Ari Kelman, Ken Wissoker, Jason King, John Shaw, Ari Y. Kelman, Christopher Bononos, David Greenberg, Joey Thompson, Steacy Easton, Stuart Henderson, George Rosen, Seth Redniss.

Obrigado a meus pais, biológicos ou não, cujo apoio e amor foram essenciais para escrever este livro: Marc Rosen, Susan Rosen, Roberta Stone, Amy Hoffman. Muito obrigado a meus maravilhosos sogros Rick e Robin Redniss.

Este livro é dedicado, com todo o meu amor, a Lauren Redniss, Sasha Rosen e Theo Rosen.

NOTAS

PRÓLOGO: VIAGEM À LUA

10 "Chegado a tal perfeição": "A revolution in Locomotion", *New York Times*, 22 de agosto de 1867.

10 Um cartum do mesmo período: Artista desconhecido, *Voyage à la lune*, publisher desconhecido (França, c. 1865-1870). Litogravura colorida à mão. Uma cópia da imagem está na coleção da Prints and Photographs Division, da Library of Congress, em Washington. Pode ser vista on-line em: loc.gov/item/2002722394/.

11 "uma bela estrada dourada": John Kendrick Bangs, *Bikey the Skicycle and Other Tales of Jimmieboy* (Nova York: Riggs, 1902), 35-37.

11 "Uma bicicleta de minerador pareceria estranha nas ruas de Estocolmo": Robert A. Heinlein, *The Rolling Stones* (Nova York: Ballantine, 1952), 68-69.

11 *Trans-Galactic Bike Ride*, publicado em 2020: Lydia Rogue, org., *Trans-Galactic Bike Ride* (Portland, Oregon: Elly Blue, 2020).

11 "A arte de voar será o resultado prático": Benjamin Ward Richardson, "Cycling as an Intellectual Pursuit", *Longman's Magazine* 2, nº 12 (maio-outubro de 1883): 593-607.

12 Uma fotografia da Nasa documenta um teste: Para mais sobre o flerte da Nasa com o "ciclismo lunar", veja, e.g., Amy Teitel, "How NASA Didn't Drive on the Moon", 6 de abril de 2012, AmericaSpace, americaspace.com/2012/04/06/how--nasa-didnt-drive-on-the-moon/.

13 As bicicletas que ele propôs... eram semirreclinadas: Para uma descrição abrangente dos veículos lunares propostos por Wilson e outros detalhes de sua visão para o transporte no espaço, veja "Human-Powered Space Transportation", *Galileo* nº 11-12 (junho de 1979): 21-26.

13 "liberdade conferida por não haver a resistência do vento": Ibid., 24.

13 "A velocidade de 'cruzeiro' para um astronauta": Ibid., 22.

13 "uma colônia espacial estabelecida em um satélite artificial": Ibid., 25.

13 "A imagem que tentei retratar do transporte movido por humanos": Ibid., 26.

14 John Boyd Dunlop era um veterinário de quarenta e sete anos: Para um relato de Dunlop sobre sua invenção do pneu pneumático, veja John Boyd Dunlop, *The Invention of the Pneumatic Tyre* (Dublin: A. Thom & Company, 1925). Veja também Jim Cooke, *John Boyd Dunlop* (Tankardstown, Garristown, County Meath, Irlanda: Dreolín Specialist Publications, 2000).

14 "um interesse permanente por problemas de transporte rodoviário, ferroviário e marítimo": Jim Cooke, "John Boyd Dunlop 1840-1921, Inventor", *Dublin Historical Record* 49, nº 1 (Dublin: Old Dublin Society, 1996), 16-31.
15 "Ocorreu-me", escreveu ele anos depois: Dunlop, *Invention of the Pneumatic Tyre*, 9.
15 "ansioso para fazer um teste de velocidade em sua nova máquina": Ibid., 15.
16 Robert William Thomson, dera o mesmo salto imaginativo: Veja Charles Barlow, Esq., org., *The Patent Journal and Inventors' Magazine*, vol. 1 (Londres: Patent Journal Office, 1846): 61. Thomson, por acaso, foi também o inventor da caneta-tinteiro.
16 "interceptava a vibração da estrada": Cooke, *John Boyd Dunlop*, 16.
16 O nome dado por Thomson a sua criação soava poético: T. R. Nicholson, *The Birth of the British Motor Car, 1769-1897*, vol. 2, *Revival and Defeat, 1842-93* (Londres: Macmillan, 1982), 241.

INTRODUÇÃO: PLANETA BICICLETA

19 "As ciclovias serão abundantes em Utopia": H. G. Wells, *A Modern Utopia* (Nova York: Charles Scribner's Sons, 1905), 47.
19 "A humanidade investiu mais de 4 milhões de anos": Esta passagem vívida aparece em P. J. O'Rourke's "A Cool and Logical Analysis of the Bicycle Menace", publicado originalmente em *Car and Driver Magazine* em 1984. Assim como a maior parte do material de O'Rourke, era satírico, mas também não — uma expressão exagerada de visões seriamente mantidas. (O'Rourke publicou outro ataque violento à bicicleta, "Dear Urban Cyclists: Go Play in Traffic", na página de opinião do *Wall Street Journal*, 2 de abril de 2011.) "A Cool and Logical Analysis of the Bicycle Menace" é antologiado em P. J. O'Rourke, *Republican Party Reptile: The Confessions, Adventures, Essays and (Other) Outrages of P. J. O'Rourke* (Nova York: Atlantic Monthly Press, 1987), 122-27.
20 "Você está viajando": "The Winged Wheel", *New York Times*, 28 de dezembro de 1878.
21 "O ciclismo... fez mais pela emancipação das mulheres: "Champion of Her Sex", *World* (Nova York), 2 de fevereiro de 1896.
21 "Não seria nem um pouco estranho": Veja "Mark of the Century", *Detroit Tribune*, 10 de maio de 1896.
21 "Talvez uma interface entre Oriente e Ocidente seja a bicicleta": James C. McCullagh, org., *Pedal Power in Work, Leisure, and Transportation* (Emmaus, Pensilvânia: Rodale, 1977), x.
21 "a mais nobre invenção": Lance Armstrong, org., *The Noblest Invention: An Illustrated History of the Bicycle* (Emmaus, Pensilvânia: Rodale, 2003).
21 "a máquina mais benevolente": Sharon A. Babaian, *The Most Benevolent Machine: A Historical Assessment of Cycles in Canada* (Ottawa, Ontário: National Museum of Science and Technology, 1998).
21 "a arte condutível que pode praticamente salvar o mundo": Este aforismo, atribuído ao designer de bicicletas e escritor americano Grant Peterson, é amplamente citado na literatura de bicicleta "inspirativa" e em memes na internet. Veja, e.g., Chris Naylor, *Bike Porn* (Chichester, West Sussex, Inglaterra: Summersdale, 2013).

NOTAS 355

21 Existe o dobro de bicicletas: Veja, e.g., Michael Kolomatsky, "The Best Cities for Cyclists", *New York Times*, 24 de junho de 2021, nytimes.com/2021/06/24/realestate/the-best-cities-for-cyclists.html; Leszek J. Sibiliski, "Why We Need to Encourage Cycling Everywhere", *World Economic Forum*, 5 de fevereiro de 2015, weforum.org/agenda/2015/02/why-we-need-to-encourage-cycling-everywhere/.

22 o curso linear dos avanços tecnológicos: Veja David Edgerton, *The Shock of the Old: Technology and Global History Since 1900* (Nova York: Oxford University Press, 2007).

22 "Adquira uma bicicleta", escreveu Mark Twain: Em Mark Twain, "Taming the Bicycle" (1886). Antologiado em Mark Twain, *Collected Tales, Sketches, Speeches & Essays: 1852-1890* (Nova York: Library of America, 1992), 892-99.

22 "O ciclista é um aprendiz de suicida": Julio Torri, "La bicicleta", em *Julio Torri: Textos* (Saltillo, Coahuila, México: Universidad Autónoma de Coahuila, 2002), 109. Tradução do espanhol para o inglês por Jody Rosen.

23 por migrantes percorrendo terras de ninguém: Para um relato sobre o papel desempenhado pelas bicicletas na migração na fronteira EUA-México e no policiamento da fronteira, veja Kimball Taylor, *The Coyote's Bicycle: The Untold Story of Seven Thousand Bicycles and the Rise of a Borderland Empire* (Portland, Oregon: Tin House Books, 2016).

24 "um curioso veículo de duas rodas chamado Velocípede": *Evening Post* (Nova York), 11 de junho de 1819.

24 Um editorial de um jornal americano exortou os cidadãos a "destruir" velocípedes: *Columbian Register* (New Haven), 10 de julho de 1819.

24 "kyphosis bicyclistarum": "A Terrible Disease", *Neenah Daily Times* (Neenah, Wisconsin), 17 de julho de 1893.

25 "[A] bicicleta está a serviço de Satã": "Reformers in a New Field", *San Francisco Chronicle*, 2 de julho de 1896.

25 Um estudo australiano de 2019 explorou a visão negativa sobre os ciclistas: Alexa Delbosc, Farhana Naznin, Nick Haslam e Narelle Haworth, "Dehumanization of Cyclists Predicts Self-Reported Aggressive Behaviour Toward Them: A Pilot Study", *Transportation Research, Part F: Traffic Psychology and Behaviour* 62 (abril de 2019): 681-89.

26 analistas preveem que atingirá 80 bilhões de dólares em 2027: "Bicycles — Global Market Trajectory & Analytics", Research and Markets, janeiro de 2021, researchandmarkets.com/reports/338773/bicycles_global_market_trajectory_and_analytics.

27 Um manifesto divulgado pelo Provo: Joseph Lelyveld, "Dadaists in Politics", *New York Times*, 2 de outubro de 1966. Cf. Alan Smart, "Provos in New Babylon", *Urbânia 4*, 31 de agosto de 2011, urbania4.org/2011/08/31/provos-in-new-babylon/.

27 Um dos primeiros atos de Adolf Hitler ao assumir o poder: Veja palestra de Iain Boal em 2010 no Museu de Copenhague, acessível on-line em cinco vídeos postados no Vimeo, em especial "The Green Machine-Lecture by Iain Boal, Bicycle Historian. Part 3 of 5", Vimeo, 2010, vimeo.com/11264396.

27 soldados alemães... confiscaram bicicletas: Veja, e.g., Mikkel Andreas Beck, "How Hitler Decided to Launch the Largest Bike Theft in Denmark's History", *ScienceNordic*, 23 de outubro de 2016, sciencenordic.com/denmark-history-second-

-world-war/how-hitler-decided-to-launch-the-largest-bike-theft-in-denmarks--history/1438738.

27 "Mulheres estão indo para o sufrágio de bicicleta": "Riding to Suffrage on a Bicycle", *Fall River Daily Herald* (Fall River, Massachusetts), 8 de junho de 1895.

27 Governos autoritários na Ásia e no Oriente Médio têm imposto periodicamente às mulheres: Veja, e.g., Daniel Defraia, "North Korea Bans Women from Riding Bicycles... Again", CNBC, 17 de janeiro de 2013, cnbc.com/id/100386298; "Saudi Arabia Eases Ban on Women Riding Bikes", Al Jazeera, 2 de abril de 2013, aljazeera.com/news/2013/4/2/saudi-arabia-eases-ban-on-women-riding-bikes.

28 Em 2016, o líder supremo do Irã, Ali Khamenei, proclamou uma fátua: Andree Massiah, "Women in Iran Defy Fatwa by Riding Bikes in Public", BBC, 21 de setembro de 2016, bbc.com/news/world-middle-east-37430493.

28 "atrai a atenção de homens desconhecidos e expõe a sociedade à corrupção": Hannah Ross, *Revolutions: How Women Changed the World on Two Wheels* (Nova York: Plume, 2020), 99. Veja também: "Khamenei Says Use of Bicycles for Women Should Be Limited", Radio Farda, 27 de novembro de 2017, en.radiofarda.com/a/iran-women-bicycles-rstricted-khamenei-fatwa/28882216.html.

28 "Não seja sexualmente tentado": "Women Banned from Riding Bikes in Iran Province Run by Ultra-Conservative Cleric", Radio Farda, 5 de agosto de 2020, en.radiofarda.com/a/women-banned-from-riding-bikes-in-iran-province-run-by--ultra-conservative-cleric/30767110.html.

28 "punição islâmica": Ross, *Revolutions*, 99. Também: "Iran's Regime Bans Women from Riding Bicycles in Isfahan", *National Council of Resistance of Iran*, 15 de maio de 2019, ncr-iran.org/en/news/women/iran-s-regime-bans-women-from--riding-bicycles-in-isfahan/.

28 relataram ataques físicos e agressões sexuais: "Iranian Cyclists Endure Physical, Sexual Abuse and Bans", *Kodoom*, 30 de julho de 2020, features.kodoom.com/en/iran-sports/iranian-cyclists-endure-physical-sexual-abuse-and-bans/v/7164/.

28 estudiosos começaram a desenterrar uma história menos hagiográfica: Note-se em particular a obra inovadora de Zack Furness, *One Less Car: Bicycling and the Politics of Automobility* (Filadélfia: Temple University Press, 2010); Paul Smethurst, *The Bicycle: Towards a Global History* (Nova York: Palgrave Macmillan, 2015); Steven A. Alford e Suzanne Ferriss, *An Alternative History of Bicycles and Motorcycles: Two-Wheeled Transportation and Material Culture* (Lanham, Maryland: Lexington Books, 2016); e Iain Boal, "The World of the Bicycle", em *Critical Mass: Bicycling's Defiant Celebration*, org. Chris Carlsson (Oakland, Califórnia: AK Press, 2002), 167-74.

29 o Quadriciclo: Veja Paul Ingrassia, *Engines of Change: A History of the American Dream in Fifteen Cars* (Nova York: Simon & Schuster, 2012), 5-6; "1896 Ford Quadricycle Runabout, First Car Built by Henry Ford", *The Henry Ford*, thehenryford.org/collections-and-research/digital-collections/artifact/252049/#slide=gs-212191.

29 "macadamização": Veja Peter J. Hugill, "Good Roads and the Automobile in the United States 1880-1929", *Geographical Review* 72, nº 3 (julho de 1982): 327-49; Charles Freeman Johnson, "The Good Roads Movement and the California Bureau of Highways", *Overland Monthly* 28, nº 2 (julho-dezembro de 1896): 442-55.

29 "bloco da bicicleta": Michael Taylor, "The Bicycle Boom and the Bicycle Bloc: Cycling and Politics in the 1890s", *Indiana Magazine of History* 104 (setembro de 2008): 213-40.

30 "É tarefa dos historiadores críticos da bicicleta": Iain A. Boal, "The World of the Bicycle", em *Critical Mass: Bicycling's Defiant Celebration*, org. Chris Carlsson (Oakland, Califórnia: AK Press, 2002), 171.

30 "mapas da gentrificação": Elizabeth Flanagan, Ugo Lachapelle e Ahmed El-Geneidy, "Riding Tandem: Does Cycling Infrastructure Investment Mirror Gentrification and Privilege in Portland, OR and Chicago, IL?", *Research in Transportation Economics* 60 (dezembro de 2017): 14-24.

30 O termo "ciclistas invisíveis" tornou-se comum: Veja, e.g., Melody L. Hoffmann, *Bike Lanes and White Lanes: Bicycle Advocacy and Urban Planning* (Lincoln: University of Nebraska Press, 2016); Adonia E. Lugo, *Bicycle/Race: Transportation, Culture, & Resistance* (Portland, Oregon: Microcosm, 2018); Aaron Golub, Melody L. Hoffmann, Adonia E. Lugo e Gerardo F. Sandoval, orgs., *Bicycle Justice and Urban Transformation: Biking for All?* (Nova York: Routledge, 2016); Tiina Männistö-Funk e Timo Myllyntaus, *Invisible Bicycle: Parallel Histories and Different Timelines* (Leiden, Holanda: Brill, 2019); e Glen Norcliffe, *Critical Geographies of Cycling* (Nova York: Routledge, 2015).

31 Mikael Colville-Andersen popularizou "copenhaguenizar": Veja Mikael Colville-Andersen, *Copenhagenize: The Definitive Guide to Global Bicycle Urbanism* (Washington: Island Press, 2018). O livro de Colville-Andersen, derivado de seu popular site na internet, intitula-se "o guia definitivo para o urbanismo global da bicicleta", mas cidades asiáticas, africanas e latino-americanas são muito pouco mencionadas.

31 "cycle chic": Mikael Colville-Andersen, *Cycle Chic* (Londres: Thames & Hudson, 2012).

32 Pesquisadores dizem que os veículos a motor são o que mais contribuem: Emily Atkin, "The Modern Automobile Must Die", *New Republic*, 20 de agosto de 2018, newrepublic.com/article/150689/modern-automobile-must-die.

32 o desgaste de pneus e outros poluentes que não estão no cano de descarga respondem por um grande percentual: "Tyres Not Tailpipe", *Emissions Analytics*, 29 de janeiro de 2020, emissionsanalytics.com/news/2020/1/28/tyres-not-tailpipe.

32 Globalmente, cerca de 1,25 milhão de pessoas morrem em desastres de carro a cada ano: "The High Toll of Traffic Injuries: Unacceptable and Preventable", Open Knowledge Repository, 2017, openknowledge.worldbank.org/handle/10986/29129.

32 "A bicicleta é o transporte mais civilizado conhecido pelo homem": Iris Murdoch, *The Red and the Green* (Nova York: Viking, 1965), 29.

33 "Duas rodas bom, quatro rodas ruim": A frase alude à máxima "Quatro pernas bom, duas pernas ruim", de *A revolução dos bichos*, de Orwell.

33 "A bicicleta é o perfeito transdutor": Ivan Illich, *Energy and Equity* (Nova York: Harper & Row, 1974), 60.

34 "uma bicicleta para as nossas mentes": Esta era uma das frases favoritas de Steve Jobs. Veja, e.g., o trecho de Jobs falando sobre bicicletas e computadores no filme de 1990 *Memory and Imagination: New Pathways to the Library of Congress*. Disponível on-line em "Steve Jobs, 'Computers Are Like a Bicycle for Our Minds' — Michael Lawrence Films", YouTube, youtube.com/watch?v=ob_GX50Za6c.

1 A JANELA DA BICICLETA

36 "Elegia escrita em um cemitério de igreja no interior": Veja Thomas Gray, "Elegy Written in a Country Churchyard", poets.org/poem/elegy-written-country-churchyard.

38 "A paixão considerada como uma corrida de bicicleta numa subida": Alfred Jarry, *La passion considérée comme course de côte — et autres speculations* (1903; repr., Montélimar, França: Voix d'Encre, 2008). Uma tradução em inglês está disponível on-line em *Bike Reader: A Rider's Digest,* notanothercyclingforum.net/bikereader/contributors/misc/passion.html.

39 "As bicicletas surgem nos baixos relevos": Walter Sullivan, "Leonardo Legend Grows as Long-Lost Notes Are Published", *New York Times,* 30 de setembro de 1974.

40 Uma série de provas confirmaram desde então: Para um desmascaramento abrangente (e interessante) da "bicicleta de Leonardo", veja "The Evidence Against 'Leonardo's Bicycle'", de Hans-Erhard Lessing, apresentado na Oitava Conferência Internacional sobre História do Ciclismo, Glasgow School of Art, agosto de 1997. Disponível on-line em Cycle Publishing, cyclepublishing.com/history/leonardo%20da%20vinci%20bicycle.html.

40 "A burocracia cultural italiana... ainda defende": Tony Hadland e Hans-Erhard Lessing, *Bicycle Design: An Illustrated History* (Cambridge, Massachusetts: MIT Press, 2014), 501.

40 "Na Itália, a bicicleta pertence à herança artística nacional": Curzio Malaparte, "Les deux visages de l'Italie: Coppi et Bartali", *Sport-Digest* (Paris) nº 6 (1949): 105-09. A tradução aparece em Lessing, "The Evidence Against 'Leonardo's Bicycle'".

40 "Assim que indivíduos — e por extensão nações — recebem o crédito": Paul Smethurst, *The Bicycle: Towards a Global History* (Nova York: Palgrave Macmillan, 2015), 53.

41 Efim Artamonov, um servo russo que teria inventado uma bicicleta de roda alta: O logro de Artamanov é detalhado em Derek Roberts, *Cycling History: Myths and Queries* (Birmingham: John Pinkerton, 1991), 27-28; Slava Gerovitch, "Perestroika of the History of Technology and Science in the USSR: Changes in the Discourse", *Technology and Culture* 37, nº 1 (janeiro de 1996): 102-34; "Artamonov's Bike", *Clever Geek Handbook,* clever-geek.imtqy.com/articles/1619221/index.html; "The Story of a Hoax", *historyntagil.ru/,* historyntagil.ru/people/6_82.htm; "Artamonov's Bike: Legends and Documents", *historyntagil.ru/,* historyntagil.ru/history/2_19_28.htm. Veja também um artigo acadêmico de 1989, transcrito e postado no website da Biblioteca Científica e Técnica Pública do Estado da Rússia: B. C. Virginsky, S. A. Klat, T. V. Komshilova e G. N. Liszt, "How Myths Are Created in the History of Technology: On the History of the Question of 'Artamonov's Bicycle'" State Public Scientific and Technical Library of Russia, gpntb.ru/win/mentsin/mentsin2b5c1.html.

41 "Artamonov, que com sua invenção antecipou a bicicleta moderna": Roberts, *Cycling History,* 28.

42 *Histoire générale de la vélocipédie*: L. Baudry de Saunier, *Histoire générale de la vélocipédie* (Paris: Paul Ollendorff, 1891).

42 "A invenção de M. de Sivrac não passou de uma pobre sementinha!": Ibid, 7. Tradução a partir do francês de Jody Rosen.
43 "Poderia um cérebro do outro lado do Reno": Hadland e Lessing, *Bicycle Design*, 494.
43 "O badeniano era simplesmente um ladrão de ideias": Ibid., 494.
43 Os fatos básicos da história: Para meu relato sobre a vida de Drais e sua invenção da *Laufmaschine*, recorri em particular à obra indispensável de Hans-Erhard Lessing. Veja Hadland e Lessing, *Bicycle Design*, 8-21; Hans-Erhard Lessing, *Automobilität—Karl Drais und die unglaublichen Anfänge* (Leipzig: Maxime-Verlag, 2003); Hans-Erhard Lessing, "Les deux-roues de Karl von Drais: Ce qu'on en sait", *Proceedings of the International Cycling History Conference* 1 (1990): 4-22; Hans-Erhard Lessing, "The Bicycle and Science — from Drais Until Today", *Proceedings of the International Cycling History Conference* 3 (1992): 70-86; Hans-Erhard Lessing, "What Led to the Invention of the Early Bicycle?", *Proceedings of the International Cycling History Conference* 11 (2000): 28-36; Hans-Erhard Lessing, "The Two-Wheeled Velocipede: A Solution to the Tambora Freeze of 1816", *Proceedings of the International Cycling History Conference* 22 (2011): 180-88. Outras fontes úteis incluem David V. Herlihy, *Bicycle: The History* (New Haven, Connecticut: Yale University Press, 2004), e o website Karl Drais: All About the Beginnings of Individual Mobility, karldrais.de/. Também me vali da biografia de Drais disponível on-line em: mannheim.de/sites/default/files/page/490/en_biography.pdf.
44 "O instrumento e o viajante são mantidos em equilíbrio": Para uma tradução para o inglês do "relato de Drais... sobre a natureza e as propriedades [da *Laufmaschine*]", veja "The Velocipede or Draisena", *Analectic Magazine* (Filadélfia) 13 (1819).
44 "transformava o homem em um cavalo": Herlihy, *Bicycle: The History*, 24.
45 "Quando as estradas estão secas e firmes": Ibid.
46 "o ano sem verão": William K. Klingaman e Nichols P. Klingaman, *The Year Without Summer: 1816 and the Volcano That Darkened the World and Changed History* (Nova York: St. Martin's, 2013).
48 "revisionismo ambientalista": Smethurst, *The Bicycle*, 56.
49 ferramenta medieval de medição de terras conhecida como *waywiser*: Hadland e Lessing, *Bicycle Design*, 495-96.
50 "O ciclista da janela da igreja de 1642": Harry Hewitt Griffin, *Cycles and Cycling* (Nova York: Frederick A. Stokes, 1890), 3.
50 "pista para o estudante desejoso de traçar a locomoção manual": Ibid., 2.
50 Todo visitante de Stoke Poges visita a tumba de Gray: Charles G. Harper, *Cycle Rides Round London* (Londres: Chapman & Hall Ltd., 1902), 208.

2 CAVALOS DE DÂNDI

55 A história está registrada num livreto: Veja Roger Street, *The Pedestrian Hobby-Horse at the Dawn of Cycling* (Christchurch, Dorset, Inglaterra: Artesius, 1998), 102-03.
55 Há também os incrementos da história: A frase final do relato de Fairburn sobre a "Corrida de Dândis", em que ele afirma que era impossível determinar o vencedor da disputa, contém um trocadilho irônico no fim. Fairburn escreve: "É difícil dizer

qual desses dois nobres foi o primeiro a chegar a Tyburn e a vencer por um pescoço, mas como ambos deram o seu melhor, suas alegações para serem exaltados podem ser consideradas iguais." (As sublinhas estão presentes no texto original de Fairburn.) Como observa Roger Street, a frase parece fazer uma referência satírica ao "uso de antigas forcas em Tyburn que aparentemente ficavam próximas do canto nordeste do Hyde Park". Veja ibid., 103.

56 uma patente por um "Coche de Pedestre ou Velocípede": *The Modern Velocipede: Its History and Construction* (Londres: George Maddick, 1869), 3.

56 A máquina de Johnson incorporava modificações: Para uma excelente discussão técnica e histórica, veja Tony Hadland e Hans-Erhard Lessing, *Bicycle Design: An Illustrated History* (Cambridge, Massachusetts: MIT Press, 2014), 22-25.

56 uma mulher foi morta quando seu cavalo, assustado com um velocípede que passava: *Star* (Londres), 8 de junho de 1819.

56 Denis Johnson, esperando aumentar as vendas, partiu em viagem: Street, *The Pedestrian Hobby-Horse at the Dawn of Cycling*, 53-55.

56 Havia corridas de velocípede: Por exemplo, em 8 de maio de 1819, *The Suffolk Chronicle* (Ipswich, Suffolk, Inglaterra) relatou sobre "uma grande disputa de velocípedes para amadores" cobrindo um percurso de 80 quilômetros, por uma aposta de 25 guinéus. Em outra corrida, em Ipswich, naquele mesmo ano, condutores de velocípedes com "roupas de jóqueis" competiram por um prêmio de subscrição. Uma corrida em York "pôs um cavalo de dândi contra um oponente montado num burro". Em Londonderry, no norte da Irlanda, corridas de velocípedes foram realizadas na pista de cavalos da cidade.

56 "Na New Road, [velocípedes] podem ser vistos em grandes números: Hadland e Lessing, *Bicycle Design*, 505. Uma das "salas de prática" era uma escola de velocípede operada por Denis Johnson, perto de sua oficina em Long Acre, onde ele recebia encomendas de novas máquinas.

56 "Hoje, não se fala em outra coisa a não ser no embaixador persa": *Morning Advertiser* (Londres), 6 de maio de 1819.

56 No teatro de variedades, esquetes: Em março de 1819, uma comédia com tema de velocípede, *The Accelerators; or, The Modern Hobby-Horses*, estreou no Strand Theatre. Veja anúncio, "Miss E. BROADHURST's Night; STRAND THEATRE, the *Sans Pareil*", em *The Times* (Londres), 27 de março de 1819. As canções populares que lançavam um olhar cético sobre a nova invenção incluíam "London Fashions, Follies, Dandies, and Hobby Horses" e "Riding on a Real Jackass, the Velocipedes, Alias Hobby Horses".

57 "A bobagem do momento é uma máquina chamada velocípede": John Gilmer Speed, org., *The Letters of John Keats* (Nova York: Dodd, Mead, 1883), 67.

58 a comemoração do aniversário do regente no Castelo de Windsor: *Morning Post* (Londres), 16 de agosto de 1819.

58 "Tornou-se agora bastante comum": "Miscellaneous Articles", *The Westmorland Gazette and Kendal Advertiser* (Kendal, Cumbria, Inglaterra), 26 de junho de 1819.

58 "em caravana com toda a pompa de um desfile militar": Street, *The Pedestrian Hobby-Horse at the Dawn of Cycling*, 103-4.

58 "No Hyde Park, todos os homens na moda montam em seu selim": *Morning Advertiser* (Londres), 25 de março de 1819.

| 59 | "Se fôssemos literalmente atirar na bobagem enquanto ela voa": Citado em Street, *The Pedestrian Hobby-Horse at the Dawn of Cycling*, 67.
| 59 | *Pray have you not seen*: "Ode on the Dandy-Horses", *Monthly Magazine; or, British Register* (Londres), 48, parte 2 (1º de dezembro de 1819): 433.
| 59 | "a desgraça e ódio do Dandismo": "Lewes", *Sussex Advertiser* (Lewes, Sussex, Inglaterra), 31 de maio de 1819.
| 59 | "O que são esses lordes leigos": *Gorgon: A Weekly Political Publication* (Londres), 27 de março de 1819.
| 60 | "o mais sangrento evento político do século XIX em solo inglês": Robert Poole, *Peterloo: The English Uprising* (Nova York: Oxford, 2019), 1.
| 60 | "todos aqueles com a mais leve pretensão à moda ou ao gosto": Venetia Murray, *An Elegant Madness: High Society in Regency England* (Nova York: Viking, 1999), 9.
| 60 | "desejando ardentemente [ter] Paris como seu lar espiritual": Ibid., 9.
| 60 | um comediante apareceu no palco do Covent Garden Theatre: "Lines Spoken by Mr. Liston, Riding on a Velocipede on Tuesday Night", *Star* (Londres), 17 de junho de 1819.
| 61 | A sátira mais vívida era o trabalho de caricaturistas: Roger Street, *Before the Bicycle: The Regency Hobby-Horse Prints* (Christchurch, Dorset, Inglaterra: Artesius, 2014), inclui oitenta reproduções coloridas de gravuras da época com o tema do velocípede.
| 61 | "contribui para o divertimento de transeuntes nas ruas": *Public Ledger and Daily Advertiser* (Londres), 19 de maio de 1819.
| 61 | Uma gravura, que se acredita ser obra do famoso ilustrador George Cruikshank: possivelmente o artista George Cruikshank, *R°°°l Hobby's!!!*, publicado por J. L. Marks, Londres, c. abril de 1819. Água-forte colorida à mão, 9 x 131/2". Uma cópia da gravura está na coleção do British Museum e pode ser vista on-line em: britishmuseum.org/collection/object/ P_1868-0808-8435.
| 62 | "O estado abarrotado da metrópole não admite: *Public Ledger and Daily Advertiser* (Londres), 19 de março de 1819.
| 62 | "se permitiam o uso dominical desse veículo": "Important Caution", *Windsor and Eton Express* (Windsor, Berkshire, Inglaterra), 1º de agosto de 1819. O artigo relatou que "a eficácia fatal do Velocípede em produzir rupturas havia sido formalmente anunciado pelos cirurgiões de Londres".
| 62 | Quando pessoas calmamente dispostas viram um velocípede: Hadland e Lessing, *Bicycle Design: An Illustrated History*, 508-09.
| 62 | No Hyde Park, grupos de jovens se aglomeravam: David V. Herlihy, *Bicycle: The History* (New Haven, Connecticut: Yale University Press, 2004), 34.
| 63 | "os veículos acabaram se tornando objetos de ataque e foram destruídos": *Morning Advertiser* (Londres), 13 de abril de 1819.
| 63 | Em 1819, uma proibição a andar de velocípede foi decretada em Londres: "[The velocipede] has been put down by the Magistrates", *Public Ledger and Daily Advertiser* (Londres), 19 de março de 1819.
| 63 | "tomar, quebrar, destruir ou converter a seu próprio uso": *Columbian Register* (New Haven, Connecticut), 10 de julho de 1819.
| 63 | "Parece que os Dândis de Calcutá": *The Sun* (Londres), 17 de maio de 1820.

63 "Em determinado momento, criaram-se grandes expectativas em relação a essas coisas chamadas Velocípedes": "Land Conveyance by Machinery", *Morning Post* (Londres), 22 de julho de 1820.

63 "Todo o catálogo de cavalos de dândi até agora inventados": "Steam-Boats", *Caledonian Mercury* (Edimburgo, Escócia), 26 de junho de 1819.

63 "Não há cão mais desprezível, covarde, egoísta e insensível": Charles C. F. Greville, *The Greville Memoirs: A Journal of the Reigns of King George IV and King William IV*, org. Henry Reeve, vol. 1 (Nova York: D. Appleton, 1886), 131.

64 "tão efêmero quanto um Brummel ou um Velocípede": "Extracts", *Perthsire Courier* (Perth, Perthshire, Escócia), 16 de abril de 1822.

64 uma carta de 1829: *The Mechanics' Magazine* (Londres) 12 (1830), 237.

64 Thomas Stephens Davies fez um discurso: O discurso de Thomas Stephens Davies está incluído num apêndice de Hadland e Lessing, *Bicycle Design: An Illustrated History*, 503-17.

3 *VÉLO* ARTÍSTICA

67 "tão esguia, tão delgada": Citada em Jeremy Withers e Daniel P. Shea, orgs., *Culture on Two Wheels: The Bicycle in Literature and Film* (Lincoln: University of Nebraska Press, 2016), 143.

68 "Ver aquela roda girando era muito tranquilizante, muito confortante": Trecho de *MoMA Highlights: 375 Works from the Museum of Modern Art, New York* (Nova York: Museum of Modern Art, 2019) para *Bicycle Wheel*, de Marcel Duchamp, website do Museu de Arte Moderna, moma.org/collection/works/81631.

68 "tão bonito quanto uma bicicleta": Joseph Masheck, *Adolf Loos: The Art of Architecture* (Nova York, I. B. Tauris, 2013), 26.

68 "petrofetichismo": Veja Sheena Wilson, Adam Carlson e Imre Szeman, orgs., *Petrocultures: Oil, Politics, Culture* (Montreal: McGill-Queen's University Press, 2017).

69 "nos chega... nua": Roderick Watson e Martin Gray, *The Penguin Book of the Bicycle* (Londres: Penguin Books, 1978), 97.

69 "Em cada arte há formas tão implícitas no processo": Lewis Mumford, *The Culture of Cities* (Nova York: Harcourt, Brace, Jovanovich, 1970), 444.

69 O escritor Robert Penn fez a divertida observação: Robert Penn, *It's All About the Bike: The Pursuit of Happiness on Two Wheels* (Nova York: Bloomsbury, 2010), 112.

70 A roda da bicicleta tem uma combinação de força e leveza: O estudo canônico da roda de bicicleta, a que me referi extensivamente neste capítulo, é Jobst Brandt, *The Bicycle Wheel*, 3ª ed. (Palo Alto, Califórnia: Avocet, 1993).

70 capaz de sustentar aproximadamente quatrocentas vezes seu peso: Max Glaskin, *Cycling Science* (Londres: Ivy, 2019), 112.

71 Um jovem Frank Zappa apareceu no *Steve Allen Show* em 1963: A apresentação de Zappa pode ser vista no YouTube: "Frank Zappa Teaches Steve Allen to play the Bicycle (1963)", youtube.com/watch?v=QF0PYQ8IOL4.

73 "Pedalando com pedais e pedivelas regulares": Penn, *It's All About the Bike*, 89.

74 "É improvável que o quadro em diamante seja algum dia superado": Sheldon Brown, "Sheldon Brown's Bicycle Glossary", sheldonbrown.com/gloss_da-o.html.

75   As matérias-primas… de uma bicicleta de estrada: Veja, e.g., "Bicycle Life Cycle: Dissecting the Raw Materials, Embodied Energy, and Waste of Roadbikes", *Design Life-Cycle*, designlife-cycle.com/bicycle; Margarida Coelho, "Cycling Mobility — A Life Cycle Assessment Based Approach", *Transportation Research Procedia* 10 (dezembro de 2015), 443-51; Papon Roy, Md. Danesh Miah, Md. Tasneem Zafar, "Environmental Impacts of Bicycle Production in Bangladesh: a Cradle-to-Grave Life Cycle Assessment Approach", *SN Applied Sciences* 1, link.springer.com/content/pdf/10.1007/s42452-019-0721-z.pdf; Kat Austen, "Examining the Lifecycle of a Bike — and Its Green Credentials", *Guardian* (Londres), 15 de março de 2012, theguardian.com/environment/bike-blog/2012/mar/15/lifecycle--carbon-footprint-bike-blog.

75   a exploração de crianças que trabalhavam em fábricas: Veja Zacharias Zacharakis, "Under the Wheels", *Zeit Online*, 4 de dezembro de 2019, zeit.de/wirtschaft/2019-12/cambodia-bicycles-worker-exploited-production-working--conditions-english?utm_referrer=https%3A%2F%2Fwww.google.com%2F; "Global Bike Manufacturers Guilty of Using Child Labour, Claims Green Mag", *bikebiz*, 3 de outubro de 2003, bikebiz.com/global-bike-manufacturers-guilty--of-using-child-labour-claims-green-mag/.

76   No Brasil, uma pessoa morria… no Congo: "The Past Is Now: Birmingham and the British Empire", *Birmingham Museum and Art Gallery*, birminghammuseums.org.uk/system/resources/W1siZiIsIjIwMTgvMTIvMDcvMXVocndzcjBkcV9Ua-GVfUGFzdF9pc19Ob3dfTGFyZ2VfUHJpbnRfTGFiZWxzLnBkZiJdXQ/The%20Past%20is%20Now%20Labels.

76   "Se você foi um dos milhões": Maya Jasanoff, *The Dawn Watch: Joseph Conrad in a Global World* (Nova York: Penguin Books, 2017), 208.

76   asfalto: Veja, e.g., Kenneth O'Reilly, *Asphalt: A History* (Lincoln: University of Nebraska Press, 2021), 60-62, 206-7.

76   "átomo da Era da Máquina": Lance Armstrong, ed., *The Noblest Invention: An Illustrated History of the Bicycle* (Emmaus, Penn.: Rodale, 2003), 142.

76   Os antecedentes são obscurecidos pelas disputas habituais: Para uma análise completa e imparcial do desenvolvimento técnico da bicicleta e narrativas concorrentes, veja Tony Hadland e Hans-Erhard Lessing, *Bicycle Design: An Illustrated History* (Cambridge, Massachusetts: MIT Press, 2014).

77   "Você pode se exercitar com uma bicicleta de duas maneiras": Jerome K. Jerome, *"Three Men on a Boat" and "Three Men on the Bummel"* (Nova York: Penguin, 1999), 205.

78   "Quando finalmente conseguimos uma bicicleta": *Norfolk Journal* (Norfolk, Nebraska), 18 de fevereiro de 1886.

78   A bicicleta chegou ao Vietnã: David Arnold e Erich DeWald, "Cycles of Empowerment? The Bicycle and Everyday Technology in Colonial India and Vietnam", *Comparative Studies in Society and History* 53, nº 4 (outubro de 2011), 971-96.

78   "Às vezes a própria bicicleta é o instrumento da morte": "A Study: Viet Cong Use of Terror", *United States Mission in Vietnam* (maio de 1966), pdf.usaid.gov/pdf_docs/Pnadx570.pdf. Sugeriu-se que as primeiras ondas de atentados a bomba em Saigon, nos anos 1950, foram perpetradas pelo nacionalista vietnamita apoiado pelos EUA Trinh Minh Thé, com o conhecimento e apoio de agentes

secretos americanos. De acordo com a teoria, o objetivo era semear oposição à causa comunista perpetrando atrocidades terroristas e atribuindo-as a Ho Chi Minh. Esse é o cenário descrito no famoso *roman à clef* do Vietnã de Graham Greene, *The Quiet American*. Veja, e.g., Sergei Blagov, *Honest Mistakes: The Life and Death of Trinh Minh Thé* (Hauppauge, Nova York: Nova Science Publishers, 2001), e Mike Davis, *Buda's Wagon: A Brief History of the Car Bomb* (Nova York: Verso, 2007).

78 As origens da mountain bike moderna: para a história das origens da mountain bike nos anos 1970, veja Charles Kelly, *Fat Tire Flyer: Repack and the Birth of Mountain Biking* (Boulder, Colorado: VeloPress, 2014), e Frank J. Berto, *The Birth of Dirt: Origins of Mountain Biking*, 3ª ed. (San Francisco: Van der Plas / Cycle Publishing, 2014). Veja também John Howard, *Dirt! The Philosophy, Technique, and Practice of Mountain Biking* (Nova York: Lyons, 1997); Hadland and Lessing, *Bicycle Design*, 433-45 e 139-55; Margaret Guroff, *The Mechanical Horse: How the Bicycle Reshaped American Life* (Austin: University of Texas Press, 2016), 139-55; e Paul Smethurst, *The Bicycle: Towards a Global History* (Nova York: Palgrave Macmillan, 2015), 61-65.

79 O movimento da "freak bike" ou "mutant bike": Veja a soberba análise de Zack Furness sobre a "cultura da bike 'feita por você mesmo'": Zack Furness, *One Less Car: Bicycling and the Politics of Automobility* (Filadélfia: Temple University Press, 2010), 153-58.

80 "Considerar a infinita perfeição da corrente": Hugh Kenner, *Samuel Beckett: A Critical Study* (Nova York: Grove, 1961), 123.

80 "um novo animal/... metade roda e metade cérebro": Théodore Faullain de Banville, *Nouvelles odes funambulesques* (Paris: Alphonse Lemerre, 1869), 130.

80 "pessoas por aí que são quase metade pessoas e metade bicicletas": Flann O'Brien, *The Third Policeman* (Funks Grove, Illinois: Dalkey Archive, 1999), 85.

4 CORCEL SILENCIOSO

82 "Os cascos dos cavalos!": Will H. Ogilvie, "The Hoofs of the Horses", *Baily's Magazine of Sports and Pastimes* 87 (1907): 465.

83 "Todos os que residem na terra lamentarão": Jeremiah 47:3, New International Version (tradução de 2011), acessado em: biblia.com/books/niv2011/Je47.3.

83 "Há algo estranho, quase sinistro": Charles B. Warring, "What Keeps the Bicycler Upright?", *Popular Science Monthly* (Nova York) 38 (abril de 1891): 766.

83 eliminariam o "rude chocalhar e algazarra": Sylvester Baxter, "Economic and Social Influences of the Bicycle", *Arena* (Boston) 6 (1892): 581.

83 em Flandres, a bicicleta era um *vlosse-peerd*: David Perry, *Bike Cult: The Ultimate Guide to Human-Powered Vehicles* (Nova York: Four Walls Eight Windows, 1995), 98.

83 a Schwetzinger Relaishaus: Robert Penn, *It's All About the Bike: The Pursuit of Happiness on Two Wheels* (Nova York: Bloomsbury, 2010), 49.

84 a chegada da locomotiva a vapor: Para uma história cultural reveladora da ferrovia, veja o clássico estudo de Wolfgang Schivelbusch. Wolfgang Schivelbusch, *The Railway Journey: The Industrialization of Time and Space in the Nineteenth Century* (Berkeley: University of California Press, 1977).

84	"um único cavalo que obedecia a apenas um mestre": David V. Herlihy, *Bicycle: The History* (New Haven, Connecticut: Yale University Press, 2004), 24.
84	*The shadow of my silent steed*: Paul Pastnor, "The Wheelman's Joy", *Wheelman* (Boston) 3, nº 2 (novembro de 1883): 143.
84	"[O velocípede] é leve e pequeno, e se inclina carinhosamente sobre você para apoiá-lo": J. T. Goddard, *The Velocipede: Its History, Varieties, and Practice* (Nova York: Hurd and Houghton, 1869), 20.
85	"Treme como um animal sob a pele espessa de níquel e esmalte": A citação é tirada de L. Baudry de Saunier, historiador e fabulista francês por trás do mito de *célérifère*. Citado em Christopher S. Thompson, *The Tour de France: A Cultural History* (Berkeley: University of California Press, 2006), 144.
85	"Corre, salta, empina e se debate, retrai-se e chuta": Charles E. Pratt, *The American Bicycler: A Manual for the Observer, the Learner, and the Expert* (Boston: Houghton, Osgood, 1879), 30.
85	"tentarão se esquivar de todas as formas mais baixas": Jerome K. Jerome, "A Lesson in Bicycling", *To-Day: A Weekly Magazine Journal* (Londres), 16 de dezembro de 1893, 28.
85	Mark Twain contou sua luta: Mark Twain, "Taming the Bicycle" (1886). Antologiado em Mark Twain, *Collected Tales, Sketches, Speeches & Essays: 1852-1890* (Nova York: Library of America, 1992), 892-99.
85	Uma gravura satírica de 1819: Charles Williams, *Anti-Dandy Infantry Triumphant or the Velocipede Cavalry Unhobby'd*, publicado por Thomas Tegg, Londres, 1819. Água-forte colorida à mão, 91/2 x 131/2". Uma cópia da impressão está na coleção do British Museum e pode ser vista on-line em: britishmuseum.org/collection/object/P_1895-0408-22.
86	"Quanta despesa seria poupada com alimentação, feno, ferrador e remédios!": *Inverness Journal and Northern Advertiser* (Inverness, Inverness-Shire, Escócia), 28 de maio de 1819.
86	"Pensamos na bicicleta como um animal, que, em grande medida, substituirá o cavalo": Goddard, *The Velocipede*, 20.
86	"Podemos imaginar pistas de corrida dedicadas a disputas desse tipo": "The Velocipede Mania", *New York Clipper*, 26 de setembro de 1868.
86	Um cartunista francês foi mais longe: A caricatura, publicada em *Le journal amusant* (Paris), 29 de outubro de 1868, é reproduzida em Herlihy, *Bicycle: The History*, 99.
86	Em 1869, um torneio oferecido pelo Liverpool Velocipede Club: "Liverpool Velocipede Club: Bicycle Tournament and Assault at Arms, in the Gymnasium, Saturday Afternoon Next" (anúncio), *Albion* (Liverpool), 19 de abril de 1869. Cf. "A Bicycle Tournament", *Illustrated London News*, 1º de maio de 1869.
87	"Uma nova raça de empregados surgiu — o cuidador de bicicleta": Arsène Alexandre, "All Paris A-Wheel", *Scribner's Magazine* (Nova York), agosto de 1895.
87	"não num corcel, mas numa confiável bicicleta": Basil Webb, "A Ballade of This Age", *Wheelman* (Boston) 3, nº 2 (novembro de 1883): 100.
87	"quinhentos cavaleiros de cota de malha e cinto sobre bicicletas": Mark Twain, *A Connecticut Yankee in King Arthur's Court* (Nova York: Harper & Brothers, 1889), 365.

87	"Quando o cavalo está muito ferido, torna-se um estorvo": Charles H. Muir, "Notes on the Preparation of the Infantry Soldier", *Journal of the Military Service Institution of the United States* 19 (1896): 237.
87	"Acredite que os ingleses inventam um modo de viajar sentado": Martin Caidin e Jay Barbree, *Bicycles in War* (Nova York: Hawthorn, 1974), 66.
88	"excelente cavaleiro": Frederik Rompel, *Heroes of the Boer War* (Londres: Review of Reviews Office, 1903), 155.
88	"o espinho mais difícil na carne do avanço britânico": Siegfried Mortkowitz, "Bicycles at War", *We Love Cycling*, 14 de outubro de 2019, welovecycling.com/wide/2019/10/14/bicycles-at-war/.
88	"um inferno de lidita e estilhaços": Pieter Gerhardus Cloete, *The Anglo-Boer War: A Chronology* (Pretória: J. P. van der Walt, 2000), 186.
89	"Acho que Jesus poderia andar de bicicleta se estivesse em nosso lugar": "The Man on the Wheel", *The Sketch: A Journal of Art and Actuality* (Londres), 30 de agosto de 1899.
89	"Uma das coisas mais interessantes da vida": *North-Eastern Daily Gazette* (Middlesbrough, North Yorkshire, Inglaterra), 1º de julho de 1895.
89	"Qual é o símbolo que costumava diferenciar o homem rico": "Safety in the Safety", *Morning Journal-Courier* (New Haven, Connecticut), 5 de junho de 1899.
90	Em cidades americanas, regulamentos proibindo bicicletas: Para um excelente relato sobre as batalhas de bicicleta em cidades americanas no fim do século XIX, veja Evan Friss, *The Cycling City: Bicycles and Urban America in the 1890s* (Chicago: University of Chicago Press, 2015). Cf. Friss, *On Bicycles: A 200-Year History of Cycling in New York City* (Nova York: Columbia University Press, 2019).
90	"um cavalo de carroceiro [havia] batido nela": "Wheel Gossip", *Wheel and Cycling Trade Review* (Nova York), 30 de outubro de 1891.
90	"que parecem ter prazer em incomodar aqueles que andam de bicicleta": "Cyclers' Street Rights", *New York Times*, 24 de julho de 1895.
91	"O prazer do perigoso passatempo de conduzir cavalos ariscos": Karl Kron, *Ten Thousand Miles on a Bicycle* (Nova York: Karl Kron, 1887), 3.
91	"Seus membros fortes fizeram a bicicleta rodar pela pista": "Horse Against Bicycle", *Daily Alta California* (San Francisco), 15 de abril de 1884.
92	Samuel Franklin Cody, um imitador de Buffalo Bill de Iowa: Veja Garry Jenkins, *Colonel Cody and the Flying Cathedral: The Adventures of the Cowboy Who Conquered the Sky* (Nova York: Picador USA, 1999).
92	*Le tombeur de vélocipédistes:* Jenkins, *Colonel Cody and the Flying Cathedral*, 59.
92	da League of American Wheelmen: Para fundamentos da LAW e do Good Roads Movement, veja Michael Taylor, "The Bicycle Boom and the Bicycle Bloc: Cycling and Politics in the 1890s", *Indiana Magazine of History* 104, nº 3 (setembro de 2008): 213-40; Carlton Reid, *Roads Were Not Built for Cars: How Cyclists Were the First to Push for Good Roads and Became the Pioneers of Motoring* (Washington: Island Press, 2015); James Longhurst, *Bike Battles: A History of Sharing the American Road* (Seattle: University of Washington Press, 2015); Martin T. Olliff, *Getting Out of the Mud: The Alabama Good Roads Movement and Highway Administration, 1898-1928* (Tuscaloosa: University of Alabama

Press, 2017); Friss, *The Cycling City;* e Lorenz J. Finison, *Boston's Cycling Craze, 1880-1900: A Story of Race, Sport, and Society* (Amherst: University of Massachusetts Press, 2014).

93 "grande desfile de bicicletas": "Novelties of a Great Bicycle Parade", *The Postal Record Monthly* 10, nº⁰ˢ 10-11 (outubro-dezembro de 1897): 233.

93 Durante décadas, espetáculos de variedades: A profundidade e amplitude desse fenômeno são reveladas até mesmo na análise superficial de uma cobertura de jornal sobre eventos da LAW e encontros de clubes de bicicleta na virada do século. É um tema que merece mais estudos. Comece pesquisando "blackface", "minstrel show" e "wheelmen" num arquivo decente de jornal, e.g., newspapers.com ou Chronicling America: Historic American Newspaper, no site da Library of Congress (chroniclingamerica.loc.gov). Veja também, e.g., Jesse J. Gant e Nicholas J. Hoffman, *Wheel Fever: How Wisconsin Became a Great Bicycling State* (Madison: Wisconsin State Historical Society Press, 2013), 86.

93 "areia, cascalho, lama, pedras e buracos de lixo": Citado em Sister Caitriona Quinn, *The League of American Wheelmen and the Good Roads Movement, 1880-1912* (dissertação acadêmica), agosto de 1968. Disponível on-line em: john-s-allen.com/LAW_1939-1955/history/quinn-good-roads.pdf.

93 "Nenhuma nação pode avançar em civilização": Albert A. Pope, *A Memorial to Congress on the Subject of a Road Department* (Boston: Samuel A. Green, 1893), 4.

94 "bicicleta, que em grande medida suplantou o uso de cavalos": "Hay and Oats", *Sun* (Nova York), 22 de janeiro de 1897.

94 "Os fabricantes de selas e arreios estão... voltando sua atenção": J. B. Bishop, "The Social and Economic Influence of the Bicycle", *Forum* (Nova York), agosto de 1896.

94 "A bicicleta chegou para ficar e o reinado do cavalo acabou": "The Steel Horse — the Wonder of the Nineteenth Century", *Menorah Magazine* 19 (1895): 382-83.

94 Nesse período, o cavalo assumiu um novo caráter: Veja Ann Norton Greene, *Horses at Work: Harnessing Power in Industrial America* (Cambridge, Massachusetts: Harvard University Press, 2008), 259-65. Cf. Clay McShane e Joel A. Tarr, *The Horse in the City: Living Machines in the Nineteenth Century* (Baltimore: Johns Hopkins University Press, 2008).

95 No ano seguinte, apenas 160 mil bicicletas foram vendidas: Hank Chapot, "The Great Bicycle Protest of 1896" em *Critical Mass: Bicycling's Defiant Celebration*, org. Chris Carlsson (Oakland, Califórnia: AK Press, 2002), 182.

95 "barulho infernal": Mikael Colville-Andersen, *Copenhagenize: The Definitive Guide to Global Bicycle Urbanism* (Washington: Island Press, 2018), 231.

95 "doenças relacionadas ao estresse": "Driving Kills — Health Warnings", *Copenhagenize*, 27 de julho de 2009, copenhagenize.com/2009/07/driving-kills-health--warnings.html.

95 o cavalo ressurgiu como abordagem de marketing: Robert J. Turpin, *First Taste of Freedom: A Cultural History of Bicycle Manufacturing in the United States* (Syracuse, Nova York: University of Syracuse Press, 2018), 169-70.

95 "Preto Garanhão" e "Castanho Palomino": Uma imagem digital de um anúncio impresso de 1951 pode ser vista on-line: onlinebicyclemuseum.co.uk/wp-content/uploads/2015/04/1951-Monark-Gene-Autry-14.jpg.

95 Gene Autry Western Bike: Ibid.
96 "o principal hibridizador bike-cavalo no mundo": Você pode ver — e ouvir — o Trotify no YouTube: "Trotify in the Wild" (2012), youtube.com/watch?v=cfyC6NJqt2o.

5 MANIA DE BICICLETA: ANOS 1890

98 Chris Heller registrou uma petição: "Bicycle Craze", *Akron Daily Democrat* (Akron, Ohio), 29 de agosto de 1899.
98 A bicicleta surgiu em um novo papel: "Bicycle Disrupts a Home: Suit for Divorce the Outgrowth of a Woman's Passion for Wheeling", *Wichita Daily Eagle* (Wichita, Kansas), 31 de outubro de 1896.
99 Henry Cleating e a esposa viviam felizes: "No New Woman for Him: Mr. Cleating Got Tired of Washing Dishes and Chopped Up His Wife's Bicycle", *The World* (Nova York, Nova York), 21 de julho de 1896.
99 Philip Pearce, de apelido *Spurgeon*: "A Youth Ruined by a Bicycle Mania", *The Essex Standard* (Colchester, Essex, Inglaterra), 29 de agosto de 1891.
99 Eles chegaram a Glen Island [N.Y.] quinta-feira, 11 de julho: "Gay Girls in Bloomers: Father Objects to New Woman Tendencies and Takes Them Home", *The Journal and Tribune* (Knoxville, Tennessee), 21 de julho de 1895.
100 Domingo a polícia revelou um caso de extrema crueldade: *The Des Moines Register* (Des Moines, Iowa), 2 de setembro de 1896.
100 Uma mensagem de Unadilla, N.Y.: "Wedded as They Scorched: A Pair of Amorous Bicyclists Married While They Flew Along on Wheels", *The Allentown Leader* (Allentown, Pensilvânia), 9 de setembro de 1895.
101 Como força revolucionária no mundo social: "Bicycle Problems and Benefits", *The Century Illustrated Monthly Magazine* (Nova York, Nova York), julho de 1895.
101 Em cada terra civilizada, a bicicleta se tornou um objeto familiar: "The World Awheel: The Wheel Abroad: Royalty on Wheels", *Munsey's Magazine* (Nova York, Nova York), maio de 1896.
102 As bicicletas americanas apareceram na Arábia: *The Muncie Evening Press* (Muncie, Indiana), 17 de fevereiro de 1897.
102 Em toda a maravilhosa história do comércio e das transações em dinheiro: "The Almighty Bicycle", *The Journal* (Nova York, Nova York), 7 de junho de 1896.
103 Os efeitos econômicos dessa nova força nas relações humanas: "Social and Economic Influence of the Bicycle", *The Forum* (Nova York, Nova York), agosto de 1896.
104 O reverendo Thomas B. Gregory de Chicago: *The Anaconda Standard* (Anaconda, Montana), 5 de julho de 1897.
105 Sempre que uma diversão saudável se torna uma mania: "Abuse of the Wheel", *The Oshkosh Northwestern* (Oshkosh, Wisconsin), 23 de agosto de 1895.
105 Médicos parecem concordar: "A Bicycle Malady", *Buffalo Courier* (Buffalo, Nova York), 3 de setembro de 1893.
105 A bicicleta é com frequência a principal ou estimulante causa: "Bicycle-riding", *The Medical Age* (Detroit, Michigan), 25 de março de 1896.

106 De todas as deformidades produzidas por andar de bicicleta: "Bike Deformities: Some of the Effects of Too Close Devotion to the Wheel", *The Daily Sentinel* (Grand Junction, Colorado), 7 de maio de 1896.

106 O macaco humano de cara de repulsa e corcunda: "Want the Scorcher Suppressed", *Chattanooga Daily Times* (Chattanooga, Tennessee), 25 de julho de 1898.

107 O maníaco de bicicleta deveria ser morto na hora: *Toronto Saturday Night* (Toronto, Canadá), 17 de outubro de 1896.

107 Médicos na França estão intrigados com uma nova mania: "Bicycle Makes Women Cruel", *The Saint Paul Globe* (Saint Paul, Minnesota), 14 de junho de 1897.

108 A pergunta me parece: "Is It the New Woman?", *The Chicago Tribune* (Chicago, Illinois), 7 de outubro de 1894.

109 Miss Charlotte Smith: "Miss Smith's Smithereen", *The Nebraska State Journal* (Lincoln, Nebraska)', 12 de julho de 1896.

109 Uma objeção muito grave: "Sexual Excitement", *The American Journal of Obstetrics and Diseases of Women and Children* (Nova York, Nova York), janeiro de 1895.

109 Aos meus colegas, devo falar claramente: "As to the Bicycle", *The Medical World* (Filadélfia, Pensilvânia), novembro de 1895.

110 Uma palavra a respeito da bicicleta de dois lugares: "The Bicycle and Its Riders", *The Cincinnati Lancet-Clinic* (Cincinnati, Ohio), setembro de 1897.

110 Entre os ciclistas do Bulevar: "Woman Scorcher Nabbed", *The Sun* (Nova York, Nova York), 2 de maio de 1896.

111 Um incidente extraordinário: "Her First Bloomers Created a Scene", *Cheltenham Chronicle* (Cheltenham, Gloucestershire, Reino Unido), 18 de abril de 1896.

111 A Universidade de Cambridge hoje: "Press Dispatch, Cambridge, England, May 21", *Public Opinion* (Nova York, Nova York), 27 de maio de 1897.

111 A febre da bicicleta não terá perdido sua fúria: "The Horseless Vehicle the Next Craze", *The Glencoe Transcript* (Glencoe, Ontário, Canadá), 18 de junho de 1896.

112 Estariam os dias da bicicleta contados: "To Take the Place of the Bicycle", *The Philadelphia Times* (Filadélfia, Pensilvânia), 22 de novembro de 1896.

112 Alguns alegam que o automóvel: *Comfort* (Augusta, Maine), setembro de 1899.

112 Aquelas pessoas que tendem a acreditar: *Fort Scott Daily Monitor* (Fort Scott, Kansas), 8 de julho de 1896.

6 ATO DE EQUILÍBRIO

113 Angus MacAskill foi um dos maiores homens: Para um relato estimulante sobre a vida de Angus MacAskill, veja James Donald Gillis, *The Cape Breton Giant: A Truthful Memoir* (Montreal: John Lovell & Son, 1899). Apesar do subtítulo, o livro de Gillis se inclina para lendas e exageros o tempo todo — o que, considerando o tema barnumiano, parece apropriado.

114 "sempre foram literalmente grandes atrações em meu estabelecimento": P. T. Barnum, *Struggles and Triumphs; or, Forty Years' Recollections of P. T. Barnum* (Buffalo, Nova York: Courier Company, 1882), 161.

115 No ano seguinte, seu filho mais novo, Danny, de quatro anos: Salvo indicação em contrário, todas as informações biográficas sobre Danny MacAskill, bem como citações dele, provêm de entrevistas com ele conduzidas pelo autor. Veja também

sua autobiografia: Danny MacAskill, *At the Edge: Riding for My Life* (Londres: Penguin, 2017).
116 uma palavra nórdica que significa "ilha de nuvem": David R. Ross, *On the Trail of Scotland's History* (Edimburgo: Luath, 2007), 10.
116 "pode ser visto como um pássaro imenso com as asas estendidas": Terry Marsh, *Walking the Isle of Skye: Walks and Scrambles Throughout Skye, Including the Cuillin*, Quarta Edição (Cicerone: Kendal, Cumbria, Inglaterra), 15.
117 Skye é cenário de muitas lendas: Otta Swire, *Skye: The Island and Its Legends* (Edimburgo: Berlinn, 2017).
119 um filme de 1997 chamado *Chainspotting*: *Chainspotting — Full Movie — 1997 — UK Mountain Bike Movie,* youtube.com/watch?v=L_A2exFmvn0.
121 chamaram o vídeo de *Inspired Bicycles*: *Inspired Bicycles — Danny MacAskill April 2009,* youtube.com/watch?v=Z19zFlPah-o.
121 *Trick Bicycle Riding No. 2* (1899) e *The Trick Cyclist* (1901): os dois vídeos podem ser vistos, um após o outro, em *First Bike Trick EVER. Edison All,* youtube.com/watch?v=aZjd9pBmLoU.
122 Cycling Elliotts: Veja Viona Elliott Lane, Randall Merris e Chris Algar, "Tommy Elliott and the Musical Elliotts", *Papers of the International Concertina Association* 5 (2008): 16-49. Veja também Margaret Guroff, *The Mechanical Horse: How the Bicycle Reshaped American Life* (Austin: University of Texas Press, 2016), 111-14.
123 uma versão ciclista de uma quadrilha parisiense: "The Elliotts: A Family of Trick Cyclists", *Travalanche,* 7 de dezembro de 2012, travsd.wordpress.com/2012/12/17/the-elliotts-a-family-of-trick-cyclists/.
123 num poema publicado em *The Sporting and Theatrical Journal*: O poema tem o título "To the Elliotts" e é creditado a "Mrs. Anne E. Capron". Um subtítulo acrescenta: "Written by a lady who was infatuated with the Elliott children bicycle act at Barnum's Circus" ["Escrito por uma senhora que ficou encantada com o ato de bicicletas das crianças Elliott no Barnum's Circus"]. Tenho em minha posse uma versão eletrônica do recorte de jornal; infelizmente, não tenho nenhuma informação sobre sua procedência ou publicação. Se você é pesquisador — ou apenas aficionado por odes a jovens trupes de ciclismo de truque — e quer ver o recorte, sinta-se à vontade para me mandar um e-mail e eu enviarei a imagem para você. Entre em contato comigo em jody@jody-rosen.com.
123 os Elliott chamaram a atenção da Sociedade de Nova York para Prevenção: Veja, e.g., "The Child-Performers", *New-York Tribune,* 29 de março de 1883; "Why P. T. Barnum Was Arrested", *New York Times,* 3 de abril de 1883; e *Brooklyn Daily Eagle,* 3 de abril de 1883.
123 os Cycling Elliotts fizeram uma demonstração especial: "Barnum's Arrest", *Daily Evening Sentinel* (Carlisle, Pensilvânia), 3 de abril de 1883.
123 "uma dúzia ou mais de médicos proeminentes": "Mr. Barnum Not Cruel to the Little Bicycle Riders", *Brooklyn Daily Eagle,* 5 de abril de 1883.
123 a prática de um ciclista de truques era "muito bonita e benéfica": "Barnum Not Guilty", *New York Times,* 5 de abril de 1883.
123 "se todas as crianças fizessem exercícios semelhantes, seria melhor do que médicos ou remédios": "The Elliott Children", *New York Herald,* 5 de abril de 1883. Citado em Guroff, *The Mechanical Horse,* 113.

123 "The Revolving Wheel of Fire": Lane, Merris e Algar, "Tommy Elliott and the Musical Elliotts", 42-43.
124 "Ele era [um] rapaz pequeno, mas de bela compleição, ágil como um gato": Berta Ruck, *Miss Million's Maid: A Romance of Love and Fortune* (Nova York: A. L. Burt, 1915), 377.
124 Kaufmann's Cycling Beauties: Veja David Goldblatt, "Sporting Life: Cycling Is Among the Most Flexible of All Sports", *Prospect Magazine*, 19 de outubro de 2011, prospectmagazine.co.uk/magazine/sporting-life-9. Para uma fotografia da trupe em seus trajes anatômicos, veja commons.wikimedia.org/wiki/File:Kaufmann%27s_Cycling_Beauties.jpg.
125 Annie Oakley fazia um número de bicicleta: Sarah Russell, "Annie Oakley, Gender, and Guns: The 'Champion Rifle Shot' and Gender Performance, 1860-1926" (Chancellor's Honors Program Projects, University of Tennessee, Knoxville, 2013), 28; trace.tennessee.edu/utk_chanhonoproj/1646.
125 "Hatsley the Boy Wonder": Wade Gordon James Nelson, "Reading Cycles: The Culture of BMX Freestyle" (tese de Ph.D., McGill University, agosto de 2006), 63; core.ac.uk/download/pdf/41887323.pdf.
125 O ciclista britânico Sid Black fazia uma variação eletrizante: "The King of the Wheel", *Sketch: A Journal of Art and Actuality* (Londres), 7 de setembro de 1898.
126 Numa apresentação em Bremen, Alemanha: "Secrets of Trick Cycling", *Lake Wakatip Mail* (Queenstown, Otago, Nova Zelândia), 24 de julho de 1906.
126 Os Villions, uma trupe de família: William G. Fitzgerald, "Side-Shows", *Strand Magazine* (Londres) 14, nº 80 (agosto de 1897): 156-57.
127 A proeza que era a marca registrada do vaudevilliano Joe Jackson: Frank Cullen com Florence Hackman e Donald McNeilly, *Vaudeville Old & New: An Encyclopedia of Variety Performers in America*, vol. 1 (Nova York: Routledge, 2004), 558-59.
127 "A Bear and a Monkey Race on Bicycles": O vídeo pode ser visto no YouTube: "A Bear and a Monkey Race on Bicycles, Then Bear Eats Monkey", youtube.com/watch?v=cteBe4gCUKo.
127 Um manual de instruções fartamente ilustrado: Isabel Marks, *Fancy Cycling: Trick Riding for Amateurs* (Londres: Sands & Company, 1901), 5-6.
128 O principal instrutor de uma escola de ciclismo popular em Nova York: "Fancy Bicycle Riding", *Indianapolis News*, 10 de abril de 1896.
128 Sessenta anos atrás, os belos e grã-finos: Tenho em minha posse uma versão eletrônica desse recorte de jornal, um relato de cinquenta e cinco palavras sobre a moda dos "truques em gincana" e "escolas de ciclismo de fanfarrice" entre os ricos. O recorte deixa claro que o item é um trecho de um artigo publicado primeiramente em *Hearth and Home*, uma revista feminina com sede em Londres. Infelizmente, não posso determinar de que jornal o recorte foi retirado, ou quando exatamente o texto foi publicado, nem posso localizar a edição de *Hearth and Home* em que o item apareceu originalmente. A pegada eletrônica para essa notícia intrigante parece ter sido encoberta pelas areias do tempo, ou pelo equivalente digital disso. Se você é pesquisador ou de outra forma interessado, eu ficaria feliz em lhe enviar por e-mail o recorte. Você pode entrar em contato comigo via e-mail: jody@jody-rosen.com.
128 o príncipe adolescente Albert: "Prince Albert as Trick Cyclist", *Yorkshire Evening Post*, 18 de junho de 1912.

128 o Código de Ordenanças de Memphis, Tennessee: Veja "Code of Ordinances, City of Memphis, Tennessee", especificamente "Sec. 12-84-19. — Instruction in operating automobiles, and other vehicles and trick riding prohibited"; disponível on-line em: library.municode.com/tn/memphis/codes/code_of_ordinances?nodeId=TIT11VETR_CH11-24BI.

129 *Broadway Weekly* reclamou que os ciclistas de truque: "The Way to Make a Hit in Vaudeville", *Broadway Weekly* (Nova York), 21 de setembro de 1904.

129 Em 1907, uma plateia no Hipódromo de Belfast: "Fatal Accident to a Lady Trick Cyclist", *Stonehaven Journal* (Stonehaven, Kincardineshire, Escócia), 20 de junho de 1907.

129 "Ele caiu num fosso seco": "Trick Cyclist Killed in Paris", *Nottingham Evening Post* (Nottingham, Nottinghamshire, Inglaterra), 19 de março de 1903.

129 um autoproclamado "aeronauta de para-bicicleta": "Chas. H. Kabrich, the Only Bike-Chute Aeronaut: Novel and Thrilling Bicycle Parachute Act in Mid-air" (cartaz de publicidade), Library of Congress, loc.gov/resource/var.0525/.

130 "A Terrível Viagem à Lua" ... "Uma maneira horrível de conduzir vida": Veja o cartaz de publicidade, disponível on-line em Alamy: alamy.com/stock-photo-the-great--adam-forepaugh-and-sells-bros-americas-enormous-shows-united-83150063.html.

130 "É um salto terrível, que dá apertos no coração": "Most Daring Performance", *Morning Press* (Santa Barbara, Califórnia), 13 de setembro de 1906.

130 Ray Sinatra: Veja "Ray Sinatra and His Cycling Orchestra — Picture #1", Dave's Vintage Bicycles: A Classic Bicycle Photo Archive, nostalgic.net /bicycle287/picture1093.

131 Hoje, as formas mais proeminentes de ciclismo de proezas: O ciclismo de proezas não é apenas esporte ou espetáculo, é claro. É também uma arte popular com funções sociais surpreendentes. Num estudo de 1977 sobre o papel desempenhado por bicicletas na vida de Umuaro, um "aglomerado de vila" no sudoeste da Nigéria, os psicólogos sociais Rex Uzo Ugorji e Nnennaya Achinivu relataram sobre a tradição dos "ciclistas mágicos... homens que andam de bicicletas com juju": trupes de ciclistas de truque que viajavam da cidade de Aba para a região rural para apresentações em palco em ocasiões festivas. Veja Rex Uzo Ugorji e Nnennaya Achinivu, "The Significance of Bicycles in a Nigerian Village", *The Journal of Social Psychology* 102, nº 2 (1977), 241-46.

131 *The Ridge* (2014): Danny Macaskill: The Ridge, youtube.com/watch?v=xQ_IQS-3VKjA.

132 *Imaginate*: Danny MacAskill's Imaginate, youtube.com/watch?v=Sv3x VOs7_No.

132 *Danny Daycare*: Danny MacAskill: Danny Daycare, youtube.com/watch?v=jj0CmnxuTaQ.

133 *Back on Track*: Martyn Ashton — Back on Track, youtube.com/watch?v=kX_hn-3Xf90g.

135 "O manejo de nosso aeroplano, assim como o da bicicleta": "Have Long Sought Mastery of Air", *Clinton Republican* (Wilmington, Ohio), 6 de junho de 1908.

135 "O aviador dos dias atuais: Reimpresso em Waldemar Kaempffert, *The New Art of Flying* (Nova York: Dodd, Mead, 1911), 233.

7 PONHA UM POUCO DE DIVERSÃO ENTRE AS PERNAS

137 "Eu quero foder com uma bicicleta": Vi Khi Nao, *Fish in Exile* (Minneapolis: Coffee House, 2016), 131.
138 "movendo os quadris para a frente e para trás, como que simulando sexo": "Man Admits to Sex with Bike", UPI, 27 de outubro de 2007, upi.com/Odd_News/2007/10/27/Man-admits-to-sex-with-bike/10221193507754/; "Bike Sex Case Sparks Legal Debate", BBC News, 16 de novembro de 2007, news.bbc.co.uk/2/hi/uk_news/scotland/glasgow_and_west/7098116.stm; "'Cycle-Sexualist' Gets Probation", UPI, 15 de novembro de 2007, upi.com/Odd_News/2007/11/15/Cycle-sexualist-gets-probation/26451195142086/.
139 "uma coalizão dos tesudos": Bike Smut, bikesmut.com.
140 *Fuck Bike #001:* Andrew H. Shirley, *Fuck Bike #001* (2011), vimeo.com/20439817.
140 projeto Bikesexual visa a "desafiar normas do corpo": *Bikesexual,* bikesexual.blogsport.eu/beispiel-seite/.
141 "combina princípios das culturas faça você mesmo, vegana, ecológica e de bicicleta": Ibid.
141 "produzem constante fricção sobre o clitóris e os lábios": "Bicycling for Women from the Standpoint of the Gynecologist", *Transactions of the New York Obstetrical Society from October 20, 1894 to October 1, 1895,* publicado em *The American Journal of Obstetrics* (Nova York: William Wood, 1895), 86-87.
141 "Daisy Bell (Bicycle Built for Two)": Harry Dacre, "Daisy Bell (Bicycle Built for Two)" (Nova York: T. B. Harms, 1892).
141 James Joyce escreve sobre uma jovem *"prostituta in herba"*: James Joyce, *Finnegans Wake* (Ware, Hertfordshire, Inglaterra: Wordsworth Editions, 2012), 115.
142 "Nós havíamos abandonado o mundo real": Georges Bataille, *Story of the Eye by Lord Auch,* trad. Joachim Neugroschel (San Francisco: City Lights, 1978), 32-34.
142 "um longo 'giro' pelo campo": C. C. Mapes, "A Review of the Dangers and Evils of Bicycling", *The Medical Age* (Detroit), 10 de novembro de 1897.
143 "A estrada subia e descia sobre colinas suaves": Maurice Leblanc, *Voici des ailes!* (Paris: Ink Book, 2019), 49-51, e-book. Tradução do francês para o inglês por Jody Rosen.
144 "O conceito de andar de bicicleta nu": Steve Hunt, "Naked Protest and Radical Cycling: A History of the Journey to the World Naked Bike Ride", Academia.edu, academia.edu/35589138/Naked_Protest_and_Radical_Cycling_A_History_of_the_Journey_to_the_World_Naked_Bike_Ride, 4.
144 Philip Carr-Gomm escreveu: Philip Carr-Gomm, *A Brief History of Nakedness* (Londres: Reaktion, 2010), 12.
144 "Pedalando nus declaramos nossa confiança na beleza": World Naked Bike Ride, Portland, Oregon, "Why", pdxwnbr.org/why/.
144 "É impossível se sentir adulto quando se está numa bicicleta": P. J. O'Rourke, "Dear Urban Cyclists: Go Play in Traffic", *Wall Street Journal,* 2 de abril de 2011.
145 Cientistas sociais relataram: Cf. Dag Balkmar, "Violent Mobilities: Men, Masculinities and Road Conflicts in Sweden", *Mobilities* 13, nº 5 (2018): 717-32.
145 "bike com o dobro da altura enfeitada com uma vulva gigante de papel machê": Adriane "Lil' Mama Bone Crusher" Ackerman, "The Cuntraption", em *Our Bodies,*

Our Bikes, org. Elly Blue e April Streeter (Portland, Oregon: Elly Blue Publishing / Microcosm, 2015), 75-76.
146 "poderes fálicos de penetração e impulsão": Zoë Sofoulis, "Slime in the Matrix: Post-phallic Formations in Women's Art in New Media", em *Jane Gallop Seminar Papers,* org. Jill Julius Matthews (Canberra: Australian National University, Humanities Research Centre, 1993), 97.
146 "No norte da Europa poupamos nossos corpos privados para locais fechados": Jet McDonald, "Girls on Bikes", *Jet McDonald,* jetmcdonald.com/2016/12/08/girls-on-bikes/.
147 memórias *My Bike and Other Friends*: Veja Henry Miller, *Henry Miller's Book of Friends: A Trilogy* (Santa Barbara, Califórnia: Capra Press, 1978), 223.

8 INVERNO

148 Agora, em 27 de abril de 1827, estava deixando: para um relato do capitão do *Hecla* sobre a viagem, veja William Edward Parry, *Narrative of an Attempt to Reach the North Pole, in Boats Fitted for the Purpose, and Attached to His Majesty's Ship Hecla, in the Year MDCCCXXVII* (Londres: John Murray, 1828).
149 "Quando os peruanos viram um espanhol no lombo de um cavalo": *Morning Advertiser* (Londres), 1º de fevereiro de 1827.
150 "diletante que leva sua bicicleta diretamente para as moradas do inverno": R. T. Lang, "Winter Bicycling", *Badminton Magazine of Sports & Pastimes* 14 (janeiro-junho de 1902): 180.
150 "Quando... a neve [está] rodopiando, rodando": Ibid., 189.
150 por pedalar no inverno: Para uma visão geral vivaz do ciclismo de inverno, veja Tom Babin, *Frostbike: The Joy, Pain and Numbness of Winter Cycling* (Toronto: Rocky Mountain Books, 2014).
151 Há uma fotografia de 1948 de Joe Steinlauf: A fotografia pode ser vista on-line em "Early Ice Bike", *Cyclelicious,* cyclelicio.us/2010/early-ice-bike/. Dê uma olhada, vale a pena clicar lá.
152 "Os velocípedes de gelo são a última novidade no Hudson": *Brooklyn Daily Eagle,* 12 de janeiro de 1869.
152 uma nova onda de designs de inverno: Veja, e.g., "The Cyclist in a Winter Paradise", *Sunday Morning Call* (Lincoln, Nebraska), 24 de janeiro de 1897. Cf. *Bicycle: The Definitive Visual History* (Londres: DK, 2016), 62-63.
152 "qualquer estilo ou feitio de bicicleta de segurança moderna": "Ice-Bicycle Attachments", *Hardware: Devoted to the American Hardware Trade,* 25 de novembro de 1895.
152 "mais rápido do que uma velocidade de verão": "Chicago Ice Bicycle Apparatus..." (anúncio), *Gazette* (Montreal), 23 de novembro de 1895, 6.
152 A empresa se gabava: "Ice-Bicycle Attachments", *Hardware: Devoted to the American Hardware Trade,* 25 de novembro de 1895.
152 "Bicicleta Klondike": "Klondike Bicycle Freight Line", *Boston Globe,* 2 de agosto de 1897.
153 a Bicicleta Klondike pudesse servir como veículo de passageiro e de carga: "To Klondyke by Bicycle", *Democrat and Chronicle* (Rochester, Nova York), 30 de julho de 1897.

NOTAS

153 "prospectores principiantes que levaram bicicletas" para Yukon: A. C. Harris, *Alaska and the Klondike Gold Fields: Practical Instructions for Fortune Seekers* (Cincinnati: W. H. Ferguson, 1897), 77.

153 Os proponentes de bicicletas... "haviam ignorado a única coisa necessária": Ibid., p. 442-43. Em 1897, Charles H. Brinkerhoff, um empreendedor de Newark, New Jersey, anunciou um plano para aliviar o problema de condições ruins de estrada construindo uma "pista de bicicleta para Klondike... levemente constituída de aço, fixada dos dois lados das montanhas". A via, disse Brinkerhoff, seria projetada de modo que "a subida na montanha seja feita quase sem que o ciclista perceba qualquer esforço penoso". O plano de Brinkerhoff previa locais de parada aconchegantes: "A cada vinte e cinco milhas de viagem haverá uma estação, iluminada e aquecida por eletricidade e provida de assentos e mesas e um restaurante para que os viajantes que seguem para o distrito do ouro possam descansar e se revigorar." Não é preciso dizer que a pista nunca foi construída. Veja "A Bicycle Route to the Klondike", *Buffalo Courier-Record*, 28 de novembro de 1897.

154 "Não se pode imaginar a aflição e o sofrimento que tantos passaram": Jennifer Marx, *The Magic of Gold* (Nova York: Doubleday, 1978), 410.

154 Em 1901, o *Skagway Daily Alaskan* estimou que 250 ciclistas: Terrence Cole, org., *Wheels on Ice: Bicycling in Alaska, 1898-1908* (Anchorage: Alaska Northwest Publishing, 1985), 6.

155 "Um cachorro de pelo curto ruivo congelado como uma pedra": Ibid., 14.

155 "caiu de cabeça na neve umas vinte e cinco vezes": Ibid., 10.

156 "Eu parti um bom pedaço de abeto reto": Ibid., 14-15.

156 Max Hirschberg: O vívido relato pessoal de Hirschberg sobre sua viagem em Klondike, escrito a pedido de sua esposa nos anos 1950, está reunido em Cole, org., *Wheels on Ice*, 21-23.

158 "Uma emoção me invadiu quando vi a Old Glory tremulando": Ibid., 22.

158 Robert McDonald, um padre e missionário anglicano: Patrick Moore, "Archdeacon Robert McDonald and Gwich'in Literacy", *Anthropological Linguistics* 49, nº 1 (primavera de 2007): 27-53.

160 "Sem a corrente eu não podia controlar a velocidade da bicicleta": Cole, org., *Wheels on Ice*, 23.

161 Há um vídeo da corrida histórica na internet: "(OFFICIAL) Eric Barone — 227,720 km/h (141.499 mph) — Mountain Bike World Speed Record — 2017", youtube.com/watch?v=7gBqbNUtr3c.

161 "manter o corpo coeso numa colisão": Patty Hodapp, "How a Mountain Biker Clocked 138 MPH Riding Downhill", *Vice*, 16 de abril de 2015, vice.com/en/article/yp77jj/how-a-mountain-biker-clocked-138-mph-riding-downhill.

9 UPHILL

167 "diretriz orientadora do desenvolvimento": Veja Michael S. Givel, "Gross National Happiness in Bhutan: Political Institutions and Implementation", *Asian Affairs* 46, nº 1 (2015), 108.

168 De acordo com uma história, era uma bicicleta de corrida Raleigh: "Cycling in Bhutan", *Inside Himalayas*, 11 de abril de 2015, insidehimalayas.com/cycling-in-bhutan/.

168 "em trilhas de lama em velocidade perigosa": Karma Ura, *Leadership of the Wise: Kings of Bhutan* (Timfu, Butão: Centre for Bhutan Studies, 2010), 108.
168 A elevação média no Butão é de 3.279 metros: "Countries with the Highest Average Elevations", *World Atlas,* worldatlas.com/articles/countries-with-the--highest-average-elevations.html.
168 De acordo com um estudo: Devi Maya Adhikari, Karma Wangchuk e A. Jabeena, "Preliminary Study on Automatic Dependent Surveillance-Broadcast Coverage Design in the Mountainous Terrain of Bhutan", em *Advances in Automation, Signal Processing, Instrumentation, and Control,* org. Venkata Lakshmi Narayana Komanapalli, N. Sivakumaran e Santoshkumar Hampannavar (Cingapura: Springer, 2021), 873.
169 "tornar o Butão uma cultura de ciclismo": Madhu Suri Prakash, "Why the Kings of Bhutan Ride Bicycles", *Yes! Magazine* (Bainbridge Island, Wash.), 15 de janeiro de 2011, yesmagazine.org/issue/happy-families-know/2011/01/15/why-the-kings--of-bhutan-ride-bicycles.
169 "Há uma razão para nós no Butão gostarmos de pedalar": Entrevista do autor com Tshering Tobgay. Salvo indicação em contrário, todas as citações diretas neste capítulo provêm de entrevistas realizadas pelo autor no Butão.
170 O hino nacional, "O Reino do Dragão do Trovão": A tradução da letra do hino para o inglês pode ser encontrada em Dorji Penjore e Sonam Kinga, *The Origin and Description of the National Flag and National Anthem of the Kingdom of Bhutan* (Timfu, Butão: Centre for Bhutan Studies, 2002), 16.
173 O sucesso do Butão no combate à pandemia de Covid-19: Veja, e.g., "Bhutan, the Vaccination Nation: A UN Resident Coordinator Blog", *UN News,* 23 de maio de 2021, news.un.org/en/story/2021/05/109242; Madeline Drexler, "The Unlikeliest Pandemic Success Story", *The Atlantic,* 10 de fevereiro de 2021, theatlantic.com/international/archive/2021/02/coronavirus-pandemic-bhutan/617976/.
173 A Constituição do Butão determina: Veja o pdf postado no website da Assembleia Nacional do Butão: *The Constitution of the Kingdom of Bhutan,* website da National Assembly of Bhutan, nab.gov.bt/assets/templates/images/constitution--of-bhutan-2008.pdf.
174 um sumidouro de carbono: Mark Tutton e Katy Scott, "What Tiny Bhutan Can Teach the World About Being Carbon Negative", CNN, 11 de outubro de 2018, cnn.com/2018/10/11/asia/bhutan-carbon-negative/index.html; "Bhutan Is the World's Only Carbon Negative Country, So How Did They Do It?", *Climate Council,* 2 de abril de 2017, climatecouncil.org.au/bhutan-is-the-world-s-only--carbon-negative-country-so-how-did-they-do-it/.
174 "o verdadeiro Xangrilá": Jeffrey Gettleman, "A New, Flourishing Literary Scene in the Real Shangri-La", *New York Times,* 19 de agosto de 2018.
174 Mas o estudioso Lauchlan T. Munro argumentou: Lauchlan T. Munro, "Where Did Bhutan's Gross National Happiness Come From? The Origins of an Invented Tradition", *Asian Affairs* 47, nº 1 (2016): 71-92.
175 "Uma Nação, Um Povo": Veja, e.g., Rajesh S. Karat, "The Ethnic Crisis in Bhutan: Its Implications", *India Quarterly* 57, nº 1 (2001), 39-50; Vidhyapati Mishra, "Bhutan Is No Shangri-La", *New York Times,* 28 de junho de 2013, nytimes.com/2013/06/29/opinion/bhutan-is-no-shangri-la.html; Kai Bird, "The Enigma of

Bhutan", *The Nation*, 7 de março de 2012, thenation.com/article/archive/enigma-bhutan/.

175 "limpeza étnica": Bill Frelick, "Bhutan's Ethnic Cleansing", *Human Rights Watch*, 1º de fevereiro de 2008, hrw.org/news/2008/02/01/bhutans-ethnic-cleansing.

175 "maior criador de refugiados per capita do mundo": Maximillian Mørch, "Bhutan's Dark Secret: The Lhotshampa Expulsion", *The Diplomat*, 21 de setembro de 2016, thediplomat.com/2016/09/bhutans-dark-secret-the-lhotshampa-expulsion/.

175 "a imagem de um país pequeno, sem saída para o mar, valente": Munro, "Where Did Bhutan's Gross National Happiness Come From?", 86.

180 "Eu torrei no sol, sufoquei na poeira, ensopei na chuva": Elizabeth Robins Pennell, *Over the Alps on a Bicycle* (Londres: T. Fisher Unwin, 1898), 105.

180 "Eu queria ver se conseguia cruzar os Alpes de bicicleta": Ibid.

180 "Eu não pensei que estava sendo muito original": Ibid., 11.

10 SEM SAIR DO LUGAR

182 "camelo elétrico": Seán O'Driscoll, "Electric Camels and Cigars: Life on the Titanic", *Times* (Londres), 21 de abril de 2017, thetimes.co.uk/article/electric-camels-and-cigars-life-on-the-titanic-8kznbpcnw.

183 um grande relógio cujos ponteiros vermelho e azul marcavam o progresso do ciclista: Walter Lord, *A Night to Remember* (Nova York: Henry Holt and Company, 1955), 40.

183 Há uma famosa fotografia: Veja Lawrence Beesley, *The Loss of the S.S. Titanic: Its Story and Its Lessons* (Boston: Houghton Mifflin Company, 1912), 12-13.

184 a Gymnasticon, uma máquina patenteada em 1796: Veja "Specification of the Patent Granted to Mr. Francis Lowndes, of St. Paul's Churchyard, Medical Electrician; for a new-invented Machine for exercising the Joints and Muscles of the Human Body", em *The Repertory of Arts, Manufactures, and Agriculture*, vol. 6 (Londres: impresso para os proprietários, 1797), 88-92.

184 disputas de *roller-bike* entre os dois em teatros de vaudeville: Veja Marlene Targ Brill, *Marshall "Major" Taylor: World Champion Bicyclist, 1899-1901* (Minneapolis: Twenty-First Century Books, 2008), 70.

185 "O uso de um treinador doméstico proporciona o melhor tipo de exercício em ambiente fechado": Luther Henry Porter, *Cycling for Health and Pleasure: An Indispensable Guide to the Successful Use of the Wheel* (Nova York: Dodd, Mead, 1895), 138.

185 "podemos esperar encontrar algum idiota anunciando": O artigo, originalmente publicado, aparentemente, na revista de Londres *Pall Mall*, é citado como item num periódico americano de comércio de aparelhos elétricos: "Trade Chat from Gotham", *Stoves and Hardware Reporter* (St. Louis e Chicago), 1º de agosto de 1895, 22.

185 um ambicioso ciclista doméstico: A história desse ciclista estático empreendedor foi publicada em edição de 1897 do periódico de Londres *The Rambler* (Slogan: "A Penny Magazine Devoted to Out-door Life") ["Uma revista barata dedicada à vida ao ar livre"] sob o título "The Cycle in the House: Curious Domestic Uses of the Bicycle". Um recorte do artigo pode ser visto on-line em: upload.wikimedia.org/wikipedia/commons/thumb/0/09/Home_cycling_trainer_1897.jpg/640px-Home_cycling_trainer_1897.jpg.

186 Aaron Puzey: "Meet the Man Cycling the UK Using Virtual Reality", BBC News, 16 de agosto de 2016, bbc.com/news/av/uk-37099807.
187 No início de 1899, uma equipe de pesquisa liderada pelo professor W. O. Atwater: "The Human Machine at the Head", *Mind and Body: A Monthly Journal Devoted to Physical Education* (Milwaukee, Wisconsin) 12 (março de 1905 — fevereiro de 1906), 54-55; "Experiments on a Man in a Cage", *New York Journal*, 18 de junho de 1899; e Jane A. Stewart, "Prof. Atwater's Alcohol Experiment", *School Journal* (Nova York) 59 (1º de julho de 1899 — 31 de dezembro de 1899), 589-90. Também: W. O. Atwater e F. G. Benedict, "The Respiration Calorimeter", *Yearbook of the United States Department of Agriculture: 1904* (Washington: Government Printing Office, 1905), 205-20. Disponível on-line em: naldc.nal.usda.gov/download/IND43645383/PDF.
188 Essas ideias foram elaboradas em um dos artefatos mais fascinantes: James C. McCullagh, org., *Pedal Power in Work, Leisure, and Transportation* (Emmaus, Pensilvânia: Rodale, 1977).
189 "essa era de lasers e sondagens no espaço sideral": Ibid., ix.
189 "clima de bikologia": Ibid., 58.
189 "todo o potencial humano inerente ao uso de bicicletas para o trabalho": Ibid., x.
189 "Pesquisadores relatam que, quando trabalham com cerejas": Ibid., 62-64.
189 "Assim como a bicicleta num certo sentido 'libertou' as pessoas na virada do século": Ibid., 144.
190 Hoje, o mercado global de bicicletas estáticas está avaliado em quase 600 milhões de dólares: "Exercise Bike Market: Global Industry Trends, Share, Size, Growth, Opportunity and Forecast 2021-2026", Imarc Group, disponível on-line em: imarcgroup.com/exercise-bike-market.
192 "A bicicleta estática, potencialmente o equipamento mais chato imaginável": Para essa citação e todas as outras citações do livro de Goldberg, veja Andrea Cagan e Johnny G, *Romancing the Bicycle: The Five Spokes of Balance* (Los Angeles: Johnny G Publishing, 2000), 77.
192 uma "cardiofesta": "Who We Are", SoulCycle, soul-cycle.com/our-story/.
193 A SoulCycle enfrentou reveses financeiros: Abby Ellin, "SoulCycle and the Wild Ride", *Town and Country*, 21 de abril de 2021, townandcountrymag.com/leisure/sporting/a36175871/soul-cycle-spin-class-scandals/.
194 um número recorde de 23 mil membros do Peloton: Eric Newcomer, "Peloton Attracts a Record 23,000 People to Single Workout Class", *Bloomberg*, 24 de abril de 2020, bloomberg.com/news/articles/2020-04-24/peloton-attracts-a-record-23--000-people-to-single-workout-class.
194 Cicloergômetro com Sistema de Isolamento e Estabilização de Vibração, ou Cevis (na sigla em inglês). "Cycling on the International Space Station with Astronaut Doug Wheelock", youtube.com/watch?v=bG3hG3iB5S4.
196 "Lance Armstrong, morra de inveja!": "Ed Lu's Journal: Entry #7: Working Out", SpaceRef, 29 de julho de 2003, spaceref.com/news/viewsr.html?pid=9881.

11 CRUZANDO O PAÍS

197 "Daisy Bell (Bicycle Built for Two)": Harry Dacre, "Daisy Bell (Bicycle Built for Two)", (Nova York: T. B. Harms, 1892).

198 A Old Pali Highway: Kristen Pedersen, "The Pali Highway: From Rough Trail to Daily Commute", Historic Hawai'i Foundation, 22 de agosto de 2016, historichawaii.org/2016/08/22/thepalihighway/.

198 Quando Barb Brushe era uma jovem mulher: Salvo indicação em contrário, as histórias contadas neste capítulo sobre Barb Samsoe (nome de solteira Brushe) e Bill Samsoe provêm de entrevistas do autor com os Samsoe.

198 "Chama-se Bikecentennial": Veja Michael McCoy e Greg Siple, *America's Bicycle Route: The Story of the TransAmerica Bicycle Trail* (Virginia Beach, Virgínia: Donning, 2016); e Dan D'Ambrosio, "Bikecentennial: Summer of 1976", Adventure Cycling Association, 15 de fevereiro de 2019, adventurecycling.org/blog/bikecentennial-summer-of-1976/.

200 "Sweet Surrender", de John Denver: John Denver, "Sweet Surrender", do álbum *Back Home Again* (RCA Records, 1974).

206 Uma nuvem de gafanhotos: Veja John L. Capinera, org., *Encyclopedia of Entomology*, 2ª edição (Springer: Dordrecht, Holanda, 2008), 141-44.

206 "grandes pragas de gafanhotos" dos anos 1870: Veja Thomas C. Cox, *Everything but the Fenceposts: The Great Plains Grasshopper Plague of 1874-1877* (Los Angeles: Figueroa Press, 2010); e Jeffrey A. Lockwood, *Locust: The Devastating Rise and Mysterious Disappearance of the Insect that Shaped the American Frontier* (Nova York: Basic Books, 2015).

207 um homem chamado Greg Siple: Salvo indicação em contrário, os relatos sobre a vida e as viagens de Greg Siple e sobre seus planos para o Bikecentennial com a esposa, June Siple, e os amigos Dan e Lys Burden provêm de entrevistas e correspondência do autor com Greg e June Siple.

208 "Minha ideia original era enviar anúncios": D'Ambrosio, "Bikecentennial: Summer of 1976".

209 "combinar as melhores características do TOSRV e do Hemistour": McCoy e Siple, *America's Bicycle Route*, 25.

209 "FORMIGAMENTO NOS OSSOS, Calidoscópico, multidão": June J. Siple, "The Chocolate Connection: Remembering Bikecentennial's Beginnings", *Adventure Cyclist*, junho de 2016, 27.

211 *Around the World on a Bicycle* (1887): Thomas Stevens, *Around the World on a Bicycle* (1887; repr. Mechanicsburg, Pensilvânia: Stackpole, 2000).

212 "Em locais de veraneio como a Flórida e a Carolina do Sul": Margaret Guroff, *The Mechanical Horse: How the Bicycle Reshaped American Life* (Austin: University of Texas Press, 2016), 128.

212 Um anúncio da AMF Roadmaster: Ibid., 128.

212 Um relatório do governo federal de 1972: Ibid., 135.

212 foram vendidas mais bicicletas do que carros: Ibid., 135.

213 "Survival Faire": "Remembering the Survival Faire, Earth Day's Predecessor", *Bay Nature*, 24 de março de 2020, baynature.org/article/remembering-the-survival-faire-earth-days-predecesor/.

213 "Enquanto os cidadãos locais observavam": Sam Whiting, "San Jose Car Burial Put Ecological Era in Gear", *San Francisco Chronicle*, 20 de abril de 2010, sfgate.com/green/article/San-Jose-car-burial-put-ecological-era-in-gear-3266993.php.

214 "Pollution Solution": Guroff, *The Mechanical Horse*, 133.

214 "tendência poética velo-rucionária": Peter Walker, "People Power: the Secret to Montreal's Success as a Bike-Friendly City", *Guardian*, 17 de junho de 2015, theguardian.com/cities/2015/jun/17/people-power-montreal-north-america--cycle-city.
214 "o maior evento de viagem de bicicleta da história do mundo": McCoy e Siple, *America's Bicycle Route*, 26.
214 "Que 1976 seja o ano": Ibid., 26.
214 Quatro mil e sessenta e cinco ciclistas: As estatísticas e informações demográficas sobre o Bikecentennial foram extraídas de Greg Siple, "Bikecentennial 76: America's Biggest Bicycling Event", em *Cycle History 27: Proceedings of the 27th International Cycling History Conference* (Verona, New Jersey: ICHC Publications Committee, 2017), 110-15; e McCoy e Siple, *America's Bicycle Route*, 48.
215 "ver a América rural de perto": McCoy e Siple, *America's Bicycle Route*, 48.
215 Bridget O'Connell: "Flute-Toting Cyclist Bridget O'Connell Gilchrist Shares Bikecentennial Memories", Adventure Cycling Association, 29 de junho de 2015, adventurecycling.org/resources/blog/bridget-gilchrist-my-favorite-places-to-sleep--outdoors-were-pine-forests-corn-fields-and-near-a-babbling-brook/.
215 O público vaiava: "Bikecentennial 76 Shuttle Truck Driver Remembers Cyclists' Appreciation", Adventure Cycling Association, 21 de setembro de 2015, adventurecycling.org/resources/blog/bikecentennial-76-shuttle-truck-driver-remembers--cyclists-appreciation/.
215 Wilma Ramsay: "Theresa Whalen Leland: Remembering Bikecentennial 1976", Adventure Cycling Association, 1º de junho de 2015, adventurecycling.org/resources/blog/theresa-whalen-leland-remembering-bikecentennial-1976/. As encantadoras lembranças de Theresa Whalen Leland foram minha fonte para as histórias de Wilma Ramsay e seu irmão Albert Schultz.
216 uma nevasca incomum: Siple, "Bikecentennial 76", 115.
216 dormindo entre grunhidos de porcos: McCoy e Siple, *America's Bicycle Route*, 45.
216 Lloyd Sumner: Ibid., 46.
217 desviaram-se de tartarugas: "Theresa Whalen Leland: Remembering Bikecentennial 1976."
220 Eles escreveram muitas cartas: Sou grato aos Samsoe por compartilharem comigo cópias delas.

12 ANIMAL DE CARGA

231 Global Liveability Index: Veja, e.g., "The Global Liveability Index 2021", *Economist Intelligence*, eiu.com/n/campaigns/global-liveability-index-2021/.
232 A cada ano, 400 mil migrantes chegam a Daca: Md Masud Parves Rana e Irina N. Ilina, "Climate Change and Migration Impacts on Cities: Lessons from Bangladesh", *Environmental Challenges* 5 (dezembro de 2021), disponível on-line em: sciencedirect.com/science/article/pii/S2667010021002213?via%3Dihub; e Poppy McPherson, "Dhaka: The City Where Climate Refugees Are Already a Reality", *Guardian* (Londres), 1º de dezembro de 2015, theguardian.com/cities/2015/dec/01/dhaka-city-climate-refugees-reality.

232	o autoritarismo e o extremismo: Veja K. Anis Ahmed, "Bangladesh's Choice: Authoritarianism or Extremism", *New York Times*, 27 de dezembro de 2018, nytimes.com/2018/12/27/opinion/bangladesh-election-awami-bnp-authoritarian-extreme.html.
232	Um estudo de 2021: Cascade Tuholske, Kelly Caylor, Chris Funk, Andrew Verdin, Stuart Sweeney, Kathryn Grace, Pete Peterson e Tom Evans, "Global Urban Population Exposure to Extreme Heat", *PNAS* 118, nº 41 (2021), pnas.org/content/pnas/118/41/e2024792118.full.pdf.
232	"Cinco coisas para fazer enquanto se está preso no trânsito": Naziba Basher, "5 Things to Do While Stuck in Traffic", *Daily Star* (Daca), 28 de agosto de 2015.
234	Pequenos avanços e cortes para preencher qualquer bolha de espaço ocupável": K. Anis Ahmed, *Good Night, Mr. Kissinger: And Other Stories* (Los Angeles: Unnamed Press, 2014), 27.
235	Estudos determinaram: Veja, por exemplo, "Dhaka's Noise Pollution Three Times More Than Tolerable Level: Environment Minister", *Daily Star* (Daca), 28 de abril de 2021, thedailystar.net/environment/news/dhakas-noise-pollution-three-times-more-tolerable-level-environment-minister-2085309; "Noise Pollution Exceeds Permissible Limit in Dhaka", *New Age* (Daca), 11 de janeiro de 2020, newagebd.net/print/article/96222.
235	Existem cerca de oitenta mil riquixás licenciados em Daca: Rezaul Karim e Khandoker Abdus Salam, "Organising the Informal Economy Workers: A Study of Rickshaw Pullers in Dhaka City", *Bangladesh Institute of Labour Studies-BILS*, março de 2019, bilsbd.org/wp-content/uploads/2019/06/A-Study-of-Rickshaw-Pullers-in-Dhaka-City.pdf, 21.
235	uma estimativa de 1,1 milhão: Ibid., 12.
235	*The Rickshaws of Bangladesh*: Rob Gallagher, *The Rickshaws of Bangladesh* (Daca: University Press, 1992), 1-2.
236	Três milhões de cidadãos de Daca: Karim e Salam, "Organising the Informal Economy Workers", 25.
236	"quase o dobro dos resultados no metrô de Londres": Gallagher, *The Rickshaws of Bangladesh*, 6.
237	uma "prancha de bagagem" montada na traseira e encaixes para cestos: Tony Hadland e Hans-Erhard Lessing, *Bicycle Design: An Illustrated History* (Cambridge, Massachusetts: MIT Press, 2014), 14.
237	Isso também é verdade para cada bicicleta: Para uma análise histórica sobre bagageiros, carregadores e outros suportes para bagagem, veja ibid., 351-84.
238	o testemunho de Salisbury chocou a comissão: *Harrison E. Salisbury's Trip to North Vietnam: Hearing Before the Committee on Foreign Relations, United States Senate, Ninetieth Congress, First Session with Harrison E. Salisbury, Assistant Managing Editor of the New York Times* (Washington: U.S. Government Printing Office, 1967). Disponível on-line em: govinfo.gov/content/pkg/CHRG-90shrg74687/pdf/CHRG-90shrg74687.pdf.
239	"Acredito literalmente que sem bicicletas": Ibid., 11.
239	"Por que não nos concentramos nas bicicletas?": Ibid., 16.
239	"Os grupos de entregadores de jornais de Londres": "The Trick Cyclist on the Road", *Yorkshire Post and Leeds Intelligencer* (Leeds, Yorkshire, Inglaterra), 4 de agosto de 1905.

239 "corriam em triciclos de carga carregados com até quarenta quilos de lastro": Peter Cox e Randy Rzewnicki, "Cargo Bikes: Distributing Consumer Goods", em *Cycling Cultures*, org. Peter Cox (Chester, Cheshire, Inglaterra: University of Chester Press, 2015), 137.

240 O culto às "cargo cruisers" de estilo holandês e dinamarquês: Veja, e.g., *MOTHERLOAD*, filme de 2019 da diretora Liz Canning, "um documentário premiado que usa a bicicleta de carga como veículo para explorar a maternidade nesta era digital de mudança climática", motherloadmovie.com/welcome.

241 É também uma imagem indelével do esforço humano: Um excelente documentário sobre esse fenômeno é *Totems* (2010), do fotógrafo Alain Delorme, filmado em Xangai, sobre condutores de triciclos de carga transportando cargas gigantescas. Veja alaindelorme.com/serie/totems.

241 "entre 40 e 60 milhões de triciclos de trabalho": Glen Norcliffe, *Critical Geographies of Cycling* (Nova York: Routledge, 2015), 221.

241 "A bicicleta para transporte de passageiros — em suas diversas formas de riquixá de passageiro": Cox e Rzewnicki, "Cargo Bikes: Distributing Consumer Goods", 133.

242 O riquixá foi inventado no Japão: Para informações históricas sobre o riquixá, em especial nos contextos do Leste Asiático e da China, veja David Strand, *Rickshaw Beijing: City People and Politics in the 1920s* (Berkeley: University of California Press, 1989). Para uma visão geral do riquixá no sul da Ásia, veja M. William Steele, "Rickshaws in South Asia", *Transfers* 3, nº 3 (2013), 56-61. Veja também: Tony Wheeler e Richard l'Anson, *Chasing Rickshaws* (Hawthorn, Victoria, Austrália: Lonely Planet Publications, 1998).

243 Em Daca, a história do riquixá: Para informações sobre a história do riquixá em Daca, veja Gallagher, *The Rickshaws of Bangladesh*; e *Of Rickshaws and Rickshawallahs*, org. Niaz Zaman (Daca: University Press, 2008).

243 propostas para proibir os riquixás em Daca: Veja Musleh Uddin Hasan e Julio D. Davila, "The Politics of (Im)Mobility: Rickshaw Bans in Dhaka, Bangladesh", *Journal of Transport Geography* 70 (2018), 246-55; Mahabubul Bari e Debra Efroymson, "Rickshaw Bans in Dhaka City: An Overview of the Arguments For and Against", publicado por *Work for a Better Bangladesh Trust and Roads for People*, 2005, wbbtrust.org/view/research_publication/33; Mohammad Al--Masum Molla, "Ban on Rickshaw: How Logical Is It?", *Daily Star* (Dhaka), 7 de julho de 2019, thedailystar.net/opinion/politics/news/ban-rickshaw-how--logical-it-1767535.

243 Shahnaz Huq-Hussain e Umme Habiba fazem uma defesa populista e feminista: Shahnaz Huq-Hussain e Umme Habiba, "Gendered Experiences of Mobility: Travel Behavior of Middle-Class Women in Dhaka City", *Transfers: Interdisciplinary Journal of Mobility Studies* 3, nº 3 (2013).

243 A força de trabalho é exclusivamente masculina: Para uma análise sociológica e econômica da vida e das condições de trabalho dos *rickshawallahs* de Daca, veja, e.g., M. Maksudur Rahman e Md. Assadekjaman, "Rickshaw Pullers and the Cycle of Unsustainability in Dhaka City", 99-118; Syed Naimul Wadood e Mostofa Tehsum, "Examining Vulnerabilities: The Cycle Rickshaw Pullers of Dhaka City", Munich Personal RePEc Archive, 2018, core.ac.uk/download/pdf/214004362.pdf; Meheri Tamanna, "Rickshaw Cycle Drivers in Dhaka: Assessing Working

Conditions and Livelihoods" (Tese de Mestrado, International Institute of Social Studies, Erasmus University, Haia, Holanda), 2012, semanticscholar.org/paper/Rickshaw-Cycle-Drivers-in-Dhaka%3A-Assessing-Working-Poor/4708d8065f3ee07c02dd39e6e939a4e57e10e050; Sharifa Begum e Binayak Sen, "Pulling Rickshaws in the City of Dhaka: A Way Out of Poverty?", *Environment & Urbanization* 17, nº 2 (2005), journals.sagepub.com/doi/pdf/10.1177/095624780501700202.

244 A saúde deles com frequência é fraca: Hafiz Ehsanul Hoque, Masako Ono-Kihara, Saman Zamani, Shahrzad Mortazavi Ravari, Masahiro Kihara, "HIV-Related Risk Behaviours and the Correlates Among Rickshaw Pullers of Kamrangirchar, Dhaka, Bangladesh: a Cross-Sectional Study Using Probability Sampling", *BMC Public Health* 9, nº 80 (2009), pubmed.ncbi.nlm.nih.gov/19284569/.

244 A pandemia de Covid: Joynal Abedin Shishir, "Income Lost to Covid, Many Take to Pulling Rickshaws in Dhaka", *The Business Standard*, 31 de agosto de 2021, tbsnews.net/economy/income-lost-covid-many-take-pulling-rickshaws-dhaka-295444.

244 "Hafiz and Abdul Hafiz": Mahbub Talukdar, "Hafiz and Abdul Hafiz", trad. Israt Jahan Baki, em Zaman, org., *Of Rickshaws and Rickshawallahs*, 57.

244 Mohammed Abul Badshah: Salvo indicação em contrário, todas as informações biográficas sobre Mohammed Abul Badshah e citações dele provêm de entrevistas com ele realizadas pelo autor. Essas conversas foram traduzidas por Rifat Islam Esha.

247 Mas 85% das ruas de Daca: Khaled Mahmud, Khonika Gope, Syed Mustafizur, Syed Chowdhury, "Possible Causes & Solutions of Traffic Jam and Their Impact on the Economy of Dhaka City", *Journal of Management and Sustainability* 2, nº 2 (2012), 112-35.

249 "bicicletas fáceis" movidas a bateria: Veja "Government to Ban Battery-Run Rickshaws, Vans", *Dhaka Tribune*, 20 de junho de 2021, dhakatribune.com/bangladesh/2021/06/20/govt-to-ban-battery-run-rickshaws-vans; Rafiul Islam, "Battery-Run Rickshaws on DSCC Roads: Defying Ban, They Keep on Running", *Daily Star* (Daca), 30 de janeiro de 2021, thedailystar.net/city/news/defying-ban--they-keep-running-2036221.

251 "Ganhamos a vida com dificuldade neste país": Dilip Sarkar, "The Rickshawallah's Song", trad. M. Mizannur Rahman, em Zaman, org, *Of Rickshaws and Rickshawallahs*, 31.

252 Badshah mora em Kamrangirchar: Md. Abul Hasam, Shahida Arafin, Saima Naznin, Md. Mushahid, Mosharraf Hossain, "Informality, Poverty and Politics in Urban Bangladesh: An Empirical Study of Dhaka City", *Journal of Economics and Sustainable Development* 8, nº 14 (2017), 158-82; "Slum Conditions in Bangladesh Pose Health Hazards, and Malnutrition Is a Sign of Other Illnesses", *Médecins Sans Frontières*, 13 de outubro de 2010, msf.org/slum-conditions-bangladesh--pose-health-hazards-and-malnutrition-sign-other-illnesses.

252 "um dos lugares mais poluídos do planeta": Hal Hodson, "Slumdog Mapmakers Fill in the Urban Blanks", *New Scientist*, 23 de outubro de 2014, newscientist.com/article/mg22429924-100-slumdog-mapmakers-fill-in-the-urban-blanks/.

253 dezenas de curtumes: "Toxic Tanneries: The Health Repercussions of Bangladesh's Hazaribagh Leather", *Human Rights Watch*, 8 de outubro de 2012, hrw.org/report/2012/10/08/toxic-tanneries/health-repercussions-bangladeshs-hazaribagh-

-leather; Sarah Boseley, "Child Labourers Exposed to Toxic Chemicals Dying Before 50, WHO Says", *Guardian*, 21 de março de 2017, theguardian.com/world/2017/mar/21/plight-of-child-workers-facing-cocktail-of-toxic-chemicals-exposed-by-report-bangladesh-tanneries.

253 centenas de fabriquetas: Veja "Poor Bangladesh Kids Work to Eat, Help Families", *Jakarta Post*, 14 de junho de 2016, thejakartapost.com/multimedia/2016/06/14/poor-bangladesh-kids-work-to-eat-help-families.html; Jason Beaubien, "Study: Child Laborers In Bangladesh Are Working 64 Hours a Week", NPR, 7 de dezembro de 2016, npr.org/sections/goatsandsoda/2016/12/07/504681046/study-child-laborers-in-bangladesh-are-working-64-hours-a-week; Terragraphics International Foundation, "Hazaribagh & Kamrangirchar, Bangladesh", terragraphicsinternational.org/bangladesh.

253 lixo eletrônico tóxico: Mahbub Alam e Khalid Md. Bahauddin, "Electronic Waste in Bangladesh: Evaluating the Situation, Legislation and Policy and Way Forward with Strategy and Approach", *PESD* 9, nº 1f (2015), 81-101; Mohammad Nazrul Islam, "E-waste Management of Bangladesh", *International Journal of Innovative Human Ecology & Nature Studies* 4, nº 2 (abril-junho de 2016), 1-12.

258 "museus móveis": Sonya Soheli, "Canvas of Rickshaw Art", *Daily Star* (Daca), 31 de março de 2015, thedailystar.net/lifestyle/ls-pick/canvas-rickshaw-art-74449.

260 Avijit Roy: "Bangladesh Court Sentences Five to Death for Killing American Blogger", *New York Times*, 16 de fevereiro de 2021, nytimes.com/2021/02/16/world/asia/bangladesh-sentence-avijit-roy.html.

261 "Em nenhum outro lugar as pessoas falam tanto": Salvo indicação em contrário, todas as citações de Syed Manzoorul Islam provêm de entrevistas do autor com Islam.

262 "forma de vida ameaçada pelo caos e a alienação": *Of Rickshaws and Rickshawallahs*, 91.

262 Islam publicou estudos sobre a pintura dos riquixás: Veja, e.g., "Rickshaw Art of Bangladesh", em *Of Rickshaws and Rickshawallahs*, 83-92.

13 HISTÓRIA PESSOAL

265 passaram a compreender melhor os processos que levam ao nosso domínio da bicicleta: Boris Suchan, "Why Don't We Forget How to Ride a Bike?", *Scientific American*, 15 de novembro de 2018, scientificamerican.com/article/why-dont-we-forget-how-to-ride-a-bike/.

265 "Certa manhã, eu já não ouvia o som de alguém correndo": Paul Fournel, *Need for the Bike*, trad. Allan Stoekl (Lincoln: University of Nebraska Press, 2003), 26.

265 "a ideia de que a bicicleta e a criança pertenciam": Robert J. Turpin, *First Taste of Freedom: A Cultural History of Bicycle Manufacturing in the United States* (Syracuse, Nova York: University of Syracuse Press, 2018), 1.

266 "Nada se compara à bicicleta para seu filho em crescimento": Citado em ibid., 85.

266 *Bike Riding Lesson* (1954): A imagem pode ser vista on-line em: saturdayeveningpost.com/wp-content/uploads/satevepost/bike_riding_lesson_george_hughes.jpg.

279 As bikes fantasmas são inteiramente pintadas de branco: Os memoriais de bicicletas fantasmas são uma visão comum em Nova York, mas são um fenômeno global,

encontrado em cidades do mundo inteiro. Como objetos de arte, as bikes fantasmas têm um forte poder. Ressoam a história também, lembrando as bicicletas brancas do esforço de compartilhamento de bikes do movimento holandês Provo. O Provo optava por pintar suas bikes de branco para evocar a "simplicidade e limpeza" da bicicleta em contraste com a "vaidade e sujeira do carro autoritário". Veja Robert Graham, *Anarchism: A Documentary History of Libertarian Ideas. Volume Two: The Emergence of the New Anarchism (1939-1977)* (Montreal: Black Rose Books, 2009), 287.

279 "É aceitável matar ciclistas?": Daniel Duane, "Is It O.K. to Kill Cyclists?", *New York Times*, 9 de novembro de 2013, nytimes.com/2013/11/10/opinion/sunday/is-it-ok-to-kill-cyclists.html.

281 "Os carros tornam você estúpido": Eula Biss, *Having and Being Had* (Nova York: Riverhead Books, 2020), 248.

281 "cachorros se tornam cachorros de novo e mordem sua capa de chuva": Bill Emerson, "On Bicycling", *Saturday Evening Post*, 29 de julho de 1967.

286 "É andando de bicicleta que você aprende melhor os contornos de uma região": Ernest Hemingway, *By-Line Ernest Hemingway: Selected Articles and Dispatches of Four Decades* (Nova York: Touchstone, 1998), 364.

286 "[O *cycleur*] descobriu o ciclismo como uma ocupação": Valeria Luiselli, "Manifesto à Velo", em *Sidewalks*, trad. Christina MacSweeney (Minneapolis: Coffee House, 2014), 36.

286 "slow cycling": Veja, e.g., Ian Cleverly, "The Slow Cycling Movement", *Rouleur*, 15 de junho de 2021, rouleur.cc/blogs/the-rouleur-journal/the-slow-cycling-movement.

286 "como através da lente de uma câmera de cinema": Luiselli, *Sidewalks*, 37.

288 "permite ao condutor passar diante dos olhos de pedestres": Ibid., 34.

289 "Uma memória do movimento perdura nos músculos de suas pernas": H. G. Wells, *The Wheels of Chance: A Bicycling Idyll* (Nova York: Grosset & Dunlap, 1896), 79.

291 uma mulher do interior do Chile chamada Elena Galvez: "Cerrillos' 90-Year-Old Cyclist Shows No Signs of Slowing Down", Reuters, 9 de setembro de 2016, reuters.com/article/us-chile-elderly-idCAKCN11F2HK.

14 CEMITÉRIOS

294 Quando o canal foi esvaziado em 2016: Marine Benoit, "Les improbables trouvailles au fond du canal Saint-Martin", *L'Express*, 5 de janeiro de 2016, lexpress.fr/actualite/societe/environnement/en-images-les-improbables-du--trouvailles-au-fond-du-canal-saint-martin_1750737.html; Mélanie Faure, "Vidé, le canal Saint-Martin révèle ses surprises", *Le Figaro*, 20 de janeiro de 2016, lefigaro.fr/actualite-france/2016/01/20/01016-20160120ARTFIG00416-vide--le-canal-saint-martin-revele-ses-surprises.php; e Henry Samuel, "Pistol Found in Paris' Canal St-Martin as 'Big Cleanup' Commences", *Telegraph*, 5 de janeiro de 2016, telegraph.co.uk/news/worldnews/europe/france/12082794/Pistol-found--in-Paris-Canal-St-Martin-as-big-clean-up-commences.html.

295 Seu corpo, ainda preso à bike, foi encontrado uma semana depois: Douglass Dowty, "DA: DeWitt Woman Handcuffed Herself to Bike, Rode into Green Lake in Suicide", Syracuse.com, 22 de março de 2019; publicado originalmente em 17

de outubro de 2016, syracuse.com/crime/2016/10/fitzpatrick_woman_committed_suicide_at_green_lakes.html.

295 incite anseios profundos em certos vândalos: Algo nessa linha foi sugerido pelo autor de um artigo não assinado no *Times* londrino em 1940. O escritor diagnosticou um "demônio de destrutibilidade" à espreita "dentro de cada um de nós" e descreveu a "alegria feroz" encontrada em "arremessar panelas e estrados de cama, em arrancar trilhos, em desmembrar bicicletas". *The Times* (Londres), 20 de julho de 1940. Citado em Peter Thorsheim, "Salvage and Destruction: The Recycling of Books and Manuscripts in Great Britain During the Second World War", *Contemporary European History* 22, nº 3, "Special Issue: Recycling and Reuse in the Twentieth Century" (2013), 431-52.

296 Num deles, um adolescente encara a câmera: "Throwing My Friends [sic] Bike into a Lake", youtube.com/watch?v=OcysvVwDFK8.

296 "um barco esbarrou em... uma montanha de bicicletas submersa": Mike Buchanan, *Two Men in a Car (a Businessman, a Chauffeur, and Their Holidays in France)* (Bedford, Bedfordshire, Inglaterra: LPS), 2017, 34.

297 dedica várias páginas ao afundamento de bicicletas: Pete Jordan, *In the City of Bikes: The Story of the Amsterdam Cyclist* (Nova York: Harper Perennial, 2013). Veja o capítulo 18, "A Typical Amsterdam Characteristic: The Bike Fisherman", 327-42.

298 "aquelas latas de lixo tradicionais onde você leva nossos visitantes": Ibid., 332.

298 "Bicicletas dockless continuam indo parar embaixo d'água": Steve Annear, "Dockless Bikes Keep Ending Up Underwater", *Boston Globe*, 13 de julho de 2018.

298 Na Grã-Bretanha: Veja, e.g., "What Lurks Beneath the Waterline?", Canal & River Trust, 24 de março de 2016, canalrivertrust.org.uk/news-and-views/news/what-lurks-beneath-the-waterline; "Bikes, Baths and Bullets Among Items Found in Country's Waterways", *Guardian* (Londres), 24 de março de 2016; e Isobel Frodsham, "Fly-tippers Dump Hundreds of Bikes, a Blow Up Doll and a GUN in Britain's Canals and Rivers to Avoid a Crackdown on the Streets", *Daily Mail* (Londres), 16 de abril de 2017, dailymail.co.uk/news/article-4415872/Fly-tippers--dump-GUN-Britain-s-canals.html.

298 O Canal & River Trust: "What Lurks Beneath?", vídeo do Canal & River Trust, youtube.com/watch?v=NkTuGmigJZM.

299 "Com base nas ostras do selim": Jen Chung, "Barnacle Bike Was Likely in the Hudson River Since Last Summer", *Gothamist*, 26 de fevereiro de 2019, gothamist.com/news/barnacle-bike-was-likely-in-the-hudson-river-since-last-summer.

299 Um vídeo que circulou amplamente: "Footage Shows Man Throwing Shared Bikes into River, Claim They Disclose Privacy Information", youtube.com/watch?v=EsidHmfEpKg.

299 "É comum ouvir pessoas descreverem o compartilhamento de bicicletas": Javier C. Hernández, "As Bike-Sharing Brings Out Bad Manners, China Asks, What's Wrong with Us?", *New York Times*, 2 de setembro de 2017, nytimes.com/2017/09/02/world/asia/china-beijing-dockless-bike-share.html.

299 "Os chips da Mobike são inseguros": Veja legenda de vídeo no YouTube para "Footage Shows Man Throwing Shared Bikes into River".

300 Na China, mais de setenta startups de compartilhamento de bicicletas: Hernández, "As Bike-Sharing Brings Out Bad Manners".

300 mas em fotos feitas de cima e vídeos gravados por drones: "Drone Footage Shows Thousands of Bicycles Abandoned in China as Bike Sharing Reaches Saturation", canal no YouTube do *South China Morning Post*, youtube.com/watch?v=Xlms--8zEcCg. Veja também Alan Taylor, "The Bike-Share Oversupply in China: Huge Piles of Abandoned and Broken Bicycles", *Atlantic*, 22 de março de 2018.

301 o ferro-velho foi multado em 85 mil dólares: Reuven Blau, "Two Scrap Metal Recyclers Busted for Dumping Waste into Gowanus Canal; One Slapped with $85K Fine", *Daily News* (Nova York), 4 de dezembro de 2012.

302 "Broken Bicycles": Tom Waits, "Broken Bicycles", do álbum *One from the Heart* (CBS Records, 1982).

15 MOVIMENTO DE MASSA

305 dezenas de bicicletas... deixadas para trás numa pilha: Fred Strebeigh, "The Wheels of Freedom: Bicycles in China", publicado originalmente em *Bicycling*, abril de 1991, disponível em: strebeigh.com/china-bikes.html.

305 "pegou uma bicicleta e um alto-falante para organizar a multidão caótica": "Voices from Tiananmen", *South China Morning Post* (Hong Kong), 3 de junho de 2014.

305 "precisavam propor algo ao governo": Louisa Lim, "Student Leaders Reflect, 20 Years After Tiananmen", NPR, 3 de junho de 2009, npr.org/templates/story/story.php?storyId=104821771.

306 "Eu anotei sete pedidos": Ibid.

306 "uma conspiração bem planejada": Liang Zhang (Andrew J. Nathan e Perry Link, orgs.), *The Tiananmen Papers: The Chinese Leadership's Decision to Use Force Against Their Own People — In Their Own Words* (Nova York: Public Affairs, 2001), 76.

306 Um observador comparou a procissão a uma frota de veleiros: Strebeigh, "The Wheels of Freedom".

307 "A louca corrida atravessando a praça da Paz Celestial": Philip J. Cunningham, *Tiananmen Moon: Inside the Chinese Student Uprising of 1989* (Lanham, Maryland: Rowman & Littlefield, Inc., 2009), 50.

308 Numa noite de outubro de 1992, algumas dezenas de pessoas: Os relatos sobre essa noite na Fixed Gear, em San Francisco, e sobre a viagem de Ted White e George Bliss à China em 1991 se baseiam em entrevistas do autor com Ted White. Veja também, "Reels on Wheels", em *Critical Mass: Bicycling's Defiant Celebration*, org. Chris Carlsson (Oakland, Califórnia: AK Press, 2002), 145-52.

308 *Return of the Scorcher*: Ted White, *Return of the Scorcher* (1992, EUA, 28 minutos). O filme pode ser visto on-line, com um comentário do diretor: "*Return of the Scorcher* 1992 Bicycle Documentary: A Cycling Renaissance", youtube.com/watch?v=K1DUaWJ6KGc.

308 "Reino da Bicicleta": Para a história da bicicleta na China, veja, e.g., Qiuning Wang, *A Shrinking Path for Bicycles: A Historical Review of Bicycle Use in Beijing*, Tese de Mestrado, University of British Columbia, maio de 2012; Xu Tao, "Making a Living: Bicycle-related Professions in Shanghai, 1897-1949", *Transfers* 3, nº 3 (2013), 6-26; Xu Tao, "The popularization of bicycles and modern Shanghai", *Shilin* 史林 (Historical Review) 1 (2007): 103-13; Neil Thomas, "The Rise, Fall, and Restoration of the Kingdom of Bicycles", *Macro Polo*, 24 de outubro de 2018,

macropolo.org/analysis/the-rise-fall-and-restoration-of-the-kingdom-of-bicycles/; Hua Zhang, Susan A. Shaheen e Xingpeng Chen, "Bicycle Evolution in China: From the 1900s to the Present", *International Journal of Sustainable Transportation* 8, nº 5 (2014): 317-35; e Anne Lusk, "A History of Bicycle Environments in China: Comparisons with the U.S. and the Netherlands", *Harvard Asia Quarterly* 14, nº 4 (2012): 16-27; Paul Smethurst, *The Bicycle: Towards a Global History* (Nova York: Palgrave Macmillan, 2015), 105-20.

309 "Nas avenidas, as pessoas andam num veículo de apenas duas rodas": Tony Hadland e Hans-Erhard Lessing, *Bicycle Design: An Illustrated History* (Cambridge, Massachusetts: MIT Press, 2014), 38.

309 ordenara a remoção das soleiras das portas: Henry Pu Yi (Paul Kramer, org.), *The Last Manchu: The Autobiography of Henry Pu Yi, Last Emperor of China* (Nova York: Skyhorse Publishing, 2010), 16.

309 500 mil bicicletas em uso no país: Wang, *A Shrinking Path for Bicycles*, 1.

309 230 mil na cidade de Xangai: Gijs Mom, *Globalizing Automobilism: Exuberance and the Emergence of Layered Mobility, 1900-1980* (Nova York: Berghahn, 2020), 81.

310 "um sistema social igualitário que prometia pouco conforto": Kevin Desmond, *Electric Motorcycles and Bicycles: A History Including Scooters, Tricycles, Segways, and Monocycles* (Jefferson, Carolina do Norte: McFarland, 2019), 142.

310 "uma das quatro posses necessárias ": Evan Osnos, *Age of Ambition: Chasing Fortune, Truth, and Faith in the New China* (Nova York: Farrar, Straus and Giroux, 2014), 56.

310 "a Ford e a GM da China": Stephen L. Koss, *China, Heart and Soul: Four Years of Living, Learning, Teaching, and Becoming Half-Chinese in Suzhou, China* (Bloomington, Indiana: iUniverse, 2009), 167.

310 "uma Flying Pigeon em cada domicílio": Hilda Rømer Christensen, "Is the Kingdom of Bicycles Rising Again?: Cycling, Gender, and Class in Postsocialist China", *Transfers* 7, nº 2 (2017): 2.

311 a Flying Pigeon produzia 4 milhões de bicicletas por ano: Thomas, "The Rise, Fall, and Restoration of the Kingdom of Bicycles".

311 No fim da década: Ibid.

311 A bicicleta, escreve Paul Smethurst, "foi tão absorvida na cultura patrocinada pelo Estado": Smethurst, *The Bicycle*, 107.

312 "Você não está cansado de ter que lutar por sua vida nas ruas da cidade?": Há uma imagem do folheto on-line em: FoundSF ("Shaping San Francisco's digital archive"), foundsf.org/index.php?title=File:First-ever-flyer.jpg.

313 *Critical Comments on the Critical Mass*: Uma imagem do folheto de Carlsson está on-line em: FoundSF ("Shaping San Francisco's digital archive"), foundsf.org/index.php?title=File:Critical-Comments-on-the-Critical-Mass-nov-92.jpg.

316 por volta de 2028, estimam especialistas: Larry Elliott, "China to Overtake US as World's Biggest Economy by 2028, Report Predicts", *Guardian* (Londres), 25 de dezembro de 2020, theguardian.com/world/2020/dec/26/china-to-overtake-us-as--worlds-biggest-economy-by-2028-report-predicts.

316 Em 1989, o PIB per capita da China era de 310 dólares: Veja "GDP per Capita (Current US$) — China", The World Bank, data.worldbank.org/indicator/NY.GDP.PCAP.CD?locations=CN.

317 o PIB per capita chegou a 10.216 dólares: Ibid.
317 1,6 bilhão de assinaturas de telefone celular: "Number of Mobile Cell Phone Subscriptions in China from August 2020 to August 2021", Statista, statista.com/statistics/278204/china-mobile-users-by-month/.
317 Estima-se que haja 1,6 bilhão de assinaturas de celular na China: Evelyn Cheng, "China Says It Now Has Nearly 1 Billion Internet Users", CNBC, 4 de fevereiro de 2021, cnbc.com/2021/02/04/china-says-it-now-has-nearly-1-billion-internet-users.html.
317 E mais de 200 milhões: "China has over 200 million private cars", *Xinhua*, 7 de janeiro de 2020, xinhuanet.com/english/2020-01/07/c_138685873.htm.
317 apenas um em cada 74 mil: Marcia D. Lowe, "The Bicycle: Vehicle for a Small Planet", *Worldwatch Paper 90* (Washington: Worldwatch Institute, 1989), 8.
317 Em 2009, o ano em que a China superou os Estados Unidos: "China Car Sales 'Overtook the US' in 2009", BBC News, 11 de janeiro de 2010, bbc.co.uk/2/hi/8451887.stm.
317 mais carros de passeio vendidos: Hilde Hartmann Holsten, "How Cars Have Transformed China", University of Oslo, 28 de setembro de 2016, partner.sciencenorway.no/cars-and-traffic-forskningno-norway/how-cars-have-transformed-china/1437901.
318 "Muitos eventos passados e recordações que antes estavam claramente inscritos": Li Zhang, "Contesting Spatial Modernity in Late-Socialist China", *Current Anthropology* 47, nº 3 (junho de 2006): 469. Disponível on-line em: jstor.org/stable/10.1086/503063.
318 "a maioria dos bairros antigos de Boston, Nova York": Beth E. Notar, "Car Crazy: The Rise of Car Culture in China", em *Cars, Automobility and Development in Asia*, org. Arve Hansen e Kenneth Nielsen (Londres: Routledge, 2017), 158.
318 A maior de todos os tempos, 523 milhões: Thomas, "The Rise, Fall, and Restoration of the Kingdom of Bicycles".
319 reduzir em 40% o trânsito de bicicletas no ano de 2013: Zhang, Shaheen e Chen, "Bicycle Evolution in China", 318.
319 em 2003, o uso de bicicletas na cidade tivera uma queda: Wang, *A Shrinking Path for Bicycles*, 3.
319 "cidade sem bicicletas": Zhang, Shaheen e Chen, "Bicycle Evolution in China", 318.
319 as estimativas eram de que havia 9 milhões de bicicletas: Wang, *A Shrinking Path for Bicycles*, 10.
320 2,5 bikes por domicílio: Ibid., 3.
320 quase dois terços de todas as viagens: Ibid., 3.
320 Quinze anos depois: Ibid., 3.
320 "abandonadas aos milhares": Glen Norcliffe e Boyang Gao, "Hurry-Slow: Automobility in Beijing, or a Resurrection of the Kingdom of Bicycles?", em *Architectures of Hurry: Mobilities, Cities and Modernity*, org. Phillip Gordon Mackintosh, Richard Dennis e Deryck W. Holdsworth (Oxon: Routledge, 2018), 88.
321 "para fracassados": Debra Bruno, "The De-Bikification of Beijing", 9 de abril de 2012, *Bloomberg CityLab*, bloomberg.com/news/articles/2012-04-09/the-de-bikification-of-beijing.

321 "para os pobres": Anne Renzenbrink e Laura Zhou, "Coming Full Cycle in China: Beijing Pedallers Try to Restore 'Kingdom of Bicycles' amid Traffic, Pollution Woes", *South China Morning Post*, 26 de julho de 2015, scmp.com/news/china/money-wealth/article/1843877/coming-full-cycle-china-beijing-pedallers-try-restore.

321 "optando por saias em vez de calças": Philip P. Pan, "Bicycle No Longer King of the Road in China", *Washington Post*, 12 de março de 2001, washingtonpost.com/archive/politics/2001/03/12/bicycle-no-longer-king-of-the-road-in-china/f9c66880-fcab-40ff-b86d-f3db13aa1859/.

321 "Prefiro chorar num BMW": Osnos, *Age of Ambition*, 56.

321 A cada ano, milhões de carros: Norihiko Shirouzu, Yilei Sun, "As One of China's 'Detroits' Reopens, World's Automakers Worry About Disruptions", Reuters, 8 de março de 2020, reuters.com/article/us-health-coronavirus-autos-parts/as-one-of-chinas-detroits-reopens-worlds-automakers-worry-about-disruptions-idUSKBN20V14J.

323 "O que a bicicleta e o papel higiênico têm em comum?": Emily Davies, "What Do Bikes and Toilet Paper Have in Common? Both Are Flying Out of Stores amid the Coronavirus Pandemic", *Washington Post*, 15 de junho de 2020, washingtonpost.com/local/what-do-bikes-and-toilet-paper-have-in-common-both-are-flying-out-of-stores-amid-the-coronavirus-pandemic/2020/05/14/c58d44f6-9554-11ea-82b4-c8db161ff6e5_story.html.

323 as vendas de bicicleta aumentaram quase 60% no país: Felix Richter, "Pandemic-Fueled Bicycle Boom Coasts Into 2021". Statista, 16 de junho de 2021, statista.com/chart/25088/us-consumer-spending-on-bicycles/.

323 "dormir ao lado dela": Kimiko de Freytas-Tamura, "Bike Thefts Are Up 27% in Pandemic N.Y.C.: 'Sleep with It Next to You'", *New York Times*, 14 de outubro de 2020.

323 um em dez adultos americanos: Adrienne Bernhard, "The Great Bicycle Boom of 2020", BBC, 10 de dezembro de 2020, bbc.com/future/bespoke/made-on-earth/the-great-bicycle-boom-of-2020.html.

324 "rebelião do trânsito": Natalie Zhang, "Covid Has Spurred a Bike Boom, but Most U.S. Cities Aren't Ready for It", CNBC, 8 de dezembro de 2020, cnbc.com/2020/12/08/covid-bike-boom-us-cities-cycling.html.

324 "Grande Boom de Bicicleta da Covid-19": John Mazerolle, "Great COVID-19 Bicycle Boom Expected to Keep Bike Industry on Its Toes for Years to Come", CBC News, 21 de março de 2021, cbc.ca/news/business/bicycle-boom-industry-turmoil-covid-19-1.5956400.

324 "Ciclovias de corona": Liz Alderman, "'Corona Cycleways' Become the New Post-Confinement Commute", *New York Times*, 12 de junho de 2020, nytimes.com/2020/06/12/business/paris-bicycles-commute-coronavirus.html.

324 Nas Filipinas: Regine Cabato e Martin San Diego, "Filipinos Are Cycling Their Way Through the Pandemic", *Washington Post*, 31 de março de 2021, washingtonpost.com/climate-solutions/interactive/2021/climate-manila-biking/.

324 "revolução de ciclismo": "'India Cycles4Change' Challenge Gains Momentum", Press Release, Indian Ministry of Housing & Urban Affairs, 2 de junho de 2021, pib.gov.in/PressReleaseIframePage.aspx?PRID=1723860.

324 "paraísos para ciclismo": Nivedha Selvam, "Can City Become More Bikeable? Corporation Wants to Know", *Times of India*, 15 de agosto de 2020, timesofindia.indiatimes.com/city/coimbatore/can-city-become-more-bikeable-corporation--wants-to-know/articleshow/77554660.cms.

324 Um estudo publicado na primavera de 2021: Sebastian Kraus e Nicolas Koch, "Provisional COVID-19 Infrastructure Induces Large, Rapid Increases in Cycling", *PNAS* 118, nº 15 (2021), https://www.pnas.org/content/pnas/118/15/e2024399118.full.pdf.

325 "a alegria das... cidades como elas poderiam ser": Citado em Bernhard, "The Great Bicycle Boom of 2020".

325 Nova York se tornou o epicentro global da pandemia: Para estatísticas de Covid em Nova York, veja "New York City Coronavirus Map and Case Count", *New York Times*, nytimes.com/interactive/2020/nyregion/new-york-city-coronavirus-cases.html.

326 "o equivalente a um 11 de Setembro por dia": Alistair Bunkall, "Coronavirus: New York Could Temporarily Bury Bodies in Park Because Morgues Nearly Full", 6 de abril de 2020, *Sky News*, news.sky.com/story/coronavirus-new-york-could--temporarily-bury-bodies-in-park-because-morgues-nearly-full-11969522.

329 "focar nos ciclistas": Tweet, Catherina Gioino (@CatGioino), postado no Twitter, 5 de junho de 2020, 1:35: twitter.com/catgioino/status/1268778355169669122?lang=en.

329 ordem executiva do prefeito De Blasio: "Emergency Executive Order No. 119", City of New York, Office of the Mayor, 2 de junho de 2020. Disponível on-line em: www1.nyc.gov/assets/home/downloads/pdf/executive-orders/2020/eeo-119.pdf.

329 um oficial do NYPD espancou um ciclista da Massa Crítica: Jen Chung, "10 Years Ago, a Cop Bodyslammed a Cyclist During Critical Mass Ride", *Gothamist*, 27 de julho de 2018, gothamist.com/news/10-years-ago-a-cop-bodyslammed-a-cyclist--during-critical-mass-ride.

329 "blitzes de multa": Jillian Jorgensen, "De Blasio Defends Ticket Blitz of Bicyclists Following Deadly Crashes", *New York Daily News*, 19 de fevereiro de 2019, nydailynews.com/news/politics/ny-pol-deblasio-nypd-bicycle-tickets-20190219--story.html.

329 "guerra contra as e-bikes": Christopher Robbins, "De Blasio's 2018 War On E-Bikes Targeted Riders, Not Businesses", *Gothamist*, 18 de janeiro de 2019, gothamist.com/news/de-blasios-2018-war-on-e-bikes-targeted-riders-not-businesses.

330 "que não intencionamos ou que não foram criados para ser usados": Jonny Long, "Fuji Bikes Suspend Sale of American Police Bikes Used in 'Violent Tactics' During Protests as Trek Faces Criticism", *Cycling Weekly*, 6 de junho de 2020, cyclingweekly.com/news/latest-news/fuji-bikes-suspend-sale-of-american-police--bikes-used-in-violent-tactics-as-trek-faces-criticism-457378.

330 unidade de "elite" de policiais do NYPD: Larry Celona e Natalie O'Neill, "NYPD Bike Cops Break Out 'Turtle Uniforms' Amid George Floyd Protests", *New York Post*, 4 de junho de 2020, nypost.com/2020/06/04/nypd-bike-cops-break-out-turtle--uniforms-amid-riots/.

330 "ataque planejado" e "brutalidade policial": "'Kettling' Protesters in the Bronx: Systemic Police Brutality and Its Costs in the United States", *Human Rights Watch*,

30 de setembro de 2020, hrw.org/report/2020/09/30/kettling-protesters-bronx/systemic-police-brutality-and-its-costs-united-states.

330 O "Guia de Instrução" do Pelotão de Bicicletas do SRG: "SRG Bicycle Management Instructor's Guide", documentcloud.org/documents/20584525-srg_bike_squad_modules.

331 30% e 23%: League of American Bicyclists and The Sierra Club, *The New Majority: Pedaling Towards Equity*, 2013, bikeleague.org/sites/default/files/equity_report.pdf.

331 Estudos também confirmam: Dan Roe, "Black Cyclists Are Stopped More Often than Whites, Police Data Shows", *Bicycling*, 27 de julho de 2020, bicycling.com/culture/a33383540/cycling-while-black-police/.

331 Uma pesquisa em Oakland: "Biking While Black: Racial Bias in Oakland Policing", Bike Lab, 20 de maio de 2019, bike-lab.org/2019/05/20/biking-while-black-racial-bias-in-oakland-policing/.

331 de Chicago: Adam Mahoney, "In Chicago, Cyclists in Black Neighborhoods Are Over-Policed and Under-Protected", *Grist*, 21 de outubro de 2021, grist.org/cities/black-chicago-biking-disparities-infrastructure/.

331 e Tampa: Kameel Stanley, "How Riding Your Bike Can Land You in Trouble With the Cops — If You're Black", *Tampa Bay Times*, 18 de abril de 2015, tampabay.com/news/publicsafety/how-riding-your-bike-can-land-you-in-trouble-with-the-cops---if-youre-black/2225966/.

331 Em Nova York, 86%: Julianne Cuba, "NYPD Targets Black and Brown Cyclists for Biking on the Sidewalk", 22 de junho de 2020, nyc.streets blog.org/2020/06/22/nypd-targets-black-and-brown-cyclists-for-biking-on-the-sidewalk/.

331 Uma investigação do *Los Angeles Times*: Alene Tchekmedyian, Ben Poston e Julia Barajas, "L.A. Sheriff's Deputies Use Minor Stops to Search Bicyclists, with Latinos Hit Hardest", *Los Angeles Times*, 4 de novembro de 2021, latimes.com/projects/la-county-sheriff-bike-stops-analysis/.

332 "andar de bicicleta no lado errado da rua": Jessica Myers, "Family of Dijon Kizzee, a Black Man Killed by LA Sheriff's Deputies, Files $35 Million Claim", CNN, 12 de fevereiro de 2021, cnn.com/2021/02/11/us/dijon-kizzee-los-angeles-claim/index.html. Veja também: Leila Miller, "Dijon Kizzee Was 'Trying to Find His Way' Before Being Killed by L.A. Deputies, Relatives Say", *Los Angeles Times*, 4 de setembro de 2020, latimes.com/california/story/2020-09-04/dijon-kizzee-was-trying-to-find-his-way-relatives-say.

332 *Deliveristas* fizeram manifestações: Claudia Irizarry Aponte e Josefa Velasquez, "NYC Food Delivery Workers Band to Demand Better Treatment. Will New York Listen to Los Deliveristas Unidos?", *The City*, 6 de dezembro de 2020, thecity.nyc/work/2020/12/6/22157730/nyc-food-delivery-workers-demand-better-treatment. Para um relato brilhante e comovente da situação dos *deliveristas* de Nova York, veja Josh Dzieza, "Revolt of the Delivery Workers", *Curbed*, 13 de setembro de 2021, curbed.com/article/nyc-delivery-workers.html. Veja também Jody Rosen, "Edvin Quic, Food Deliveryman, 31, Brooklyn" em "Exposed. Afraid. Determined.", *New York Times Magazine*, 1º de abril de 2020, nytimes.com/interactive/2020/04/01/magazine/coronavirus-workers.html#quic, e Jody Rosen, "Will We Keep Ordering Takeout?" em "Workers on the Edge", *New York Times*

Magazine, 17 de fevereiro de 2021, nytimes.com/interactive/2021/02/17/magazine/remote-work-return-to-office.html.

333 Darnell Meyers: Veja Rachel Bachman, "The BMX Bikes Getting Teens Back on Two Wheels — or One", *Wall Street Journal*, 3 de maio de 2017, wsj.com/articles/the-bike-getting-teens-back-on-two-wheelsor-one-1493817829.

333 postar vídeos on-line: O feed de DBlocks no Instagram pode ser visto em: instagram.com/rrdblocks/.

334 o policiamento de "Ride Outs de Bicicleta": "SRG Bicycle Management Instructor's Guide", 8.

335 Em parecer convergente, o juiz Neil Gorsuch: Heather Kerrigan, org., *Historic Documents of 2020* (Thousand Oaks, Califórnia: CQ Press, 2021), 694–95.

335 Buttigieg fez declarações sensatas: Veja Carlton Reid, "Design for Human Beings Not Cars, New U.S. Transport Secretary Says", *Forbes*, 22 de março de 2021, forbes.com/sites/carltonreid/2021/03/22/design-for-human-beings-not-cars-new-us-transport-secretary-says/?sh=156033907d86.

336 leis que dão imunidade a motoristas cujos carros batessem em manifestantes: Reid J. Epstein e Patricia Mazzei, "G.O.P. Bills Target Protesters (and Absolve Motorists Who Hit Them)", *New York Times*, 21 de abril de 2021, nytimes.com/2021/04/21/us/politics/republican-anti-protest-laws.html.

337 Uma postagem no Twitter que viralizou mostrava: Tweet, Unequal Scenes (@UnequalScenes), postado no Twitter, 1º de setembro de 2021, 22:16: twitter.com/UnequalScenes/status/1433252530713243648.

337 "incentivos para clima rigoroso": Lauren Kaori Gurley e Joseph Cox, "Gig Workers Were Incentivized 'to Deliver Food During NYC's Deadly Flood", *Vice*, 2 de setembro de 2021, vice.com/en/article/5db8zx/gig-workers-were-incentivized-to-deliver-food-during-nycs-deadly-flood; Ashley Wong, "After Delivery Workers Braved the Storm, Advocates Call for Better Conditions", *New York Times*, 3 de setembro de 2021, nytimes.com/2021/09/03/nyregion/ida-delivery-workers-safety.html; e Alex Woodward, "'We Deserve Better': New York's 'Deliveristas' Working Through Deadly Floods Demand Workplace Protections", *Independent*, 3 de setembro de 2020, independent.co.uk/climate-change/news/new-york-flood-delivery-bike-b1914084.html.

339 *Forever Bicycles*: Veja "Ai Weiwei's Bicycles Come to London", *Phaidon*, 25 de agosto de 2015, phaidon.com/agenda/art/articles/2015/august/25/ai-weiwei-s-bicycles-come-to-london/.

339 vias expressas para bicicletas em Pequim e na cidade litorânea de Xiamen: Don Giolzetti, "It's Complicated: China's Relationship With the Bicycle, Then and Now", *SupChina*, 8 de janeiro de 2020, supchina.com/2020/01/08/its-complicated-chinas-relationship-with-the-bicycle/; Leanna Garfield, "China's Dizzying 'Bicycle Skyway' Can Handle over 2,000 Bikes at a Time—Take a Look", *Business Insider*, 21 de julho de 2017, businessinsider.com/china-elevated-cycleway-xiamen-2017-7; Du Juan, "Xiamen Residents Love Cycling the Most in China", *China Daily*, 17 de julho de 2017, chinadaily.com.cn/china/2017/07/17/content_30140705.htm.

340 cujo mercado global chegará a 70 bilhões de dólares em 2027: "The Global E-Bike Market Size Is Projected to Grow to USD 70.0 Billion by 2027 from USD 41.1 Billion in 2020, at a CAGR of 7.9%", *Globe Newswire*, 8 de dezembro de 2020,

globenewswire.com/news-release/2020/12/08/2141352/0/en/The-global-e-bike-market-size-is-projected-to-grow-to-USD-70-0-billion-by-2027-from-USD-41-1-billion-in-2020-at-a-CAGR-of-7-9.html.
343 "freewheeling": Veja "The Green Machine—Lecture by Iain Boal, Bicycle Historian. Part 3 of 5" (2010), vimeo.com/11264396.

CRÉDITOS DE FOTOS

Página 9: Henri Boulanger (pseudônimo Henri Gray), *Cycles "Brillant"*, 1900. Cortesia de bicyclingart.com. Usada com permissão.

Página 19: "A woman rides a bicycle with her child behind her back as she returns from a health center." Foto de Anthony ASAEL/Gamma-Rapho via Getty Images. Usada com permissão.

Página 35: Fotografia de Jody Rosen. Usada com permissão.

Página 53: Atribuída a William Heath, publicado por Thomas Tegg, *Hobbies; or, Attitude is Everything, Dedicated with permission to all Dandy Horsemen*, 1819. The Art Institute of Chicago.

Página 66: "Man Repairing Bicycle Wheel." Foto de F. T. Harmon/Library of Congress/Corbis/VCG via Getty Images. Usada com permissão.

Página 82: "Horsey", de Eungi Kim, da Coreia, é uma das entradas de Shortlisted Design de mais de 3 mil participantes de nosso recente concurso de designboom, "Seoul Cycle Design Competition 2010", organizado com a colaboração da Seoul Design Foundation.

Página 97: Louis Dalrymple, *The Biggest People on the Road!*, ilustração de capa, revista *Puck* (Nova York), maio de 1896. Cortesia de bicyclingart.com. Usada com permissão.

Página 113: "Street trials pro rider, Danny MacAskill is photographed for *Outside* magazine on September 12, 2012 in Glasgow, Scotland." Foto de Harry Borden/Contorno de Getty Images. Usada com permissão.

Página 137: *Queen of the Wheel*. Copyright 1897, Rose Studios. Cortesia de Library of Congress.

Página 148: "A cyclist rides along a snow-covered road during snowfall in Srinagar, January 23, 2021." Foto de Saqib Majeed/SOPA Images/LightRocket via Getty Images. Usada com permissão.

Página 166: "Biking Under the Great Buddha Dordenma, Thimphu, Bhutan, 2014." Foto de Simon Roberts. © Simon Roberts, 2014. Usadas com permissão.

Página 182: Domínio público.

Página 197: Cartões de identidade de participação no Bikecentennial de Barb Brushe e Bill Samsoe, 1976. Cortesia de Barb e Bill Samsoe. Usados com permissão.

Página 230: "Traffic jam in the suburbs of the city of Dhaka, the capital of Bangladesh in August 20, 2007." Foto de Frédéric Soltan/Corbis via Getty Images. Usada com permissão.

Página 264: Fotografia de Lauren Redniss. Usada com permissão.

Página 293: "Drainage and Cleaning Operation at Canal Saint- Martin, bicycle in the water, in Paris on May 10, 2017." Foto de Frédéric Soltan/Corbis via Getty Images. Usada com permissão.

Página 304: "Brooklyn Drag Queens March to Celebrate Pride", 26 de junho de 2020. Foto de Stephanie Keith/Getty Images. Usada com permissão.

Impressão e Acabamento:
BARTIRA GRÁFICA